BUR
rizzoli

NUOVI MONDI

RELAZIONI, DIARI E RACCONTI DI VIAGGIO DAL XIV AL XVII SECOLO

A cura di Cristiano Spila

BUR rizzoli

CLASSICI MODERNI

Nuove edizioni - Classici italiani
In collaborazione con ADI (Associazione degli italianisti)

ISBN 978-88-17-03909-3

Prima edizione Bur Classici moderni gennaio 2010

INTRODUZIONE

TRA LA NAVE E LA BIBLIOTECA

Il viaggio ha sempre un aspetto conoscitivo.[1] Le circostanze materiali e le ragioni prime di un viaggio possono variare; ma per coloro che viaggiano, e soprattutto per coloro che (de)scrivono, il viaggio è sempre investito di significati particolari. Prima di essere un'avventura fisica, una esperienza concreta, esso è innanzi tutto un programma mentale, un'idea intellettuale, una forma di conoscenza.

Il viaggio è sinonimo di curiosità, di desiderio di studiare il mondo, di attraversamento delle frontiere;[2] è l'even-

[1] Esiste un legame molto stretto fra viaggio ed esperienza; ma il viaggio non può essere spiegato solo in relazione al dato empirico-fisico, poiché questo straordinario fenomeno incide profondamente sulle strutture e sulle scritture letterarie. Come afferma Cardona: «componente indissolubile dell'esperienza di viaggio è la modalità del raccontarlo». Sul viaggio come forma culturale e letteraria, vedi appunto il fondamentale contributo di G.R. Cardona, *I viaggi e le scoperte*, in *Letteratura Italiana*, diretta da A. Asor Rosa, vol. V.: *Le questioni*, Torino, Einaudi, 1986, pp. 687-716. Più spostato sul versante moderno è il volume *La letteratura di viaggio. Storia e prospettive di un genere letterario*, a cura di M.E. D'Agostini, Milano, Guerini e Associati, 1987; ma si veda anche il fascicolo della rivista «L'Uomo», vol. III, n.s., n. 2, 1990, dedicato a *Viaggi e scritture di viaggio*, a cura di C. Bologna; e il recente *Il viaggio nella letteratura occidentale tra mito e simbolo*, a cura di A. Gargano e M. Squillante, Napoli, Liguori, 2005.

[2] Le coordinate spaziali sono fondamentali nell'immaginario del percorso che prevede varie modalità: l'erranza e il nomadismo, il pellegrinaggio e la viandanza. Queste diverse forme di movimento carat-

to che pone in confronto tra loro identità e alterità.[3] Il viaggio ha sempre il gusto inquietante e stimolante dello straniamento e dell'avventura, del desiderio e del timore[4] e, per queste ragioni, il viaggiatore ha coscienza della singolarità della propria esperienza, avverte il carattere eccezionale, unico, della sua avventura che include anche aspetti dell'ignoto.[5]

terizzano la cosiddetta «letteratura di viaggio». Il viaggio ha assunto valenze mistico-religiose: di volta in volta, verso il cielo o negli inferi (da Gilgamesh a Ulisse), come metafora della vita (*Eneide*), come viaggio ultraterreno (*Comedia*), come ricerca d'amore (*Roman de la rose*) o di avventura (*Yvan*). Certamente, esso apre nuovi e più audaci orizzonti di conoscenza del mondo. Su queste problematiche connesse al viaggio, si veda P. Fasano, *Letteratura e viaggio*, Roma-Bari, Laterza, 2001. Sul viaggio come forma e tema mitologico, si veda P. Scarpi, *La fuga e il ritorno. Storia e mitologia dei viaggi*, Venezia, Marsilio, 1992.

[3] Il viaggio come rappresentazione della differenza, dell'attraversamento dell'anomalo non esclude il tema dell'incontro violento con l'Altro. Su questo, si veda l'ormai classico T. Todorov, *La conquista dell'America. Il problema dell'altro* [1982], Torino, Einaudi, 1984; ma anche T.J. Cachey, *Tra Umanesimo e Nuovo Storicismo: la scena dell'incontro*, in *La rappresentazione dell'altro nei testi del Rinascimento*, a cura di S. Zatti, Lucca, Pacini Fazzi, 1998, pp. 203-218.

[4] Il tema di ogni viaggio è l'interrogativo sulla possibilità o meno di attraversare il mondo facendone realmente esperienza e formando la propria personalità. La grande questione se il viaggiatore trovi conferma della propria identità nel viaggio, oppure disgreghi la propria identità e individualità nelle contingenze del viaggiare è affrontata in F. Perussia, *Note sulla psicologia della testimonianza di viaggio*, in *Geografie private. I resoconti di viaggio come lettura del territorio*, a cura di E. Bianchi, Genève, Slatkine, 1985, pp. 125-142; e in F. Remotti, *Giorgio R. Cardona tra linguistica e antropologia: la passione dei confini*, in *Viaggi e scritture di viaggio*, a cura di C. Bologna, cit., pp. 213-252. Vedi anche le riflessioni di A. Gnisci, *Letteratura e viaggio*, in Id., *Genius Occorsus*, Roma, Bulzoni, 1995, pp. 11-45 e G. Gasparini, *Per una sociologia del viaggio*, in *Il viaggio*, a cura di G. Gasparini, Roma, Edizioni Lavoro, 2000, pp. 3-48.

[5] Il viaggio può essere interpretato nella prospettiva del cambiamento, della mutazione, della sostituzione di uno spazio noto e conosciuto con un altro ignoto e inatteso ma ricco di promesse e di prospettive. Esso, tuttavia, può anche generare sofferenza e presentarsi come un distacco dalle proprie radici culturali, come un allontanamento forzoso e coatto che genera uno stato di inadeguatezza e di in-

Per raggiungere mete sconosciute e acquisire la conoscenza che viene dal contatto con l'ignoto è necessario superare delle prove che rendono il viaggiatore degno della nuova condizione di persona che «sa», che «ha conosciuto», che ha acquisito uno *status* superiore. Francesco Petrarca, un personaggio spesso itinerante, comunque potenzialmente mobile, che si sposta da un luogo all'altro per ragioni di lavoro e per necessità di sussistenza, ma anche per gusto e irrequietudine esistenziale, scrive di questa mutazione che l'amico Mandelli, destinatario del suo *Itinerarium syriacum* (1358), potrebbe acquisire al suo ritorno dal progettato viaggio in Terrasanta: «Dopo aver visto tutto ciò [...] ritornerai da noi più saggio e più santo».[6] Petrarca, dunque, contestualizza il nuovo nella trama del noto: il viaggio è una esperienza che lascia un solco, una traccia che trasforma l'identità iniziale. Il mutamento è, in certo modo, il vero scopo del viaggiare.

Una dittologia aggettivale, «*doctior* [...] *sanctor*», che tornerà, qualche secolo più tardi, con tutt'altro intendimento, nella chiusa di un altro celeberrimo "viaggio di carta", *La Ballata del Vecchio Marinaio* di Samuel Taylor Coleridge. Per la sua portata allegorica, quale figura della perdizione e della redenzione, il Vecchio Marinaio ha conosciuto tutti i pericoli e le disgrazie del viaggio, le sofferenze e le maledizioni del viaggiar per mare: pericoli (prove di iniziazione e riti di passaggio) talmente gravi che ne avrebbe potuto andare anche della sua vita. Il Vecchio Marinaio di Coleridge ha attraversato l'Oceano di Co-

certezza esistenziale. Cfr. E.J. Leed, *La mente del viaggiatore. Dall'Odissea al turismo globale*, Bologna, Il Mulino, 1992; *Viaggiatori del Paradiso. Mistici, visionari, viaggiatori alla ricerca dell'Aldilà prima di Dante*, a cura di G. Tardiola, Le Lettere, 1993; F. Cardini, *L'immaginario del viaggio dal Medioevo al Quattrocento*, in *Il Mondo di Vespucci e Verrazzano: geografia e viaggi. Dalla Terrasanta all'America*, a cura di L. Rombai, Firenze, Olschki, 1993, pp. 9-27.

[6] Cfr. F. Petrarca, *Itinerario in Terra Santa*, a cura di F. Lo Monaco, Bergamo, Lubrina Editore, 1990, p. 85.

lombo e di Pigafetta, che Petrarca non poteva conoscere, e ne ha riportato una saggezza che è tutta affidata alla comunicazione verbale, alla poesia; funzionale ad accrescere, agli occhi di chi legge o in chi ascolta, la portata e l'importanza dell'avventura che si è affrontata. Chi ha ascoltato il racconto del vecchio marinaio si ridesta «*sadder* [...] *wiser man*» («più triste e [...] più saggio»):[7] l'immagine della acquisita conoscenza, fissata nel racconto «*my tale*», viene drammatizzata nel segno di un viaggio al di là dei limiti, dell'attraversamento dei confini, e su di esso il poeta proietta catarticamente la crisi dell'identità individuale.

Il viaggiatore Petrarca, di fronte alla richiesta di Mandelli di seguirlo in un pellegrinaggio in Terrasanta, preferisce restarsene a terra, nella sua «cameretta», piuttosto che affrontare un viaggio così pieno di pericoli. Petrarca è sì viaggiatore e scrittore di viaggi, giacché durante i più tumultuosi spostamenti è capace di scrivere e anzi scrive in movimento e in viaggio, e uno che in qualche misura anticipa il nuovo atteggiamento dei letterati moderni che scrivono in viaggio e anche scrivono "cose di viaggio"; ma egli stesso riconosce onestamente che a dissuaderlo da tale passo è soprattutto la paura del mare: non perché lo spaventi l'idea di morire tra le onde (un posto vale l'altro e tutti i modi sono uguali), ma perché teme qualcosa di peggiore della morte stessa, cioè il mal di mare e la «nausea che è peggiore della morte».

Il mare è un pericolo di per se stesso e chi viaggia per nave sente la sua vita appesa al filo della volubilità degli elementi. Del resto, lo stesso Petrarca, da bambino, aveva esperimentato la paura di far naufragio in prossimità di Marsiglia (*Fam*. I, 1, 24); e una forte impressione lasciò su di lui la furiosa tempesta cui assistette a Napoli, nel 1343,

[7] Cfr. S.T. Coleridge, *The Rime of The Ancient Mariner*, v. 624 (cfr. *La rima del vecchio marinaio*, a cura di M. Bacigalupo, traduzione di G. Giudici, Milano, SE, 1987. Sul tema del viaggio in Coleridge, cfr. P. Fasano, *L'Europa romantica*, Firenze, Le Monnier, 2004, pp. 146-212.

e della quale tracciò una descrizione in una lettera a Giovanni Colonna (*Fam.* V, 5). In più, lo stesso atteggiamento mentale di chi non può rinunciare al sempiterno bagaglio di superstizioni e credenze contribuisce non poco a confermare nell'inquietudine chi di paura ne ha già abbastanza. La navigazione in mare aperto ha sempre evocato suggestioni ataviche negative: anche nella cultura moderna fino a Colombo, il mare ha continuato a essere un *elementum tenebricosum*, una sorta di materializzazione delle divinità negative.[8]

Una cosa è, allora, pare dire Petrarca, affrontare di persona un viaggio e un'altra è scrivere di un viaggio; sicché, con il pragmatismo che lo contraddistingueva, egli aveva voluto solo "scrivere" del viaggio che un altro avrebbe fatto.[9] Con la sua esperienza di "scrittore di viaggio", Petrarca insegna che il racconto di viaggio è comunque e sempre un testo meditato, elaborato a tavolino, che si costruisce sempre quando il viaggio è concluso (o, in questo caso, immaginato). Il racconto del viaggio impone di starsene seduti, poiché richiede attenzione, tempo e successione ordinata e continua di precise fasi di scrittura, insomma una sedentarietà e una stabilità sia pure tempora-

[8] La Bibbia assegnava al mare, tenebroso e aperto, sconfinato e inesplorato, vivide rappresentazioni di pericoli, come il Mar Rosso, o il Leviatano, o il pesce che inghiotte Giona. Il mare rappresenta il luogo della potenza demoniaca e antidivina: nei suoi abissi sono precipitati i demoni e gli spiriti impuri. Il mare è popolato di orridi mostri che appaiono sotto sembianze diverse (draghi, coccodrilli, cetacei) e dal mare salirà la bestia con dieci corna e sette teste dell'Apocalisse giovannea. Su questi temi, cfr. A.V. Nazzaro, *Il mare nella letteratura patristica*, in *La letteratura del mare*. Atti del Convegno di Napoli (13-16 settembre 2004), Roma, Salerno Editrice, 2006, pp. 93-112. Per una riflessione sui pericoli della navigazione nel Medioevo, cfr. N. Bottiglieri, *Nel verde mare delle tenebre*, Roma, Edizioni Associate, 1994, pp. 51-61 e, in generale, A. Aresu, *Filosofia della navigazione*, introduzione di M. Cacciari, Milano, Bompiani, 2006.

[9] Sulle problematiche materiali connesse al viaggio nell'età di Petrarca, si può vedere N. Ohler, *I viaggi nel Medio Evo* [1986], Milano, Garzanti, 1988.

nee. Viceversa, sul piano materiale e concreto, il viaggio è sforzo fisico e percezione sensoriale, è fonte di disagi, di ostacoli, ma anche di mutazioni di direzione e, in questo, così come nelle incertezze che accompagnano il soggetto che lo compie, risiede il segno decisivo di una ricerca esistenziale.

Nella storia della cultura occidentale, il nome di Petrarca è stato assunto a emblema di una impostazione culturale complessiva, così gravida di conseguenze che va sotto il nome di Umanesimo; perciò la sua prospettiva della classicità vede il mondo attraverso la geografia biblica e classica di Tolomeo, sul limite di una sua "sostituzione".[10]

Questa geografia classica, pur tanto presente e cara a Petrarca e agli umanisti, era stata prodotta dalla mitologia, dalla letteratura antica.[11] Dai tempi omerici, è esistita una complementarietà stringente tra letteratura e geografia come due modelli di rappresentazione del mondo conosciuto, un legame destinato a una lunga storia. Per secoli, i testi di cosmografia e i testi letterari hanno tramandato la visione di un mondo tripartito composto dall'Europa, dall'Asia e dalle coste della Libia, cioè da un Nord predominante (con propaggini di isole periferiche, come l'Irlanda) più un Est poco conosciuto e un Sud altrettanto ignoto. La quarta direzione veniva chiusa dalla invalicabile barriera del grande mare Oceano, che poteva essere scorto attraverso le Colonne d'Ercole. Questa nozione mitologica dell'ecumène (gr. *oikoumène*, l'insieme delle terre emerse), presente nella cosmogonia greca, passò al-

[10] Il riferimento è a M. Milanesi, *Tolomeo sostituito. Studi di storia delle conoscenze geografiche nel XVI secolo*, Milano, Unicopli, 1984, che svolge riflessioni sulla riscoperta della geografia antica tra 1400 e 1500 e sulle esperienze che hanno scandito il processo di correzione e sostituzione della scienza tolemaica.

[11] Sulla geografia antica si veda il contributo di M. Milanesi, *Terrae incognitae*, in *Hic sunt leones. Geografia fantastica e viaggi straordinari*, a cura di O. Calabrese, R. Giovannoli, I. Pezzini, Milano, Electa, 1983.

la cultura geografica cristiana che, trovandola simbolicamente efficace, ne fece un articolo di fede. Il tradizionale mappamondo «a T/O» del Medioevo, fino al Duecento, rappresenta l'ecumène come un cerchio circondato a sua volta da una corona circolare di colore verde o azzurro (l'Oceano); all'interno, il cerchio dell'ecumène è tagliato da una sorta di «T», che divide i tre continenti, Asia, Africa ed Europa, e rappresenta il sistema delle acque interne al plesso tricontinentale: la linea Egeo-Mar Nero-Tanai, il Nilo e il Mediterraneo.[12]

Sebbene gli europei si adattassero o fossero costretti a pensare che la storia e la vita si svolgessero in un mondo a tre facce, con la fantasia – già dopo l'anno Mille – andavano in cerca della parte proibita e impossibile del globo. Escluso dalla geografia e dalla storia, un mondo sconosciuto dietro le Colonne d'Ercole seguitava a vivere come vagheggiamento fantastico, come leggenda, come luogo ricercato solo nella mente e nelle opere dei pensatori e dei poeti; un luogo che veniva di volta in volta identificato con l'Atlantide di platonica memoria,[13] le Isole dei Beati,[14] o

[12] La divisione tripartita del mondo, nel mappamondo simbolico e metaforico «a T/O» (che sta per *Terrarum Orbis* e il perimetro della O coincide con l'oceano disposto tutto attorno all'ecumène abitabile), era necessitata tanto dalla natura trinitaria di Dio come dalle Scritture, che assegnavano ai tre figli di Noè, scampati al Diluvio, il ripopolamento della terra. Sulle conoscenze geografiche del mondo antico, si vedano in *Due mondi a confronto 1492-1728. Cristoforo Colombo e l'apertura degli spazi*, Mostra storico-cartografica (Genova – Palazzo Ducale), Direzione scientifica G. Cavallo, Roma, Istituto Poligrafico e Zecca dello Stato, 1992, i contributi di P. Janni-F. Prontera, *I geografi e le conoscenze geografiche nel mondo antico*, pp. 11-34 e di G. Aujac, *Continuità delle teorie tolemaiche nel medioevo e nel rinascimento*, pp. 35-64, entrambi nel vol. I.

[13] Su Atlantide si veda P. Vidal-Naquet, *Atlantide. Breve storia di un mito* [2005], Torino, Einaudi, 2006.

[14] Si tratta delle Canarie, le *Insule Fortunatae* che Ariosto (*Orlando furioso*, XV, 7) chiama «Isole Beate». Su questo *topos* letterario si veda T. Cachey, *Le Isole Fortunate. Appunti di storia letteraria italiana*, Roma, «L'Erma» di Bretschneider, 1995.

l'isola di Avalon della letteratura arturiana, o Antilia,[15] o ancora con il Paradiso Terrestre perduto a causa di una caduta e destinato, secondo la promessa fatta da Dio, a essere un giorno riaperto a tutti i suoi eletti.[16]

La geografia di Ugo di San Vittore, alla fine del XII secolo, riapriva la questione di ipotesi riguardanti l'esistenza di altre terre abitate (i cosiddetti Antipodi), condannata secoli prima dai Padri della Chiesa (Lattanzio, Agostino). Il filosofo indicava infatti le terre situate all'estremo nord dell'ecumène come sede dei dannati,[17] mentre l'estremità orientale della stessa, e talvolta quella meridionale, si diceva nascondesse l'*hortus deliciarum* che aveva ospitato Adamo ed Eva. Nella *Navigatio sancti Brendani*, che ricevette anche volgarizzamenti veneti e toscani, si raccontava il viaggio a occidente del monaco irlandese Brandano che avrebbe toccato per primo talune isole a ovest dell'Irlanda, come l'isola dell'Inferno (la vulcanica Islanda?) e l'Isola dei Beati, o le Isole Fortunate, per speciale privilegio.[18]

[15] Sul mito geografico dell'isola di Antilia, cfr. M. Pregliasco, *Antilia. Il viaggio e il Mondo Nuovo (XV-XVII secolo)*, Torino, Einaudi, 1992.

[16] I Padri della Chiesa avevano già esposto la tesi secondo la quale Dio, dopo la caduta di Adamo, non aveva distrutto il Paradiso Terrestre, ma l'aveva spostato agli «antipodi», in uno spazio non raggiungibile dagli uomini. Questi «antipodi», secondo la teologia mitica, dovevano trovarsi di là dall'Oceano, dietro una di quelle zone impenetrabili ai mortali. Sul motivo leggendario degli Antipodi, cfr. G. Moretti, *Gli Antipodi. Avventure letterarie di un mito scientifico*, Parma, Pratiche, 1994. Ma si veda anche il classico studio di A. Graf, *Il mito del Paradiso terrestre*, in Id., *Miti, leggende e superstizioni del Medio Evo* [1892-93], vol. I, Bologna, Forni, 1964.

[17] Cfr. D. Lecoq, *Le "Mappemonde" du Arca Noe Mystica de Hugues de Saint Victor (1128-1129)*, in *Géographie du Monde au Moyen Âge et à la Renaissance*, ed. M. Pelletier, Paris, CTHS, 1989, p. 11.

[18] Cfr. *La navigazione di San Brandano*, a cura di M.A. Grignani, Milano, Bompiani, 1975. Sulla figura del monaco irlandese Brandano, si può vedere il profilo riassuntivo in W.P. Gerritsen-A.G. van Melle, *Miti e personaggi del Medioevo*, Edizione italiana a cura di G. Agrati e M.L. Magini, Milano, Bruno Mondadori, 1999, pp. 83-93.

Da quando, alla metà del secolo XIII, l'Occidente, prima con Marco Polo e poi con i primi pionieri dell'Asia, inizia a solcare le strade del mondo, sono i miti antichi a fornire un quadro di lettura e di interpretazione della realtà. Perché prima di conoscere direttamente, prima di toccare con mano, scoprire e osservare, l'Occidente ha vissuto un lungo arco di tempo in mezzo alle rappresentazioni che dei luoghi (e dell'*altro*) tutta una tradizione secolare e dottissima aveva elaborato. Molto lentamente, un pezzo dopo l'altro, "terre incognite" e "nuovi mondi" sparsi qua e là sulla superficie della terra iniziarono a essere svelati grazie a una serie di processi che si collocarono cronologicamente tra il XIV e il XVIII secolo, press'a poco dal *Milione* di Polo ai *Viaggi* di Cook, il cui risultato complessivo fu da un lato la ricomposizione delle diverse terre in un'immagine unitaria e coerente del globo, e dall'altro l'avvio di grandiosi movimenti di civiltà, legati all'espansione europea nel mondo.[19]

Lo sfondo decisivo della nuova avventura umana appare mitizzato da Dante, in *Inferno*, XXVI, 85-142: l'ultimo viaggio di Ulisse.[20] Quello che per Dante era il «folle» volo, un viaggio insensato che si identifica con quel terrore e quel senso da incubo che il poeta cerca di evocare, ossia una rotta inusitata che non si ferma neanche davanti ai li-

[19] Studi recenti hanno inserito la vicenda delle scoperte geografiche all'interno di una prospettiva più generale, che riguarda appunto il complesso delle modalità attraverso le quali gli europei hanno articolato il loro rapporto con lo spazio. Si veda al proposito P. Zumthor, *La misura del mondo. La rappresentazione dello spazio nel Medio Evo* [1993], Bologna, Il Mulino, 1995.

[20] La leggenda di un viaggio di Ulisse nell'Oceano, ormai già inteso nella sua localizzazione geografica di Oceano Atlantico, eppure ancora intrisa di mito, era già nota a Seneca (*Epist. Moral*, X, 3); a Tacito, *Germania*, 3; a Plinio, che fa di Ulisse il fondatore di Lisbona (*Olissiponia*). Anche J.L. Borges in un poscritto del 1981 ai suoi *Nove saggi danteschi*, Milano, Franco Maria Ricci, 1985, p. 74, ricorda Ulisse come «prefigurazione» dei celebri esploratori che sarebbero approdati nel Nuovo Mondo.

miti geografici del mondo («quella foce stretta / dov'Ercole segnò li suoi riguardi / acciò che l'uom più oltre non si metta»), diventa per i navigatori e gli esploratori il punto terminale del vecchio Oriente, cioè il luogo d'ingresso nel nuovo e autentico Occidente.[21] Nel 1291 si realizzava l'impresa dei fratelli genovesi Vivaldi, diretti «ad partes Indie» non più per le vie del Mediterraneo orientale, bensì per quelle dell'Oceano aperto, al di là delle Colonne d'Ercole. Navigando oltre lo Stretto di Gibilterra con l'intenzione di circumnavigare l'Africa, la cui estensione era ancora ignota, raggiunsero, forse, le Canarie; più avanti sulle coste africane fecero probabilmente naufragio,[22] ma l'impresa non passò inosservata.

Pochi anni dopo, Dante fa seguire la stessa rotta (a mancina) alla nave di Ulisse e dei suoi compagni: la navicella naufraga, nel mare della morte, dinanzi al monte del Purgatorio. Alta su quello strano mare, in quello strano cielo, appare una terra ancora più strana, un'isola-montagna, inverosimilmente alta eppure tanto distante, quando viene intravista per la prima volta, da sembrare una cosa «bruna», scura, senza colore. Si sa dal contesto che è l'isola del Purgatorio, sormontata dal Paradiso terrestre, che Ulisse e i suoi hanno raggiunto. Finalmente: «Terra!», avranno gridato i viaggiatori con una gioia presto tramutatasi in pena quando la nave viene presa dal vortice e girando tre volte su se stessa è poi mandata a fondo.

La moderna letteratura di viaggio sembra, dunque,

[21] La figura allegorica del *folle volo* di Ulisse attraversa la *Commedia* fino al Cielo delle stelle fisse, da dove Dante, contemplando il mondo, scorge l'estremo limite dell'Occidente, la sponda dell'Oceano Atlantico, definendola «il varco / folle d'Ulisse» (*Paradiso*, XXVII, 82).

[22] Sulla vicenda dei fratelli Vadino e Ugolino Vivaldi, si veda R. Caddeo, *Le navigazioni atlantiche di Alvise da Ca' da Mosto, Antoniotto Usodimare e Niccoloso da Recco*, Milano, Edizioni Alpes, 1928, pp. 13-47, con bibliografia e documenti. In riferimento ai versi danteschi, cfr. Cachey, *Le Isole Fortunate*, cit., pp. 17-82.

avere inizio, mitologicamente, con un naufragio. Il disastro "per acqua" narrato da Dante segna, allegoricamente, il lento lentissimo affondamento della cultura geografica medievale. Ma se la geografia della prima età umanistica continua a essere ampiamente congetturale, con i limiti occidentali segnati dalle Colonne d'Ercole e l'India che marca il limite a est; con la compresenza cronologica di Troia, Babilonia, Gerusalemme; con la disseminazione di popoli e animali fantastici, frutto delle enciclopedie del tempo e dei romanzi di Alessandro, e regni misteriosi, come quelli biblici di Gog e Magog nell'estremo oriente e il favoloso paese del Prete Gianni,[23] la rappresentazione del mondo inizia a cambiare dalla fine del XIII secolo, quando gli italiani vengono letteralmente "spinti" alla scoperta del mondo esterno da un complesso di cause storiche, tra cui le Crociate e le imprese delle Repubbliche Marinare.

Tra la fine del Duecento e gli inizi del Trecento, alcuni esperti marinai genovesi entravano al servizio dei re di Castiglia e del Portogallo in qualità di ammiragli. L'ideale del commercio si lega in questo modo alla passione per l'avventura e ciò contribuisce allo sviluppo della scienza. A quell'epoca la nautica mediterranea (genovese in particolare) aveva raggiunto il massimo sviluppo: il "fatale" secolo XIII fu segnato dall'affermazione della cartografia nautica (la *carta da navegar*, il portolano) e dal perfezionamento degli strumenti della navigazione, come la bussola o la *taoleta del marteloio*. L'origine italiana di queste nuove realtà si impianta su una matrice economico-sociale che è quella dell'affermazione delle borghesie urbane centro-settentrionali e delle loro ambiziose mire di espansione economica e culturale. Le stesse imprese di Lanzaroto Malocello, Niccolò da Recco o Antonio di Noli espri-

[23] Su questi temi si veda G. Zaganelli, *L'Oriente incognito medievale. Enciclopedie, Romanzi di Alessandro, Teratologie*, Soveria Mannelli, Rubbettino, 1997.

mono bene l'impulso verso l'Atlantico del loro tempo, e conducono naturalmente a Colombo.

La nuova letteratura europea registra questo desiderio del mondo di "estrovertirsi":[24] la visione di mondi remoti e ignoti, tutta nelle opere favolose e fantastiche della letteratura medievale, svanisce a poco a poco attraverso le più varie esperienze, in cui campeggia risoluta quella del «navegar» dei mercanti del Boccaccio. Siamo all'interno del passaggio cruciale dal mondo medievale dei viaggi per terra di Polo all'universo moderno delle scoperte per mare, avviato a compimento durante il XIV secolo. I cambiamenti connessi al modificarsi della letteratura di viaggio trasferiscono i loro effetti anche in direzioni diverse, proprio in quanto la scoperta o, come si diceva allora, il "ritrovamento" di nuove terre e parti del mondo è connaturata a una dimensione letteraria: per essere tale, la scoperta ha bisogno di qualcosa d'altro oltre al rilevamento dei nuovi territori, alla delineazione delle rotte e al censimento dei fenomeni naturali. Condizione preliminare è infatti l'inserimento della novità in un orizzonte di testimonianza letteraria, in una prospettiva di testo letterario fatalmente impegnato ad accoglierla. La nuova cultura umanistico-colonialista in cerca di identità ha bisogno dell'immagine dello spazio in espansione, proiettando la propria ricerca nell'immagine della frontiera, dei confini.

Lo spazio della scrittura si crea mentre si consuma lo spazio esterno dell'esperienza vissuta. La moderna letteratura di viaggio nasce in questo bivio fatale: da una parte si pone in palese continuità con le "meraviglie" letterarie, con le *Historie* e le enciclopedie medievali, che si servono di Aristotele e di Tolomeo e Isidoro (tipo *Dittamon-*

[24] Giusta l'applicazione della locuzione di Zumthor, *La misura del mondo*, cit., p. 30 per cui, sul finire del Medioevo, il mondo diventa «improvvisamente estroverso». Ma già Burckhardt aveva indicato fra i caratteri originali della civiltà del Rinascimento la «scoperta del mondo esteriore».

do di Fazio degli Uberti o la *Composizione del mondo* di Ristoro d'Arezzo del 1282, o i *Viaggi* di John Mandeville);[25] dall'altra parte, costruisce una nuova immagine del mondo puntando sulla soggettività dell'esperienza. La natura "mista", composita, di questa letteratura, mescola insieme descrizione e racconto, geografia e mitologia, documento e immaginario, il sentito dire e le cose osservate *de visu*. L'unicità del viaggio come forma di conoscenza è messa in maggior rilievo appunto dalle profonde alterità che i mercanti in Asia riscontravano e rilevavano sul piano antropologico. Il viaggiatore Nicolò de' Conti riscontrava su certi popoli giavanesi più crudeltà e inumanità «che nessun'altra nazione», perché si cibavano di gatti, sorci e altri animali immondi. Intersezioni con i "viaggi di carta" che a volte (come nel caso dell'*Itinerarium* petrarchesco) si limitano a raccogliere cose non vedute ma reali o realistiche; altre volte invece si impegnano in una ricomposizione del mondo in bilico tra geografia ed erudizione, come nei trattati di mercatura (valga su tutti la *Pratica della mercatura* di Francesco Balducci Pegolotti del XIV secolo).

Così sul vasto sfondo mediterraneo si tesse l'avventura eroica dei «mercatanti» divenuti uomini di mare, come Alvise da Mosto, Giovanni da Empoli, o ancora Vespucci e Verazzano. Si aprono gli orizzonti verso l'Africa favolosa, ricca di beni da importare, e le isole atlantiche fino alle Indie portoghesi, ricche di spezie, e all'Asia sterminata e ricchissima, emporio delle vie della Siria, della Persia e dell'Armenia. Studi e ricerche recenti hanno portato a una ricostruzione sempre più ampia e completa della «na-

[25] La stesura originale in francese dei *Viaggi, ovvero Trattato delle cose più meravigliose e più notabili che si trovano al mondo* di Mandeville, destinato a diventare (nelle traduzioni inglese e latina) un vero *best seller* della letteratura di viaggio, appare tra il 1356 e il 1357. Per l'edizione italiana, si rimanda a quella curata da E. Barisone (Milano, Il Saggiatore, 1982).

zione» fiorentina e del contributo che i mercanti, dotati di forti disponibilità finanziarie e notevoli competenze del mondo degli affari, e non privi di una certa cultura letteraria, seppero offrire alla grande espansione portoghese in Asia.[26] A Lisbona la colonia italiana, e in particolar modo quella fiorentina, aveva solide tradizioni già nel XIV secolo. Insieme alla mercatura e alle diversificate attività commerciali, quegli operatori (di cui il viaggio "in proprio" di Giovanni da Empoli offre una straordinaria immagine) stilavano degli attenti resoconti dei viaggi che poi, sotto forma di lettere, inviavano alle case-madri stabilite a Firenze o (come nel caso del cronista Alvise da Mosto) a Venezia.

Si tratta del trionfo di un certo Umanesimo, che comunica un'idea del mondo come oggetto da esperimentare, di un peregrino gusto per il nuovo che, in pieghe letterarie, risponde allo slancio dei «mercatanti» verso paesi ignoti e nuove piazze di traffico. Non v'è terra che non sia stata segnata dalle gesta di questi tenaci e audaci uomini che oltre a conquistatori e navigatori furono narratori.[27] Le grandi scoperte geografiche, che cambiano in pochi decenni la visione del mondo, sono certamente l'effetto reale e tangibile di un complesso di causalità risultante da un insieme di forze intellettuali, politiche e tecnologiche riconducibili allo spirito del Rinascimento. Curioso di in-

[26] Si rinvia al volume (e soprattutto alla bibliografia) di M. Spallanzani, *Mercanti fiorentini nell'Asia portoghese (1500-1525)*, Firenze, Studio per Edizioni Scelte, 1997, che ricostruisce l'articolata vicenda dei principali operatori commerciali fiorentini in Portogallo e la loro partecipazione ai viaggi transoceanici per conto della corona lusitana. Il viaggio e le dimore all'estero sono chiavi di apertura e di cultura, di grandi possibilità economiche; l'andare all'estero rappresenta, in questo periodo, un biglietto da visita significativo, una sorta di lasciapassare che garantisce determinati gradi di cultura e di conoscenza. Su questo fenomeno, cfr. il volume *Mercanti scrittori*, a cura di V. Branca, Milano, Rusconi, 1986.

[27] Per l'argomento, cfr. V. Branca, *L'epopea dei mercatanti*, in «Lettere italiane», VIII, n. 1, 1956, pp. 9-33.

dagare in ogni senso la natura, ansioso di travolgere ogni barriera di tradizione, deciso ad affermare con rinnovata coscienza la funzione dell'uomo come artefice, l'uomo rinascimentale si inoltra nelle vie ignote, vie d'acqua e di terra, oltre i consueti limiti del mondo.[28] Ad aumentare questa spinta ideale, derivante dal mutato spirito dell'uomo, si aggiungono altre circostanze di ordine pratico. Una di queste è il mutamento profondo della mappa remota dell'Oriente, soprattutto indiano, da cui giungono da tempo immemorabile spezie e prodotti di diversa natura, che ha reso meno favorevoli le condizioni di mercato per gli acquirenti europei come conseguenza dell'avanzata dei Turchi ottomani e la caduta di Costantinopoli (1453).[29] Pertanto i genovesi per primi e poi gli altri europei, portoghesi e spagnoli, compromessi in Oriente, guardano con interesse alle incognite vie dell'Occidente aperte dalla "riscoperta" degli arcipelaghi atlantici, le Canarie, Madeira e le Azzorre. Così il genovese Lanzarotto (o Lancillotto) Malocello "riscopre" le Canarie (le *Fortunatae insulae* note nell'antichità ma successivamente scomparse dall'orizzonte mentale dei geografi), Antonio Malfante nel 1447 si spinge fino a Segelmessa, l'ammiraglio Antoniotto Usodimare nel 1445 raggiunge la foce del Gambia e le coste della Guinea, e Antonio da Noli nel 1460 scopre le isole di Capo Verde.[30]

In questo senso, la breve relazione del *De Canaria* di

[28] Eugenio Garin, mettendo a fuoco la concatenazione delle ricerche, in campo speculativo e pratico, nei viaggi durante il XV e la prima metà del XVI secolo, svolge in questo senso riflessioni sulla nuova figura d'uomo del Rinascimento. Cfr. *L'uomo del Rinascimento*, a cura di E. Garin, Bari, Laterza, 1988, pp. 169-202.

[29] Sui riflessi culturali di questo snodo storico fondamentale, si veda *La caduta di Costantinopoli*, a cura di A. Pertusi, Milano, Mondadori, 1976, 2 voll.

[30] Su questi viaggi, cfr. *Le Americhe annunciate. Viaggi ed esplorazioni liguri prima di Colombo*, a cura di I. Luzzana Caraci, Reggio Emilia, Diabasis, 1992, in part. pp. 73-102 e 103-127.

Boccaccio, che apre questa antologia di scritture di viaggio, abbandona la visione ordinata e gerarchica, ma anche rigida e dogmatica, del mondo e del cosmo medievale, quasi un antidoto intellettuale che potrebbe consentire di superare lo *choc* delle future scoperte americane. Mentre la letteratura medievale insisteva sulla funzione essenziale di un centro ordinatore e gerarchizzante, i mercanti boccacciani sono già *oltre*, sono quasi pre-oceanici: guidano lo sguardo del lettore lungo il reticolato di linee che percorre la terra da un margine all'altro, da Occidente a Oriente, in una tensione a "navigare" sempre verso nuove periferie. La narrazione del "ritrovamento" delle Canarie di Boccaccio è parente stretta delle imprese raccontate nelle novelle d'avventura marinaresca del *Decamerone* (come quella di Landolfo Rufolo, II, 4). Questo frammento, che appartiene al sottogenere della lettera mercantile familiare[31] che riporta notizie dall'estero, sembra assegnare un ruolo significativo alla letteratura di scoperta. Il sapore pre-colombiano si avverte persino nel titolo con quell'espressione "nuovamente trovate" («*noviter repertis*») riferito alle isole (o alle terre), locuzione che avrà notevole fortuna nella successiva tradizione italiana di letteratura geografica: basti pensare alla lettera vespucciana a Pier Soderini del 1504, *Lettera di Amerigo Vespucci delle isole nuovamente trovate in quattro suoi viaggi*.

Se nella cultura italiana, fiorentina o veneziana,[32] ma anche meridionale, si rinvengono i primi sforzi di ricolle-

[31] Per una trattazione più specifica, cfr. N. De Blasi, *La lettera mercantile tra formulario appreso e lingua d'uso*, in *La lettera familiare*, «Quaderni di retorica e Poetica», diretti da G. Folena, I, Padova, Liviana, 1985, pp. 39-48.

[32] Si pensi al caso dello Studio di Pavia, dove insegnava Nicolò Scillacio, autore del *De insulis meridiani atque indici maris nuper inventis*, in cui si racconta del secondo viaggio di Colombo. Cfr. N. Scillacio, *Sulle isole meridionali e del mare indico nuovamente trovate*, introduzione, traduzione e note a cura di M.G. Scelfo Micci, Roma, Bulzoni, 1990.

gare gli sparsi dati di conoscenze antiche tra i tentativi di esplorazione,[33] cercando di conciliare i dati delle esperienze dei navigatori italiani e iberici e portoghesi sulle vie delle Indie con l'immagine del mondo ereditata dalla cultura classica; non è però dall'Italia, bensì dalla Spagna e dal Portogallo (se pure con finanziamenti fiorentini o marinai genovesi), che partono materialmente le navi per i "nuovi mondi", per le "terre incognite". I viaggiatori spagnoli per "nave", *conquistadores* o missionari, vivono questi viaggi come eventi magari anche desiderati ma certo materialmente consumati, hanno mete precise, le Indie o il Mondo Nuovo, e un obiettivo definito, misurano tappe, esplorano luoghi e collegano il punto d'inizio con il punto d'arrivo; invece, in Italia, i dotti viaggiatori che "per biblioteca" acquisiscono informazioni, raccolgono dati, leggono, compulsano, scrivono e adattano in una struttura erudita, compilativa, hanno un'idea culturalmente precisa ma concretamente indeterminata degli approdi e delle navigazioni.

Nonostante questo ruolo significativo nell'apertura delle vie transoceaniche e nell'elaborazione geograficostorica, per cui il nostro paese fu uno dei centri di distribuzione delle notizie relative alle imprese esplorative soprattutto attraverso la corte pontificia e la rete di rapporti di cui i mercanti e i banchieri italiani potevano usufruire, l'Italia era culturalmente e politicamente impreparata a ricevere l'enorme massa di novità che le scoperte dei "mondi nuovi" fornirono nel giro di pochi decenni. La

[33] Una sintesi dell'ambiente generale degli studi umanistico-geografici nella Firenze rinascimentale è in un saggio di R. Almagià, *Il primato di Firenze negli studi geografici durante i secoli XV e XVI*, in «Atti della Società Italiana per il Progresso delle Scienze», 1929, pp. 60-80 (ora Firenze, Società di Studi Geografici, 1963). Per una sintesi dell'argomento si veda il recente *Il Mondo di Vespucci e Verrazzano: geografia e viaggi. Dalla Terrasanta all'America*, a cura di L. Rombai, cit. (cfr. i contributi di L. Rombai, pp. 29-69, con bibliografia, e C. Gallelli, pp. 71-92).

scoperta del Nuovo Mondo ebbe da noi un ruolo contraddittorio nella coscienza della società del tempo e, seppure non marginale, certamente non tale da rendere disponibile un autorevole punto di partenza affinché il concetto di innovazione si delineasse come strumento per rimodellare la società e il sapere. La paura del Nuovo Mondo, che proprio gli italiani scopriranno e nomineranno (Colombo, Vespucci, Caboto, Verazzano), sembra anticipare il punto in cui l'Italia, che per molto tempo aveva creduto la sua storia come gloriosa e autonoma, cade vertiginosamente in un processo di annichilimento storico.

Da una posizione sopraelevata, in senso letterale e metaforico insieme, l'Italia del Rinascimento guarda indietro verso gli antichi e continua ad avanzare su strade periferiche, già battute, che collegano all'antica rete del passato. Perché se da un lato questa è l'era delle grandi conoscenze del globo, l'imperante filosofia scolastica costituisce ancora l'ossatura delle conoscenze dello studio umanistico e scientifico. Le notizie di terre ignote e le scoperte senza precedenti che Colombo e Vespucci riportavano entrano nella cultura accademica del tempo soltanto sotto forma di vaghe generalizzazioni, e al tempo stesso sembrano non lasciare postumi nella coscienza collettiva del vecchio mondo, ancora legato alla parola di Aristotele e dei suoi interpreti. I dotti sembravano non accorgersi di avvenimenti di cui subito ad altri fu evidente l'eccezionale importanza. Nelle aule universitarie si continuava a discutere dell'abitabilità della terra, prestando fede ad antichi argomenti, senza tener conto di quanto i viaggiatori stavano dimostrando. Il 18 marzo 1523, Pietro Pomponazzi espone ai suoi allievi dello studio bolognese le quattro ragioni addotte dal Filosofo nel secondo libro delle *Meteore* per dimostrare l'inabitabilità delle terre collocate a sud del Tropico del Capricorno. Poi, alla teoria contrappone le ragioni dell'esperienza. Da un amico veneto, al seguito del nunzio papale in Spagna, riferisce di un viaggio che ha saputo essere avvenuto nella zona australe: «Per venticinque gradi ha navigato, dopo aver attraversato la zona torrida. Ora egli mi scrive che, usciti dalle Colonne d'Ercole, navigarono in detto emisfero per tre mesi, e s'imbatterono in più di trecento isole separate una dall'altra, che non solo erano abitabili, ma abitate. Che ne dite? Che vi pare dei ragionamenti di Aristotele e degli argomenti apodittici di Averroé per dimostrare il contrario?».[34]

Perfino in questa temperie di elaborazione culturale si affaccia il sospetto che la novità di cui gli italiani furono causa non insegni nulla sulla modernità. Ecco perché lo sguardo rinascimentale sulla storia è quindi anche lo sguardo fisso e assente di chi non partecipa alla spartizione del bottino, che spinge irresistibilmente verso il futuro le nazioni moderne: Inghilterra, Spagna, Francia, Portogallo, Olanda. Quanto gli italiani fossero impegnati in questa elaborazione culturale è testimoniato dalla vivacità degli scambi epistolari tra la madrepatria e i mercanti fiorentini residenti nelle città iberiche dalle quali partivano le esplorazioni, ma anche dalle numerosissime relazioni delle "imprese" e delle "navigazioni" nuove: dalla Spagna parte Colombo; Lisbona e Siviglia sono i teatri delle navigazioni di Vespucci e da Siviglia parte e ritorna anche il superstite Pigafetta; e poi Lione, dove si preparò l'impresa di Giovanni da Verazzano, e Bristol, donde molto probabilmente partì la piccola flotta di Giovanni Caboto.[35] Ma se gli italiani sono in prima linea per quel che ri-

[34] Riportato in *Il Mondo nuovo di Amerigo Vespucci*, a cura di M. Pozzi, Milano, Serra e Riva Editori, 1984, p. III, e pp. 12-13. Sull'accoglimento delle nuove scoperte da parte della cultura europea di quel periodo, si veda R. Romeo, *Le scoperte americane nella coscienza italiana del Cinquecento*, Milano-Napoli, Ricciardi, 1971.

[35] Su Giovanni Caboto e la problematica ricostruzione delle testimonianze del suo approdo in Nuova Scozia (il futuro Canada), si veda il profilo biografico con documenti a cura di F. Surdich, in *Nuovo Mondo. Gli Italiani*, a cura di P. Collo e P.L. Crovetto, Torino, Einaudi, 1991, pp. 269-282; ma anche il più recente *Giovanni Caboto e le vie del-*

guarda l'avanzamento sugli oceani, la rielaborazione culturale e l'allargamento delle frontiere del mondo conosciuto; delle cose che richiedono la titolarità piena delle imprese di scoperta, mancano di una cosa fondamentale, ossia la formazione di un grande Stato centralizzato, come avviene per gli altri Stati europei. La totale assenza degli italiani nella costruzione/costituzione davvero profonda del Nuovo Mondo e dell'incipiente modernità (rispetto a inglesi, spagnoli, olandesi, francesi, portoghesi) induce a concludere che l'Italia ha consegnato l'esperienza delle scoperte, compiuta all'acme della sua storia culturale e politica, a un meccanismo di rinuncia perfettamente in linea con questa mancanza di "ambizione" centralizzatrice, meccanismo che se da un lato la mette in grado di riconoscere nei fatti di aver avuto un peso significativo nelle scoperte dei "mondi nuovi", dall'altra però la porta ad espungere del tutto tale evento dal suo bilancio storico-politico; per cui nella genesi del Nuovo Mondo le solitarie imprese di pochi navigatori italiani sono un fattore identificabile paradossalmente proprio perché compiute per altri Stati e sotto altre bandiere.

MONDO NUOVO E GIRO DEL MONDO

La realizzazione piena di tutte queste tensioni e incognite viene ancora più intensamente avvertita quando Colombo realizza quel che Dante aveva soltanto sognato (e condannato): lo sconfinamento oceanico di Ulisse, che aveva ispirato i versi danteschi, muove Colombo all'azione.

Nella storia umana non esiste una figura che sia al tempo stesso più significativa e più controversa di questo audace marinaio. È indubbio che il suo arrivo nel Nuovo Mondo, a San Salvador, nel 1492, segni un momento deci-

l'Atlantico Settentrionale, Atti del Convegno Internazionale di Studi (Roma, 29 settembre-1° ottobre 1997), Genova, Brigati, 1999.

sivo nella storia; ma è pur vero che quel momento, inquadrato nella più ampia prospettiva dell'evoluzione della cultura geografica dell'Occidente, appare piuttosto come l'episodio culminante di un grande processo esplorativo, iniziato almeno due secoli prima. Ciò che differenzia la scoperta del Nuovo Mondo da ogni altra scoperta geografica non è tanto il fatto che fosse inattesa, quanto piuttosto per gli effetti dirompenti che ebbe sulla politica, sulla vita, sui costumi e su ogni altro aspetto della cultura, e sulla letteratura.

Il progetto di Colombo di raggiungere l'Asia Orientale (il Catai e il Cipangu di Marco Polo e di Nicolò de' Conti) traversando direttamente da est a ovest l'Oceano Atlantico, nella sicura convinzione che il percorso fosse più breve che non quello del periplo africano aperto dopo la scoperta di Bartolomeo Diaz, non nasceva, come si direbbe oggi, scientificamente. Il progetto trovava le sue basi nella lettura di opere geografiche e cosmografiche strettamente legate alla tradizione medievale, come la *Imago Mundi* di Pietro d'Ailly, accanto all'opera stessa di Tolomeo, ma soprattutto nella conoscenza che Colombo ricavò dalla lettura della versione latina del libro di Marco Polo. In conseguenza al viaggio poliano di ritorno dalla Cina verso l'India, l'idea era quella di una comunicazione fra il Mar della Cina (il futuro Pacifico) e l'Oceano Indiano. Queste due fratture, isolando la terra australe tolemaica dall'ecumène, ebbero come risultato quello dell'invenzione di due penisole immaginarie rivolte l'una verso sud-est e l'altra verso sud-ovest: la prima corrispondente al futuro Capo di Buona Speranza, scoperto nel 1485 dai portoghesi; la seconda, protesa a latitudini meridionali, rispondeva all'idea che l'India si estendesse molto notevolmente verso sud e in qualche modo prefigura la costa meridionale americana ancora da scoprire.

Date queste premesse, le vicende della prima traversata di Colombo (partenza da Palos il 3 agosto 1492, tappa intermedia alle Canarie e ripartenza il 6 settembre, per giungere a un'isola dell'arcipelago di Bahamas, forse Watling, il 12 ottobre) e quelle delle successive navigazioni con la scoperta di nuove terre (Cuba e Haiti, identificata con Cipangu), mostrano la convinzione di Colombo che il Nuovo Mondo fosse l'Asia; e tale convinzione permane nelle altre navigazioni: nella seconda, che fruttò la scoperta delle Antille e anche nella terza. Arrivato, nel corso del suo terzo viaggio (1497) a toccare la terraferma, non lungi dalla foce dell'Orinoco, Colombo ritiene di essere giunto nei pressi del Paradiso terrestre. A convincerlo è la mitezza del clima, la fertilità della terra, la generosità dei suoi abitanti, ma anche il confronto tra ciò che vede e ciò che ha letto nelle antiche scritture. Non bisogna dimenticare, tuttavia, che l'ipotesi di Colombo non è quella di Dante, che colloca il Purgatorio nell'emisfero meridionale. Mentre la concezione poetico-teologica dantesca inserisce nella realtà terrestre dell'Oceano il mistero trascendentale dell'aldilà, l'ipotesi di Colombo non si riferisce al Paradiso oltremondano, bensì al Paradiso terrestre, il quale, una volta accertatane l'esistenza, stava sulla terra. Quanto Colombo si preoccupasse di non allontanarsi dall'ortodossia cosmografica risulta da un passaggio della *Relazione del quarto viaggio*, scritta in Giamaica il 7 giugno 1503, in cui l'Ammiraglio riparla del «sito del Paradiso terrestre che Santa Madre Chiesa approva»,[36] laddove, forse, a guardar bene, le parole tradiscono l'impaccio e le titubanze del genovese di fronte alla realtà di ciò che gli si era parato di fronte, ossia un quarto continente. Il Paradiso terrestre trovava sanzione sicura nella dottrina della Chiesa; mentre non c'era posto nella cosmografia ufficiale del Me-

[36] C. Colombo, *Gli scritti*, a cura di C. Varela, introduzione di J. Gil, edizione italiana a cura di P. Collo, traduzione e revisione dei testi di P.L. Crovetto, Torino, Einaudi, 1992, p. 338 (si tratta dell'edizione italiana del volume curato da C. Varela, *Cristóbal Colón. Textos y documentos completos*, Madrid, Alianza Editorial S.A., 1982-1989).

dioevo per un quarto continente. Riprendendo questo discorso nella Lettera del 1503 ai Re Cattolici, Colombo scriverà che «le Altezze Vostre posseggono qua un altro mondo».[37] L'Ammiraglio percepì forse di aver fatto avverare tale profezia, per quanto sia vagamente possibile che egli abbia mentito in modo deliberato riguardo alle terre che aveva scoperto, considerando strategicamente preferibile situarle in un mitologico Oriente piuttosto che in un ignoto Occidente. Oriente significava infatti, soprattutto per i sostenitori potenziali del suo progetto, l'idea delle «Indie» e delle loro ricchissime miniere d'oro.[38]

Questo è solo un episodio della lunga storia del viaggio europeo, che è storia di un'avventura conoscitiva nella quale l'osservazione si apre la strada a fatica e con molta lentezza. La «scoperta», infatti, si può dire che sia entrata nell'immaginario e nella coscienza dell'epoca a partire dal 1503, quando comparve il *Mundus Novus* di Vespucci; e dal 1506-1507, quando vennero pubblicate le versioni italiana e latina dell'altro celebre opuscolo vespucciano, chiamato *Quator Navigationes*. Di fatto, l'una afferma e l'altra conferma la consapevolezza che avrebbe avuto Vespucci di avere raggiunto un continente sconosciuto – mentre Colombo credeva di aver toccato l'Asia, attraverso la «via occidentale». Soltanto con Vespucci la dimensione culturale della «scoperta» assume la pienezza del suo significato, perché solo con i suoi racconti l'Europa comprende che la via occidentale alle Indie – mero problema tecnico di convenienza mercantile – apre, di fatto, la possibilità di un gigantesco impegno di esplorazione e

[37] «*Otro mundo*»: nell'originale spagnolo (cfr. Colombo, *Gli scritti*, a cura di C. Varela, cit., p. 224). L'Ammiraglio dice di sentire «dal profondo del cuore» che in queste isole da lui esplorate si trovi il Paradiso terrestre.

[38] Su questo tema della scoperta come rivelazione confusa, si veda il saggio di B. e L. Benassar, *1492. Un mondo nuovo?* [1991], Bologna, Il Mulino, 1992.

di ricchezza.[39] Bene sintetizza, al proposito, Italo Calvino, quando scrive: «Scoprire il Nuovo Mondo era un'impresa ben difficile [...] ancora più difficile, una volta scoperto il Nuovo Mondo, era *vederlo*, capire che era *nuovo*, tutto *nuovo*, diverso da tutto ciò che ci s'era sempre aspettati di trovare come *nuovo*».[40]

L'immenso processo storico che ne derivò non fu certo determinato dagli opuscoli vespucciani,[41] ma certo si può dire che Vespucci ne impersonò le intuizioni più innovative. L'acutezza stessa del titolo della sua operetta più celebre, *Mundus Novus*, denuncia con polso fermo e senza enfasi l'errore degli antichi: è una presa di posizione ferma e diretta, senza infingimenti o ripensamenti. Nel momento epico delle grandi esplorazioni spagnole e portoghesi, quando non erano ancora evidenti l'entità e la natura delle terre scoperte, le affermazioni perentorie dell'autore del *Mundus* dovettero suonare ardue, segno di una consapevolezza che era mancata anche al grande Ammiraglio genovese e che certamente mancava ai più che si mettevano in viaggio sulle nuove vie occidentali.

Nel saggio *Le morali della storia*, Todorov riassume sinteticamente la storia della fortuna vespucciana e ne analizza alcuni aspetti attraverso le elaborazioni e le opinioni che si sono susseguite numerose nell'arco di quattro secoli. La letteratura, secondo Todorov, illustra i miti dell'esi-

[39] T. Todorov, *Le morali della storia* [1991], Torino, Einaudi, 1995, pp. 156 ss.

[40] I. Calvino, *Com'era nuovo il Nuovo Mondo*, in *Collezione di sabbia*, Milano, Mondadori, 1990, p. 11.

[41] Esiste una «questione vespucciana», tuttora aperta e che suscita discussioni e dibattiti, sull'autenticità delle fonti e sul numero e le caratteristiche dei viaggi transoceanici compiuti dal navigatore fiorentino. Riassume la situazione L. Formisano nella *Introduzione*, in A. Vespucci, *Lettere di viaggio*, Milano, Mondadori, 1984, pp. XII-XIII. Un buon panorama bibliografico della cosiddetta «questione vespucciana», è contenuto in *Amerigo Vespucci*, in *Scopritori e viaggiatori del Cinquecento e del Seicento*, a cura di I. Luzzana Caraci, Milano-Napoli, Ricciardi, 1991, pp. 199-280 (in part. pp. 209-217).

stenza umana e perciò non si esaurisce nel compito di fungere da semplice fabulazione; ma anzi dimostra come le menzogne narrative costituiscano un orientamento attivo, permanente e incancellabile del pensiero, una maniera originale di donazione di un senso alla realtà. Egli, infatti, crede che la fortuna di Vespucci sia dovuta alla qualità tutta "letteraria" dei suoi scritti rispetto a quelli di Colombo. Non è dunque la scoperta intellettuale che celebra l'attribuzione del nome al nuovo continente, ma – che i suoi padrini ne siano coscienti o no – la qualità letteraria.[42] D'altro canto, altri studiosi fondano l'origine dell'indiretta fortuna postuma di Vespucci piuttosto sulla mancata conoscenza dell'insieme dei viaggi di Colombo da parte dei contemporanei.[43]

Ipotesi, quella todoroviana, forse smentita dai fatti. D'altro canto, se Cristoforo Colombo non smise mai di registrare, anche quando la sorte gli fu meno propizia, eventi, fatti e riflessioni personali attraverso diari, lettere e resoconti, affascinato dalla parola scritta in grado di impressionare la memoria dei posteri, anche Amerigo Vespucci, come è più volte ripetuto nelle sue carte, aveva una certa qual volontà di perpetuare il suo nome, la petrarchesca "fama" di darsi a conoscere alle generazioni future, volontà naturalmente spartita alla pari con altri scopritori, navigatori o pionieri, come Pigafetta, che scrive di voler viaggiare per «andare a vedere quelle cose che potessero dare alguna satisfatione a me medesmo e potessero parturirmi qualche nome apresso la posterità».[44]

[42] T. Todorov, *Le morali della storia*, cit., p. 157; anzi, lo studioso mostra come il meccanismo ideologico di Vespucci sia quello di risvegliare nei lettori «un sentimento di appartenenza a un'élite culturale» (p. 162).

[43] Cfr. C. Varela, *Introduzione*, a *Americo Vespucio: El Nuevo mundo. Viajes y documentos completos*, a cura di C. Varela, Madrid, Ediciones Akal, 1985.

[44] A. Pigafetta, *Dedicatoria al gran maistro de Roddi*, in *Relazione del primo viaggio attorno al mondo*, testo critico e commento di A. Canova, Padova, Antenore, 1999, p. 159.

La scoperta dell'America è infatti quasi coeva all'invenzione della stampa; e dunque il navigatore genovese e il mercante fiorentino si affacciano al mondo moderno e vi introducono nuovi schemi culturali, nuove modalità di pensiero e di conoscenza. Vespucci non era un uomo di mare, e di certo non un avventuriero di maggiore o minor fortuna; era tuttavia un uomo istruito, personalmente preoccupato di far conoscere in Europa l'importanza della scoperta; si direbbe un cronista della prima ora; ma, soprattutto, il primo che con grande perspicacia fu in grado di comprendere che quelle terre dove approdarono gli spagnoli non erano "le Indie", né il mitico Catai con i possedimenti del Gran Khan, come instancabilmente continuò a credere fino alla fine l'Ammiraglio. È ben vero che Vespucci non ha scoperto per primo queste terre, ma ha tuttavia il merito di averle descritte e fatte conoscere all'Europa, sostenendo la tesi che la terra scoperta non appartiene all'Asia, ma rappresenta «quarta pars mundi», un nuovo continente. Di qui anche l'importanza del suo nome, che viene a essere quello di un intero continente che egli riconosce come tale, prima ancora che nasca alla coscienza degli europei.[45]

L'attribuzione del nome di Amerigo alla nuova terra da poco scoperta, voluta dal geografo e matematico tedesco Martin Waldseemüller, avviene nel 1507 attraverso un libro destinato a cambiare radicalmente la storia

[45] Sulla questione del nome "America" dato al nuovo continente, Contini, *Vespucci e il nome dell'America*, in *Ultimi esercizî ed elzeviri*, Torino, Einaudi, 1989, p. 224, ricorda, a partire da una precisazione del linguista Bruno Migliorini, che il nome *Amèrica* nasce precisamente sull'analogia di *Africa*, sostantivo (che sottintende terra o parte del mondo) identico al femminile dell'aggettivo *Africus*. Il Nuovo Mondo ebbe dunque il suo nome, proprio da parte degli europei, un nome preso non dalla mitologia greco-latina, ma dal mercante fiorentino che lo aveva intuito e nominato per primo proprio come mondo nuovo. Sulla problematica questione del nome del nuovo continente, cfr. A. Vespucci, *Mundus Novus*, a cura di C. Spila, Troina, Città aperta, 2007.

delle idee, la *Cosmographiae Introductio*, in cui compare per la prima volta il nome «America», per indicare il Nuovo Mondo. A complemento di questo opuscolo, che è una introduzione alla cosmografia (termine col quale in quel tempo soleva intendersi la geografia), era allegata la versione latina dei quattro viaggi di Amerigo Vespucci, a giustificazione del motivo per cui era stato dato il nome America al Nuovo Mondo. Vespucci era ritenuto e riconosciuto scopritore di queste nuove terre.[46]

Il senso della proposta di Waldseemüller mostra il passaggio dal modello antico-feudale di trasmissione della cultura a quello moderno. Benché la proposta appaia come una forzatura, l'osservazione del geografo lorenese è la necessaria conseguenza dello spostamento dall'interno all'esterno del nucleo informativo ed educativo della letteratura. Non più, o non solo, trasmissione della tradizione ma percezione delle trasformazioni in atto: e questa proposta coglie soprattutto il fenomeno prodotto dalla diffusione della stampa, e cioè l'accelerazione dei processi comunicativi e la perentorietà di affermazione del "nuovo".

Con l'epistola colombiana e poi con il testo vespucciano (e il corollario del geografo lorenese), l'età moderna acquista la coscienza di aver compiuto un'impresa di fronte alla quale impallidiscono le più famose esplorazioni,

[46] Per ben due volte nel testo della *Cosmographiae Introductio*, Martin Waldseemüller menziona i nuovi territori descritti da Vespucci come «quarto continente» (*quarta orbis parte*), e per due volte propone di battezzare questa parte del globo di nuova scoperta come America in onore del presunto scopritore, intendendo tuttavia con questo nome il Sud del continente americano. Cfr. M. Waldseemüller, *Cosmographiae Introductio*, ed. anastatica a cura di C.G. Herbermann, prefazione di J. Fischer e F. van Wieser, New York, Books for Libraries Press, 1907 [2ª ediz. 1969], p. 63 e p. 70. Trent'anni più tardi un altro cartografo tedesco, Gerhard Mercator, estese il nome di America alla porzione nord dell'emisfero occidentale. Sulla mappa di Mercatore, pubblicata nel 1538, la parte nord veniva definita «Americae pars septentrionalis» e la parte sud «Americae pars meridionalis».

navigazioni e scoperte dell'antichità. L'abitabilità della zona torrida, la traversabilità dell'Oceano, negate dai filosofi antichi e dai padri della Chiesa, venivano adesso constatate e *de facto* acquisite alla letteratura. La nuova scoperta si situa in un momento cruciale, un periodo di contrasti e di travagli, nel conflitto tra una visione, quella medievale, che non è ancora decaduta del tutto, e la superiore intuizione dei greci riportata in piena luce da tanti studiosi dei classici; e infine nella lotta tra il mondo della scienza e della navigazione ancora affascinato dal pensiero classico e l'evidenza di un mondo che navigatori e scopritori in genere stanno schiudendo, in contrasto spesso con il sapere antico. In questo senso, l'atto di nascita del Nuovo Mondo è indissolubilmente legato al vecchio; il vecchio continente torna come interprete del nuovo, come rappresentante del progresso e della civilizzazione. Tuttavia, la novità del lunghissimo continente verticale americano, imprevisto dalla sapienza del vecchio mondo, segna anche la nascita della modernità come crisi di valori teologici, come ferita spirituale e frattura tra etica e filosofia, uno straniamento culturale che produce una reazione di violenza e di sopraffazione (da cui le rivendicazioni lascasiane).[47]

Quando, finalmente, nel mosaico culturale delle scoperte e delle nuove narrazioni di viaggi s'impone la *Relazione del viaggio attorno al mondo* di Pigafetta, la percezione immaginativa della realtà subisce un ulteriore, decisivo cambiamento. I mondi nuovi e le terre ignote – imparagonabili a quelli "di qua" – erano remote geograficamente: le tante imprecisate miglia che le dividevano dal-

[47] Il riferimento è ovviamente la *Brevisíma relación de la distruyción de las Indias occidentales* (1552) del frate domenicano Bartolomé de Las Casas; ma anche alla sua polemica con Juan Ginés de Sepúlveda, che appoggiava ideologicamente la Conquista e la guerra *contra los indios*. Cfr. *La controversia sugli Indios*, a cura e con un'introduzione di S. Di Liso, Bari, Edizioni di Pagina, 2007.

l'Europa simboleggiavano la distanza che la coscienza dell'uomo doveva interporre tra una nuova terra e l'attuale prospettiva di conoscenza. Più che nuovi mondi, erano ancora terre ignote e lontane, lande remotissime. La terra ri-diventa veramente una sfera, una forma chiusa, nel 1522, quando ciò che resta della flotta di Magellano fa ritorno in Portogallo: soltanto allora l'astrazione diventa realtà, oggetto d'esperienza. Le spedizioni transpacifiche, l'occupazione spagnola delle Filippine e la realizzazione di un traffico regolare tra queste e il Messico, consolideranno, nel corso del secolo, il filo sottile col quale la prima circumnavigazione ha unito i mari e le terre, prima isolati, poi dispersi su una superficie indefinita. Poi dopo la spedizione di Verazzano e l'altra grande circumnavigazione di sir Francis Drake, anche gli immensi spazi terrestri, dilatati all'estremo dall'enorme quantità di tempo che occorre per superarli, diventano finiti, e quindi definibili, accessibili, prevedibili. Il "nuovomondismo" vespucciano trova un incredibile proseguimento nel "mondialismo" di Pigafetta e la definitiva sepoltura del pensiero geografico medievale.

L'impresa di Magellano narrata da Pigafetta è, per lo storico della letteratura, un'invenzione sublime: il mondo tutto è finalmente contenuto in un libro, lo spazio (del mondo) subisce la metamorfosi nel tempo (della lettura). Il mondo è la pagina scritta, e il marinaio è anche lo scrittore che la solca col segno linguistico, traducendo un'esperienza "reale" in una realtà "narrativa". L'avventura del "giro del mondo" entra nelle biblioteche, all'interno delle corti, nel chiuso degli studi accademici, nell'intimo degli ambienti domestici. Il testo pigafettiano, senza precedenti nella storia della letteratura e nel dibattito delle idee, entra negli annali della nuova cultura umanistico-rinascimentale che chiede la sostituzione della ormai "invecchiata" filosofia scolastica.

Tra il 1492 e il 1520 l'esperienza fornita dalle navigazioni atlantiche oltre l'equatore manda in frantumi l'immagine del mondo fino ad allora conosciuto; ed è difficile oggi riuscire a farsi un'idea anche solo vagamente adeguata dell'enorme confusione che regnò in quel preciso momento storico, e più difficile ancora riflettere sulla fortuna storica che toccò al tema del "viaggio attorno al mondo". Il Nuovo Mondo come "globo" fu, a partire da questo momento, con evidenza sempre crescente, sia quel mondo che diviene una unica società globale, sia quel mondo che è inglobato con violenza all'interno della storia.

Si delineano così i contorni di un globo immenso, ma definito, destinato a sostituire l'illimitata e minacciosa terra sconosciuta, "incognita", che occupava, secondo la lunga e affermata tradizione tolemaica, i confini estremi di una terra sferica soltanto di nome. Le terre ignote, "incognite" che sono un vuoto dell'esperienza, appaiono, agli occhi dell'Occidente, ricolme di popoli, di luoghi e oggetti che dall'Asia, in cui prima erano collocati, si spostano in Africa per essere infine trasferiti nel Nuovo Mondo in un unico grande *tour*. La relazione pigafettiana documenta un significativo cambiamento di ruolo: perché l'aspirante viaggiatore, una volta appagato, si trasforma in uno scrittore, propagandista di un desiderio di avventura, di peregrinazione. Francesco Carletti passa alla storia come il primo mercante a fare il giro del mondo; e più tardi, in pieno Seicento, si cimenta anche il calabrese Giovan Francesco Gemelli Careri (1651-1725), esemplare di un tipo di viaggiatore "per diletto" che compie (e scrive) anche lui un suo *Giro del mondo*.

Pigafetta, dunque, codifica quel nuovo elemento del racconto di viaggio, il "giro attorno al mondo", che godrà di immensa fortuna nella letteratura ottocentesca, da Coleridge a Jules Verne a Kipling, da Melville a Stevenson. Il mare riacquista i suoi diritti come protagonista del viaggio; quel mare che per gli scrittori antichi era solo tempesta e sepolcro, ora offre al narratore lo spettacolo di innumerevoli meraviglie: i lupi marini, gli squali, le balene grandissime, i grandi squadroni di pesce minuto, lo stupore dei sargassi. Poi, una volta a terra, che fosse Patagonia o Molucche, Pigafetta racconta le avventure e le insidie che ai navigatori audaci tendono gli inaffidabili abitanti di terre sconosciute. Tutta la narrazione pigafettiana offriva una palpitante prova delle peripezie cui si poteva in quegli ignoti paesi andare incontro, e lo sfondo esotico conferiva alla situazione inusitata un interesse enorme.

UNA GEOGRAFIA PLURALE

Il giro del mondo riporta ai giri della scrittura, e ancora una volta a Petrarca, l'inquieto «peregrinus (quasi) ubique»; perché è proprio a partire dai suoi testi che si pone questa qualità del viaggio come una paradossale "fuga in avanti", come una provocazione culturale, un'apertura degli spazi mentali. Petrarca si cimenta con il tema complesso della nuova disposizione degli spazi geografici: certamente il suo *Itinerarium*, se pure infarcito di erudizione classica, rappresenta il primo e impegnativo testo dove l'uomo europeo occidentale apre un dibattito culturale. Sullo sfondo del racconto di viaggio petrarchesco si accampano questioni che attengono direttamente al senso della storia e della identità culturale degli europei: i luoghi santi diventano specchi che parlano al lettore del sé, dei desideri e delle paure e dei sogni dell'uomo.

Lo scritto petrarchesco si inserisce all'interno di una letteratura di pellegrinaggio in Terrasanta, che ha una tradizione antica quasi quanto la storia del cristianesimo e ha come naturale conseguenza la necessità di testimoniare con la scrittura il proprio percorso.[48] Questi pelle-

[48] Alla geografia sacra della Terrasanta è legata una vasta letteratura, costituita per la maggior parte dagli *itineraria*, che è impossibile qui offrire in tutta la sua completezza. Si rimanda, perciò, alla voce generale di M. Pastore Stocchi, *Itinerari in Terrasanta*, in *Dizionario critico*

grinaggi innescano un duplice processo, perché se da un lato formano per molto tempo un robusto sistema contro l'irruzione delle novità, contribuendo a rendere ancora più rigoroso lo stretto sentiero che gli intellettuali europei potevano percorrere per restare all'interno di una ortodossia vincolante, dall'altro hanno l'effetto di aprire nuove vie alla moltiplicazione dei mondi, delle rotte e dei mercati. Questa antica forma di viaggio assume l'aspetto di un itinerario verso il luogo della santità, un cammino penitenziale (*peregrinatio poenitentialis*); nasce e si struttura come un particolare itinerario in cui il viandante, per penitenza appunto, intraprende viaggi verso santuari e luoghi miracolosi per visitare immagini sacre o venerande reliquie, affrontando lunghi ed estenuanti percorsi, non privi di pericoli e di accidenti, ma che contengono anche occasioni di scoperta geografica. Il testo petrarchesco dell'ideale viaggio in Terrasanta e il *Libro d'Oltramare* di Niccolò da Poggibonsi, che è invece il racconto coevo di un viaggio realmente compiuto, permettono di riflettere sulle straordinarie capacità di resistenza di una cultura tradizionale e, per converso, sugli stimoli al cambiamento, sulle difficoltà di fare accettare intellettualmente un nuovo discorso sulla geografia, e anche sulla nuova forma da far assumere al resoconto (o racconto) di viaggio.

Come altre pratiche di passaggio e iniziazione, il rac-

della letteratura italiana, diretto da V. Branca, vol. II, Torino, UTET, 1986, pp. 520-523. Ma si veda anche F. Cardini, *I viaggi di religione, d'ambasceria e di mercatura*, in *Storia della società italiana*, vol. VII: *La crisi del sistema comunale*, Milano, Teti, 1982, pp. 157-200 (ora in Id., *Minima medievalia*, Firenze, Arnaud, 1987, pp. 235-292). Nel Medioevo furono numerosi i viaggiatori spinti ad andare in Terrasanta: girovaghi, giullari, mercanti e pellegrini, mossi da esigenze e obiettivi diversi. Sul significato di questa letteratura, si veda C. Bologna, *Figure letterarie del viaggio nel Medio Evo occidentale*, in *Letteratura e Drammaturgia dei Pellegrinaggi*, Convegno Internazionale (Anagni, 10-11-12 settembre 1999), a cura di M. Chiabò-F. Doglio, Roma, Edizioni Torre d'Orfeo, 2000, pp. 245-252.

conto del viaggio in Terrasanta si configura, anzitutto, come allontanamento da una *communitas* e sospensione dell'identità sociale. Al suo posto, emergono i temi dell'esperienza del tragitto spazio-temporale, della fatica, dell'incontro con una realtà "altra". Il modello esperienziale è tutto incentrato sul corpo e sul sondaggio dei propri limiti, sull'esortazione a vincere la stanchezza, lasciando emergere uno spirito vittorioso sul corpo. Il tempo e lo spazio dell'agire sono sostituiti dal cronotopo della misura del percorso quotidiano, dalla percorrenza e dalle distanze, attuando la costituzione di un nuovo immaginario del viaggio. Nello stesso tempo, la parola, la scrittura si fa corpo: il viaggio diviene un testo da stampare, non più resoconto orale o manoscritto, ma documento universale. La stampa è il veicolo delle nuove concezioni, prevalentemente nella consapevolezza e nella continuità di un dibattito che è soprattutto affidato ai testi e alle carte geografiche, documentato da un libro di nuova concezione, l'atlante.[49] La letteratura di viaggio acquisisce uno statuto definitivo di genere letterario e diventa cassa di risonanza e luogo di scontro tra le opposte dinamiche del cambiamento e della svolta verso il moderno, ma anche verso la riluttanza e l'opposizione al nuovo. Il mondo delle isole e

[49] Sui moderni strumenti di rappresentazione del mondo e di conoscenza geografica, come atlanti, carte, mappamondi, e il loro riflesso sulla cultura, si veda A. Quondam, *(De)scrivere la terra. Il discorso geografico da Tolomeo all'atlante*, in *Culture et société en Italie du Moyen-âge à la Renaissance. Hommage à André Rochon*, Paris, Université de la Sorbonne Nouvelle, 1985, pp. 11-35; M. Donattini, *Spazio e modernità. Libri, carte, isolari nell'età delle scoperte*, Bologna, Clueb, 2000, pp. 107-141. Sulla cartografia, cfr. M. Quaini, *Il mito di Atlante. Storia della cartografia occidentale in Età Moderna*, Trento, Centro Studi Martino Martini/Il Portolano, 2006; A. Caterino, *L'universo in una mano. Storia dei globi nel mondo occidentale*, Trento, Centro Studi Martino Martini/Il Portolano, 2006; *Alla scoperta del mondo: l'arte della cartografia da Tolomeo a Mercatore*, Presentazione di F. Sicilia, testi di M. Bini, E. Milano, A. Battini, L. Federzoni, Modena, Il Bulino, 2001.

delle "terre incognite" sembra crescere a dismisura, eccitando la curiosità dei lettori europei. La stampa diviene un tramite eccellente per la diffusione di testi apprezzati da un pubblico molto vasto e le informazioni sono raccolte e narrate in testi per lo più brevi, in genere epistole, elaborate in modo frettoloso e spesso ripetitive.

Tra le novità arrecate dalla moderna letteratura di viaggio, una riguarda non tanto il racconto, quanto piuttosto gli autori: ossia, quelle figure di mercanti e navigatori che escono da uno spazio culturale e sociale indistinto per divenire, a pieno titolo e nella piena visibilità storiografica, autori letterari, scrittori. All'origine della trasformazione del modello narrativo complessivo della letteratura di viaggio stanno anche gli "strumenti" adottati allo scopo del racconto. Nell'elaborazione del discorso di viaggio interviene in modo sensibile la strategia di comunicazione praticata dal mondo mercantile. La *lettera*, strumento di informazione tra i mercanti, si adatta a raccogliere e trasmettere le notizie sulle scoperte, sulle promettenti ricchezze che esse lasciano intravedere.[50]

La funzione narrativa del navigatore, che ha in Cristoforo Colombo il suo primo emblematico protagonista, ha un importante momento di divulgazione a stampa proprio nella "lettera-relazione" come nuova forma della letteratura di viaggio. La lettera-relazione, ma anche il diario o libro di bordo, induce a considerazioni verso la scrittura breve, costruita secondo un modello umanistico codificato, che già inclina alla storia, e suggerisce anche un definito orientamento formale. Costruita come un model-

[50] Una raccolta ampia di superstiti testi mercantili intenti a memorizzare le novità dei viaggi di scoperta è in G. Berchet, *Fonti italiane per la storia della scoperta del Nuovo Mondo*, in *Raccolta di documenti e studi pubblicati dalla R. Commissione Colombiana*, parte III, vol. I: *Carteggi diplomatici*; vol. II: *Narrazioni sincrone*, Roma, Ministero della Pubblica Istruzione, 1893 (un'ampia scelta del vol. II si legge ora in *Nuovo Mondo. Gli Italiani*, a cura di P. Collo e P.L. Crovetto, cit.).

lo programmaticamente aperto, la lettera-relazione si configura come un genere instabile, sfuggente e disponibile a dilatarsi e ad accrescersi, incentivando la riscrittura, quando non il plagio. Redatta spesso in latino, scritta dai protagonisti o da coloro che dai protagonisti raccolgono le testimonianze, la lettera-relazione si dirama per i canali interessati alle scoperte: il canale mercantile, quello diplomatico, e la tipografia.

Tra i tanti temi, messi in luce, il nesso terra-mare costituisce il tema dominante di questa letteratura di viaggio.[51] Per questa letteratura, è principalmente la terraferma a delimitare l'orizzonte della narrazione. Della terra (isola o costa che sia) si forniscono elementi oro-idrografici e a dominare sono le immagini fortemente stereotipate della flora, della fauna e dei nativi; mentre in Pigafetta esiste la dimensione ulteriore rappresentata dal mare. Lo stesso *Diario de a bordo* di Cristoforo Colombo (quello del primo viaggio) sarebbe, secondo la definizione di Gerbi, un «diario di mare e di terra», per indicare la compresenza costante dei due elementi, a metà strada tra Marco Polo e il giornale di bordo di «probabile derivazione computistica e nautica».[52]

Per i navigatori e i compilatori di libri di viaggio si tratta insomma di luoghi privilegiati, *topoi* nel senso tecnico della parola, che in virtù di ciò assumono i contorni di uno

[51] Marinella Pregliasco ha rilevato il forte schematismo della rappresentazione nei racconti di scoperta, coniando la formula di «viaggio minimo» per indicare l'esclusione del movimento vero e proprio, del tragitto (cfr. M. Pregliasco, *Tipologia di un viaggio minimo*, in *La letteratura di viaggio dal Medioevo al Rinascimento. Generi e problemi*, Alessandria, Edizioni dell'Orso, 1989, pp. 63-84).

[52] Cfr. A. Gerbi, *La natura delle Indie Nove. Da Cristoforo Colombo a Gonzalo Fernández de Oviedo*, Milano-Napoli, Ricciardi, 1975, p. 17 e n. 1. Importanti le note di I. Luzzana Caraci, *La letteratura di viaggio dell'epoca delle grandi scoperte. Problemi di definizione e di metodo*, in «Notiziario del Centro Italiano per gli Studi storico-geografici», III, n. 3, 1995, pp. 3-12.

spazio a sé, dotato di motivi che ne accentuano l'individualità e la riconoscibilità. Ciò che ne viene fuori è un quadro astratto calato in un presente atemporale di ambizione enciclopedica, un compendio di storia naturale e di etnografia. Risaltano in tal modo alcuni temi caratteristici: la nudità e semplicità degli indigeni, lo scambio dei doni (*rescate*), le canoe e le amache, gli antropofagi di Carib, che Colombo chiamerà «Cannibali». Il complesso delle relazioni di viaggio finisce per articolarsi come un testo archetipico che arricchisce, rendendola più variegata e inquieta, l'immagine del Nuovo Mondo tra esotica e mitologica. Le favole classiche medievali e la letteratura tecnica affidata ai portolani, le "pratiche della mercatura" e i diari di terra (da Guglielmo di Rubrouck a Odorico da Pordenone, all'*Itinerario* di Ludovico de Varthema) non hanno del tutto perduto il loro fascino e si pongono come una sorta di «marcopolismo aggiornato», punto di riferimento costante nella narrativa di viaggio a partire da Colombo.[53]

Il quadro dinamico delle nuove scoperte contribuisce a sollecitare il mercato della letteratura di viaggio, ma non si possono ignorare le sollecitazioni della politica e il riscontro intellettuale accanto a quello commerciale e giuridico. Colombo partì in conformità a un'ipotesi ritenuta valida, sulla sfericità del globo, e nel 1493 ripreso il mare e di ritorno in Spagna incominciò a raccontare in una lettera la sua avventura. L'*Almirante* promosse la sua impresa servendosi del primo mezzo di comunicazione di massa della stampa a caratteri mobili: la lettera, subito stampata e diffusa in tutta Europa, informò della traversata atlantica, della scoperta delle Antille e delle meraviglie del Nuo-

[53] La definizione è di L. Formisano, *La scrittura di viaggio come «genere» letterario*, in *Antonio Pigafetta e la letteratura di viaggio nel Cinquecento*, a cura di A. Chemello, Verona, Cierre Edizioni, 1996, pp. 25-45 (citazione a p. 36).

vo Mondo. Tre anni dopo, Pietro Martire d'Anghiera inizia a redigere una serie di rapporti dal Nuovo Mondo che invia al papa. Saranno pubblicati nel 1530 con il titolo *De Orbe Novo*. Benedetto Bordone, miniatore e intagliatore di xilografie, nel 1528 aveva diffuso le prime notizie sulle isole oceaniche, Giamaica, Santo Domingo, Cuba (*Libro nel qual si ragiona de tutte l'isole del mondo*, Venezia, 1528). Grazie alla stampa si pubblicano le relazioni dei viaggi e delle scoperte geografiche, il sogno di ricchezza alimenta di nuova linfa la letteratura di viaggio.

La scrittura imita la natura e testimonia «la ventura» (non la medievale *fortuna*) dell'uomo alla conquista degli spazi. La scrittura di viaggio immette in uno spazio pieno, dove la presenza di cose "nuove" e "inusitate" allontana dallo spazio consueto e produce un senso di spaesamento, di alterità. Il racconto di viaggio acquisisce una doppia dimensione, spaziale e temporale: storica e fittiva: è il coagulo di tutte le manifestazioni identitarie, è lo strumento attraverso cui l'uomo conosce il mondo esterno e lontano, interpreta i segni del sociale. La dimensione del racconto di viaggio diviene così la dimensione dell'avventura, dell'esotico.

Nell'analisi della presenza italiana nelle vicende delle scoperte geografiche e dei viaggi tra XV e XVI secolo, è da sottolineare un aspetto essenziale nel quadro della cultura europea: una parte non indifferente dei risultati ottenuti nelle scoperte geografiche ha potuto divenire nota con precisione grazie alla curiosità e all'opera di umanisti e divulgatori italiani e, in senso più ampio, di uomini di cultura che hanno raccolto e pubblicato la documentazione relativa alle scoperte e all'espansione. Sono gli italiani i traduttori e i divulgatori dei grandi geografi e cosmografi dell'antichità, oltre che geografi e navigatori in proprio o al soldo di stranieri. Un lavoro, quello dei geografi e degli storici del viaggio, di allestimento di aggiornate carte geografiche e di compulsazione di testi, che va svolto in biblioteca, a tavolino, e che esige la meditante pazienza di chi sta fermo.

Già nel 1507, un professore di Vicenza, Fracanzio da Montalboddo, rispondendo alla sensibilità dei compatrioti per tutto quanto era in rapporto con le navigazioni intraprese dai popoli iberici, aveva pubblicato la prima raccolta di testi «di viaggi» con un titolo di grande suggestione: *Paesi novamente retrovati e Novo Mondo da Alberico Vesputio Florentino intitulato*. In questo volume, piuttosto eterogeneo, si trovano testi più antichi, come i rapporti di Alvise da Mosto, vari estratti dal *Diario* di Cristoforo Colombo, il famoso *Mundus Novus* di Vespucci, due lettere di Girolamo Sernigi a proposito della spedizione di Vasco da Gama, la cosiddetta relazione del «Pilota Anonimo», diverse lettere di mercanti e informatori e testi che descrivono la realtà orientale. Tale raccolta ottenne immediatamente enorme successo, e conobbe numerose riedizioni in italiano, in latino e nelle principali lingue europee.

Nel 1550, l'umanista veneziano Giovanni Battista Ramusio dà inizio alla pubblicazione della grande raccolta di testi geografici intitolata *Navigazioni e Viaggi*. Nei tre volumi che costituiscono l'opera, oltre ad alcuni testi già presenti nei *Paesi*, si trovano altri testi inediti. Ramusio non è un viaggiatore; fa parte di quella schiera dei "sedentari" come Boccaccio o Poggio Bracciolini.[54] La sua rac-

[54] Ramusio fu un personaggio notevole a servizio della burocrazia veneziana: uomo d'elevata ed eclettica cultura, che vantava rapporti privilegiati con Aldo Manuzio, come pure con Andrea Navagero, Gerolamo Fracastoro e Pietro Bembo. Ne ricostruisce il profilo intellettuale e umano M. Milanesi, *Giovanni Battista Ramusio e le* Navigazioni e viaggi *(1550-1559)*, in *L'epopea delle scoperte*, a cura di R. Zorzi, Firenze, Olschki, 1994, pp. 75-101, con bibliografia, a cui si deve aggiungere, della stessa studiosa, la *Introduzione* all'edizione da lei curata delle ramusiane *Navigazioni e viaggi*, Torino, Einaudi, 1978-1988. Il discorso sull'opera ramusiana viene approfondito da L. Stegagno Picchio, Navigationi et Viaggi *di G.B. Ramusio*, in *Letteratura Italiana. Le Opere*, diretta da A. Asor Rosa, vol. II: *Dal Cinquecento al Settecento*, Torino, Einaudi, 1993, pp. 479-515. Si veda anche il recente A.

colta, pubblicata in tre tomi, dal 1550 al 1559 a Venezia, presso l'editore Tommaso Giunti, figlio di Lucantonio il Vecchio, venne ristampata e accresciuta per tutto il secolo XVI, tanto da divenire per alcuni testi la *vulgata* comunemente accettata, e per altri documenti perfino l'unica testimonianza esistente. Con questa raccolta la letteratura di viaggio ha la propria consacrazione come genere letterario codificato e definito, ma al tempo stesso mostra il segno del suo progressivo esaurimento.

Lungo tutto il XVI secolo, la curiosità degli umanisti e degli intellettuali italiani si concretizza non soltanto nella pubblicazione di testi «di viaggi», ma anche in edizioni di poemi a carattere apologetico (come *La lettera dell'isole che ha trovato nuovamente il re di Spagna* di Giuliano Dati, parafrasi in ottave della prima lettera di Colombo, o il *Libro dell'universo* di Matteo di Raimondi Fortini), o ancora nell'elaborazione di libri di sintesi storica (*Historiarium indicarum libri* di Giovanni Petro Maffei o le *Relazioni universali* di Giovanni Botero), nella redazione di nuovi generi letterario-geografici, come gli "isolari" (l'*Isolario* di Benedetto Bordone, 1526 e *L'Isole più famose del mondo* di Tommaso Porcacchi, 1576) e nell'ammodernamento della cartografia di numerose parti del mondo sulla base di informazioni ricevute di prima mano da navigatori portoghesi e italiani.[55] Durante il Rinascimento e poi per tutto il secolo XVII, la letteratura di viaggio entra nella vita e nei pensieri quotidiani. Gli europei stabilizzano la propria cultura e i propri atteggiamenti mentali su una pluralità di "mondi", su una congerie di inattesi sce-

Del Ben, *Giovanni Battista Ramusio cancelliere e umanista. Con l'edizione di quarantacinque lettere a Pietro Bembo*, Trieste, Edizioni Goliardiche, 2005.

[55] Sui libri delle isole, si veda M. Guglielminetti, *Il «Mondo nuovo» come un'isola. Benedetto Bordon e Tommaso Porcacchi*, in *L'epopea delle scoperte*, a cura di R. Zorzi, Firenze, Olschki, 1994, pp. 103-120; ma cfr. anche l'ampio panorama che offre Donattini, *Spazio e modernità*, cit., pp. 167-264.

nari geografici che si credeva già di conoscere: come le Indie, ovvero quelle che erano chiamate «Indie portoghesi», su cui esisteva una letteratura di forte tradizione, da Marco Polo ai viaggi di Nicolò de' Conti narrati da Bracciolini fino alle *Lettere* di Filippo Sassetti[56] e ai resoconti di viaggio di Cesare Federici (1587) e del gioielliere veneziano Gasparo Balbi (1590).[57]

Sull'Oriente, il panorama editoriale si rivela ricco e articolato e i lettori dispongono di un patrimonio vasto di conoscenze, anche se incerto. Vi sono rappresentati generi letterari che vantano un illustre passato, come i resoconti dei pellegrini in Terrasanta (da Niccolò da Poggibonsi al *Viaggio al Monte Sinai* di Simone Sigoli), e relazioni di scrittori quali Ludovico de Varthema o Andrea Corsali (le due *Lettere*, scritte in Cochin e indirizzate ai Medici, furono pubblicate a Firenze nel 1517 e 1518, inserite poi in tutte le edizioni del Ramusio); i libri di viaggi di religiosi come Odorico da Pordenone e quelli diplomatici come Giovanni di Pian del Carpine; oltre ovviamente al *Milione* di Marco Polo. Non si contano poi le relazioni scritte dagli ambasciatori veneziani in Persia a fine Quattrocento, riproposte più volte in lavori miscellanei (si pensi a un "long-seller" come i *Viaggi fatti da Vinetia, alla Tana, in Persia, in India, et in Costantinopoli*, Venezia, figliuoli di Aldo, 1543), le epistole indirizzate ai sovrani portoghesi, le lettere "edificanti" dei Gesuiti e tutta una pubblicistica europea e cattolica sui Turchi e sul pericolo ottomano, vecchio *leitmotiv* delle relazioni europee con l'Oriente.[58]

[56] Cfr. F. Sassetti, *Lettere dall'India (1583-1588)*, a cura di A. Dei, Roma, Salerno Editrice, 1995.

[57] Cfr. *Viaggi di C. Federici e G. Balbi alle Indie Orientali*, a cura di O. Pinto, Roma, Istituto Poligrafico e Zecca dello Stato, 1962.

[58] Su questa letteratura, in buona parte di produzione veneziana, cfr. P. Preto, *Venezia e i Turchi*, Firenze, Sansoni, 1975; il cap. di C. Dionisotti, *La guerra d'Oriente nella letteratura veneziana del Cinquecen-*

L'Africa è ancora lontana, con l'unica ovvia eccezione della costiera mediterranea, percepita come propaggine turca. Oltre quella frontiera stanno i «regni de' negri» verso cui stenta ad affermarsi qualche interesse editoriale, se non per il testo sul Senegal di Alvise da Mosto, stampato in *Paesi nuovamente retrovati...* in una seconda edizione (Venezia, Sessa, 1515). Ancora nel 1493, Giuliano Dati, nel *Primo* e *Secondo cantare dell'India* (1494-1495) condensava la leggenda del favoloso Prete Gianni.[59] Ma il testo più importante sull'Africa viene dal dotto Hasan ben Mohammed al-Wazzan al-Zaiyati, noto come Giovanni Leone l'Africano. Si tratta della *Descrittione dell'Africa* che il dotto granadino scrisse nei suoi anni di prigionia a Roma, certamente terminata nel 1526, alla corte di Leone X, e che fu tradotta in diverse lingue.

Per il Nord, poi, esiste il racconto della spedizione di Niccolò e Caterino Zeno[60] e la relazione sulla Moscovia di Paolo Giovio.[61]

to, in *Geografia e storia della letteratura italiana*, Torino, Einaudi, 1967; ma anche *L'Oriente. Storie di viaggiatori italiani*, Milano, Electa, 1985. Sui Gesuiti, cfr. *Lettere edificanti e curiose di missionari gesuiti dalla Cina*, a cura di I. e J.-L. Vissière, prefazione di P. Citati, Parma, Guanda, 2008.

[59] Su questo tema della secolare ricerca del regno favoloso del Prete Gianni, sotto cui si legge una storia delle relazioni europee con l'Oriente, cfr. G. Zaganelli, *Introduzione* a *La lettera del Prete Gianni*, Parma, Pratiche, 1990.

[60] L'autenticità della relazione (Nicolò Zeno, *Commentarii del viaggio in Persia di messere Caterino Zeno [...] et dello scoprimento dell'isole Frislanda, Eslanda, Engrovenlanda, Estotilanda, & Icaria, fatto sotto il polo artico, da due fratelli Zeni*, Venezia, Marcolini, 1558) su questa spedizione ha tormentato generazioni di studiosi: per la bibliografia più recente vedi F. Ambrosini, *Paesi e mari ignoti. America e colonialismo europeo nella cultura veneziana (secoli XVI-XVII)*, Venezia, 1982, pp. 177, n. 2. Il testo è tornato all'attenzione degli studiosi in tempi recenti grazie a un contributo di G. Padoan, *Sulla relazione cinquecentesca dei viaggi nord-atlantici di Nicolò e Antonio Zen (1383-1403)*, in «Quaderni veneti», n. 9, 1989, pp. 11-17, che propende per la veridicità della narrazione.

[61] Sulla Moscovia, o Russia, cfr. P. Licini, *La Moscovia rappresenta-*

La geografia, dunque, si sviluppa all'insegna della molteplicità (isole, mari, terre) e del plurale (nuovi mondi, paesi ritrovati, terre ignote); anche se testi classici (Erodoto, Tolomeo, Plinio, Pomponio Mela, Strabone), che rappresentano un rilevante tramite di informazioni e racconti, trasmettono un'idea tradizionale di ecumène. All'interno di tale composita situazione, una sensibilità nuova comincia a manifestarsi, una sensibilità che documenta il desiderio di allargare l'arco dell'orizzonte su cui esercitare l'attenzione e acquisire nuove informazioni.

LA VOCE DEL VIAGGIATORE

La letteratura di viaggio nasce all'incrocio tra documento e racconto o, come è stato notato, dalla «compresenza e compenetrazione di due diversi sistemi incompatibili tra loro: quello della biografia [...] e quello dell'autobiografia».[62] Sin dall'inizio, al momento della stesura nelle carceri di Genova (1298) del libro di Marco Polo, il racconto di viaggio si pone sotto il segno della confessione autobiografica, dell'organizzazione dello spazio della memoria, ma anche dell'enfasi, dell'irrequietezza e dell'apertura.[63] Il contributo orale si ferma (e si forma) nel-

ta. L'immagine "capovolta" della Russia nella cartografia rinascimentale europea, Milano, Guerini, 1988; e G. M. Nicolai, *Il grande orso bianco. Viaggiatori italiani in Russia*, Roma, Bulzoni, 1999. Sulle terre del Nord, cfr. L. De Anna, *Il mito del Nord: tradizioni classiche e medievali*, Napoli, Liguori, 1994.

[62] V. Bertolucci Pizzorusso, *Enunciazione e produzione del testo nel «Milione»*, in Ead., *Morfologie del testo medievale*, Bologna, Il Mulino, 1989, pp. 209-241. La fisionomia letteraria della scrittura di viaggio trova il suo punto di origine proprio nel racconto e nel continuo intersecarsi dell'esperienza vissuta e dell'affabulazione: su questo nesso, cfr. D. Perocco, *Viaggiare e raccontare. Narrazione di viaggio ed esperienze di racconto tra Cinque e Seicento*, Alessandria, Edizioni dell'Orso, 1997.

[63] Su questo nodo centrale la bibliografia è ampia; ma citiamo su

la scrittura, nel trattato o nella lettera. Sul modello di Marco Polo, narratore e protagonista di un libro di cui Rustichello è trascrittore (o scrittore), si plasma anche il racconto di Nicolò de' Conti che detta il suo viaggio a Poggio Bracciolini. Ma qui l'umanista assume tutta la padronanza del racconto includendolo nel suo trattato sulla varietà della fortuna umana (*De varietate fortunae*). Il viaggio è solo un esempio, e Niccolò è confinato in una terza persona protagonista.

Da questi due esempi si evince come il racconto di viaggio sia il prodotto di operazioni complesse, che incrociano il piano della scrittura e la voce rammemorante del viaggiatore. Il passaggio dall'oralità dell'osservatore alla scrittura (e la costruzione di un assetto espositivo) non è mai una mera registrazione. La testualizzazione di un evento vissuto è un atto ideologicamente orientato e le peculiarità soggettive sono calate ovviamente in un complesso di stereotipi rappresentativi e figurativi. Questo quadro, così variegato, si dinamizza ulteriormente lungo le trafile della storia attraverso le traduzioni, i rimaneggiamenti, e le riscritture. Le conoscenze erudite sono adibite alla rappresentazione di realtà e mondi sconosciuti: Paolo Giovio e Maffei, rielaboratori eruditi della materia geografica, si pongono come ideali ponti tra colui che concretamente realizza il viaggio e l'estensore (o narratore "di riporto"), cioè colui che senza muoversi stende descrizioni di paesi lontani e favolosi, sulla base di racconti o appunti inviatigli da chi viaggia realmente.[64]

tutti A. Barbieri, *Dal viaggio al libro. Studi sul* Milione, Presentazione di A.M. Babbi, Verona, Fiorini, 2004.

[64] Sulla necessità di mantenere distinti viaggio e relazione di viaggio e sull'insieme delle mediazioni che rendono improponibile il passaggio meccanico di tratti dall'uno all'altro, si vedano le utili indicazioni metodologiche in V. De Caprio, *Un genere letterario instabile. Sulla relazione del viaggio a Capo Nord (1799) di Giuseppe Acerbi,*

Il viaggio e le cose viste dunque vanno collegati assieme: ma se l'esperienza fatta va comunicata, e chiunque possiede gli strumenti tecnici per farlo si concede il gusto di raccontarla, allora è da porsi il problema metodologico e deontologico di che cosa raccontare o «reportare» di ciò che si è visto e sentito, ma anche di ciò che non si è visto ma sentito da altri. Rustichello da Pisa, nel cap. I del *Milione*, specifica che nel libro si troveranno mescolate informazioni acquisite in entrambi i modi, ma tende a dare credito alla correttezza del narratore veneziano del quale si fa scriba, assicurando che le cose raccontate sono come Marco Polo «le ha viste con i propri occhi» e che, tuttavia, «v'è anche qualcosa che non ha visto, ma che ha udito da uomini fededegni».[65] L'informazione geografica offerta al lettore si fonda anzitutto sull'esperienza del viaggiatore-testimone. L'osservazione «con i propri occhi», fondamentale operatore di credibilità nei testi di viaggio, conferisce veridicità ai contenuti del discorso. Le lettere di viaggio e le relazioni di scoperte dovrebbero in qualche modo essere "garantite" nella loro attendibilità dallo scrivente stesso che le compie; in realtà, come è stato ampiamente dimostrato, nel "discorso di viaggio" la realtà sperimentata coesiste con i modelli convenzionali, il quotidiano si intreccia con il meraviglioso, l'empirismo del vissuto reagisce con i

Roma, Archivio Guido Izzi, 1996, pp. 15-25. Per osservazioni sull'etichetta di "letteratura di viaggio" come *corpus* eterogeneo e plurimo di testi e di generi, cfr. Cardona, *I viaggi e le scoperte*, cit., Bologna, *Viaggi e scritture di viaggio*, cit., F. Wolfzettel, *Le discours du voyageur*, Paris, Presses Universitaires de France, 1996. Soltanto in tempi recenti la letteratura di viaggio è stata stabilmente inclusa tra i generi letterari, allorché si è preso atto di un processo di rivisitazione della produzione cinquecentesca italiana ed europea che coinvolge geografi e storici letterari e della lingua. Proprio a Cardona deve essere riconosciuto il merito di aver preparato il terreno per il recupero e la riedizione delle testimonianze di un momento fondamentale della storia e della cultura quale è l'età delle scoperte geografiche e dei viaggi.

[65] M. Polo, *Milione*, a cura di A. Barbieri, Parma, Fondazione Pietro Bembo-Guanda,1998, p. 3.

moduli di ascendenza erudito-letteraria. Insomma una giunzione di reale e di immaginario.

Va detto poi che il racconto di viaggio è profondamente condizionato da un insieme di idee recursive e ricorrenti sul meraviglioso di lunga tradizione. I viaggiatori, per quanto aperti e carichi di curiosità intellettuali, proiettano sulle realtà ignote i presupposti e gli schemi di valutazione della loro epoca e della loro civiltà. Il condizionamento esercitato dai criteri di giudizio e dai modelli interpretativi della cultura di partenza sono determinanti e, in molti casi, il peso delle convenzioni culturali è forte e trasforma il viaggio in una rappresentazione mentale di aspettative, desideri o angosce nel quale lo scrittore (europeo) osserva se stesso.

L'identità molteplice dei testi di viaggio deriva principalmente dalla sua incertezza di statuto, dal richiamarsi a vari paradigmi e filoni librari (*reportage*, epistolario, diario, resoconto, racconto, testo didattico, testo di storiografia). Il racconto di viaggio nasce all'insegna del *pachtwork*, dell'assemblaggio di materiali diversi, spazio di compromesso e mediazione (ma anche instabilità) tra generi diversi. Il racconto di viaggio presuppone il taglio e l'ambizione sintetica del libro di geografia, ma la materia si distende sulle parabole di andata e ritorno, su simbolismi e dettagli, curiosità e divagazioni. Il racconto di viaggio diviene così un telaio su cui intessere una materia enciclopedica ed eterogenea.

Nel complesso la letteratura di viaggio post-colombiana, Colombo compreso, condivide la stessa aria di famiglia del *Milione*, originata dall'utilizzazione di luoghi comuni ampiamente circolanti, soprattutto nell'ambito per lo più didascalico in cui i testi si riconoscono.[66] Essi si ca-

[66] Sul *Milione* come cerniera tra reale e immaginario nella letteratura di viaggio, si veda complessivamente A. Barbieri, *Dal viaggio al libro. Studi sul* Milione, cit., con bibliografia di riferimento.

ratterizzano per uno schema generale di riferimento (individuato dagli studi di Cardona,[67] Firpo,[68] Formisano[69] e Pregliasco[70]) insieme a *topoi* e alla praticabilità di descrizioni "riconoscibili". La letteratura di viaggio si colloca così, sin dall'inizio, all'interno di un territorio garantito e noto.

Quello che regola questa letteratura è certamente un criterio di attendibilità e di credibilità, di cui già il racconto di Marco Polo si dimostrava tributario. Le alterità e le differenze fra il mondo originario, il mondo di partenza, diciamo così, e il mondo di arrivo, le terre incognite, la lontana Asia, o Cipango che sia, o le Indie dei navigatori, sono così marcate che inducono alla descrizione e a un relativo comportamento informativo. I viaggiatori si trovano di fronte a una gamma di usi e di costumi estremamente ricca e insolita in ogni senso (morale, antropologico, culturale), che cercano di illustrare esaurientemente. Descrivere una terra "nuova", una parte di un tutto, con linguaggi, codici, modelli appartenenti al conosciuto e al già visto è la difficoltà cui si trova di fronte il viaggiatore, mercante o navigatore, letterato o storico.

Il racconto di viaggio, sede primaria di una irriducibile individualità dell'autore-viaggiatore, instaura poi una serie di dinamiche che rinviano certamente alla geografia e alla storia, ma in definitiva interessano i temi dell'avventura e del destino, della scoperta di se stessi e dell'«altro»,

[67] Il riferimento è a Cardona, *I viaggi e le scoperte*, in *Letteratura Italiana*, cit.

[68] Cfr. *Colombo-Vespucci-Verrazzano*, a cura di L. Firpo, Torino, UTET, 1966.

[69] Cfr. L. Formisano, *Tra racconto e scrittura: la scoperta dell'America nei viaggiatori italiani del primo Cinquecento*, in *Atti del IV Convegno Internazionale di Studi Colombiani* (Genova, 21-23 ottobre 1985), Genova, Civico Istituto Colombiano – Fondazione Colombiana, 1987, pp. 198-230.

[70] Cfr. Pregliasco, *Tipologia di un viaggio minimo*, in *La letteratura di viaggio dal Medioevo al Rinascimento*, cit.

e più ancora sollecitano le strutture profonde della motivazione psicologica, della componente morale, del dibattito culturale. Così, la letteratura di viaggio interviene a stimolare (e modificare) il rapporto tra civiltà, la concettualizzazione dello spazio, le tipologie di rappresentazione dei luoghi e degli uomini. Il linguaggio narrativo o discorsivo si rivela, tuttavia, una fonte di ambiguità nel restituire l'evento mano a mano che si va compiendo, o quando è del tutto compiuto.

Storicamente divenuta la nuova forma di comunicazione veloce, attendibile, alla cui elaborazione e diffusione concorre la nuova editoria, la lettera-relazione-diario è una consapevole presa d'atto della centralità e funzione di questi generi letterari nuovi. Una centralità effettiva, costruita nella storia e nella geografia, con una finalità di propaganda esterna e, insieme, di auto-apologia. Una centralità, tutta cinquecentesca, a erigere la quale si mobilita – autorizzata e incoraggiata da un'effettiva base di interesse e di utilità – l'ideologia politico-religiosa con tutta la sua capacità di persuasiva argomentazione. La lettera-relazione di viaggio crea, in prima istanza, una immediatezza istituendo un contatto con il destinatario; pertanto il lettore entra nella descrizione-racconto *in medias res*, il che dà al parlante/scrivente una automatica credibilità. In secondo luogo, il lettore inevitabilmente assume la prospettiva di chi parla. In questo caso la descrizione viene utilizzata piuttosto come tecnica *suasoria*: persuadere qualcuno di essere stato in un certo luogo mettendogli dinanzi agli occhi una attenta e dettagliata visione. La lettera-relazione dirige insistentemente la prospettiva del lettore verso quella dello scrivente: i verbi «mirare», «guardare», «vedere», «fissare» incorniciano la descrizione visiva e finiscono in certo modo per enfatizzarla. È, infine, la soggettività deliberatamente affinata dello scrittore-viaggiatore a conferire al racconto di viaggio una precisa identità, diversa da quella della descrizione geografica o della trattazione enciclopedica. Anche se fonte documentaria su luoghi, su popoli o comunità, il racconto di viaggio ha tuttavia una superiorità peculiare sul resoconto dello studioso o del cartografo, e il suo intensificarsi a cavallo soprattutto tra XV e XVI secolo ha creato le condizioni per ulteriori e radicali trasformazioni nella percezione europea del mondo e dell'uomo che culminano con la letteratura del Settecento, epoca di viaggiatori e di esploratori alle soglie del nostro tempo.

Vale forse per tutti i viaggiatori ciò che scrive il nobile romano Pietro Della Valle nel suo *Ragionamento*, redatto il 19 marzo 1617, ossia il discorso che avrebbe voluto pronunziare, al suo ritorno, in una pubblica seduta dell'Accademia degli Umoristi per presentare la stampa delle sue lettere.[71] In primo luogo, egli assegna alla figura del viaggiatore una importante funzione etico-sociale, perché esso giova alla pubblica utilità veicolando «le scienze da uno ad un altro popolo» e favorisce, in tal modo, «occasione e necessità di scambievole amicitia» tra gli uomini di diversi paesi. La gloria e la sapienza degli antichi è giunta in Occidente attraverso una «avventurosa trasportation delle scienze fatta [...] da una gente ad un'altra» dai Patriarchi biblici agli Assiri e ai Caldei fino ai Greci e ai Romani; ma anche per l'opera di mitici eroi ed esploratori come Ercole, Giasone, Alessandro, Ulisse, Enea, ai quali egli vi aggiunge Colombo, Vasco da Gama, Magellano e Vespucci. Della Valle costruisce così un canone dei viaggiatori che lo induce a iniziare una peregrinazione, acceso «d'un impatiente desiderio di scorrere il mondo» con la salda speranza di acquistare «un pretioso dono della notitia delle cose esterne» e di «riportare alla patria alcun dono di novità».

[71] Il discorso preparatorio di Della Valle (*Ragionamento che io penso far nell'Accademia, presentando il libro*) si legge nella storica collana de "Il nuovo Ramusio", vol. VI: *I viaggi di Pietro Della Valle. Lettere dalla Persia*, vol. I, a cura di F. Gaeta e L. Lockhart, Roma, Istituto Poligrafico dello Stato, 1972, pp. 59-64.

È, dunque, al suo ritorno che il viaggiatore diventa scrittore e si cimenta nelle fatiche di un lavoro di revisione da compiere allo scrittoio. Il viaggiatore porta dentro di sé il vissuto del viaggio come deposito di impressioni e di ricordi; e da questo sedimentato memoriale vengono selezionati i materiali degni di nota: «Convien, per tanto, che io dispensi con ogni uno quanto di buono, di bello e di curioso peregrinando ho trovato». Anzi, «una tal relatione, fin dal principio che io mi posi in camino, fu sempre l'intento mio di riportar, nel mio ritorno, in dono a questa nostra Accademia». Insomma, l'andare presuppone un ritorno pieno di lavoro di scrittura e testimonianza; anzi, probabilmente si parte proprio con l'intenzione di scrivere.

Ma se ciò che spinge a viaggiare è piuttosto il «desiderio», alla base è legittimo intravedere una carenza, una penuria di possibilità, l'insoddisfazione, l'insofferenza per certi limiti. Non soltanto esso è la costante che spinge perennemente in viaggio il cittadino Della Valle e lo pone in una situazione di transito che si traduce nella identificazione con una figura di viandanza, appunto il «Pellegrino»; ma il «desiderio» si lega all'esigenza propriamente umana di spezzare in qualche punto l'orizzonte che ci stringe per aprire verso l'esterno, verso le possibilità dell'altrove. Troviamo questa opposizione esplicita tra il viaggiatore da un lato e il radicato dall'altro, tra coloro che viaggiano e s'inoltrano nella diversità e coloro che, invece, permangono in un'identità locale. Per questo, vi è opposizione tra coloro che vanno "fuori", verso un altrove, che dunque attraversano la diversità, e coloro che invece rimangono sulle loro terre, mantenendo una propria identità.[72]

[72] Del resto, la presenza di questo polo oppositivo, tra l'andare e rimanere, tra il viaggiare e il radicarsi alla terra, è rintracciabile, secondo le riflessioni del teorico Walter Benjamin, nella nozione stessa di "narratore" che si stabilizza in due tipologie: del mercante navigatore e dell'agricoltore sedentario. Cfr. W. Benjamin, *Il narratore. Conside-*

Si può approfondire e giustificare l'affermazione del «pellegrino» Della Valle dicendo che la conoscenza del mondo si affida proprio a questo «desiderio» che costruisce un itinerario, un'operazione di tragitto, di apertura, ed è marcato dall'esigenza di vedere ciò che si trova al di là di un certo limite. L'altrove "desiderato" è un mondo nuovo, è perciò un sistema *alternativo*, una cultura *altra*, al limite un tentativo di annullamento della diversità. Il racconto di viaggio risveglia questa carenza del «desiderio» di apprendere cose nuove, di vivere nuove avventure, di «desiderare» ancora terre lontane e difficili. L'Oriente, le Indie, l'America diventano allora un paradigma di desiderio, di evasione, dunque di narrativa.

La componente del desiderio è poi particolarmente evidente nella fase iniziale del viaggio, quando il viaggiatore si volge alla scoperta di ciò che è nuovo e diverso di per sé, oltre che nella fase di riflessione scrittoria, quando il viaggiatore colma una tensione emotiva (psicologica) che si esprime nella codifica delle motivazioni e dei significati da assegnare al viaggio.

Il «desiderio» di Della Valle è inquietudine mentale e curiosità indiscreta, ma è anche ambizione di superare gli schemi ovvi delle consuetudini descrittive e informative finora rispettate nei testi di viaggio. È, per l'appunto, *stile*. Uomo raffinato e signorile, Della Valle aggiorna metodi e stile con cui si era presentata fino ad allora la letteratura di viaggio (non per nulla, tra i suoi lettori c'è il Goethe "orientalista").[73] Non si tratta più per lui di incentrare il processo conoscitivo su comunità immaginate e lontane,

razioni sull'opera di Nicola Leskov, in *Angelus novus. Saggi e frammenti*, traduzione e introduzione di R. Solmi, Torino, Einaudi, 1962, pp. 247-305 (la distinzione compare a pp. 248-249).

[73] Cfr. W. Goethe, *Note e dissertazioni per una migliore comprensione del "Divano occidentale-orientale"*, in *Opere*, vol. V, Firenze, Sansoni, 1962, pp. 654-669.

che hanno ormai fondato una esotica ma circoscritta antropologia dello sguardo; il suo intendere, invece, considera il mondo come una regione di scambio culturale attraversata da interazioni, nella quale le identità si mescolano e si combinano tra loro.

Questa decisa marcatura del nesso viaggio-scrittura come «desiderio» rivoluziona l'idea di viaggio, non più interpretabile in chiave umanistico-rinascimentale come istanza di ordine delle cose e del mondo, bensì come un segno catalogabile della variabilità del reale, una visione dinamica e progressiva propria dello scrittore barocco. È evidente che il «desiderio» assume una declinazione e un rilievo diverso nel Seicento, a prescindere poi dalle differenti situazioni e motivazioni di viaggio configurabili in ciascuno dei viaggiatori. Non solo il «desiderio» è ciò che alimenta continuamente l'esperienza del viaggio e, probabilmente, non è destinato a concludersi all'arrivo, nel momento in cui terminerà il viaggio; ma esso è anche propedeutico sentimento a una nuova situazione e a una nuova identità che verrà presumibilmente configurata o costruita nel luogo e nella società d'arrivo. È indubbiamente questo un tratto che appartiene di diritto alla civiltà barocca, sempre "desiderosa" di nuove e inaudite "torsioni" dei sentimenti, spinta dall'ansia di sperimentare nuove e più audaci sensazioni. Il racconto di viaggio promette a tutti utilità e piacere, avventure e «galanterie» in un linguaggio più duttile e più mondano, più sciolto e meno ieratico. Daniello Bartoli, un celebre "viaggiatore" sedentario, avrebbe più tardi avvertito che «le istorie in cui le trombe e 'l tamburo, sonando e battendo, non tengono svegliato il lettore, egli sovente dà giù del capo e vi s'addormenta».[74] Dietro di loro attende il nobile microcosmo

[74] D. Bartoli, *Dell'Istoria della Compagnia di Gesù. Il Giappone*, vol. I, Torino, 1925, p. 14. Bartoli, sull'esempio di Ignazio di Loyola, il quale aveva sognato in gioventù «imprese difficili e grandi», realizza

dei cosmopoliti, i mercuriali *citoyens* e gli avventurieri del Settecento, i viaggiatori "per diletto" e quelli "sentimentali" pronti a invadere il mercato con i loro ameni mondi di carta.

CRISTIANO SPILA

un'opera di vasto respiro che glorifica l'avventura dei missionari della Compagnia di Gesù. Come nota Roscioni, nell'*incipit* programmatico de *L'Asia*, nella monumentale *Istoria della Compagnia di Gesù*, al posto della topica e rituale enumerazione delle virtù e delle peripezie dei protagonisti, delle ariostesche «donne, cavalier, l'arme e gli amori [...] le cortesie, l'audaci imprese» (*Orl. fur.* I, 1-2), Bartoli annuncia «le industrie, i travagli e le fatiche» dei gesuiti in Estremo Oriente, nonché gli «scoprimenti di nuovi e incogniti paesi». Il riferimento è a G.C. Roscioni, *Il desiderio delle Indie. Storie, sogni e fughe di giovani gesuiti italiani*, Torino, Einaudi, 2001, pp. 144-145.

NUOVI MONDI
RELAZIONI, DIARI E RACCONTI DI VIAGGIO
DAL XIV AL XVII SECOLO

GIOVANNI BOCCACCIO
La Canaria

Il nome delle Canarie è legato al viaggio del genovese Lanzarotto Malocello o Marocello, con la conseguente conquista e occupazione dell'isola alla quale è rimasto il suo nome (*Lanzarota*). Lo sbarco deve essere collocato tra il 1310 e il 1339,[1] anno in cui appare la prima carta che menziona l'*Insula de Lanzarotus Marocellus*, quella di Angelino Dulcert, copia del planisfero di Angelinus de Dalorto del 1325, che però non reca traccia delle Canarie. Da allora, il nome di Lanzarotto, con lo stemma genovese, viene ripetuto in tutti i documenti cartografici rimasti. A quella prima spedizione ne fa seguito un'altra, che ebbe un carattere di esplorazione commerciale, e servì a rendere "note" le "isole ritrovate".

Il racconto di quella spedizione è testimoniato da una pagina manoscritta di Giovanni Boccaccio (1313-1375), probabilmente redatta nel 1341[2] e desunta dalle infor-

[1] Su Marocello, cfr. le osservazioni di Caddeo in *Le navigazioni atlantiche*, cit., pp. 53-55 e relative note.

[2] Dagli agenti di Siviglia questa lettera-relazione pervenne al Banco dei Bardi verso la fine del 1341. Per Guido Padoan, *Petrarca, Boccaccio e la scoperta delle Canarie*, in «Italia Medioevale e Umanistica», VII, 1964, pp. 263-277 (ora in *Il Boccaccio le muse il Parnaso e l'Arno*, Firenze, Olschki, 1978, pp. 277-292) il testo si collocherebbe tra il 1341 (termine *post-quem* il 16 dicembre 1341, data di partenza della spedizione) e il 1345, data del fallimento dei Bardi. Ma, secondo la Pomaro, Boccaccio, tornato di nuovo a Firenze nel 1341 (avendo il padre lasciato i Bardi), non avrebbe a quel tempo ancora iniziato lo Zibal-

mazioni date dal ligure Niccoloso (o Niccolò) da Recco ai mercanti fiorentini di Siviglia che la trasmisero in patria.[3] L'esplorazione atlantica, partita nel luglio del 1341, era capitanata dal medesimo Niccoloso e dal toscano Angiolino dei Corbizzi (o Corbìzi) ed era stata promossa da una consociazione di mercanti e favorita dal re di Portogallo. Le tre navi, dopo cinque giorni di navigazione, erano approdate alle Canarie, a Madera e Tenerife, e poi probabilmente anche alle Azzorre, relitti forse di una favoleggiata Atlantide.

In realtà, le Canarie, con il nome di «Isole Fortunate», erano state descritte nella *Naturalis historia* di Plinio, sulla scorta di una lunghissima tradizione greca, mentre gli Arabi ne conoscevano l'esistenza e le chiamavano Isole Felici. Pomponio Mela e Solino ne certificavano l'esistenza e un loro spazio avevano anche nelle *Etimologie* di Isidoro di Siviglia; anche se, in epoca medievale, erano scomparse dall'orizzonte mentale dei geografi.

La riemersione dai flutti dell'oblio si deve, ancora una volta, a Francesco Petrarca. Nel 1337, nella celebre lettera sull'isola di Thule (*Fam.* III, 1) a Tommaso Caloi-

done in cui si trova questo testo. Cfr. G. Pomaro, *Memoria della scrittura e scrittura della memoria: a proposito dello Zibaldone Magliabechiano*, in *Gli zibaldoni di Boccaccio. Memoria, scrittura, riscrittura*, Atti del Seminario internazionale di Firenze-Certaldo (26-28 aprile 1996), a cura di M. Picone e C. Cazalé Bérard, Firenze, Franco Cesati, 1998, pp. 259-282).

[3] Il testo si trova nel cosiddetto Zibaldone Magliabechiano (Banco Rari 50) della Biblioteca Nazionale di Firenze rinvenuto da Sebastiano Ciampi a Firenze nel Cod. cartaceo Magliabechiano 122 col. 23 palch. 5 pubblicata nel dicembre 1826 sull'«Antologia» del Vieusseux (poi in *Monumenti d'un manoscritto autografi di messer Giovanni Boccacci da Certaldo trovati e illustrati da Sebastiano Ciampi*, Firenze, Galletti, 1827, pp. 53-66). Il *De Canaria* è conservato alle cc. 123*v*-124*r* del codice. Per la bibliografia sul Magliabechiano, con riferimento al testo del *De Canaria*, si può vedere l'intervento di G. Pomaro, *Memoria della scrittura e scrittura della memoria: a proposito dello Zibaldone Magliabechiano*, cit., p. 271 e n.

ro da Messina, egli ricorda le «Fortunatas insulas ad austrum»,[4] cioè a Sud. Poi ancora, nel *De vita solitaria* (1346) vi è l'indicazione precisa della scoperta, per opera di italiani, delle «Isole Fortunate [...] per noi abbastanza vicine e conosciute», le magiche isole rimaste nella tradizione come le terre della bellezza e dell'abbondanza.[5]

Esistono, tuttavia, tracce che una precedente spedizione dei fratelli Vivaldi possa essersi spinta verso le Canarie, forse approdandovi: il cronachista Uberto Folieta (*Historia genuensis*, 1528, libro V) dice che i fratelli Vivaldi erano partiti in cerca delle Isole Fortunate; mentre lo storiografo Gerolamo Tiraboschi (*Storia della Letteratura Italiana*, vol. IV, 1. I, cap. V, par. 15) attribuisce ai Vivaldi la scoperta delle Canarie, verso la fine del Duecento. Alcuni studiosi, infatti, ipotizzano che il nome *Alegranza* di una delle isole dell'arcipelago delle Canarie derivi dal nome della galea genovese dei fratelli Vivaldi, che ivi forse approdò.[6]

La narrazione di Boccaccio, il cui titolo originale completo è *De Canaria et insulis reliquis ultra Hispaniam noviter repertis*, appartiene al genere del trattato geografico e mostra gli interessi eruditi dello scrittore, che troveranno una definitiva sistemazione in anni più tardi, nell'enciclopedico *De montibus*.[7] Si tratta di un testo breve svolto come una scheda molto elaborata su un argomento geo-etnografico; è diviso in quattro sezioni,

[4] La lettera, una sorta di elaborazione del mito dell'isola di Thule, è ricca di notizie storico-geografiche. Si legge in traduzione in F. Petrarca, *Le Familiari*, introduzione, traduzione e note di U. Dotti, vol. III, Roma, Archivio Guido Izzi, 1994, pp. 2-11. In *Rvf* CXXXV, 76-77, ritorna il *topos* delle «isole famose di Fortuna».

[5] Cfr. F. Petrarca, *De vita solitaria*, a cura di M. Noce, introduzione di G. Ficara, Milano, Mondadori, 1992, p. 275 (libro II, sez. XI, cap. 3).

[6] Cfr. Caddeo, *Le navigazioni atlantiche*, cit., pp. 13-47.

[7] Cfr. G. Boccaccio, *Dizionario geografico*, traduzione di N. Liburnio, prefazione di G.F. Pasini, Torino, Fògola, 1978.

di cui la prima fornisce il rapporto ufficiale della navigazione, la seconda il racconto del primo incontro con le nuove terre e gli indigeni, la terza indica la prosecuzione del viaggio verso altre isole e l'ultima parte si interessa di sviluppare considerazioni mercantili e commerciali.[8]

Il testo boccacciano si sviluppa con precisione di dati; l'articolazione della lettera-relazione è tale da sembrare canonica nelle relazioni delle navigazioni e delle scoperte dell'epoca colombiana, secondo le linee e i *topoi* identificati negli studi ormai classici di Leonardo Olschki, Rinaldo Caddeo, Fernandez Armesto e recentemente confermati in saggi da Luciano Formisano e Theodor Cachey, il quale riconosce al *De Canaria* «una priorità italiana ed anche europea nel settore», evidenziando il testo come «capostipite di un genere letterario, quello della narrazione di scoperte ed esplorazioni oceaniche».[9]

La relazione di Boccaccio, sebbene incompleta, è un saggio in cui si trovano tutte le informazioni sulle isole: dati geografici, nautici, geologici, etnografici, glottologici e commerciali. Si trova anche notizia dei Guanci, una popolazione autoctona che allora abitava l'arcipelago delle Canarie e che gli spagnoli massacrarono quasi completamente verso la fine del XV secolo. Già in questa prima descrizione boccacciana dell'aborigeno delle Canarie si ritrovano i vari elementi che concorrono a creare il processo di stilizzazione e mitizzazione del buon selvaggio, nudo e innocente, ben formato e di buon intendimento. Di più, forse è questa la prima vera

[8] Sulla struttura della lettera, cfr. V. Branca, *Dal favoloso al realistico: esotismo fra pellegrini, mercanti e Boccaccio lanciati da pionieri sulle rotte di Colombo*, in *L'epopea delle scoperte*, a cura di R. Zorzi, Firenze, Olschki, 1994, pp. 39-59.

[9] T. Cachey, *Petrarca, Boccaccio e le Isole Fortunate*, in Id., *Le Isole Fortunate*, cit., p. 104.

rappresentazione del tema dei selvaggi (*silvestrem*) nella letteratura; ancora, per la verità, molto più somiglianti agli uomini selvatici di medievale memoria, di culti e riti «*asperis*», che agli *Indios* colombiani.

La relazione boccacciana ebbe una certa fortuna come testo autonomo se vi dipendono due compilazioni geografiche come il *De insulis et earum proprietatibus* di Domenico Silvestri[10] e il capitolo *De insulis* nel *Fons memorabilium universi* di Domenico di Bandino d'Arezzo.[11] Ma lo stesso Boccaccio lo riecheggia nelle sue *Esposizioni sopra la Comedìa.*[12]

Il testo di riferimento è quello di M. Pastore Stocchi, in *De Canaria* (1342-45), a cura di M. Pastore Stocchi, in *Tutte le opere di Giovanni Boccaccio*, a cura di V. Branca, vol. V, to. I, Milano, Mondadori, 1992, pp. 963-986.

[10] D. Silvestri, *De insulis et earum proprietatibus*, a cura di C. Pecoraro, Palermo, 1955, pp. 65-66. Ma si veda anche la recensione di P.G. Ricci in «Lettere italiane», VIII, 1956, pp. 332-336.

[11] Il passo in questione è stato pubblicato da D. Guerri, *Il commento del Boccaccio a Dante*, Bari, Laterza, 1926, p. 126.

[12] Edizione a cura di G. Padoan, in *Tutte le Opere di Giovanni Boccaccio*, a cura di V. Branca, vol. VI, Milano, Mondadori, 1965, p. 334 [V (II) 37].

La Canaria e le altre isole ultimamente scoperte[13] *nell'Oceano oltre la Spagna*

Nell'anno dell'Incarnazione 1341 è stata recapitata a Firenze una lettera di certi mercanti fiorentini residenti a Siviglia,[14] città della Spagna Ulteriore,[15] spedita di là il 15 novembre dell'anno predetto. Vi si contiene ciò che esporremo qui di seguito.

Dicono dunque che il primo luglio dell'anno predetto due navi, con una nave minore allestita dal re di Portogallo[16] (il quale aveva anche fornito le provviste necessarie alla traversata), sciolte le vele presero il largo da Lisbona, tutte con equipaggio di Fiorentini, Genovesi, soldati regolari spagnoli e altri Spagnoli, e imbarcando anche cavalli, armi e varie macchine belliche atte a

[13] Così il traduttore dell'orig. lat. «*noviter repertis*»; laddove *noviter*, come *nuovamente*, nell'uso volgare di Boccaccio vale "ultimamente", "recentemente"; mentre *repertis* va riferito alle "altre isole" («*insulis reliquis*») del titolo, cioè alle isole effettivamente scoperte nella spedizione del 1341, giacché della Canaria si aveva già notizia dal precedente viaggio di Lanzarotto Malocello (1336). Branca afferma che l'avverbio e il participio (*noviter repertis*) si devono riferire a *insulis reliquis*, che sarebbero le Azzorre e Tenerife, poiché le Canarie già erano state visitate da Malocello (cfr. Branca, *Dal favoloso al realistico: esotismo fra pellegrini, mercanti e Boccaccio lanciati da pionieri sulle rotte di Colombo*, cit., p. 45).

[14] Numerosi erano allora in Spagna gli agenti dei Bardi, che avevano a Siviglia una grossa succursale. Fu attraverso scambi di lettere tra la Spagna e il banco fiorentino che Boccaccio, legato agli ambienti mercantili fiorentini e in particolare proprio alla compagnia dei Bardi, venne a conoscenza della spedizione del genovese Niccoloso da Recco attuata quello stesso anno. Ripercorre la vicenda G. Padoan, *Il Boccaccio le Muse il Parnaso e l'Arno*, cit., pp. 280-281.

[15] Antica denominazione romana per la Spagna meridionale.

[16] Alfonso IV aveva contribuito alla spedizione esplorativa del 1341, poiché la Corona portoghese legittimava presso papa Clemente VI una decisa rivendicazione su queste isole (la lettera del 12 febbraio 1345 è trascritta in Padoan, *Il Boccaccio le Muse il Parnaso e l'Arno*, cit., pp. 283-285).

espugnare città e castelli. Erano dirette a quelle isole che comunemente diciamo Fortunate,[17] dove, favorite dal vento, giunsero tutte in capo a cinque giorni. A novembre, infine, tornarono alle loro basi, recando questo insieme di cose: in primo luogo quattro uomini, indigeni di quelle isole, e poi velli di becchi e di capre in quantità, sego, olio di pesce, pelli di foca, legnami rossi che tingono proprio come il verzino[18] (sebbene gli esperti in materia dicano che non si tratta del verzino), inoltre cortecce d'alberi che ugualmente tingono in rosso, e così una terra rossa, e simili.

Peraltro Niccolò da Recco genovese,[19] uno dei due capitani di quelle navi, interrogato diceva che da Siviglia[20] a quelle isole corrono novecento miglia circa, ma che rispetto al punto oggi chiamato Capo di San Vincenzo[21] la loro distanza dal continente è di gran lunga minore; e che la prima delle isole scoperte ha un perimetro di circa centocinquanta miglia ed è tutta rocciosa e silvestre, tuttavia abbonda di capre e d'altri animali, nonché d'uomini e donne nudi, selvaggi nell'aspetto e negli atti.[22] Aggiungeva che lui e i compagni vi avevano preso la maggior parte delle pelli e del sego,

[17] Di isole perdute si fantasticò a lungo in Europa. La leggenda delle isole Fortunate è collegata alla storia della *Navigatio* di San Brandano (IX-X sec.), che navigando nell'ignoto trovò queste isole e le chiamò *Fortunate*; a queste è anche collegato il mito della perduta Antilia, isola che tutte le mappe collocavano in mezzo all'oceano e che lo stesso Cristoforo Colombo, seguendo la carta di Paolo Toscanelli, ricercò invano nel suo primo viaggio (cfr. Pregliasco, *Antilia*, cit.).

[18] Il *verzino* è varietà di legno rosso del Brasile fornito da alcune specie di *Caesalpinia* da cui si ricava un colorante usato per tingere i panni (chiamato anche *lignum brasile*).

[19] Recco è sulla Riviera di Levante, non lontano da Genova.

[20] Secondo Pastore Stocchi, *Sibilia* (Siviglia), che non è una città sul mare, è una svista per *Lisbona*, ritenuta più congrua nel discorso.

[21] Cabo de São Vicente sull'estrema punta occidentale del Portogallo.

[22] Si tratta del popolo dei Guanci che abitava le Canarie.

ma non avevano osato spingersi troppo verso l'interno dell'isola.

Di là passando a un'altra isola alquanto maggiore della predetta videro una grandissima moltitudine di gente che veniva loro incontro sul lido, uomini e donne ugualmente nudi quasi tutti, sebbene alcuni, che sembravano avere una particolare autorità, fossero coperti di pelli caprine tinte di giallo e di rosso e, a quanto si poteva capire di lontano, molto fini e morbide, cucite insieme piuttosto abilmente con fili di budello. Come si poteva capire dal loro comportamento, avevano a quanto pare un principe cui tutti prestavano rispetto e obbedienza. Tutta questa gente mostrava di voler commerciare e intrattenersi con l'equipaggio delle navi. Pure, per quanto alcune scialuppe dalle navi si fossero spinte verso la spiaggia, i marinai, non intendendo in alcun modo la loro lingua, non osarono affatto sbarcare. Del resto il loro idioma, a quanto riferiscono, suona piuttosto elegante, e sciolto al modo dell'italiano. Vedendo che quelli delle navi non sbarcavano, alcuni di loro cercarono di raggiungerli a nuoto, e così ne fu catturato qualcuno: si tratta di quelli portati al ritorno.

Alla fine, visto che in quel luogo non v'era nulla che valesse la pena, i marinai si allontanarono. Nel circumnavigare l'isola si accorsero però che a settentrione essa è ben più civilizzata che a mezzogiorno, poiché da quel lato videro moltissime capanne, fichi, alberi, palme (sebbene siano palme sterili) e orti, cavoli, verdure. Perciò vi sbarcarono venticinque marinai armati, i quali, cercando di scoprire che cosa vi fosse in quelle abitazioni, vi trovarono una trentina di uomini, tutti nudi, che, atterriti alla vista degli armati, fuggirono precipitosamente. Addentrandosi fra le abitazioni, le trovarono costruite con mirabile artifizio di pietre squadrate, e coperte di tronchi robusti e molto ben lavorati; e poiché desideravano vederne l'interno e ne trovarono chiuse le porte, si misero a spezzare gli usci con dei sassi, al che i fuggitivi si misero in furore e si diedero a empire il luogo di grida altissime. Rotti finalmente i serramenti, entrarono in quasi tutte le case, ma non vi trovarono altro che fichi secchi in cestini di palma, buoni come quelli di Cesena, e frumento di gran lunga più bello del nostro, perché aveva i chicchi più lunghi e grossi del nostro ed era molto bianco; inoltre orzo e altre biade di cui, come giudicarono, quegli indigeni si nutrivano. Le case poi, oltre ad essere bellissime e coperte di bellissimi legnami, erano tutte così candide all'interno da sembrare imbiancate a gesso. Trovarono inoltre un oratorio ovvero tempio in cui non vi era proprio alcuna pittura né altro ornamento, tranne una sola statua scolpita in pietra, raffigurante un uomo con una palla in mano,[23] nudo, coperto le vergogne con un perizoma[24] di palma alla loro foggia. La presero e, caricatala sulle navi, la portarono a Lisbona. Quest'isola insomma è piena di abitatori, è coltivata e gli indigeni ne raccolgono il grano, cereali, frutta e specialmente fichi. Frumento e cereali o li mangiano come fanno gli uccelli[25] o ne fanno farina che consumano così, senza confezionarne pane, bevendoci su dell'acqua.[26]

Allontanandosi da quest'isola i naviganti ne avvistarono molte altre, distanti da essa l'una cinque, l'altra dieci, o venti, o quaranta miglia. Si diressero a una terza, dove non trovarono che alberi altissimi e svettanti verso il cielo.

Di là navigando a un'altra la trovarono copiosa di rivi e di acque purissime. Vi erano legnami in gran varietà e colombi che essi prendevano con sassi e bastoni e

[23] Probabile raffigurazione del Sole, che i Guanci adoravano.

[24] Boccaccio usa il termine *femoralia* che, secondo il traduttore, indica un gonnellino di fibre vegetali.

[25] Come fosse un mangime; cioè, in chicchi.

[26] Questo cibo, detto *gofio*, veniva preparato con cereali tostati e polverizzati, ridotto a pallottole e intriso d'acqua o di latte.

mangiavano. Dicono che questi rispetto ai nostri sono più grossi, e uguali o addirittura migliori al gusto. Videro anche che vi sono falconi in gran numero e altri uccelli rapaci.[27] Ma non vi si addentrarono molto, poiché appariva completamente deserta.

Di là tuttavia avvistarono innanzi a sé un'altra isola da cui si innalzavano monti petrosi, eccelsi oltre misura e per quasi tutto il tempo coperti di neve. In quell'isola piove spesso, tuttavia col sereno appare amenissima e, a giudizio di chi l'ha vista, abitata.

Di là si diressero a molte altre isole, in numero di tredici; e quanto più procedevano, tanto più ne avvistavano. Nei loro paraggi il mare è molto più tranquillo che dalle nostre parti e ha fondo atto all'ancoraggio, ma sono poco portuose; tutte peraltro abbondano di acqua dolce. E risulta che nelle sei isole, delle tredici da loro toccate, che trovarono abitate, vi sono abitatori in gran numero; non tutte però sono popolate allo stesso modo, perché l'una ha più abitanti che l'altra. E oltre a ciò dicono che le popolazioni delle varie isole differiscono talmente nel linguaggio che tra loro non si capiscono affatto. Inoltre nessuno possiede un'imbarcazione o altro mezzo con cui possano far passaggio da un'isola alle altre, a meno che non lo facciano a nuoto.[28]

Trovarono poi un'altra isola, su cui non sbarcarono perché vi appare un prodigio. Dicono infatti che vi è un monte, alto, secondo la loro stima, trenta miglia o più, che si scorge da molto lontano.[29] Sulla cima si vede qualche cosa di bianco, e, mentre il monte è tutto quanto petroso, quel bianco sembra avere la forma di una

[27] L'accenno ai falchi evoca in modo inequivocabile l'arcipelago delle Azzorre, da cui prende il nome (port. *Açores*, falchi).

[28] Era allora ritenuto che i nativi delle Canarie non conoscessero l'arte della navigazione.

[29] Il punto culminante delle Canarie è il Picco di Tenerife, o Teyde, che misura 3718 metri di altezza.

cittadella: non lo ritengono tuttavia una vera cittadella, ma piuttosto una roccia aguzza, sulla cui sommità si erge un palo, della misura di un albero di nave. Ne pende un'antenna con la vela di una grande nave latina, concava a mo' di uno scudo, che sospinta verso l'alto, si gonfia di vento e si estende oltremodo, poi un po' alla volta sembra calare, e similmente l'albero, proprio come quello di una nave da guerra; poi questo si rialza, e così di continuo. Circumnavigando l'isola si resero conto che questo prodigio si vede da ogni direzione, e giudicando che esso avvenga per forza di incantamenti non osarono sbarcare.

Del resto trovarono molte altre cose che questo tal Niccolò non volle riferire.[30] Appare tuttavia che quelle isole non sono ricche, giacché i navigatori ne hanno a stento recuperato la spesa dell'approvvigionamento. I quattro uomini portati al ritorno, adolescenti d'età, piacevoli d'aspetto, vanno nudi. Hanno peraltro perizomi di tal foggia: cingono i lombi di una corda da cui pendono fibre di palma o di giunchi assai folte, lunghe una spanna e mezzo o due al più. Queste coprono tutto il basso ventre e le vergogne, tanto dinanzi quanto dietro, a meno che per il vento o per qualche altro accidente non si sollevino. Non sono circoncisi; hanno capelli biondi e lunghi quasi fino all'ombelico, e se ne coprono; vanno a piedi nudi.

L'isola da cui sono stati portati via è detta Canaria ed è più delle altre popolosa. Costoro non intendono nulla affatto di alcun idioma civile, sebbene in molti e diversi si sia cercato di rivolgersi loro. Non superano la nostra statura. Sono membruti a sufficienza, audaci e forti e, a

[30] Evidentemente il capitano obbedisce agli ordini della Corte di Lisbona, che celava con cura i risultati delle navigazioni promosse per non avvantaggiare le nazioni concorrenti nella ricerca di nuove rotte commerciali.

quanto si può capire, di grande intelletto. Si parla loro a gesti, e a gesti essi rispondono, come fanno i muti. Si rendevano onore a vicenda, ma uno di loro era onorato più degli altri, e costui ha il perizoma di palma (gli altri, invece, di giunchi), tinto di giallo e di rosso. Cantano dolcemente e danzano quasi alla francese. Sono ilari e alacri e assai socievoli, più di quanto non siano molti Spagnoli.

Costoro dopo essere stati imbarcati mangiarono pane e fichi e il pane gli sa di buono sebbene non l'abbiano mai mangiato prima. Rifiutano affatto il vino, e bevono acqua. Mangiano ugualmente frumento e orzo a piene mani, e formaggio e carni delle quali, e buone, hanno grandissima abbondanza. Non hanno però buoi o cammelli o asini, bensì nient'altro che capre, pecore e cinghiali selvatici. Gli sono state mostrate monete d'oro e d'argento, ma loro non le conoscono affatto. Similmente ignorano le spezie di qualsiasi genere. Quando si mostrano loro monili aurei, vasi cesellati, armi da taglio e da punta, fanno capire di non averli mai visti né posseduti.

Manifestano somma lealtà e giustizia, poiché quando si dà del cibo ad uno di questi non ne gusta mai senza prima averlo diviso in porzioni uguali e aver dato a ogni compagno la sua porzione.

Le loro donne si uniscono in matrimonio, e quelle che si sono giaciute con uomini portano perizomi al modo degli uomini, mentre le vergini vanno completamente nude e non stimano affatto vergognoso andare così.

Hanno un sistema di numerazione analogo al nostro, e antepongono le unità alle decine[31] in questo modo:

1. vait
2. smetti
3. amelotti

[31] Nella numerazione *guancia* probabilmente si adoperavano i decimali, come nella numerazione araba.

4. acodetti
5. simusetti
6. sesetti
7. satti
8. tamatti
9. aldamorana
10. marava
11. vait marava
12. smatta marava
13. amierat marava
14. acodat marava
15. simusat marava
16. sesatti marava

NICCOLÒ DA POGGIBONSI

Dal Cairo al Mar Rosso

Il *Libro d'Oltramare* del francescano Niccolò da Poggibonsi nasce come resoconto del viaggio compiuto in quello che un tempo era il regno latino di *Outremer* (Oltremare). Quando, nel 1346, frate Niccolò si reca in pellegrinaggio in Terrasanta, questa è ormai quasi integralmente tornata sotto la dominazione musulmana da più di mezzo secolo. Già all'epoca di Marco Polo, infatti, ai cristiani non restavano che Acri e pochi centri sul litorale: proprio ad Acri, infatti, l'illustre viaggiatore veneziano aveva fatto tappa nel 1271, vent'anni prima della riconquista araba (*Milione*, IV-VI). La caduta di Gerusalemme sotto il dominio mamelucco alla fine del XII secolo venne a creare difficoltà e ostacoli sulle vie della Terra Santa, rallentando di molto il flusso dei pellegrini.[1]

[1] Il periodo di calo più sensibile nei pellegrinaggi si pone nei primi quarant'anni dopo la caduta del regno di *Outremer*, dal 1290 al 1330 circa, complici anche i tentativi papali di riconquista della Terrasanta, che bloccavano le vie di navigazione rendendo così difficoltoso il viaggio verso le coste siro-libano-palestinesi. Su questi aspetti, cfr. G. Pinto, *I costi del pellegrinaggio in Terrasanta nei secoli XIV e XV (dai resoconti dei viaggiatori italiani)*, in *Toscana e Terrasanta nel Medioevo*, saggi raccolti e ordinati a cura di F. Cardini, Firenze, Alinea, 1982, pp. 257-284; ma anche, in senso più generale, J. Sumption, *Monaci, santuari, pellegrini. La religione del Medioevo*, Roma, Editori Riuniti, 1981e N. Ohler, *Vita pericolosa dei pellegrini nel Medioevo* [1994], Casale Monferrato, Piemme, 1996.

Nel 1344, quando ormai i disegni papali di una riconquista della Terrasanta si erano fatti sempre meno realizzabili, Venezia riaprì ufficialmente le proprie rotte con i porti delle terre mamelucche, istituendo viaggi verso Alessandria e Giaffa, che assunsero progressivamente un carattere periodico di veri e propri viaggi di linea.[2] Il viaggio dei pellegrini, appartenenti a diverse condizioni sociali e con differenti finalità del viaggiare, avveniva solitamente in primavera, la stagione più adatta per mettersi in mare, seguendo un itinerario che da Venezia, dopo alcuni scali nei diversi porti dell'Adriatico, dello Ionio e dell'Egeo, terminava di solito a Giaffa. Di qui si iniziava il pellegrinaggio a piedi o a dorso di mulo verso Gerusalemme, la valle di Giosafat, Betania, Betlemme, Gerico, il Giordano; se si aveva una discreta disponibilità economica, si poteva continuare il viaggio in altre regioni, come la Samaria, la Galilea e il Sinai. Quindi si ripartiva da Giaffa o da Beirut e si faceva ritorno a Venezia. Molto utile per il calcolo dei costi è la nota di spese che figura al termine della relazione (cap. XXVII) di Giorgio Gucci, *Viaggio ai luoghi santi*, il quale visitò la Terrasanta assieme a Simone Sigoli e Lionardo Frescobaldi nel 1384, poco meno di un quarantennio dopo Niccolò da Poggibonsi.[3]

[2] A partire dal secolo XI Venezia era riuscita a imporre la propria supremazia nell'organizzare il trasporto marittimo dei pellegrini diretti in Terrasanta, sfruttando le sue rotte commerciali e utilizzando come scali i suoi numerosi possedimenti (cfr. U. Tucci, *I servizi marittimi veneziani per il pellegrinaggio in Terrasanta nel Medioevo*, in «Studi veneziani», n. s. IX, 1985, pp. 43-66). Essa era diventata la base obbligatoria di partenza per tutti i pellegrini provenienti dall'Europa nordoccidentale e per gli italiani, sia per l'eccezionalità del luogo e per la sua posizione geografica, sia per la sua capacità di assicurare la frequenza e la regolarità dei trasporti che assunse nel corso del '400, l'aspetto di un vero e proprio servizio di linea, effettuato da armatori privati.

[3] I testi di Frescobaldi, Sigoli e Gucci si leggono in *Pellegrini scrittori. Viaggiatori toscani del Trecento in Terrasanta*, a cura di A. Lanza e M. Troncarelli, Firenze, Ponte alle Grazie, 1990.

Il viaggio di quest'ultimo ha inizio ai primi del marzo 1346, con direzione Venezia, e il successivo imbarco il 6 aprile dello stesso anno per l'Oriente. Giunto a Cipro, Niccolò vi rimane sei mesi come cappellano alla corte di Ugo Gebelino e poi si imbarca di nuovo per Giaffa nel 1347. Arrivato a Gerusalemme fa servizio nel santo Sepolcro per quattro mesi, poi va pellegrino in Palestina. Agli inizi dell'anno seguente giunge in Siria e di lì intraprende il viaggio per Babilonia che deve interrompere a Baghdad. Nell'inverno del 1349 si reca a Beirut da dove poi si imbarcherà per l'Egitto, visita Alessandria, il Cairo e ascende il Sinai ritornando in suolo palestinese, a Gaza. Imbarcatosi di nuovo, sosta a Cipro per riprendere il viaggio e arrivare nel Natale del 1350 a Venezia.[4]

Il racconto del viaggio di Niccolò da Poggibonsi, quasi una «guida» per il pellegrino, viene affidato alle pagine del *Libro* che si collega idealmente (come mostra il titolo) al filone della narrativa di pellegrinaggio in Terrasanta. Il riferimento al vecchio regno latino-crociato, pur in una situazione geo-politica profondamente mutata, rientra nella tipologia di una mentalità legata alla pubblicistica etnografico-religiosa delle *descriptiones*, opere sintetiche e anonime di descrizione dei luoghi santi,[5] nate in una situazione particolare in cui il regno

[4] Notizie biografiche su frate Niccolò si possono ricavare dalla biografia introduttiva di A. Bacchi Della Lega che ha curato la prima edizione con criteri moderni del testo (Bologna, Romagnoli, 1881) e in A. Franco, *Cenni su Nicola da Poggibonsi*, in *Esercitazioni sulla letteratura religiosa in Italia nei secoli XIII e XIV*, dirette da G. Mazzoni, Firenze, Alfani e Venturi, 1905, pp. 298-300. Altre notizie sono contenute in *Libro d'Oltramare (1346-1350)*, Testo di A. Bacchi Della Lega, riveduto e riannotato dal P. B. Bagatti O.F.M. a ricordo del sesto centenario, Gerusalemme, Tipografia del PP. Francescani, 1945, pp. VII-XI.

[5] Per un panorama sintetico sul genere letterario delle relazioni di viaggio in Terrasanta, si veda la voce di M. Pastore Stocchi, *Itinerari in Terrasanta*, in *Dizionario critico della letteratura italiana*, cit., pp. 520-523 e relativa bibliografia. Cfr. anche il recente G. Cherubini, *Pellegrini, pellegrinaggi, giubileo nel Medioevo*, Napoli, Liguori, 2005.

di *Outremer* era a tutti gli effetti una propaggine dell'Occidente. La relazione di Niccolò, tuttavia, non è pienamente assimilabile a una guida di viaggio per il viandante, con informazioni commerciali, notizie su tasse e adempimenti burocratici, noleggi e costi dei rifornimenti; ma si arricchisce anche di un tono "avventuroso" legato ai motivi di contrasto con le popolazioni arabe e ai pericoli delle tempeste e delle burrasche in navigazione e dei pirati saraceni. La narrazione dell'arresto della guida araba Said e il suo successivo ritrovamento è particolarmente vivida (CCII-CCIII) e mostra i reali pericoli in cui potevano incappare a quel tempo pellegrini e viaggiatori. Nella relazione di Niccolò, scritta in una lingua asciutta ed essenziale ma sempre colorita per i frequenti inserti popolari, si incontrano di continuo descrizioni di luoghi, notazioni di usi e costumi musulmani, ma anche appunti su animali ignoti agli europei del XIV secolo, come la giraffa e lo struzzo.

Niccolò è solo il primo dei grandi viaggiatori toscani del Trecento che, nella puntigliosa ricerca topografica e archeologica, si cimentano nell'illustrazione dei luoghi della cristianità; ma, di fatto, il suo testo è il più imitato, a tal punto da rimanere una sorta di archetipo dei viaggi in Terrasanta. Egli si pone così come uno scrittore di cronache interessato a illustrare i luoghi della cristianità e a confermarne l'esistenza. La sua è la testimonianza di un'esperienza eccezionale, intimamente vissuta, di ricerca dei luoghi della vicenda del Cristo, e come tale sente il bisogno di garantire una attendibilità del testo scritto. Le iniziali dei primi 86 capitoli del *Libro* formano, infatti, un lunghissimo acrostico, in cui si possono leggere le principali notizie sull'autore. Egli si nomina, come aveva fatto nel *Proemio* dell'opera («frate Nicolò de' frati minori di Poggibonizi») e nel cap. XIII, come pure negli acrostici dei capp. I-XIII (*Frate Nicoolao*) e dei capp. XIII-LXXXVI (*Frate Nicola di Corbico da Poeibonici del contado di Fiorenca de la prouincia di Toscoana*), tipici della letteratura parenetica occidentale e bizantina. Se fra Niccolò si preoccupa fin dal *Proemio* di evidenziare il proprio nome, non è solo perché sia mosso dal desiderio di rivendicare a sé la straordinaria esperienza di pellegrino nella terra cristiana d'oltremare; ma probabilmente sente l'esigenza di rassicurare il lettore circa la veridicità dei contenuti informativi, ponendo *in nuce* ed empiricamente il problema principale della letteratura di viaggio, che è quello della credibilità e attendibilità del viaggiatore-scrittore.

Per il *Libro d'Oltramare* si segue il testo edito da A. Lanza in *Pellegrini scrittori. Viaggiatori toscani del Trecento in Terrasanta*, a cura di A. Lanza e M. Troncarelli, Firenze, Ponte alle Grazie, 1990, pp. 31-158 (in part. pp. 113-130).

Dal Cairo al Mar Rosso

Come mi parti' d'Allesandria, e andai in Babillonia

Come io ebbi queste luogora[6] visitate, sì ci partimmo d'Allesandria; e andamo per terra un mezzo miglio, e trovammo un porto[7] del fiume del Nilo; e così entramo in una giarma[8] di Saracini, e facemo vela verso il Cairo di Babillonia.[9] E andando per lo detto fiume, ch'esce del Paradiso, il quale si è largo in alcuna parte tre miglia e hacci[10] isole che girano parecchie miglia, e per lo detto fiume trovamo uccelli grandissimi, molti grandi e bianchi tutti: e avevano sì grande il becco, che gli Saracini ne fanno cotali palette cupe, manuali, che votano le barche con esse.[11] E più suso trovamo altri uccelli, che si chiamano di paradiso,[12] e sono sì belli, e hanno tante penne, e sì travisate,[13] che pare una maraviglia a vedere; e quando altri gli è appresso, no·llo puote la persona sguardare, tanto splendore danno le loro penne! Et andando pur su, truovi un castello che si chiama Farson; e apresso a III miglia sì truovi la chiesa di Santo Maccario.

[6] Luoghi.
[7] Il porto di Rosetta.
[8] Barca.
[9] Frescobaldi dice che il Cairo e Babilonia sono quasi la medesima cosa, e il suo annotatore riferisce che gli arabi chiamavano il Cairo anche Babilonia. In realtà, con Babilonia si indicava propriamente il Cairo Vecchio (*Fosfât*); mentre il Cairo fu costruito in seguito dai Fatimiti più a nord.
[10] Ha.
[11] Si tratta probabilmente dei pellicani, il cui becco – dice l'autore – viene utilizzato dalle popolazioni locali per agevolare lo svuotamento dell'acqua nelle barche.
[12] Sono i martin pescatori.
[13] Fatte di molti colori, ma anche di forme diverse.

Del munisterio di Santo Maccario

Lo munisterio di Santo Maccario si è molto grande e bello, e dentro sì ha una chiesa, coperta di piombo, fatta a tre navi,[14] con X colonne; e dentro si è la sepoltura sua, e nella sepoltura si è il corpo suo, ed è in carne e in ossa, tutto intero; e in quello luogo, a tutti quelli che ci vanno, sì hanno limosina grande di pane e di datteri.[15] Ècci indulgenzia grande.

E di quinci andamo al Cairo del Soldano, e giugnemo al porto.[16] Essendo giunti al Cairo, sì andamo in una contrada, che si chiama Campo Carmelli; ivi si riducono i Cristiani, però che non possono stare sparti[17] per la città. Ma noi albergamo presso alla detta contrada, in casa d'uno cristiano greco.

Del Cairo di Babillonia

Poi che al Cairo di Babillonia sono giunto, innanzi ch'io più oltre vada, non mi terrei[18] ch'io non contassi alcuna cosa delle sue bellezze, e delle nobilità e magnificienzie sue, secondo che comprendere mi parea, per mio avisamento[19] e per lo adomandare altrui. E non dirò tutte le cose, che sarebbe tropo lungo.

Della divisa[20] del Cairo di Babillonia

Sappiate che 'l Cairo e Babillonia si è quasi una cosa tutta insieme, ché i borghi del Cairo durano infino ad una

[14] Navate.

[15] Del monastero di San Macario e della chiesa annessa ne parla anche Frescobaldi, ma la situa «poco di lunge al fiume».

[16] Bulacco è il paese che serve di porto al Cairo, distante due miglia da esso, e forma come una città separata.

[17] Non possono spargersi, cioè abitare in luoghi differenti.

[18] Non potrei stare senza raccontare le bellezze delle città.

[19] Calcolo.

[20] Aspetto, forma.

chiesa di Santo Martino, e da Babillonia alla chiesa può avere un mezzo miglio. Or cotanto puote avere[21] dall'una città all'altra, ma molto è divisa l'una dall'altra a nobiltà.

Della grandezza del Cairo

Lo Cairo di Babillonia è grande città, ed è tutta piena di case; ècci tanta gente, che non si puote andare per le strade da niuna parte se nonne a spalle a spalle;[22] e questo si è per la grande moltitudine de' Saracini. Del Cairo si dice che gira d'intorno XXXII miglia, sanza[23] Babillonia; a levante gli stano grandi montagne, dove si cavano molte belle pietre; infra queste montagne sì ci fu una grande città, posta in piano, e in quello luogo si sotterrano i Saracini. E dicesi che 'l Cairo con Babillonia si è sì grande, che uno corriere non puote intorniare[24] in due dì questa città; ma il terzo dì la intornia tutta, cioè il Cairo e Babillonia. Or mirate, se questa città è delle grandi che sia sotto il cielo! E anche mi fu detto che uno corriere, partendosi la mattina per tempo dall'una porta e volendo andare all'altra porta della città, egli non ci giugnerebbe col sole, ma in su l'ora che si corica, cioè quando noi soniamo a l'avemaria, che sarebbe di notte al modo nostro. E solamente si è questo per la grande moltitudine della gente che dentro ci sta, ché niuna persona può a sua volontà andare ratto,[25] per li scontramenti de' petti della gente.

Or vedete che bella moneta in questa città si spende, ché non ci è moneta coniata, ma ogni cosa che sia di rame o di piombo o di ferro, e ogni pezzo di rame e capi d'aguti,[26] e di cotali cattività[27] corre moneta! E in que-

[21] Ci può essere di distanza.
[22] Se non accalcandosi.
[23] Senza contare.
[24] Percorrere il perimetro.
[25] Veloce.
[26] Le capocchie dei chiodi.
[27] Robaccia.

sto modo, quando comperi, sì paghi questa moneta a peso, e non si fa a conto di numero; si comperassi uno pane o una cipolla o una derrata di lattuga, sì paghi questo cotal danaio a peso, cioè di questa materia di cattività, ch'eglino spendono.

Del castello del soldano

Dentro nel Cairo, apresso alle dette montagne, si è uno bello castello fortissimo,[28] con alte mura e barbacani,[29] e con torri spesse, sì come qui[30] vedete; e dentro ci sta il soldano co' suoi distretti[31] baroni. E dentro ci si vende le perle e le pietre preziose, cioè smeraldi; però che 'l soldano si ha la montagna dove le fa cavare; e anche rubini e balasci,[32] turchiese, topazii e altre gioie assai.[33]

Chi per la città tosto volesse andare, si piglia somieri[34] da cavalcare, che hanno la sella e le staffe, come il cavallo, e 'l freno e posule;[35] i quali animali si truovano apparecchiati sempre per le piazze e le strade; e di questi ci ha ben LX migliaia che non s'adoperano se non per cavalcare per la città sopradetta.

Del numero de' renegati Cristiani e degli animali e dell'altre novità

Ora diremo de' tapini miseri che stanno in tale dannazione, quelli che 'l nostro Signore Gesù Cristo hanno ri-

[28] Di questo castello fortificato dà notizia anche Frescobaldi, affermando che questo castello è quello del Faraone, dove fu allattato Mosè.
[29] Sono i contrafforti.
[30] Da noi, qui in Europa.
[31] Amici intimi, o anche parenti.
[32] Il *balascio* è una varietà di rubino.
[33] Anche Frescobaldi racconta che presso la piazza del castello «stanno gran quantità di lapidarj, i qua' tengono molte pietre preziose, come smeraldi, rubbini, balastri, turchesse, e perle, e di ogni altra ragione».
[34] Animali da soma.
[35] Le *posule* sono le cinghie da cui pendono le staffe.

negato, chi per danari e chi per altra cagione, cioè per sua miseria; e di questi ci ha trenta migliaia di persone rinegate.

E havi infra muli e somieri, cento X migliaia; e camelli che portano acqua per la cittade, cioè vendendo, sono venti otto migliaia; altri camelli da soma e da giogo, XI migliaia; somieri da cavalcare, come è detto, che a questi non si pone altra soma se non che si cavalcano solamente per la città, e vanno ornati a modo di ronzini, haccene L migliaia; V mila VIII cento mulina da macinare a secco. Delle loro chiese sono III mila IIII cento, le quali hanno ciascuna campanile altissimo,[36] ma non hanno campane; ma, quando è l'ora di terza overo altra ora, e uno saracino va in su lo campanile e grida ad alte voci la loro trista legge;[37] e così fanno a ogni ora, sì come noi soniamo le campane.

Della generazione della gente che ci abitano

Nel Cairo si truovano molte generazioni[38] di gente; prima Cristiani Latini, e di questi ci ha pochi; Greci, Nubini, Giorgiani, Tiopiani, Iacobini, Armini, Cristiani della cintura e schiavi.[39] Tutte queste generazioni che sono contate sono cristiani, benché noi non crediamo che sie-

[36] Il minareto.

[37] Si tratta del *muezzin*.

[38] Varietà etniche.

[39] *Greci* sono i Greci ortodossi; *Nubiani* ossia Abissini. *Giorgiani*, probabilmente abitanti della Georgia, tra il Caucaso e l'Armenia, ma forse anche settarii, affini ai Nestoriani, che traevano l'origine e il nome da qualche Giorgio. *Tiopiani* sono gli Etiopi. *Iacobini* sono i giacobini, eretici monofisiti, che negavano la natura umana del Cristo, affermandone solo quella divina. *Armini* sono gli Armeni. Dei Cristiani cosiddetti *di cintura*, così riferisce Frescobaldi: «si chiamano *di cintura*, perché Nostra Donna gli diè la cintola sua quando n'andò in cielo»; ma in realtà si tratta dei cristiani indigeni, i quali, a differenza dei saraceni, portavano una cintura come forma di contrassegno imposta da un editto del califfo nell'856 e successivamente divenuta legge nel 1355.

no veri cristiani; ma eglino s'appellono[40] in loro medesimi più veri cristiani, di noi latini franchi. E queste altre generazioni, che ora conto, sì sono infedeli: Turchi, Indiani, Tartari, Ebrei, Samaritani, Saracini, Arabi, Barbari;[41] e tutte queste generazioni si sono divise, cioè svariate l'una generazione dall'altra, come in lingua e in lettera[42] e in vestire: chi porta vestimenta di panno lino, chi panno di peli di camello, e altri di drappi di seta, e altri di drappo d'oro; e così sono svariati l'una generazione dall'altra; e in questo modo si cognosce l'una dall'altra.

Di terra d'Egitto

Sappiate che terra d'Egitto, dal Cairo verso la marina, infino alla Barberìa e infino ad Arabia e infino alla Sorìa e infino alla terra d'Israel, tutto si è piano il paese. E nel detto paese quasi mai non ci piove e non ci si truova altra acqua se non quella del detto fiume del Nilo e alla Matalia la fonte di Santa Maria, sì come udirete;[43] e per grande caldo che c'è, si vengono le rondini di ponente. Ècci buona aire, e di là truovi tutti i diletti e spassi e altre cose dilettevoli.

De' fiumi ch'escono del Paradiso terrestre

Secondo che si recita nella Scrittura e nel Testamento vecchio, del Paradiso terrestro escono quattro fiumi.[44] El primo si chiama Fison, e va in India e per Civalac;[45] l'altro si chiama Tigris, e va per la Sorìa; l'altro si chiama

[40] Si chiamano, si definiscono.
[41] Berberi, popoli nativi dell'Africa settentrionale.
[42] Scrittura.
[43] Matarjeh, l'antica Eliopoli, di cui si parla più avanti, al cap. CLXXXV.
[44] Tutto il capitolo è ispirato dal passo scritturale in cui si parla del fiume del Giardino dell'Eden che si spartiva in quattro capi (*Genesi*, 2, 10).
[45] Evila.

Eufrates, e va per la Caldea; l'altro si chiama Gion, e questo circuisce Etiopia e una parte d'Egitto. E <'n> questa parte si chiama Nilo, e questo circuisce terra d'Egitto,[46] nella quale terra non ci piove mai quasi tanto che la terra si possa lavorare; ma il modo come si semina, brevemente il dirò.

Come il detto fiume, ch'esce del Paradiso, cresce e innacqua terra d'Egitto

Sappiate che 'l detto fiume cresce due volte l'anno, tanto che cuopre tutta la terra d'Egitto, che pare tutto un mare, e sta così per alcuni dì; e comincia a crescere a mezzo marzo, sì che al mezzo il mese d'aprile la detta terra è tutta bagnata e rimane tutta netta, che non ci vedi punto d'erba né niuna bruttura,[47] e la terra rimane tutta nera. E que' pigliano il loro grano e gittanlo in sulla terra senza arare e sanza altro lavorare; ed essendo seminato, e que' pigliano loro zappe, che sono larghe due spanne, e in ogni mano tengono una zappa, e così ricopruono il loro lavorìo. E in breve tempo è cresciuto e spigato, sì che del mese di luglio il mietono e sì lo trebbiano: e si ne raccoglie per ognuno cinquanta o più. E poi al mezzo del mese d'agosto il fiume ricresce da capo e fa come la prima volta; e al mezzo del mese di settembre la terra rimane asciutta, e seminano per lo detto modo, sì che a mezzo marzo hanno ricolto il grano e frutta più che l'altro di state.[48]

[46] L'opinione che il Nilo avesse il suo principio dal Paradiso terrestre trasse origine dalla erronea interpretazione data al passo della *Genesi* sopra riportato, II, 5, 13, per la quale si credeva che il Gehon fosse il Nilo. Ma la *Genesi* non parla né del Nilo, né dell'Etiopia propriamente detta, perché si dice Paese di Cus; e tale nome venne dato a molti luoghi che si stendono lungo il Tigri e l'Eufrate.

[47] Escrescenza.

[48] L'autore racconta erroneamente di due esondazioni per anno delle acque del Nilo; ma in realtà la crescita d'acque periodica, da cui

E tutto l'anno ci truovi frutti novelli, cioè verdi e freschi, e di molte maniere, come fave, ceci, piselli, fagiuoli e poponi[49] e cedriuoli e altre cose assai; e però ci ha grande derrata d'ogni cosa. Il legname c'è caro molto e il ferro, però che nel paese non se ne truova se non quello che vi portano i mercanti cristiani latini. Vino non ci si truova, però che gli è vietato a' Saracini nella legge loro, che mai none possano bere, né carne di porco mangiare.

Del modo del leofante

Lo leofante si è così fatto: egli è nero, tutto pelato[50] sanza peli; ed è sì grande che pare una maraviglia a vedere; egli non ha giuntura altro che nelle spalle; il capo sì ha grandissimo, e gli occhi piccolini e rossi, che fa paura ad altri, guardandolo; li denti[51] grandi di fuora della bocca parecchie braccia; il naso[52] di sopra lungo infino a terra, cioè parecchie braccia: e con quello ricoglie di terra quello che mangia; gli orecchi fatti a modo d'alc di draco; la coda piccola; i piedi tutti ritondi. E quanto maggiore carico gli poni a dosso, tanta va più forte: e' porta un castello di legname a dosso, con XXX uomini dentro forniti d'armadura e di pietre e altre cose da combattere.

Io viddi uno di loro denti, che l'avea comperato un mercatante viniziano, che gli costò fiorini XXXVI d'oro, il quale io misurai, ch'era lungo XIII spanne alla mia

è sempre dipesa l'esistenza e la prosperità dell'Egitto, accade una sola volta l'anno. Comincia in primavera, il 20 giugno, e alla metà del mese successivo trabocca sui piani limitrofi e inonda gradatamente tutto il territorio. Negli ultimi giorni di settembre, le acque si ritirano, ma è solo con l'approssimarsi dell'autunno, in novembre, che rientrano del tutto nel letto del fiume. In questo senso, Frescobaldi è più preciso, dice che il Nilo «comincia a crescere di Giugno e così viene crescendo infino a Ottobre, poi scema» (p. 86).

49 Toscanismo per "meloni".

50 Liscio.

51 Le zanne.

52 La proboscide.

mano ed era grosso quanto l'altri ha l'anca, ed era sì grave ch'io no·llo poteva levare di terra niente.

Della giraffa

La giraffa si è fatta quasi come la capra, e il corpo suo è colorato di sotto come una rete; le gambe dietro hae cortissime; quelle dinanzi sì l'hae lunghissime[53] e lo collo tanto lungo che, quando ella si rizza, pare che tocchi il tetto dove ell'era, ch'era molto alto. E presso alla casa dov'era questa giraffa si era una piazza che c'erano a vedere tanti uomini e femine ch'era una maraviglia a vedere, ed erano tutti ignudi e neri; e ancora babuini e gatti mammoni[54] e papagalli assai e leopardi.[55] Molte cose io vidi, cioè animali infiniti,[56] de' quali io non seppi il nome adomandare, ch'io non avea allora lo 'nterpito.[57]

Della capra e del babuino

Or chi crederebbe che la capra[58] portasse sella, e anche il freno e le poselle,[59] a modo di cavallo? Ma io mi credo che questa capra fosse delle salvatiche; e così era contraffatta e travisata,[60] ch'ella avea la lana lunga infino a terra e tutta vergata,[61] e le corna sotto le mascelle, l'o-

[53] In realtà, le «gambe» della giraffa sono tutte e quattro presso a poco di eguale lunghezza; e se l'altezza del quarto anteriore supera l'altezza del quarto posteriore, ciò si deve attribuire alla lunghezza dell'osso (detto *omoplata*) della spalla.

[54] I *gatti mammoni* sono i cercopitechi.

[55] Probabilmente si tratta di ghepardi, o altri felini.

[56] Un gran numero, un numero indefinito di animali.

[57] L'interprete. Quindi Niccolò non poteva sapere il nome di quegli animali esotici che non erano ancora trasportati in Europa (i giardini zoologici, o serragli, come è noto, risalgono all'età rinascimentale).

[58] Si tratta della capra mambrina, una sorta di antilope.

[59] Il morso e le posule.

[60] Bizzarra e inusuale.

[61] Striata.

recchie lunghe infino a terra; e di sopra le sedeva un babuino a cavalcione, e sonava le nacchere a due mani.

Dello struzolo

Io <'l> viddi nella corte del conte di Iaf,[62] nella quale corte io, frate Nicolaio, stetti per suo cappellanno con frate Iacopo d'Agobio,[63] il quale era stato Oltramare lungo tempo. Questo barone si avea uno uccello che si chiamava struzzolo: ed è così fatto ch'egli era più alto che uno cavallo, e così di grossezza; e per la grossezza non può volare niente; e intesi che portava uno uomo a cavalcione. E questo è l'uccello che fa l'uova così grande le quali noi appicchiamo in alto per le chiese;[64] e ha le penne sue più morbide che cosa ch'io vedessi mai.

Della fonte di santa Maria d'Egitto, dove nasce il balsamo

Di fuori del Cairo di Babillonia tre miglia si ha un casamento, che si chiama Matalia. Quando la Vergine Maria fuggì in Egitto, per la persecuzione del Re Erode, col suo figliuolo Iesù Cristo e con Iosef, essendo in questo luogo, alla Virgine Maria venne grande sete; ed ella guatò[65] il suo Figliuolo, e dissegli: «I' ho sete». E subitamente apparve una bella fonte d'acqua, ed ella bevve e Iosef; e poi ci lavò i panni di Cristo. E quanto a lungi cadde delle gocciole dell'acqua de' panni del suo Figliuolo in quello terreno nasce il balsamo, e non ne nasce più in tutto 'l mondo, sì come si dice.

L'albero che mena[66] il balsamo si è della grandezza

[62] Giaffa. Si tratta del conte Ugo Ibelin.

[63] Gubbio.

[64] L'appiccare uova di struzzo in alto per le chiese era probabilmente una abitudine dei tempi invalsa nelle chiese d'oriente.

[65] Guardò profondamente.

[66] Produce. Si tratta del cosiddetto albero del balsamo (*Amyris Opobalsamum*, Linn.) che cresce nella Penisola Arabica.

d'un braccio, le foglie si sono come il basilico nostro, e quello che 'l fa si è come tralci. E lo giardino è murato d'intorno fortemente, e anche lo soldano ci fa grande guardia, ché d'intorno ci stanno cavalieri sotto padiglioni e sotto trabacche,[67] a modo come stessono ad assedio d'una città. E in questo luogo si ha una casa, con una bella fonte, che gl'uomini vi si bagnano dentro per grande devozione; e hacci una pietra ivi in una finestra, nella quale Cristo sedette.

Della ruota, con che si trae l'acqua d'un pozzo, con che s'inacqua l'orto dove nasce il balsamo

Ècci questo miracolo visibile a' Cristiani e a' Saracini: che ivi si è un pozzo, e di sopra si è una ruota,[68] colla quale si tira l'acqua, e con quella s'inacqua il detto giardino, dove nasce il balsamo; e questa ruota si volge un paio di buoi tutto dì. E come sono stanchi uno paio, ed eglino ne tolgono un altro paio; e 'l sabato sera, com'è ora di vespro, i buoi non volgono più la detta ruota, infino a lunedì, levato il sole. E uno soldano fu che ne volle fare la pruova, e andocci in persona, e fece mettere un paio di buoi, l'uno dopo l'altro, tanto ch'egli fece uccidere più di XX paia di buoi, e non poté fare volgere la ruota niente.

Della chiesa di Santo Martino, vescovo d'Allesandria

Infra il Cairo e Babillonia si è la chiesa di Santo Martino, che fu vescovo di Allesandria, e ivi si è il suo corpo; e la chiesa tengono Nubbiani Cristiani.[69] E io ci dissi una mattina una messa, e tenni quello corpo prezioso di san

[67] Le tende.
[68] La noria, macchina per tirare l'acqua.
[69] Sigoli e Frescobaldi, invece, riportano la notizia che la chiesa apparteneva ai frati armeni o greci.

Martino in sulle mie braccia.[70] Ècci indulgenzia VII anni e LXX dì.

Della grandezza di Babillonia

Voglio contare un poco della nobiltà di Babillonia, secondo ch'io udi' per lo mio adomandare.

Sappiate che sono due Babillonie: l'una si è nel levante, la quale fu incominciata ad edificare per Nebrot,[71] il quale fece la città di Babillonia in Caldea, della quale fu signore Nabucdonosor, e anche fece fare la torre di Babel, che la mandò in alto cinquemilia passi; e ivi furono divise le lingue. E anche la detta torre si fa, di lungi il suo meriggio, tre giornate,[72] cioè cento miglia; ed è grosso il muro dugento gomiti,[73] e gira intorno XVI miglia e V cento passi; ed è quadra la detta torre e si ha dall'uno canto all'altro un miglio; e per la detta torre si corre un grande fiume, ch'esce del Paradiso, che si chiama Eufrates. La detta città[74] si è per lungo XX miglia e altrettanto per lo largo; l'altitudine delle sue mura si è dugento gomiti; dintorno per le mura sono LXXX porte di ferro.

La detta città si è deserta e si è di lungi da questa Babillonia d'Egitto di camino di tre mesi, e non ci si può andare; e alquanti si vantano che ci sono andati, ma eglino dicono grande bugia; imperò ch'io lo provai di voler-

[70] La chiesa di san Martino, vescovo di Alessandria, è ricordata anche da Sigoli, che racconta di aver avuto in braccio il corpo del santo che lì si conservava; e da Frescobaldi, il quale afferma di aver avuto in braccio non il corpo del santo, ma le ceneri involte in drappi di seta. Tuttavia, nessun santo è sepolto con questo nome in Alessandria; ma si tratta invece di san Barbaso, martire nel 1120.

[71] Nembrod il cacciatore al quale, secondo *Genesi*, 10, 9 e 11, si deve l'edificazione di Babilonia di Caldea e della Torre di Babele.

[72] Dista tre giornate di cammino verso sud (*meriggio*) da Babilonia.

[73] Cubiti (unità di misura antica corrispondente a 0, 525 metri).

[74] Babilonia in Caldea.

vi andare, e per nullo modo non pote'. Ma io ci fu' appresso veramente,[75] a questo modo: la detta Babillonia deserta sta volta verso oriente; ed essendo io in Damasco, sì andai a una città che Serdinale[76] si chiama, e per quella via usci' fuora di Sorìa ed entrai nel diserto d'Arabia. E poi, passato lo diserto, sì intrai in terra di Caldea e andai molto per essa[77] alla città di Baldac,[78] la quale città si è più appresso a Babillonia diserta che in veruna altra città; ma essendo così apresso a questa città, ed e' ci fu veramente averato, che più innanzi di Baldac noi non potavamo andare, però che Baldac si è XL miglia presso a Babillonia; sì che, per non ispendere, e per non durare fatica indarno,[79] ci ritornamo adietro in Sorìa. E come noi andamo verso Babillonia, così dall'altra parte di Babillonia, a sei giornate, si è la città di Lamec, nella quale è quel maladetto corpo di Maumetto.

L'altra Babillonia[80] si è verso mezzogiorno in Egitto; dicesi che l'è lunga e larga che uno corriere non può intorniare in meno di tre dì, e hacci tanta gente ch'è uno stupore a dire. E solamente li cavalieri che stanno a guardia del soldano sono più di XV legioni di cavalieri, che montano cento migliaia di cavalli, sanza li baroni e l'altra gente che tengono cavallo per loro servigii; e dallato e dentro corre lo fiume[81] ch'esce del Paradiso Terrestro; e hacci molte chiese e assai indulgenzie, come udirete legendo. Chi va a Santa Caterina in questa città piglia le cose che fa bisogno: e hacci camelli e dromedari assai e buono mercato. E se questi animali

[75] Ma tentai veramente di andarvi.

[76] Il borgo di *Seidenaia*, o *Sardinaia*, nella parte settentrionale di Damasco.

[77] Impiegai molte giornate di viaggio.

[78] Baghdad.

[79] Invano.

[80] Il Cairo vecchio (cfr. nota 9).

[81] Il Nilo.

non fussono forti, non si potrebbe andare, imperò che da questa città a Santa Caterina si penò una salmeria[82] di cristiani a giugnere XXVIII dì. Ma noi avemo buono interpito,[83] che sapea meglio guidare, che vi ci condusse in meno.

Di Santo Michael arcangelo

Andando per la strada diritta in Babillonia uno miglio, sì truovi la chiesa di Santo Michele, che la tengono i Cristiani Greci e Soriani,[84] ed è molto bellissima e grande; e ivi si mostra la mano di santa Margherita. Ècci indulgenzia VII anni.

Dove santa Maria fuggì in Egitto

Passando più giù da questa chiesa, per ispazio di due balestrate[85] per la detta strada, sì truovi uno bello munistero con una chiesa grandissima, la quale si chiama Santa Maria della Cava.[86] Sotto lo coro della chiesa si ha una volta molto scura, con una tribuna, nella quale c'è dipinta la figura di santa Maria: dicesi che la detta figura dipinse santo Luca. E ivi stava nascosta la Virgine Maria col suo figliuolo Iesù Cristo e con Iosef VII anni, quando fuggì di terra d'Israel in Egitto per la persecuzione dello iniquo Erode; e nel proprio luogo si à uno altare, e io ci dissi la messa. Ècci per me' ivi, dinanzi all'altare, un pozzo d'acqua della quale Ella bevette e anche Ioseph. Ècci indulgenzia, colpa e pena.[87]

[82] Carovana.
[83] Interprete e guida.
[84] Siriani.
[85] Lanci di balestra.
[86] Oggi, la cripta di Abu Sargah.
[87] La chiesa è ora dei Cofti scismatici. La camerina sotterranea, dove per tradizione si dice che stessero appiattiti gli augusti esuli, si venera tuttora.

Di santa Maria della Scala

Apresso a una gittata di pietra si è un'altra bellissima chiesa, che si chiama santa Maria della Scala,[88] però che, quando vai alla detta chiesa, sì sali per una scala di trentasei scaglioni di pietra. E ivi si è una colonna che abracciò la Vergine Maria; e tanto quanto n'abracciò della colonna, tanto ne diventò bianca; e l'altra si è di porfido in colore rosso. Questa chiesa si tengono li Cristiani della cintura. Ècci indulgenzia VII anni e LXX dì.

Dov'è lo corpo di santa Barbara

Poco più innanzi si è la chiesa di santa Barbara. La detta chiesa si è molto bella; dentro dal coro si è l'altare; dalla parte ritta dell'altare, nel muro, in alto quatro piedi, è una finestra ferrata. E dentro si è lo corpo di santa Barbara in una cassa:[89] e tutti quelli che, per toccare, dentro vogliono andare, sì conviene che si scalzino. Ècci indulgenzia VII anni.

Delli granai di Faraone

Di fuori di Babillonia tre miglia si sono li granai che di Faraone si chiamano.[90] Gli fece fare Iosef, figliuolo di Iacob, nel tempo che fu venduto in Egitto a Faraone, ché per la carestia che aspettava, secondo lo sogno di Faraone, elli fece fare quelli granai, secondo che per la Scrittura si truova nel Vecchio Testamento.[91]

[88] L'antica *Santa Maria della Scala* è l'attuale chiesa di el-Muallakah. Ne parla anche Sigoli.

[89] Anche Sigoli e Frescobaldi narrano che in questa chiesa era conservato il corpo di santa Barbara.

[90] Si tratta, in realtà, delle Piramidi. Niccolò da Poggibonsi, come altri viaggiatori del tempo, riportava l'errata opinione che si trattasse dei colossali granai del Faraone.

[91] Il riferimento è alla storia di Giuseppe narrata in *Genesi*, 41, 49.

Li granai sono VII,[92] ma li quatro sono nel diserto molto adentro e li tre sono fuori di Babillonia, che sono sì grandi che, venendo d'Allesandria, sì si vegono[93] più di LX miglia da lungi. Gli detti VII granai sono fatti come diamanti, e dentro si ha una grande casa, tutta di porfido di sopra e di sotto; e dentro si è una grande fossa molto profonda. E più volte gittamo pietre, e non udavamo quando cadevano, e parea grande scurità; e noi per la paura tosto ci partimo, imperò che lo torchietto[94] si spegnea per lo grande vento che indi uscia; e altre cose sono dentro e di fuori le quali non contiamo.[95] E sono larghi li due granai, ch'io misurai, XLVIII passi, e alti tanto che pochi balestri vi gitterebbero in cima.[96]

Del munistero di Santo Anselmo

Andando più innanzi due miglia, sì truovi uno grande monte con una grotta, nella quale santo Anselmo[97] prima cominciò a fare penitenzia: e è molto forte[98] a salire. E ivi suso si è uno monasterio molto bello, che si chiama santo Anselmo, e tengollo i Cristiani Soriani e fannoci grande limosina; e ivi si è la sepoltura e 'l corpo di santo Anselmo. Ècci indulgenzia grande.

[92] Circa il loro numero c'è discordanza anche tra gli altri viaggiatori. Frescobaldi dice che sono dodici e li pone a quattordici miglia dal Cairo; Sigoli dice che sono tre e li pone a una distanza di dieci miglia dalla capitale egiziana.

[93] Vedono (forma contratta di *veggono*).

[94] Una piccola torcia, fiaccola. Questa, dice l'autore, si spegneva (*si spegnea*) per il forte vento proveniente dall'interno (*che indi uscia*) della Piramide.

[95] Raccontiamo.

[96] Poche frecce di balestra scagliate dal basso vi potrebbero giungere.

[97] Sant'Arsenio, monaco romano del V secolo. Il monastero si trova a Torah, a 7 chilometri dal Cairo.

[98] Difficile, impervio.

Della torre dove Iddio aparia[99] a Moisè

Apresso si è la torre[100] dove Moises parlava a Dio, quando mandò a Faraone, dicendo che lasciasse il populo d'Israel. Ècci indulgenzia VII anni.

Di Santa Maria della Palma

Ivi molto apresso si fu lo dattero che fece riverenzia alla Virgine Maria: ella, volendo cogliere del frutto, e l'albero si chinò le ramora[101] infino a terra, e poi si rizzò nel suo stato.[102] E ivi si è una bella chiesa, e chiamasi santa Maria della Palma, e stannovi monaci assai; ed è posta la chiesa sopra detta sopra lo fiume del Nilo. Ècci indulgenzia grande.

Come ci aparecchiammo di fornirmento[103] per andare a Santa Caterina

Essendo al Cairo, nonne avevamo compagnia per andare a Santa Caterina,[104] e quest'altri viaggi si avamo[105] fatti co' mercatanti; e quelli mercatanti non voleano che noi ci partissimo da loro, però che nel paese non ci avea altri preti cristiani latini che lo compagno mio e io; e noi desideravamo pure di fare lo nostro viaggio.

E stando così, e noi trovamo peregrini per andare a

[99] Apparì.
[100] Torah.
[101] I rami.
[102] Nel commento al testo di Alberto Bacchi Della Lega (1881) si fa riferimento a due tipi di alberi, legati a questa leggenda, che sono oggetto di venerazione e di culto. Il primo è un colossale sicomoro presso Matarieh, l'antica Eliopoli, e l'altro un enorme spinoso paliuro presso Bilbeis, chiamato appunto *l'albero della Vergine*.
[103] Rifornimento, approvvigionamento.
[104] Si tratta del monastero delle Trasfigurazioni costruito verso il 550 sul monte Sinai; secondo la leggenda, gli angeli vi avrebbero trasportato il corpo martirizzato di santa Caterina d'Alessandria.
[105] Forma contratta di imperfetto (avevamo).

Santa Caterina; quando gli vedemmo, noi lieti ne fumo assai: due erano d'Anglia[106] e uno di Sorìa e tre di Costantinopoli. E così insieme uno dì andamo in Babillonia collo nostro interpito; e ivi prese uno saracino e mandollo tre giornate nel diserto per li Arabi che ci menassono[107] delli loro camelli, imperò che li camelli che sono in Babillonia non sono da durare la fatica d'andare a Santa Caterina, ma sono da someggiare[108] per la città. E però mandamo nel diserto per quelli tristi[109] arabi salvatichi e per li loro camelli, che pare che siano di ferro, tanto male durano,[110] e lo sesto dì furono venuti gli Arabi co' loro camelli, ma li camelli rimasono[111] fuori della città uno miglio, però ch'egli erano sì salvatichi che nella città non sarebono mai entrati; e poi ci acordamo colli camellieri per LX dremi[112] per camello da Babillonia a Santa Caterina. E fatto questo patto, tornamo nel Cairo di Babillonia e facemoci fare la lettera[113] del soldano, acciò che noi potessimo andare salvi e sicuri per lo suo imperio: e costò la lettera XX dremi d'argento.

Sappiate che se non fussono[114] li camelli, e questo si è certo, che a santa Caterina non si potrebbe andare; e la ragione si è questa: che nullo animale non potrebbe caminare né durare per così pericoloso camino, né che potesse portare tanta vettovaglia, che bastasse pur solo a lui medesimo; e conviensi che porti vettovaglia ben per tre

[106] D'Inghilterra.

[107] Portassero, conducessero.

[108] Portar some, piccoli carichi; e perciò inadatti a lunghi viaggi nel deserto.

[109] Qui vale "malvagi, empi" (da *tristo*).

[110] Sopportano, tollerano. I cammelli sembrano fatti di ferro visto che tollerano tanta fatica e malagevolezza (*tanto male*) d'andare per il deserto.

[111] Rimasero.

[112] Si tratta dei *dahremi*, monete d'argento arabe.

[113] La *lettera* è il lasciapassare.

[114] Se non vi fossero.

mesi e con molte masserizie che fanno bisogno, però che lo viaggio si è bene XXII giornate per lo diserto, come voi udirete. E per lo diserto truovi le rose di santa Maria, le quali arecano i peregrini, e io ce ne arrecai parecchie; e anche di quelle generazione delle spine,[115] che fu fatta la corona a Iesù Cristo, assai ne trovai. Lo camino si è tutto piano ed è sanza pietre ed è quasi tutto sabbione, e viddi più volte grande montagne di rena minuta,[116] la quale era molto alta, che l'avea fatto il vento. E però si è grande pericolo quando trae[117] lo vento, ché le dette montagne lo vento disfà e rifà in qua e in là, e in questo modo perire potrebbe tutta la gente; e lo caldo v'è sanza misura.

Della astinenzia e della fortezza de' camelli

Li camelli sì sono di grande astinenzia ch'elli starà se' dì[118] sanza bere, e tutto dì caminerà uno dì e due sanza mangiare e mai non poserà né dì né notte, se farà di bisogno. Lo camello è animale molto malinconoso; e quando altri vole che camini forte, sonandogli qualche stormento overo cantandogli alcuna cosa, ed eglino vanno allora tutti forti e lieti e allegri che mai niente si restano;[119] e questo modo ne tengono gli Arabi, quando vanno per lo diserto.

Lo camello si è fortissimo, ché uno camello porta vettovaglia per quatro persone, cioè per due mesi e mezzo, come pane, carne, letto e masserizie e stoviglie da cuocere e altre cose, come fa bisogno per vivere alla persona, e una persona anche adosso sopra la soma; e tutte queste cose si conviene portare per due mesi e mezzo. E anco con esso porta due grandissimi otri d'acqua, sì co-

[115] Le spinecristi o agutoli.
[116] Si tratta delle dune.
[117] Tira, soffia.
[118] Sei giorni.
[119] Si fermano.

me fa bisogno in così fatto camino. Feci ragione[120] collo interprito, che uno buono camello porta per X somieri.

Come ci partimo dal Cairo e andamo in Babillonia per fornirci di vettovaglia

Lo secondo dì partimo dal Cairo e andamo in Babillonia con tutta la nostra compagnia, e comperamo pane, biscotto[121] e uova e formagio e carne di montone insalata e aceto e otri da portare acqua, e altre cose ch'erano bisogno per portare per lo diserto. E quella sera andammo albergare fuori di Babillonia, dov'erano li camelli, con tutto questo fornimento, per fare buona levata.

Come entramo in camino per lo diserto d'Arabia

Lo primo dì che ci partimo di Babillonia sì andamo verso oriente per andare ala preziosa Santa Caterina; e in nome del nostro Signore Gesù Cristo ci mettemo in camino con una grande carovana di camelli, ch'erano VI cento, e con molti Arabi, che portavano formento[122] per lo diserto alle loro triste stazzone.[123]

Quando altri si parte da Babillonia, e andando verso Santa Caterina per V giornate, sì vai sempre infra levante e tramontana, e sempre più guardando a levante, infino al Mare Rosso.

Come giugnemo al mare Rosso

Lo quinto dì giugnemo al mare Rosso; e si è lungo a modo d'una lingua,[124] da piè si è ritondo; dicesi che viene

[120] Appurai.
[121] *Biscotto* è il pane cotto due volte che si conserva più a lungo.
[122] Frumento.
[123] Alloggi.
[124] Il mar Rosso ha una forma assai prolungata e si estende, da sud-est a nord-est, fra la Penisola Arabica e l'Africa, lambendo l'Oceano Indiano.

dall'India. Per la riva del detto mare sì vi si truova di molte cose nuove, e io ne trovai alquante; lo compagno mio vidde un pesce, ch'avea fatto lo capo come l'uomo, e così lo viso, colla bocca, co' denti, col naso e cogli occhi e co' capelli e cogli orecchi, e così avea uno poco di collo; tutte queste cose avea fatte come la persona propria,[125] e poi tutto l'altro avea fatto come pesce. Assai pietre d'anella[126] ci trovai, e cristalli e paragoni[127] e altre novità assai, ma non so contare lo nome. E così andamo a riva di mare V giornate, cioè per lo Mare Rosso.

Una pietra preziosa io trovai, la quale io credendo, ché così m'era detto, ch'ella doveva valere più d'uno grosso podere, ed era tanto leggiadra e tanto ben lavorata che uomo sopra terra non l'avria saputa contraffare;[128] e per la fede ch'io ci aveva e la sollicitudine ch'io faceva di custodirla, Idio ne fece vendetta in questo modo: com'elli me la fece trovare, così me la fece perdere, ché per lo diserto io la perdei. Ma io n'ebbi tanto dolore, e altri con meco, che anco quando me ne ricorda io non sono sì lieto ch'io non diventi dolente; ma ell'era sì fatta che cuore di persona non potrebbe per udita mai imaginare né lingua dire il modo e le bellezze com'ella era fatta: non ne fui tanto dolente per la sua valuta[129] come fui per la sua preziosità e bellezza, tanto era bella!

Lo quinto giorno, a ora di terza,[130] giugnemo all'acqua, dove Moisè per comandamento di Dio colla verga percosse, per comandamento; e Aaron, lo populo d'Israel orando, fece uscire l'acqua dove bevette el detto populo.[131] La fonte della detta acqua si è su uno collicel-

[125] Fatte propriamente come una persona.
[126] Pietre preziose, adatte per anelli.
[127] Pietre di paragone.
[128] Falsificare.
[129] Valore monetario.
[130] Verso le nove del mattino.
[131] Secondo il racconto biblico (*Numeri*, 20, 11), Mosè, che col fra-

lo di rena: l'acqua non è molto dolce e sa di zolfo; e ivi empiemo li nostri otri, e demo a' camelli bere, che n'avevano grande bisogno, ché da Babillonia a ivi si avea V giornate e none aveano beuto niente; e poi andamo per nostro viaggio. Lo settimo giorno trovamo montagne piccole; e passate che noi l'avemo, in una valle sì trovamo una acqua.

Come lo nostro interpito ci fu tolto nel diserto de l'Arabia

A capo della detta acqua si era una piccola tenuta, cioè fortezza, ch'era del Soldano. E stando ivi a rinfrescarci alla sopradetta acqua, ed eccoti venire parecchi saracini, e sì presono lo nostro interpito, e menaronlo[132] nella fortezza, e sì lo disaminarono[133] dov'egli conduceva questi Cristiani. E lo interpito disse come ci menava a Santa Caterina. E li saracini dissono che: «A Santa Caterina non andate voi, imperò che questa non è la via; anco siete spie, imperò che mai per questo paese non ci passò al tempo nostro persona veruna, già più anni che qui siamo stati; e però tornate per quella via che[134] siete venuti, ché per questo paese voi non passerete!». E lo 'nterpito gli mostrò la lettera che noi avavamo dal soldano; e questi maladetti cercavano pur di trovare cagione adosso a noi, e incominciorono a dire: «Questa lettera che voi mostrate si è falsa». Or lassamo andare ogni parola. Finalmente questi saracini dissero: «Meniangli in Babillonia al soldano!». Allora lo nostro interpito disse: «Cristiani, vedete, questi saracini ci vogliono menare al soldano in Babillonia; ma tanto vi dico che, s'eglino ci meneranno al soldano, io mostrerò la lettera sua. E quando lo soldano vedrà

tello Aronne aveva condotto gli Ebrei nel deserto, fece scaturire l'acqua da una rupe percotendola con una verga, per ordine di Dio.

[132] Lo condussero.

[133] Interrogarono.

[134] Donde, per la quale.

come costoro hanno fatto contra la sua lettera, io vi prometto, in leggie di Maumetto, che lo soldano gli farà segare per mezzo[135] in vostra presenzia, innanzi che vi partiate da lui; e però confortatevi». E finalmente questi saracini s'acordarono di lassarci andare e di tollerci lo nostro interpito e di menarlo al soldano; sì che, dopo questo, lo nostro interpito venne a noi, e disse: «Andate per lo vostro viaggio a Santa Caterina con questi arabi, che v'hanno prestati li camelli, che sono gente fedele e guiderannovi per lo vostro viaggio; voi siete presso a Santa Caterina quatrocento miglia». E subito questi Saracini presono lo 'nterpito e sì lo menarono via.

Quando noi vedemo questo, tutti gittamoci in terra ginocchioni, piangendo <e racomandandoci> ad alta voce <a> santa Caterina che ci soccorresse, però che noi non sapavamo che ci fare sanza lo guidatore ch'elli ci tollevano, cioè lo 'nterpito nostro. E questi arabi con cui noi eravamo rimasi, non intendevano niente nostra lingua né noi la loro, né per cenni né per atti, ché, quando noi domandavamo una cosa, egli facevano tutto per lo contrario. E così tribulati andamo per lo diserto due dì sanza guidatore, sempre racomandandoci a santa Caterina che ci mandasse soccorso, ché noi eravamo per male capitare; e così ci racomandamo a santa Caterina co·lagrime assai. Or chi avesse veduto questi tapinelli peregrini andare per lo diserto d'Arabia, ch'è lo maggiore diserto e lo più pericoloso del mondo, che non ci si trova niuno bene, che ogni cosa è sterile ed è tutto rena, che ci si conviene portare ogni cosa da vivere, come per mare!

Come ritrovamo l'altro dì lo nostro interpito

Andando così tribolati sanza pastore, ché ci era stato tolto lo nostro interpito, ciò era guidatore nostro, ché sanza lui non potavamo altro che male arrivare (e se lo

135 Tagliare in due parti.

detto buono e leale guidatore non fusse stato così leale, più e più volte saremo periti nel diserto e anco fuora per le città; ma egli come giusto e buono uomo in legge sua di Maumetto, e avea nome Saetta[136] e stava a Rama,[137] il quale fu interpito di messere Uberto da Volterra, quando andò in Ierusalem), lo secondo dì e noi vedemo presso a noi a uno miglio, quasi dallato, uno saracino sempre correndo per esserci dinanzi, per atraversarci la via. E quando dinanzi fu per grande spazio, e quelli si puose a sedere a rincontro a noi e aspettava che indi noi passassimo. Allora la paura ci rinuova da capo e incominciamo a racomandarci a santa Caterina, imperò che, se fusse bisogno di rispondere, nullo sapeva niente rispondere a cosa che ci fusse adomandata. E quando fumo presso a lui, e uno di noi disse: «Quello pare lo nostro interpito!». E altri diceva: «Questo saria[138] grande miracolo». E quando l'avemo conosciuto che egli era lo nostro interpito, tutti facemo riverenzia a Dio della grazia ch'egli ci aveva fatta, e corremo verso di lui e facemoli grande festa e allegrezza e demogli bene da mangiare, però che n'avea grande bisogno. È disseci come quelli saracini gli aveano tolta la spada e l'arco perché non volle aconsentire che noi ci ricomperassimo da loro:[139] «E però m'ànno fatto questo». E noi lo confortamo e dicemo che ogni cosa che gli era stato tolto gli ricomperremo. E così ce n'andamo con molta allegrezza, sì come quelli che avevamo ritrovato lo loro guidatore, ché sanza lui finalmente saremo male capitati e sanza dubbio saremo tutti periti.

L'altro dì trovamo due arabi tutti nudi e neri, che menavano sei pecore, ch'aveano li piedi ritondi come cani,

[136] Il nome *Saetta* traduce l'arabo Said, famosa guida che nel 1384 accompagnò il viaggio di Frescobaldi, Sigoli e Gucci.

[137] Ramle.

[138] Sarebbe.

[139] Pagassimo il riscatto.

con VII verge;[140] allora noi avemo paura, e lo nostro interpito disse a' nostri arabi che ci aveano prestati li camelli: «*Natadossi gorga suini*».[141]

Li XIII dì trovamo montagne, ma lo camino tenemo per lo piano; e poi l'altro dì vedemo da lungi lo prezioso monte Sinai, e per la grande allegrezza ci gittamo in terra ginocchione, con molte lagrime, cantando: *Salve Regina*.

Come trovamo arabi salvatichi

E quello dì medesimo trovamo fra quelle montagne arabi salvatichi colle loro moglie, e aveano tanti Arabi piccolini co·loro, che io non credevo che di così trista[142] gente e di così misera, tanti ne fusse nati. E tutti erano ignudi, maschi e femine, e tutti neri, e le cose loro[143] erano coperte di pelli di camelli; e avevano molti camelli e altro bestiame assai.

Come trovamo altri arabi

Lo XVI dì noi fumo presso alla montagna di Faraone,[144] dove volse passare lo Mare Rosso per giugnere lo populo di Dio, e ivi con tutto lo esercito suo si anegò. E ivi sì trovamo un'altra generazione di gente, ch'erano così vestiti: una pezza portavano dinanzi e un'altra dirietro; e altri erano vestiti di pelle di camello, e li capelli portavano tutti racolti in cima della testa fatti come cappelli. E così spaventevoli uomini e femine se ne venivano a noi, gridando e dicendo in lingua loro: «*Messinala messinala, caspe caspe!*».[145] E ivi ci riposamo la sera.

E l'altro dì, caminando noi per lo nostro viaggio, e noi

[140] Verghe, ma qui con il significato di "frecce", "dardi".
[141] Si tratta di parole arabe, di difficile interpretazione.
[142] Miserabile.
[143] Gli organi sessuali, i genitali.
[144] Località del Pharan.
[145] Frasi in arabo di difficile comprensione.

ci avedemo come uno peregrino era smarrito e non ci era; sì che noi lo dicemo all'interpito e così ricercamo infra noi: pure l'uomo c'era meno; come che fusse, o che l'uomo rimanesse al Mare Rosso, ricogliendo e cercando tali novità, o ch'egli annegasse nel detto mare, overo ch'egli rimanesse a una acqua dolce dove noi ci ristemo a mangiare, pur lo buono uomo non si rivedeva. Allora lo 'nterpito mandò adietro due arabi infino al Mare Rosso per ritrovarlo. E gli arabi tornorono sanza lui, e dissono che sempre andarono gridando per lo diserto per fare sentire, per poterlo ritrovare; e in questo modo si perdé che mai non si ritrovò.

Come giugnemo al munistero di Santa Caterina

Lo XXII dì salimo su per una grande montagna, e la sera a ora di vespro giugnemo a quello glorioso monasterio di Santa Caterina.

Quando noi lo vedemo di lungi, ben ci parve essere risuscitati da morte, perché noi eravamo molto afaticati e l'acqua ci venìa meno, però che parecchi arabi che noi incontramo sì ce l'avevano tolta che poca ce ne lassarono. Quando fummo giunti al monistero, sì trovammo monaci greci, e assai n'uscirono fuori del munistero a vederci; e quando fummo per me' loro,[146] tutti ci abracciamo con grande carità. E subito ci scaricarono li camelli, e poi andaro al vescovo loro per la licenzia; e subito tornarono e menaronci dentro in una casa disparte da loro. E ivi ci riposamo molto volentieri, ché n'avamo grande bisogno.

[146] In mezzo a loro.

FRANCESCO PETRARCA
In Terrasanta

L'operetta, conosciuta con la titolazione più vulgata (e spuria) di *Itinerarium syriacum*, il cui titolo completo e attestato dai codici suona *Itinerarium breve de Ianua usque ad Ierusalem et Terram Sanctam*, oppure *Itinerarium ad Sepulcrum Domini nostri Ihesu Christi*,[1] fu scritta da Petrarca nella primavera del 1358 per il cavaliere milanese Giovannolo Guido da Mandello, luogotenente dei Visconti a Bergamo, uomo d'armi ma con una certa cultura classica.[2] Costui, che si apprestava a partire per un viaggio in Terrasanta con altri amici, esorta Petrarca a unirsi alla compagnia. Il poeta, temendo per la propria salute, accompagna il suo cortese rifiuto con questo bre-

[1] Questo secondo titolo è adottato nell'edizione di riferimento a cura di Lo Monaco, che si basa sul codice B 1.2.5 della Biblioteca Statale di Cremona, appartenuto a un membro della famiglia Mandelli. Sul codice, cfr. M. Feo, *Inquietudini filologiche del Petrarca: il luogo della discesa agli Inferi (Storia di una citazione)*, in «Italia Medievale e Umanistica», XVII, 1974, pp. 115-183 (in part. *Il codice B.B.L. 2.5 di Cremona e il testo dell'«Itinerarium»*, pp. 179-183). Vedi F. Petrarca, *Itinerario in Terra Santa*, a cura di F. Lo Monaco, cit., pp. 32-34, in cui vengono indicati i criteri di edizione e il rigetto dell'altro titolo, di dubbia autenticità; ma cfr. anche M. Ariani, *Petrarca*, Roma, Salerno Editrice, 1993, p. 109 e n. 17 e bibliografia relativa.

[2] Per il profilo biografico, cfr. F. Cengarle, *Mandello (Mandelli), Giovanni*, in *Dizionario Biografico degli Italiani*, vol. 68, Roma, Istituto della Enciclopedia Italiana, 2007, pp. 564-566. Vedi anche F. Novati, *Il Petrarca e i Visconti: nuove ricerche su documenti inediti*, Milano, Cogliati, 1904, pp. 43-45.

ve scritto che illustra un possibile itinerario del viaggio, che possa comunque rendere viva la propria presenza. Lo scritto, redatto a Milano in tre giorni («*ego triduo consummavi*») alla fine di marzo del 1358, come risulta dall'apografo della Biblioteca di Cremona, viene fatto recapitare al destinatario ai primi di aprile. Non si hanno comunque notizie se Mandello abbia effettivamente realizzato il pellegrinaggio.

Petrarca (1304-1374) era a conoscenza dell'esistenza di convogli regolari da Venezia verso Cipro e Alessandria,[3] ma declinò comunque l'invito, ritenendolo un viaggio inadatto per la propria salute. Nel trattatello risuona il timore per la morte in mare («*pelagi metus*»), in connessione col tema della vanità dei lunghi viaggi; mentre viene spesso ripreso il problema dei rapporti dell'uomo con il proprio destino, che Petrarca andava elaborando, negli anni contigui alla stesura di questa composizione, nel più complesso scritto *De remediis utriusque fortunae* (iniziato presumibilmente a Milano, nel 1354). I sentimenti riposti del poeta vengono sottolineati in toni che ricordano le formulazioni della riflessione agostiniana sul tempo nelle *Confessioni*, allorché al compimento del viaggio ci si accorge come nulla si possa veramente scoprire che non sia già stato prefigurato nell'animo, ancor prima della partenza: «prima di partire da casa avevi considerato e frequentato ogni luogo con l'animo, poiché il termine di ogni cosa [...] è l'ultimo nell'esecuzione ma primo nell'intenzione».

L'*Itinerarium* ha un profilo di compilazione erudita, in cui si accumulano notizie di carattere geografico, storico, archeologico. Nel momento in cui Petrarca rinun-

[3] Cfr. *Seniles*, III, 9, databile al 1363. La lettera si legge in F. Petrarca, *Prose*, a cura di G. Martellotti e di P.G. Ricci, E. Carrara, E. Bianchi, Milano-Napoli, Ricciardi, 1955, pp. 1068-1077 (ora in *Le Senili*, a cura di G. Martellotti, traduzione italiana di G. Fracassetti, Torino, Einaudi, 1976, pp. 42-51).

cia a seguire Mandello in Terrasanta, e tuttavia accondiscende al desiderio dell'amico di avere con sé un suo ricordo, progetta un viaggio puramente teorico, un viaggio della mente, trovando all'uopo una giustificazione programmatica: «*multa que non vidimus scimus, multa que vidimus ignoramus*» («conosco molte cose che non ho visto ed ignoro molte che ho visto»). La conoscenza non dipende esclusivamente dalla visione diretta, ma può essere raggiunta anche attraverso la mediazione culturale, attraverso strumenti del sapere come le carte geografiche, le descrizioni di autori e le testimonianze dei contemporanei.

Lo scritto petrarchesco (la definizione d'autore è quella di «*literulae*») dispiega una peregrina e larghissima erudizione, ma in realtà assolve a una straordinaria funzione culturale che è quella di risvegliare l'interesse per gli studi geografici, testimoniata qualche anno più tardi anche dal *De montibus* di Giovanni Boccaccio.[4] Essa certamente condivide con la tipologia degli *itineraria* medievali (compilazioni di tipo geografico in cui venivano presentate le singole tappe del viaggio dal luogo di partenza a quello di arrivo, e quindi le stazioni di visita in Terrasanta) la precisione del dettato, la semplicità e la brevità («*brevi stilo*»); ma, in realtà, più che una guida pratica di viaggio si pone come scrittura antiquaria ed esemplare («*memoria exemplorum*» § 9). La *brevitas* è l'opzione stilistica prescelta, per contenuti che si svolgono su piani diversi e ben distinti: uno strettamente religioso («*ad salutem animi*») e un altro che attiene alla sfera dell'erudizione («*ad notitiam rerum et ingenii ornamentum*»). Le descrizioni dei luoghi costieri d'Italia e le tappe ai luoghi santi sono un misto di reminiscenze

[4] Cfr. G. Boccaccio, *Dizionario geografico*, cit.; su cui si veda M. Pastore Stocchi, *Boccaccio e l'invenzione della geografia poetica*, in Id., *Forme e figure. Retorica e poetica dal Cinquecento all'Ottocento*, Firenze, Cesati, 2008, pp. 11-19.

letterarie evangeliche (esplicitamente richiamate) e di fonti classiche, dalla *Naturalis Historia* di Plinio, da cui Petrarca attinge notizie di tipo geografico, alla *Chorographia* di Pomponio Mela, che gli offre una ricca messe di notizie mitografiche, fino al *Pharsalia* di Lucano, ma con continui riferimenti mutuati da storici come Tito Livio e Giuseppe Flavio.

La lunga narrazione si presenta così come una ben congegnata epistola fatta di rimandi ai classici e di rievocazione evangelica.

Una geografia tutta letteraria, in forma di consigli e spiegazioni, occupa gli occhi e la mente del destinatario e del lettore (che, in questo caso, coincidono), proponendosi di guidarne le scelte "turistiche". Il viaggio è in gran parte una illustrazione dotta delle località costiere italiane, dalla Liguria alla Campania, fino a Otranto e all'Adriatico (alcune di queste descrizioni erano già presenti nella monumentale *Africa*);[5] quindi si spinge con un resoconto derivato dalle carte geografiche del tempo e della letteratura classica attraverso i luoghi santi; ma il percorso consigliato dal raffinato testo umanistico propone anche una sorta di pellegrinaggio "laico" sulle tombe di Alessandro e Pompeo.

Petrarca mostra anche il potere della scrittura, che si serve di dati veri ma libreschi, per ricomporre un viaggio a modo suo, per dare una nuova visione del mondo conosciuto. Potere dello scritto di un io narrante che non ha compiuto un viaggio. La sua particolarità è di essere un viaggio «non retrospettivo ma prospettivo».[6] L'*io* personaggio, che di solito è il relatore del viaggio, cede il posto a un *tu* ("vedrai", "desidererai di vedere"),

[5] Cfr. F. Petrarca, *L'Africa*, edizione critica a cura di N. Festa, Firenze, Le Lettere, 1998 (ristampa anastatica dell'edizione stampata a Firenze, Sansoni, 1926).

[6] J. Guérin Dalle Mese, *Io o lui? (Il problema del narratore in alcu-*

allo stesso modo che il narratore cede il posto al lettore. Ma se in Petrarca la scrittura diventa una risposta al desiderio del viaggiare, e il suo *itinerarium* si struttura come una sovrapposizione tra notizie acquisite e materiali libreschi, questa stretta giunzione del reale con l'immaginario, tipica delle strutture viatorie, attraversa tutta la letteratura di viaggio successiva e giunge fino alle lettere colombiane, sistemate in una tramatura espositiva da relazione *a posteriori*. Nel suo testo, prende forma un'immagine del viaggio come evento oggettivo da raccontare, comprensivo del "ritrovamento" di se stessi attraverso la "scoperta" di luoghi da "ritrovare". Il brano ebbe largo successo all'epoca, e anche in seguito. Boccaccio, durante la sua visita a Petrarca a Milano nel 1359, lo trascrisse per sé, dando origine alla sua diffusione, tanto che se ne ebbero volgarizzamenti in toscano e in napoletano.[7]

Il testo si legge in F. Petrarca, *Itinerario in Terra Santa*, a cura di F. Lo Monaco, Bergamo, Pierluigi Lubrina Editore, 1990.

ne relazioni di viaggio del Trecento-Quattrocento), in *La letteratura di viaggio dal Medioevo al Rinascimento*, cit., p. 15.

[7] Vista l'autorevolezza dell'autore, il testo era ricercato e utilizzato come fonte storica e geografica, in particolare per le coste italiane. Sulla circolazione del testo, si veda A. Paolella, *Petrarca e la letteratura odeporica del Medioevo*, in «Studi e problemi di critica testuale», n. 44, 1992, pp. 61-85 (in part. pp. 84-85 e n. 64). Lo studioso ha anche curato un'edizione critica di uno di questi volgarizzamenti: *Volgarizzamento meridionale anonimo di Francesco Petrarca "Itinerarium breve de Ianua usque ad Ierusalem et Terram Sanctam"*, edizione critica a cura di A. Paolella, Bologna, Commissione per i testi di lingua, 1993.

Itinerario in Terra Santa

(1) Assai di rado i risultati corrispondono alle nostre speranze. Spesso ciò che era stato premeditato non avviene ed accade l'imprevisto; il che non deve essere motivo di meraviglia, piuttosto dovrebbe esserlo il contrario. Dal momento che la ragione regge i principi elementari e l'evento è regolato dalla Fortuna, nulla dunque è più avverso alla ragione della Fortuna.[8] Per questo l'ultima spezza impetuosamente, anzitempo, la trama che l'altra aveva intrecciato con grande ingegnosità. Magari questo fatto mancasse di una prova certa, e la vita degli uomini non fosse tanto piena di queste espressioni di dolore, da far sembrare che non ci si lamenti quasi per niente altro!

(2) Ma per venire al nostro argomento: ti era dunque maturata la decisione di avermi come compagno di viaggio, volontario e, direi, quasi speranzoso. Esiste infatti un tragitto più desiderabile e più sacro? Un pellegrinaggio più giusto dell'andare al sepolcro ove giacque Colui la cui morte temporale ha generato per noi l'immortalità e la vita eterna? Sepolcro nel quale, se è lecito dirlo, sono racchiuse insieme la morte sconfitta e la vita vincitrice. Viaggio beato e visione degna di invidia per un animo fedele a Cristo! Strani peccati ora mi ostacolano e sono accalappiato da misteriosi uncini.

(3) Come dice Orazio «un pudore infantile m'impediva di dire di più»[9] ma la verità imperiosa mi ingiunge

[8] Il tema della Fortuna e del suo contrasto con la Ragione è uno dei temi svolti nel *De remediis utriusque fortunae*. Per una bibliografia aggiornata si veda il vol. 5 dell'edizione americana a cura di Conrad H. Rawski, *Petrarch's Remedies for Fortune Fair and Foul*, Bloomington-Indianapolis, Indiana University Press, 1991.

[9] La citazione proviene da Orazio, *Satire*, I, 6, 57 («*infans namque pudor prohibebat plura profari*»).

di parlare, e mi costringe ad essere chiaro. Sebbene insomma numerosi motivi mi trattengono, nessuno è più forte della paura del mare.[10] Non tanto perché più degli altri mortali sia attaccato alla vita o abbia paura della morte, o sostenga che la morte incontrata per terra sia da preferire a quella per mare: infatti ciò che rende felici ed infelici non si trova nei luoghi ma negli animi, e pur sapendo che in qualche luogo si deve morire, non so dire dove sia meglio. Invano evitiamo la guerra e le distese marine, invano fuggiamo le fatiche e risparmiamo il nostro misero corpo destinato a soccombere; l'odiosa morte penetra nel bel mezzo dei rifugi dei piaceri, nelle stesse stanze dei sovrani, e se l'impegno e l'esercizio sono per caso riusciti a tenerla lontana, spesso il lusso sedentario la fa arrivare prima.

(4) Alla fine bisogna in ogni modo morire, e come è inutile incolpare questa morte, così il volerla evitare è pura demenza, il tentare di procrastinarla è debolezza, l'attenderla invece con animo sereno, come se fosse in ogni luogo vicina e sul punto di giungere in qualsiasi momento, è virtù altissima e azione veramente degna di un uomo. Il proposito doveva essere fuggire con ogni sforzo la seconda morte. Le cose tuttavia stanno in modo tale che ogni desiderio è volto all'impossibile. Tutti vogliono non morire, non ammalarsi, non fare fatica, non provare dolore, non servire, non cadere in povertà, nessuno vuole non peccare, sebbene questa sia la vera e suprema causa della morte, della malattia, della fatica, del dolore, della schiavitù, dell'indigenza.

(5) Ora forse qualcuno mi dirà: se non temi allora la morte, di che cosa hai paura? Ho paura, non senza moti-

[10] Il lat. «*pelagi metus*» esprime, in maniera esplicita, la ragione del rifiuto petrarchesco di accompagnare Mandelli nel viaggio in Terrasanta. Si tratta, sostanzialmente, del mal di mare e della paura del navigare, come ribadisce più avanti nei paragrafi 5 e 6.

vo ma per esperienza diretta, di una morte lenta e della nausea che è peggiore della morte. Quante volte credi io abbia nuovamente sfidato quel mostro, nel caso l'abitudine avesse potuto sconfiggere o lenire la natura? Chiedi se ho fatto dei progressi? Non ho diminuito il terrore, ma piuttosto con la navigazione ho raddoppiato il supplizio. Forse la natura ha posto questo freno ad un animo errabondo e ad un occhio mai sazio di vedere cose nuove.

(6) Pertanto adesso provo orrore nel dover incontrare il ben noto nemico, e sebbene da giovane non lo temessi in questa maniera (l'ho comunque temuto sempre) tuttavia ne ho avuto ancora più paura di giorno in giorno; d'altro canto mi piace a tal punto starlo a guardare, che è sorprendente con quanta passione rimiri ciò che aborrisco persino di toccare. Questa angustia mi trattiene ora qui. La Fortuna guarda di mal'occhio il poter essere tuo compagno di viaggio, cosa che io speravo. È oltremodo difficile supporre se mai, in seguito, la carità potrà vincere questa ritrosia.

(7) Dunque andrai senza di me e visiterai molti luoghi il cui piacevole ricordo ti si rinnoverà finché sarai in vita. Io intanto fino al tuo ritorno, che spero sia rapido e felice, mi limiterò a percorrere i confini d'Italia e d'Europa. Non di meno ti sarò accanto con l'animo, e poiché vuoi così ti accompagnerò con questo scritto, che sarà per te come un breve itinerario.[11] Hai seguito il costume degli innamorati e, della persona di cui senti la mancan-

[11] In questo caso, il termine «*itinerarium*» più che sinonimo di percorso o tragitto indica il genere letterario degli *itineraria* di viaggio trecenteschi in cui lo scritto si colloca. Il genere ha lontani archetipi che, sedimentati su se stessi, si sostanziano di volta in volta di esperienze e tecniche nuove. Si trattava di uno spostamento verso i luoghi santi: un pellegrinaggio nei luoghi sacri alla Cristianità che, però, con il trascorrere del tempo si frammenta in itinerari minori e propone mete diverse.

za, hai chiesto un ritratto con cui consolarti, come potrai, durante l'assenza: non la normale raffigurazione del volto, che muta sensibilmente giorno dopo giorno, ma l'immagine più salda del mio animo e del mio ingegno, la quale, pur essendo quella che è, sicuramente è la parte migliore di me. Così dunque potrai rimirare non il corpo, domicilio di un tuo amico, che alcuni, una volta vistolo, del tutto falsamente, ritengono di aver conosciuto l'uomo nella sua interezza, ma osservare l'amico stesso con gli occhi dell'interno, poiché, come dice Cicerone,[12] la mente di ciascuno è esso stesso, e non quella figura che può essere indicata con un dito.

(8) Ma ti sto trattenendo anche troppo, mentre gli amici ti aspettano, ti chiamano il volto tranquillo della primavera ed i venti favorevoli, e sospirando perché te ne vai, noi tutti già attendiamo il tuo ritorno.

(9) Siccome non puoi avermi come compagno, mio carissimo, chiedi di avere almeno questa lettera, nella quale tu stesso ti attendi di sentire da me, che non ho certo visto tutto, e forse mai lo farò, quello che tu vedrai con i tuoi occhi:[13] cosa sorprendente a dirsi, se non altro perché conosco molte cose che non ho visto ed ignoro molte che ho visto. Accondiscenderò dunque, e subito, a ciò che chiedi del tutto giustamente, e dapprima esporrò ciò che sembra essere pertinente alla salute dell'anima, quindi ciò che spetta alla conoscenza ed all'arricchimento spirituale, infine quanto riguarda ricordi esemplari e ciò che può impressionare l'animo, e commisurerò un viaggio lunghissimo ad uno stile conciso. La prima di queste suddivisioni, se non m'inganno, interessa direttamente un religioso ed un fedele, la seconda un curioso

[12] Il riferimento è al *Somnium Scipionis* (in *De re publica*), 6, 26.

[13] Il viaggio è appunto testo, trama di punti e termini, e il testo del viaggio ideale dell'autore è evento oggettivo perché interiorizzato, soggettivamente rielaborato.

ed una persona dedita agli studi, la terza uno spirito militaresco e grande. Quale potere non ha l'amore? Spera di poter osservare meglio ciò che la mia penna ti può mostrare da qui di quanto il tuo occhio ti farà vedere là.

(10) Iniziamo una buona volta questo viaggio, e passate oltre le località intermedie, delle quali, giacché sono sotto gli occhi di tutti, è completamente inutile stare a fornire una descrizione,[14] giungiamo a Genova,[15] che tu dici di non aver ancora veduto.

(11) Scorgerai dunque una città che domina sul fianco di un colle roccioso, orgogliosa della propria popolazione e delle proprie fortificazioni, che l'aspetto stesso denuncia signora del mare. La sua potenza le è di impedimento, come accadde già per molte città, e la danneggia con imposizioni che sono motivo di odi civili.

(12) Si dice che il fondatore eponimo sia stato Giano, da taluni ritenuto il primo re d'Italia. Io non so dire se sia stato così o piuttosto se il sito stesso abbia dato il nome alla città, poiché sembrava essere la "porta" del nostro territorio. La prima opinione è quella che a Genova incontra maggior credito: venne inserita tanto nelle cronache locali che ricordata sui monumenti pubblici. All'una ed all'altra ipotesi sta il fatto che anticamente il nome in uso non era "Ianua", ma "Genua".[16]

[14] Petrarca tralascia deliberatamente la sezione descrittiva dei luoghi che si frappongono tra il punto di partenza e il luogo d'imbarco, come era nella tradizione del genere degli *itineraria*.

[15] Si è mostrato come, storicamente, il porto di imbarco per le vie di navigazione verso l'Oriente fosse Venezia, sia per la migliore organizzazione che essa offriva, sia per la regolarità delle partenze (cfr. E. Ashtor, *Venezia e il pellegrinaggio in Terrasanta nel basso medioevo*, in «Archivio storico italiano», 123, 1985, pp. 197-223). La scelta petrarchesca di Genova come porto d'imbarco è dettata probabilmente da ragioni letterarie.

[16] La doppia etimologia del nome medievale di Genova (*Ianua*) è connessa da un lato al nome del dio Giano e dall'altro al termine porta (*ianua*). Per le fonti petrarchesche, cfr. l'edizione curata da Lo Monaco, cit., p. 94, n. 12.

(13) Su di essa si potrebbero narrare senza problema numerosi fatti recenti e degni di memoria, che io tralascio: infatti non sto stendendo una storia, ma descrivo dei luoghi. Più esigui sono invece i fatti antichi, poiché non fu sempre questa città il centro più importante per questa popolazione, ma, a quanto si capisce, era stata Albenga. La stessa Genova di cui parlo venne distrutta dai Cartaginesi durante la seconda guerra punica, e fu ricostruita dai comandanti romani.[17]

(14) In essa tu ora avrai modo di osservare le abitudini della popolazione, la posizione, l'imponenza degli edifici e soprattutto la flotta, che mostra di fatto ciò che è stato scritto per quella di Tiro: terribile e da temere per tutti i litorali. Quindi ammirerai il molo che si oppone al mare ed il porto artificiale, che invano le tempeste ogni giorno sferzano: una spesa inestimabile e un'impresa colossale.

(15) Cosa dire di più? Una volta che avrai attentamente visitato questa città, ed il litorale che l'abbraccia da destra e da sinistra, ed i monti a picco sul mare, ed avrai rivolto l'attenzione a queste caratteristiche fisiche, a queste usanze, a questi animi ed abitudini, sappi che hai visto quell'altra famosa pietra cote che affilò, con lungo esercizio, per molti anni un tempo, la punta della virtù romana, poiché, se si dà credito a Livio,[18] nessuna provincia contribuì maggiormente a far sì che vi fosse cioè tutto il necessario per avere un esercito romano vigile e pronto: l'asprezza montana dei luoghi, l'evidente velocità del nemico, la difficoltà di spostamento, la possibilità di agguati, la fortificazione di luoghi arroccati, la durezza delle catene montuose; molto pericolo, pochissime occasioni di bottino, nessuna di riposo. Pertanto

[17] La fonte è Livio, *Ab Urbe condita*, 30, 1, 9-10.

[18] Petrarca rimanda a Livio, ma la base del racconto è in Floro, *Epitoma*, 1, 19.

quando in ogni altro luogo bisognava combattere contro una difficoltà alla volta, qui ci si scontrava con molte allo stesso tempo.

(16) Anche se i compagni ti faranno fretta per partire ed i marinai toglieranno gli ormeggi, tuttavia tu non lascerai la città prima di aver visto quel prezioso e mirabile vaso di puro smeraldo che si dice sia stato usato come piatto da Cristo,[19] il cui amore ti trascina tanto lontano da casa: un oggetto, se altri ve ne sono, degno di devozione e del resto insigne anche per la sua stessa fattura.

(17) Lasciata Genova alla volta del Ponente, cerca di non distogliere mai, per tutto il giorno, lo sguardo dalla costa; ti si faranno incontro panorami che sarà più facile per te rimirare che per qualsiasi uomo descrivere: bellissime valli, fiumicelli che scorrono, colli piacevolmente selvaggi e da ammirare per la sorprendente fertilità, villaggi arroccati sulle rocce, paesi assai vasti; vedrai sparse sulla costa, ovunque ti volgerai, case adorne di marmi ed ori, e ti stupirai come una città del genere ceda in splendore e piacevolezza ai suoi dintorni.

(18) Dopo venti miglia ti troverai davanti un promontorio protratto nel mare, che viene chiamato Capo del Monte,[20] ed il porticciuolo di Delfino[21] o, come dicono i marinai, di Alfino, tranquillo e nascosto tra ridenti colli, quindi Rapallo, Sestri[22] ed il grande porto che ha il nome di Venere,[23] al riparo dai venti e capace di ospitare tutte le flotte esistenti, non lontano dal nostro Erice[24]

[19] Si tratta del sacro catino, conservato oggi nel Museo della cattedrale di S. Lorenzo a Genova, che viene menzionato nella *Storia delle Crociate* di Guglielmo di Tiro (*Historia rerum in partibus transamarinis gestarum*, Paris, 1844, X, 16) e ricordata anche da Iacopo da Varazze, *Cronaca di Genova*, II, 309-315.

[20] Il monte di Portofino.

[21] Nelle carte nautiche la forma è *p(orto) de Alf(f)ino*.

[22] Sestri Levante.

[23] Portovenere.

[24] Lerici.

(ce ne è infatti uno anche in Sicilia). Nel mezzo del golfo c'è uno specchio di mare adatto alle navi che hanno viaggiato a lungo.

(19) L'intero litorale, ricco di palme e di cedri, tanto avverso a Cerere quanto favorevole a Bacco e a Minerva, non è sicuramente secondo a nessun altro luogo della terra. Dunque è per me motivo di grande meraviglia che sia stato trascurato dagli autori antichi, e soprattutto dai poeti. Dico questo comunque perché ritengo che il motivo del silenzio non sia da attribuire ad un'avversa disposizione od alla noncuranza, quanto piuttosto al fatto che quei fertili luoghi erano ancora inesplorati e quindi sconosciuti. Ne conseguì, dunque, che mentre tutti esaltavano con incliti carmi Meroe, Falerno[25] e le altre regioni, questa, che le sovrasta tutte in elogi, venne completamente dimenticata. Ciò ha spinto me, che sono l'ultimo degli scrittori per ingegno, stile ed epoca, a descrivere questi posti in un passo della mia *Africa*, con un tipo ed una forma di narrazione completamente diversi.[26] E quando magari quell'opera ti capiterà sotto gli occhi, se mai la breve durata della vita o la lentezza dell'ingegno e l'attenzione simultanea, in uno stesso lasso di tempo, per diversi lavori o altri impedimenti della sorte, per i quali non c'è misura, non lo impediranno, ti richiamerà alla memoria molti di quei posti che ora stai per vedere. Ma ci rimane ancora molta strada. Passiamo oltre.

(20) Non lontano, presso i confini estremi delle terre di Genova, scorgerai il famoso scoglio Corvo,[27] che

[25] Nomi di vini celebri dell'antichità, ma Petrarca vi costruisce un'allusione geografica a Meroe, isola nilotica in Etiopia.

[26] Petrarca fa riferimento al libro VI dell'*Africa*, in cui è inserita la vicenda di Magone, fratello di Annibale, ferito dai Romani in Liguria. Uno dei passi più noti del suo poema latino, il cosiddetto *Lamento di Magone morente* (vv. 885-916), venne dall'autore stesso fatto conoscere e divulgato a Napoli nel 1341.

[27] Capo Corvo.

prende il nome dal proprio colore e, spingendoti poco oltre, le foci del fiume Magra,[28] che divide le popolazioni della costa Ligure da quelli dell'Etruria; sul litorale, in corrispondenza della riva sinistra del fiume, vedrai le rovine di Luni, se bisogna dare fede a quanto si racconta.[29] In questa regione non ho presente altro esempio maggiore, sebbene quello più insigne ed antico sia Troia, di passione che doveva essere dominata, la quale in altri casi ha rovinato le sorti non solo di singoli uomini, ma anche di grandi città e di popoli potenti e di sovrani.

(21) Da questo punto, mentre le alture iniziano a declinare, la costa si fa più piatta e priva di scogli, gli approdi sono poco frequenti, le città fortificate sono lontane sulle colline, il mare è inospitale; di poco discosta dal litorale c'è Sarzana, un agglomerato recente ed affollato, quindi l'orribile paese dell'Avenza ed oltre il fiume Freddo, di nome e di fatto, lucente di acque e di sabbie, si getta in mare vicino alla bellissima Massa.[30] Poco lontano è il villaggio di Pietrasanta, il cui artefice,[31] a quanto sento, fu un tuo concittadino, all'epoca in cui governava quella provincia, uomo famoso e nobile in patria: per questo trasmise il proprio nome alla fondazione.

(22) Oltre, ormai, non vi è nulla degno di ricordo, eccetto due roccaforti Pisane, l'una chiamata Motrone[32] e l'altra Via Regia.[33] Non molto dopo sboccano le foci del Serchia e dell'Arno: l'uno lambisce Lucca e l'altro attra-

[28] Le Bocche di Magra erano considerate il confine naturale della Liguria.

[29] La distruzione di Luni trova spazio nella *Cronica* di Giovanni Villani (I, 50). Sulla leggenda della distruzione di Luni, cfr. G. Sforza, *La distruzione di Luni nella leggenda e nella storia*, in «Miscellanea di storia italiana», s. III, 19, 1922, pp. 1-138.

[30] Massa Marittima.

[31] Si tratta di Guiscardo da Pietrasanta, già podestà di Genova.

[32] Motrone, in Versilia.

[33] Viareggio, posta nel luogo della *Silva regia*, nella pineta tra Migliarino e Motrone.

versa prima le mura della mia patria e quindi Pisa. Lucca non so dire, Firenze sicuramente si sottrae alla vista, invece il comandante della nave ti mostrerà dalla poppa del vascello Pisa, città antichissima, di aspetto tuttavia moderno e gradevole, che non si segnala, sebbene sia situata in pianura, come la maggior parte delle città, con poche torri, ma appare nella sua interezza con edifici imponenti. Un tempo fu anche una potenza marinara, finché, una generazione fa, i Pisani, sconfitti dai Genovesi in un grande scontro,[34] persero non solo le flotte ma anche la voglia e l'intenzione di navigare.

(23) Dopo poche miglia ci sarà un porto artificiale chiamato Pisano e, quasi attaccato, Livorno, ove c'è una solida torre sulla cui cima di notte viene acceso un fuoco che mostra ai naviganti la rotta sicura. Da questo punto, se ti girerai a destra, ti saranno di fronte Gorgona e Capraia, due piccole isole in possesso dei Pisani, ed anche una piccola torre, ritta in mezzo al mare, che la gente chiama Meloria, infausta ai Pisani poiché là si svolse quella battaglia che ho ricordato prima. Se aguzzerai un poco la vista, scorgerai anche la Corsica, incolta e ricca di branchi di animali selvatici.

(24) A cinquanta miglia, o poco più, sulla sinistra, si erge su di un colle aprico la bella Piombino: sotto si stende un porto che non può ospitare molte navi ed è poco sicuro. A destra, a non molta distanza, c'è l'isola d'Elba

prodiga di inesauribili metalli per i Calibi,

come dice Virgilio.[35] Coloro che vi hanno sostato a lungo sostengono che vi cresce ottimamente ogni cosa necessaria al sostentamento e che quindi, dopo la perdita

[34] Il riferimento è alla battaglia navale della Meloria combattuta nel 1284, che vide il sopravvento delle galere genovesi.
[35] *Aeneis*, X, 174.

della Sardegna, quella sia divenuta la sede principale delle ricchezze pisane.

(25) Non lontano ci sono Populonia, Massa Marittima, Grosseto, il porto di Talamone (non so se chiamato così dal nome del padre di Aiace o per altro motivo).[36] Quindi, subito a destra, l'isola del Giglio, insigne per il vino ed i marmi, a sinistra quello che chiamano porto S. Stefano e, quasi attaccato, porto Ercole: in mezzo è il monte Argentario. Dopo è la notevole e turrita Corneto, chiusa da due cinta di mura e che può scrutare dall'alto del colle il mare aperto. In queste zone c'era Tarquinia, un tempo una città ed ora nulla più che un nome ed alcune rovine, dalla quale provenivano i Tarquinî, che regnarono a Roma. Oltre, a una decina di miglia, se non erro, è quella che viene chiamata Civitavecchia. Quindi il cosiddetto porto Adriano, opera senz'altro mirabile e non annoverata tra le altre sette meraviglie solo per la sua data di costruzione e per la superbia dei Greci.

(26) Lasciati questi luoghi a sinistra ci sono le foci del Tevere, mentre a destra si trova la Sardegna. Sulla riva del Tevere c'è Ostia, colonia fondata dal quarto re di Roma, Anco Marzio,[37] che la fece sorgere sul limitare tra mare e fiume, come scrive Floro, quasi già allora presagendo «che tutte le ricchezze del mondo ed i traffici avrebbero fatto capo a quel, per così dire, quartiere marittimo della città».[38] Quando sarai là sappi bene che ti trovi a circa dodici miglia di distanza dalla regina delle città: Roma. Se io avessi l'intenzione di parlare di essa in uno spazio tanto breve mi mostrerei oltremodo audace, dal momento che l'orbe terracqueo è piccolo per le

[36] La fondazione di Talamone viene dubitamente connessa a Telamone, che partecipò alla spedizione degli Argonauti e fu padre di uno dei due Aiaci.

[37] L'assegnazione ad Anco Marzio dell'edificazione di Ostia appartiene alla storiografia latina: Livio, 1, 33, 9.

[38] Floro, *Epitoma*, I, 4, 2.

sue gesta e la sua fama, e tutti i libri e tutte le lingue sono insufficienti ad esaltarne il nome.

(27) Dopo le foci del Tevere appare il capo di Anzio: così lo chiamano i marinai. Là sorgeva la città di Anzio, capitale dei Volsci, la quale, dopo numerose guerre contro i Romani, venne alla fine conquistata e sottomessa con tutta la popolazione. Vicino c'è Astura,[39] quindi un monte di una certa altezza al quale si crede che con dei canti magici abbia dato il nome la potente Circe.[40] Infatti si narra che vi abbia abitato e che lì abbia trasformato in bestie i compagni di Ulisse, metamorfosi il cui significato ti è noto. Il posto è famoso di nome e per le descrizioni degli scrittori. Sulla destra è l'isola di Ponza, piccola e che fu luogo di prigionia per persone illustri.[41]

(28) Procedendo oltre avrai di fronte prima Terracina, un tempo chiamata Anxur, quindi Gaeta,[42] che preserva il nome della nutrice di Enea, ove, per avere una navigazione più favorevole, cerca di recarti al santuario di S. Erasmo,[43] il quale, secondo una credenza ben consolidata, ha aiutato già molta gente che correva pericoli per mare. Qui l'arco del litorale ed il golfo sono ampi, le coste dei monti ricche di alloro e cedri e la vegetazione è odorosa e piacevole per la presenza di arbusti sempreverdi. In questo tratto c'è Formia, o Formiano, e Liter-

[39] Antica isoletta (ora unita alla terraferma) posta alle foci del fiume omonimo, tra Anzio e il Circeo, ricordata da Plinio, *Naturalis historia*, 3, 81.

[40] Si tratta, ovviamente, del Circeo, la *Circaeae terrae* di Virgilio (*Aeneis*, 7, 10-20).

[41] Ponza, l'isola maggiore dell'arcipelago Pontino, fu mèta di esilio per numerosi membri della famiglia imperiale, come Druso, nipote adottivo di Tiberio, e Flavia Domitilla, nipote di Domiziano.

[42] Il nome di Gaeta, associato a quello della nutrice di Enea, è di ascendenza virgiliana (*Aeneis*, 7, 1-2).

[43] Si tratta della tomba di S. Erasmo, che si suppone custodita nel duomo di Gaeta o nella omonima chiesa di Formia dedicata al santo.

no: o meglio, c'erano;[44] la prima, nobilitata dal vergognoso assassinio di Cicerone,[45] il secondo dall'ingiusto esilio di Scipione[46] e dalle sue ceneri negate alla patria. Tuttavia percorrerai questi due luoghi più con il pensiero che con gli occhi: l'uno infatti è diroccato, l'altro è anche nascosto, se non che vicino a Formia si ergono due o tre grandi dune.

(29) Sotto gli occhi ci sarà comunque Inarima, che ti si presenterà di fronte: isola nota per le lodi dei poeti, che la gente oggi chiama Ischia, sotto la quale, si racconta, sia stato sepolto il gigante Tifeo,[47] per volere di Giove. A dare adito alla leggenda sono stati gli sbuffi di vapore, che ricordano quelli di un uomo che ansima, e gli incendi, che sono soliti svilupparsi come sull'Etna. Le è vicina Procida, una piccola isola, ma dalla quale, di recente, sorse un grand'uomo, quel Giovanni[48] che non curandosi della temuta corona di Carlo, memore di una grave offesa e deciso ad osare di più, se fosse stato possibile, per vendetta tolse al re la Sicilia.

(30) Contemporaneamente, a sinistra, vedrai su di un colle non molto alto Cuma,[49] la patria della Sibilla, ove

[44] Petrarca si riferisce alla distruzione di Formia, avvenuta nel IX secolo ad opera dei Saraceni; e poi ricostituita nel XIV secolo.

[45] Il fatto che Cicerone possedesse una villa presso Formia, l'autore lo ricava dall'epistolario ad Attico (*ad Att.*, 4, 2, 6 e 6, 7); ma ricorda anche come, da qui, egli avesse cercato scampo dai sicari di Antonio, che lo uccisero nel dicembre del 43.

[46] Alla villa di Scipione a Literno, e quindi a un ritratto della statura morale del personaggio, è dedicata l'epistola 86 di Seneca a Lucilio. Petrarca la ricorda anche nella "vita" di Scipione (cfr. F. Petrarca, *De viris illustribus*, edizione critica a cura di G. Martellotti, Firenze, Sansoni, 1964, *Scipio*, XII, 29, p. 307).

[47] Il mito di Ischia in riferimento a Tifeo è in Virgilio, *Aeneis*, 9, 715-716.

[48] Giovanni da Procida, considerato l'ispiratore e l'anima dei Vespri siciliani, ricordato da Giovanni Villani nella sua *Cronica*, 57.

[49] L'acropoli di Cuma, con il cosiddetto antro della Sibilla (*Aeneis*, 6, 10-11).

morì esule Tarquinio il Superbo, dopo essere stato spodestato e privato degli aiuti tanto dai Latini che dalle popolazione della Tuscia. Quella che è vicino a Milano, sulle rive del Lario, ai piedi delle Alpi, è Como e non Cuma: lo dico perché anche tu, come molti, non cada in errore.

(31) Da questo punto, ormai, si protende in mare il colle di Miseno, che riceve il nome dal trombettiere Frigio che vi è sepolto, come dice Virgilio.[50] C'è chi ritiene che Miseno sia stato ucciso lì da Enea per fare un sacrificio agli dei inferi, atto che non può essere compiuto, come asseriscono, senza l'uccisione di un uomo e che l'atrocità del gesto venne giustificata dalla poesia di Virgilio; si sostiene inoltre che Virgilio ha raccontato che Enea sacrificò nello stesso luogo in cui l'aveva fatto Ulisse, secondo la narrazione di Omero, con lo stesso crudele rito (la cosa comunque è assai incerta). Questi luoghi sono assai adatti a riti sacrificali di tal genere, poiché vi si trovano i nomi infernali di Averno ed Acheronte, e vi è la porta di Dite, soglia che può essere varcata una sola volta. Da là è facile la discesa all'Averno, di cui parla Virgilio, definendolo facilmente individuabile di giorno e di notte, invece è più faticoso e difficile il ritorno. Siccome su questo argomento hai letto quanto c'è di scritto, se io continuassi a narrare ciò che io stesso ho visto ed udito andrei oltre i limiti che mi sono proposto.

(32) Qui si può vedere, sullo scosceso dirupo dell'Averno, l'immensa dimora della Sibilla Cumana, ormai semidistrutta da tempo e disabitata, ma piena di nidi di uccelli di ogni specie.[51] Nella stessa baia fonti calde e tiepi-

[50] Il riferimento virgiliano sull'origine del nome dato a capo Miseno è in *Aeneis*, 6, 212-235. Sulle fonti classiche della morte di Miseno e sul luogo di discesa agli inferi ha svolto importanti considerazioni M. Feo, *Inquietudini filologiche del Petrarca: il luogo della discesa agli Inferi (Storia di una citazione)*, cit., pp. 151-154.

[51] La descrizione dello stato d'abbandono dell'antro della Sibilla risale alla gita archeologica che Petrarca fece nel 1343 (in *Fam.* V, 4, 5).

de erompono in maniera più straordinaria che in qualsiasi altra parte del mondo, ed alcune eruttano ceneri sulfuree e bollenti.[52] Vi sono posti in cui la terra, senza che si veda del fuoco, senza acque, emette da sola del vapore salubre ed un fumo che guarisce il corpo: insomma si direbbe che nei medesimi luoghi siano convenuti il lenimento per la vita umana e l'orrore della morte.

(33) Sotto il promontorio di Miseno c'era sempre all'àncora una flotta romana, che serviva per gli interventi più rapidi; un'altra ancora era a Ravenna. L'aveva stabilito, con somma previdenza, Cesare Augusto affinché il mare Adriatico e quello Tirreno, che cingono da una parte e dall'altra gran parte dell'Italia, a mo' di isola, fossero sorvegliati da questa doppia guardia.[53]

(34) All'interno del promontorio di Miseno è Baia, così chiamata perché vi è sepolto un compagno di Ulisse, Baio. Luogo di incantevole bellezza, tanto che si comprende perché sia stata la sede eletta per i soggiorni invernali dei Romani, cosa indicata sia da tettoie di marmo poste sopra le fonti calde sia dai resti di costruzioni,[54] sufficienti per far pensare ad una città di una certa estensione: lo certifica anche la testimonianza degli scrittori. Qui fanno mostra di sé i grandiosi scavi iniziali delle piscine di Nerone. Infatti di quelli destinati all'altra dissennata impresa, la quale doveva consistere in un canale che avrebbe dovuto congiungere l'Averno ed Ostia per un tragitto tanto lungo, attraverso tante montagne, da scavare non con una spesa ma con la sventura per lo stato, non con il lavoro ma con la morte della gente, affinché, sconfitta la natura dall'operosità umana, si potesse fare un viaggio sicuro e tranquillo, non in mare aperto ma su acque e con navi da mare, non rimase nes-

[52] Si tratta della zona di acque ed esalazioni sulfuree, di origine vulcanica, nota come la Solfatara di Pozzuoli.

[53] La fonte di questa notizia è in Svetonio, *Augustus*, 49, 1.

[54] Sono i resti delle vaste terme poste nella località di Bacoli.

suna traccia, per quanto so, se non nelle testimonianze letterarie.

(35) Questo angolo racchiude anche Lucrino,[55] l'acqua Giulia, il Mare Iroso, di cui fa menzione Virgilio nelle *Georgiche*; un'opera fatta realizzare da Giulio Cesare, modificata da Cesare Augusto e, se non mi inganna la memoria, chiamata "Mar Morto",[56] a tal punto le mani degli uomini hanno compresso la furia e l'impeto del mare.

(36) Di fronte a Miseno e a Baia, a tre o quattro miglia, appare Pozzuoli. Il quarto imperatore romano, ed il peggiore, dopo Nerone, Caligola, aveva fatto congiungere le due sponde di questo specchio di mare con l'inutile e pretenziosa arroganza di un ponte di terra, che egli stesso attraversò prima a cavallo, quindi in pompa trionfale, in compagnia di numerosi ottimati e con un apparato più che regale. Non lontano da Pozzuoli si erge il monte Falerno, degno di nota per un bel palmeto. Tra il Falerno ed il mare vi è una montagna rocciosa, scavata dagli uomini, opera che la gente stupidamente ritiene compiuta da Virgilio con incantamenti magici.[57] Così la fama di uomini illustri, cui non bastano le vere lodi, spesso dà adito anche alle leggende! E quando il re Roberto, famoso per il suo regno ma ancora più insigne per il suo ingegno e la sua cultura, in presenza di molte altre persone, mi chiese[58] che cosa mai ne pensassi, confidan-

[55] Il lago di Lucrino.

[56] Il *mar morto* è uno specchio d'acqua, tra l'odierna spiaggia di Miniscola e il punto più interno di Capo Miseno, chiuso da una barriera artificiale.

[57] Si tratta di un aneddoto che appartiene al nucleo di leggende medievali sulle capacità magiche e tecniche di Virgilio, cui accenna Gervasio di Tilbury nei suoi *Otia imperialia* (III, 16). Su questo tema, cfr. D. Comparetti, *Virgilio nel Medioevo*, a cura di G. Pasquali, Firenze, La Nuova Italia, 1981, in part. vol. II.

[58] L'episodio narrato è probabilmente da porre nel 1341, in occasione del soggiorno napoletano di Petrarca, quando venne sottoposto

do nella sua regalità dai tratti umani, con la quale non solo sovrasta i re ma anche gli uomini, risposi scherzando di non aver mai saputo che Virgilio fosse stato uno scalpellino; ed egli approvando con un gesto d'assenso della fronte serena, confermò che quelle non erano tracce di magia, ma di ferro.

(37) Gli ingressi dei cunicoli sono assai stretti, ma le gallerie sono lunghissime e terrificanti, dentro è sempre notte impenetrabile e paurosa, nel mezzo c'è un camminamento aperto a tutti, straordinario e che ha un aspetto quasi sacrale, inviolato anche in tempo di guerra, se è vero quello che dice la gente e, pare, immune anche da atti di brigantaggio. La chiamano la "cripta napoletana"[59] ed anche Seneca ne fa menzione nelle epistole a Lucilio. Verso la fine del buio tragitto, quando si inizia ad intravedere la luce del sole, si può scorgere, su di un'altura preminente, il sepolcro di Virgilio,[60] sicuramente assai antico e dal quale probabilmente nacque la credenza che quegli avesse scavato la montagna. All'uscita stessa della cripta c'è un piccolo ma veneratissimo saccello e quindi, ai piedi della collina, sul litorale, una chiesa dedicata alla Vergine,[61] ove accorre sempre moltissima gente, per terra e per mare.

(38) Nel vicino declivo si stende Napoli stessa: una delle poche città costiere. Anche qui il porto è artificiale ed è sovrastato dalla reggia; se scenderai a terra non mancare di visitare la cappella del re, nella quale il maggior pittore dei nostri tempi, mio conterraneo, ha lascia-

da Roberto d'Angiò a una sorta di esame per il conseguimento della laurea poetica. Cfr. U. Dotti, *Vita di Petrarca*, Roma-Bari, Laterza, 1987, pp. 82-86 e 114-122.

[59] La denominazione di *cripta napoletana* è riferita al tratto di strada scavato in galleria che doveva congiungere Cuma a Napoli, ricordato da Seneca nella lettera 57 a Lucilio.

[60] Si tratta del mausoleo sulla via Puteolana identificato, fin dalla tarda antichità, come la tomba di Virgilio.

[61] La chiesa di Santa Maria di Piedigrotta.

to notevoli vestigia della sua mano e del suo talento.[62] Non oso spingerti ad andare alla Certosa,[63] che è sul colle vicino. So bene come la navigazione generi stanchezza e fastidio. Tuttavia dovrai vedere la dimora di S. Chiara,[64] sebbene sia leggermente lontana dalla costa: bellissima opera della precedente regina. Nessuna fretta e nessuna fatica dovrà impedirti di visitare due borghi della città, Nido e Capuana, degne di ricordo per gli straordinari edifici e, prima che la peste svuotasse l'orbe terracqueo, per l'incredibile concentrazione di nobiltà e ricchezza. In qualità di soldato ti mando al mare della milizia, che ti è confacente, non, giacché ami la verità, a racconti favolosi: perciò ti sarà sufficiente guardare da lontano quello che è chiamato Castel dell'Ovo.

(39) Questa è la città nella quale Virgilio si dedicò alla letteratura, dopo che in gioventù aveva studiato nella tua patria, Milano. Qui scrisse le *Georgiche*, qui ricorda, con grande vergogna, di essersi crogiolato in un molle ozio. La chiamò dolce Partenope: questo infatti è l'altro nome della città, che ha origine da quello della fondatrice. Infine morendo lontano ricordò, tra gli estremi sospiri, la sua Napoli e sperò di ritornarvi, per restarvi da morto, avendola amata da vivo.

(40) Lasciata Napoli avrai vicino il Vesuvio dalle due cime (comunemente viene chiamato Somma),[65] solito eruttare fuoco. Plinio il Vecchio, uomo di conoscenze enciclopediche e di ottimo stile, nell'Antichità, poiché il vento agitava ceneri e faville, morì soffocato dinanzi a

[62] La cappella di Roberto d'Angiò a Castel Nuovo, con affreschi dipinti da Giotto, opera andata perduta e che Petrarca probabilmente ha visto durante il suo soggiorno napoletano del 1329-1333.

[63] La certosa di S. Martino.

[64] La chiesa e il chiostro di S. Chiara che ospitarono le tombe dei d'Angiò.

[65] Il monte Soma è il cratere ausiliario sorto durante l'eruzione vesuviana del 79 d.C.

questo spettacolo, preso dal desiderio di sperimentare e conoscere: morte miserevole per un uomo di tale importanza! Così Napoli custodisce le ossa sia di un mantovano che di un veronese. Il monte è notevole sotto molti aspetti, ma soprattutto per l'abbondanza di vino, che viene detto greco poiché quella parte d'Italia un tempo posseduta dai Greci veniva chiamata Magna Grecia. Di qui a destra si lascia l'isola di Capri, circondata da irte scogliere, rifugio delle voluttà senili dell'infame Tiberio[66] e officina di sevizie. Il bellissimo tratto di costa ha, sulla sinistra, Pompei ed Ercolano, un tempo celebri città, ora soltanto nomi poiché, come si sa da Seneca,[67] vennero distrutte, insieme ad altre, da un terremoto. Rimane ancora Sorrento ricca di un soave palmeto. Oggi l'intera regione è la Terra di Lavoro, ed un tempo era una parte della Campania: ambedue i nomi vengono dalla straordinaria ubertà. In tale splendore il combattimento tra Cerere e Libero[68] ebbe un esito incerto.

(41) Dopo questo seno di mare ecco che se ne apre subito un altro, nel quale vedrai Salerno ed il Sele. Si dice che Salerno sia stata la sorgente degli studi medici,[69] ma non vi è nulla che con il tempo non si esaurisca. Magari da qui, con venti favorevoli, tu giungessi con una spedita navigazione, come io faccio con uno stile semplice, ai confini estremi d'Italia!

(42) Quindi, a sinistra per un notevole tratto si stende il litorale calabro. A destra, dopo un lungo pezzo, c'è la Sicilia, Vulcano e Lipari, isole queste più piccole, anche

[66] Sulla residenza di Tiberio a Capri le notizie sono in Svetonio, *Tiberius*, 40.

[67] Il riferimento è a Seneca, *Quaestiones naturales*, 6, 1, 1.

[68] Bacco. La figura del contrasto tra Cerere e Bacco, cioè tra la coltivazione di cereali e di viti, è costruita a partire da Plinio, *Naturalis historia*, 3, 60.

[69] Il riferimento è alla scuola medica salernitana, sviluppatasi tra il XIII e il XIV secolo.

esse che emettono fuoco e fumo e ventose tanto che si dice vi fosse la reggia del re dei venti Eolo:[70] vero o piuttosto favoloso che sia, lo si è letto. Da ciò il nome appropriato di Eolie. Ove l'Italia è più stretta la chiamano Scalea: non so quanto sia antico il borgo, certo il nome è senza dubbio moderno.

(43) Quando arriverai all'angolo estremo d'Italia, che gira verso Occidente, di là vedrai, con un piccolo giro dello sguardo e quasi contemporaneamente, da una parte la città di Reggio Calabria, dall'altra, in Sicilia, Messina. Nel mezzo c'è il faro, detto Messinese, ove sono quelle meraviglie infami, temutissime dai naviganti, di Scilla e Cariddi.[71] Scilla risulta essere uno scoglio sulla sinistra, rumoroso e flagellato dalle onde, Cariddi invece è un grande mulinello. Non ti deve sorprendere che Virgilio nel terzo libro del divino poema le abbia poste in altro luogo. Egli infatti descriveva il viaggio di uno che arrivava, io quello di uno che parte.

(44) Il motivo addotto da poeti e storici per questo mulinello è uno solo. Narrano infatti che l'odierno Appennino, quello che circonda e ci divide, un tempo si protendeva fino in Sicilia finché, dopo secoli che i mari, come se fossero di accordo, avevano battuto senza sosta il monte dall'una e dall'altra parte, lo fecero soccombere alle onde. Pertanto, rimosso l'ostacolo, i due mari confluirono con forza e l'ultima propaggine dell'Appennino, in questo modo separata dall'intera catena di monti, perso anche il nome, ebbe quello del monte siciliano Peloro, vale a dire di una delle tre cime da cui è l'appel-

[70] Sulla localizzazione della reggia di Eolo, re dei venti, Petrarca trae notizie da Virgilio, *Aeneis*, I, 50-54; e su Lipari e Vulcano, da Plinio, *Naturalis historia*, 3, 92 e Pomponio Mela, *Chorographia*, 2, 69.

[71] L'autore tende a precisare la corretta collocazione geografica di Scilla e Cariddi nei pressi dell'odierna Punta Faro, a nord di Messina, a differenza di Virgilio, *Aeneis*, 3, 414-419; il che rende manifesta l'attenzione data da Petrarca alle descrizioni geografiche.

lativo di Trinacria, altura che è non lontana da Messina e della quale non so quale fosse il nome precedente. È ben noto che l'odierna denominazione gli viene dall'ammiraglio di Annibale, Peloro,[72] ucciso dal generale cartaginese mentre stava per lasciare l'Italia con tutta la sua flotta, come sostiene Valerio Massimo, oppure, come dicono altri, e come sembra più verisimile, sulla via del ritorno in patria con una sola nave, sfuggendo ai Romani vincitori, poiché Annibale da lontano non riusciva a vedere una via di uscita, a causa dell'angustia dei luoghi, e pensava di essere stato ingannato; là, accortosi dell'errore, aveva dato luogo ad una sepoltura.

(45) Lasciata anche Scalea, il tragitto fino a Reggio è diritto verso Sud. Quindi la rotta piega ad Est, abbandonando in lontananza, a destra, l'Etna, il principe dei vulcani. Poi con una breve rotta a Nord, evitando il nefasto di Squillace, arriverai a Crotone, città che, un tempo, fra le popolazioni d'Italia, eccelleva per vigoria di animi e di corpi, per bellezza, ricchezza e fama: ora (che cosa non può il tempo?) è a mala pena nota agli stessi abitanti dell'Italia. In questa città vi era un tempio di Giunone Licinia, celeberrimo in tutto il mondo.[73]

(46) Quindi in un angolo nascosto ti apparirà Taranto, città natale di Ennio, luogo in cui morì Virgilio, sebbene altri sostengano che ciò avvenne a Brindisi. La città ebbe perduranti contrasti con i Romani, per aver accolto e dato aiuto, in armi e mezzi, a Pirro, quando venne in Italia, e quindi ad Annibale, personaggi questi che le storie di Roma annovereranno come i principali nemici di tutti i tempi.

[72] L'odierna denominazione di Capo Peloro, connessa al nome di un ammiraglio di Annibale, è certificata da Isidoro, *Etymologiae*, 14, 7, 4, che riporta antiche fonti.

[73] Livio dedica un lungo passo (24, 3, 1-15) alla magnificenza e importanza del tempio dedicato a Giunone Lacinia (oggi Capo Colonna), a Crotone.

(47) Ormai sei giunto ai confini ultimi dell'Italia e, dopo aver messo piede nell'estrema Otranto, con davanti il mare Adriatico, attraversatolo, troverai come prima isola, sul lato opposto, Corcira[74] ed altre di scarsa importanza, finché non arriverai al primo lembo dell'Acaia.[75] Là ti troverai a desiderare che l'istmo fosse stato veramente tagliato (e a taluni la cosa venne in mente),[76] per avere una rotta più diritta e quindi più breve. Un'altura divide due mari, e se fosse caduta, l'Acaia sarebbe stata un'isola. Sul colmo è Corinto, in una posizione inattaccabile. Ciò fu motivo della sua distruzione quando venne conquistata dai Romani, impressionati dalla favorevole posizione, perché la dislocazione stessa non potesse invitare, come dice Cicerone,[77] a muovere guerra.

(48) Dal momento che quella via d'acqua è preclusa, bisogna seguire la natura e tralasciata Corinto, si deve percorrere la curva più lunga di Malea[78] e costeggiare il litorale Acheo e città come Modone, Corone[79] e ciò che il mare bagna fino alla punta estrema di quella regione.

(49) Come il primo angolo era rivolto verso l'Italia, questo guarda verso Creta,[80] ora (secondo l'avvicendarsi degli eventi) possedimento dei Veneziani,[81] un tempo regno di Giove e fonte di ogni credenza pagana. Con a destra Creta e a sinistra l'Eubea, che chiamano Negro-

[74] Corfù.

[75] Il toponimo indica in generale tutto il Peloponneso.

[76] Di un progetto per la creazione di un canale presso Corinto parla già Plinio, *Naturalis historia*, 4, 10; e nell'*Africa* (8, 333-334) Petrarca accenna all'auspicabile distacco dell'istmo per la forza dei flutti, rendendo più breve la navigazione verso l'Oriente.

[77] Cfr. *De officis*, 1, 35.

[78] Capo Malea, nel Peloponneso.

[79] Modone e Corone sono due stazioni marittime veneziane nel golfo di Messenia.

[80] Il testo di riferimento per le notizie, soprattutto mitografiche, su Creta è Mela, *Chorographia*, 2, 122.

[81] Venezia ottenne Creta dopo la quarta crociata (1204).

ponte, viaggerai, con attracchi frequenti, tra le isole Cicladi del mare Egeo, quelle che, a forma di costellazione, rendono chiaro quel mare. Qui vi è Sciro, prima sede dell'amore e dell'adolescenza di Achille,[82] da cui quel fulmine, portato dall'astuzia di Ulisse, venne a Troia. Qui vi sono la Coo di Ippocrate, la Lesbo di Teofrasto, la Samo di Pitagora, che egli lasciò per venire in Italia, meritando d'essere definito filosofo italico, giacché adornò il nome della filosofia, che fu il primo a trovare, con grande applicazione ed ingegno.

(50) Ma che sto facendo? Non potrei enumerare con maggior facilità tutte le Cicladi che le stelle del firmamento. Navigando dunque attraverso di esse, e lasciando alle spalle quei due fari della Grecia, che sono Sparta ed Atene, con a sinistra le bocche dell'Ellesponto, Sesto ed Abido, famose per gli amori infausti,[83] Bisanzio e Troia, la prima insigne per la sua imitazione dell'impero romano, la seconda per i suoi propri mali, con un tragitto rettilineo tenderai verso Rodi, un tempo sacra al Sole, ed ora a Cristo, vale a dire realmente al sole, e sede della milizia di Giovanni.[84]

(51) Ormai di là a sinistra si stende l'Asia minore,[85] un tempo provincia del tutto pacifica, popolata di coloni greci dopo la caduta di Troia, ora invece regione avversa, in mano ai Turchi, nemici della fede. Sono parti di questa, rivolte verso Ovest e vicine al tuo tragitto, la Licia e la Cilicia ed il capoluogo della regione, Isauria, un tempo caposaldo di tutte le bande di pirati, i quali ave-

[82] La vicenda di Achille a Sciro è al centro dell'*Achilleide* di Stazio.

[83] Il riferimento è alla vicenda dello sfortunato amore di Ero e Leandro, narrata in Virgilio, *Georgicae*, 3, 258-263, nella *Tebaide* di Stazio (6, 542-547) e nella lettera 18 delle *Heroides* di Ovidio.

[84] L'isola di Rodi venne strappata ai Turchi dai cavalieri dell'ordine di S. Giovanni d'Acri nel 1308 e da essi tenuta fino al 1522.

[85] L'Anatolia, caduta in mano turca durante la seconda metà del XIV secolo.

vano invaso con ingenti forze i mari, tanto che ebbero scontri aperti anche con le flotte romane. Sconfitti dal valore e dall'abilità di Pompeo Magno, e quindi allontanati dalle scorribande per essere destinati alla coltivazione dei campi, affinché non vi fosse la benché minima occasione che li potesse far ritornare alle abituali scorrerie, vennero deportati lontano dal mare. A loro, tra l'altro, si deve la costruzione della colonia che è vicino alla tua patria, Lodi, la quale si dice prese il nome dalle lodi di Pompeo. Questa città era distante non solo dal mare, ma anche da qualsiasi fiume, finché, distrutta di recente, una volta ricostruita, perché la sventura potesse apportarle un che di favorevole, cambiata sede, raggiunse le sponde del bellissimo fiume. Ma non è ancora tempo di tornare a casa. Proseguiamo oltre.

(52) Davanti alla Cilicia vi è Cipro, terra nota solamente per l'ozio e le mollezze che, giustamente, dissero sacra a Venere, ed anche ora è più sacra a Venere che a Marte o a Minerva. Raramente vi fu, se non addirittura mai, un uomo insigne. Nel molle campo del piacere non crescono i sobri semi delle virtù. Il calore della terra e del cielo indicano la mollezza degli abitanti. Infatti mentre le regioni che sono separate dal sole da una grande distanza possono godere di un clima temperato, questa che invece gli è vicina, contro natura ribolle di calori insopportabili, quasi la complessione degli uomini si fosse trasmessa agli elementi. Non fermarti troppo. Non è una sosta degna di un soldato e nemmeno di un uomo. In un'unica isola sono confluiti lo sfarzo gallico, la mollezza siria ed i blandimenti greci. Ciò che hanno là di assai pregevole e prezioso è la tomba di Ilarione,[86] il quale veniva da un altro luogo, con altri costumi.

(53) Di fronte a Cipro, nell'estremo angolo di mare si

[86] La figura di Ilarione trova una trattazione specifica nel *De vita solitaria* (II, 1).

trova l'Armenia minore,[87] e girando la poppa bisognerà fiancheggiarla a destra. Ma ormai, quasi compartecipe con te del pericolo e del fastidio, sono felice di toccare terra. Non so ove scenderai, perché diversi sono gli approdi. L'opinione del comandante, l'assenso dei compagni, i venti, il mare, i giorni, il posto, l'opportunità ti diranno che cosa è meglio fare. Per dirla con un antico proverbio: «le decisioni si prendono insieme al tempo».[88] Su quella costa vi sono, da Nord a Sud, come città marittime Tortosa, Tripoli, Beirut, Tiro, Cesarea, Giaffa, Ascalona[89] e in mezzo ad esse quella che un tempo fu nobile, ed ora è rasa al suolo e bruciata, Acco,[90] massimo ed inespiabile disonore e vergognosa cicatrice dei re cristiani, se ancora più turpe non fosse Gerusalemme stessa.

(54) Se approderai più a Nord potrai vedere anche Damasco, la città più importante della Siria. Questo titolo le è dato non da un comune cosmografo, ma dal sommo profeta Isaia. Sebbene non ignori che per altri il centro di maggior importanza della Siria è Antiochia, opinione condivisa anche da Egesippo nel terzo libro delle *Storie*, sulla scorta di Giuseppe Flavio, io tuttavia ritengo che Damasco sia più insigne ed anche molto più antica. Vedrai una città notevole per aspetto ed età,

[87] L'*Armenia minor* era la sola provincia che dal tempo di Traiano era rimasta sotto la dominazione romana ed era situata ad ovest dell'Eufrate. Petrarca attinge notizie in merito da Plinio, *Naturalis historia*, VI, 25.

[88] Il proverbio è ricavato da Cicerone, *De officis*, II, 33.

[89] Petrarca nomina alcuni scali sulla costa siro-libanese, all'epoca tutti in mano ai musulmani, in stato di abbandono e di difficile praticabilità. Ad Ascalona, compì le sue imprese Sansone e vi nacque Erode il Grande; fu distrutta dai musulmani nel 1270.

[90] S. Giovanni d'Acri (*Akkon*): nel 1187 fu conquistata dal Saladino che la tolse ai Crociati, i quali, a loro volta, l'avevano strappata agli Arabi nel 1104. Nel 1191 fu occupata da Riccardo Cuor di Leone e nel 1229 passò sotto il controllo dei cavalieri di S. Giovanni. Solo nel 1291 il sultano d'Egitto pose fine al dominio cristiano.

menzionata tanto nelle scritture sacre che profane, già dai tempi dei re di Israele, molti anni prima della fondazione di Roma.

(55) Se approderai più a Sud, eviterai tanta fatica ma ti priverai di altrettanto spettacolo; il viaggio per terra sarà comunque meno pesante, poiché sbarcando sarà vicina Gerusalemme, il traguardo del tuo viaggio e del tuo intento. Infatti sebbene io ti abbia mostrato molte cose da cercare e da visitare nel tragitto, che tu puoi tralasciare del tutto pensando solamente alla meta del tuo viaggio, qui non ho da darti alcun consiglio. Infatti già prima di partire da casa avevi considerato e frequentato ogni luogo con l'animo, poiché il termine di ogni cosa, come sostengono i filosofi, è l'ultimo nell'esecuzione ma primo nell'intenzione.

(56) E tu non avresti iniziato una fatica tanto ardua per altro motivo se non per essere tu stesso a vedere con i tuoi occhi quella città resa sacra dalla morte del Signore ed i luoghi ad essa vicini, cose che avrai già visto con la mente:[91] vale a dire il fiume in cui è stato battezzato Cristo, il tempio (o meglio le sue rovine) nel quale egli insegnò, il colle su cui soffrì nel corpo per liberarci dai nostri peccati, il sepolcro ove venne posto quel corpo sacro, mentre egli scendeva a spogliare i regni del nemico, vincitore della morte e degli Inferi, donde ritornò e ripreso il corpo già immortale, addormentati i guardiani, risorse.

(57) Inoltre Sion ed il monte degli ulivi ed anche il luogo da cui egli ascese al cielo ed ove si crede ritornerà nel giorno del giudizio, ove comandò venti e acque, ove sfamò un'immensa folla con pochissimo cibo, ove mutò

[91] L'effettiva visione dei luoghi in cui si è svolta la vita del Cristo risultano più congrui proprio a partire dalla "memoria" della lettura dei *Vangeli*, in una sorta di preminenza della mente sugli occhi, dell'intenzione sull'esecuzione.

l'acqua in vino, cose che sebbene sembrassero grandi ai banchettanti, erano facili per colui che aveva creato cibo, vino, acqua e i banchettanti stessi dal nulla, ove infine scelse pescatori umili di spirito e poveri, per pescare con i loro ami e le loro reti imperatori e re, ove diede la vista ai ciechi, guarì i lebbrosi, fece camminare gli storpi, resuscitò i morti e, fatto più grande di tutti, se non che ogni cosa è facile allo stesso modo per Dio, riscattò l'anima oppressa dai demoni e dai peccati, e sepolta.

(58) Vi sono molte altre cose che per me sarebbe troppo lungo star ad enumerare, e non ti sarebbe necessario, giacché conosci tutto attraverso il Vangelo, fisso nella memoria mentre guardi, ed un timore reverenziale invade l'anima devota ad ogni passo. Ti ricordo una sola cosa, che ti potrebbe sfuggire: stai visitando una città la cui conquista venne ritenuta dai Romani, vincitori delle genti, opera tanto insigne che Tito, allora comandante dell'esercito e poi imperatore, ammirando durante l'ingresso le mura avrebbe assegnato questa vittoria non a forze umane, ma alla grazia divina. Ed era proprio così.

(59) Cristo stesso, che ritenevano di aver cancellato dalla terra, aiutava giustamente i vendicatori contro i suoi carnefici, sebbene fosse ancora ignoto ed era invece destinato ad essere conosciuto e venerato dai loro successori.[92] Pertanto come spesso accade in altre occa-

[92] Lo Monaco chiosa: «Emerge chiara l'idea che il Petrarca vuole qui ribadire, e che si inserisce in una discussione sulla quale il dibattito nel XIV secolo è aperto: la distruzione di Gerusalemme rientrava in un disegno provvidenziale concretizzatosi anche attraverso persone non aperte alla fede cristiana (come Tito), le quali tuttavia crearono un preambolo per una futura cristianizzazione universale. La distruzione della città intesa come complemento della vendetta per l'uccisione del Cristo, è concetto ripreso per ben due volte da Dante, in *Pg.* XXI 83-84 ed in *Pd.* VI 92-93, ove più chiara emerge la funzione vendicatrice dell'impero, mentre per il Petrarca si tratta di notare la rovinosa indifferenza degli Ebrei dinanzi alla missione di Gesù di Nazareth» (*Itinerario in Terra Santa*, cit., p. 115-116, n. 59).

sioni, in quella particolarmente è accaduto ciò che in forma di lui è detto nel salmo

Resuscita me e restituirò loro.[93]

Le stragi di uomini, le carestie dei poveri erano una tale triste necessità che se vuoi conoscerle per filo e per segno devi leggere Giuseppe Flavio,[94] che racconta cose non udite, ma viste e sofferte insieme agli altri.

(60) Che pensi ora? Non ti ha preso ancora il desiderio di rivederci, non ti è ancora nell'animo la voglia di ritrovare casa tua, la patria e gli amici? Credo di sì e sono sicuro che non può essere altrimenti. Ma nessuno stimolo è più forte della virtù. Quella sollecita l'animo generoso attraverso tutte le difficoltà, non sopporta che si rimanga fermi né che si guardi indietro e spinge a dimenticare non solo i piaceri ma anche gli allettamenti più giusti e gli affetti: non permette di scegliere null'altro se non l'immagine della virtù e non fa quindi pensare a nient'altro. Questo è lo stimolo che rese Ulisse dimentico di Laerte, Penelope e Telemaco, ed ora ti tiene lontano da noi, temo, più di quanto vorremmo.

(61) Vedo che tu hai l'aspetto di colui che va più lontano. E non senza merito. Dove lasci Betlemme, città di David, che i poeti sacri, presagendo, cantarono come destinata a divenire famosa per una nascita celeste? Guardando là la culla del nostro Re, considererai quanto sia stata sempre gradita a Dio l'umiltà, che egli consacrò in maniera più che evidente nei primi atti del suo figlio unigenito, penserai all'ineffabile origine del Salvatore, che venne concepito prima dell'inizio e nacque alla fine dei tempi, se si considera il calcolo delle età.

[93] *Salmi*, 40, 11.

[94] Il riferimento è all'opera *Bellum Iudaicum* dello storico Giuseppe Flavio.

(62) Contemplerai la vergine madre distesa nel presepe ed il divin fanciullo che vagisce nella culla, gli angeli che cantano in cielo, i pastori attoniti e gli stupefatti re stranieri che si prostrano con doni, il re del luogo che infuria con la spada, bagnando la terra con il sangue innocente di bambini[95] beati e con le lacrime di madri disperate e tutto il cielo che risuona di grida luttuose.

(63) Tra queste sventure, per un avviso angelico, il santo genitore con la madre coraggiosa ed il figlio celeste, di nascosto, fuggono dalla patria ostile verso l'Egitto, cercando con tanto sacrificio un rifugio sicuro, mentre alla gente era già stata infusa la speranza, perso il primogenito per la crudeltà, che l'eredità del sommo padre sarebbe andata al figlio minore, cioè alle genti.

(64) Ma anche tu ora, mi auguro, vuoi tenere dietro a Giuseppe, Maria e Cristo in fuga, cammino sicuramente santo e degno di te. Dobbiamo in terra seguire e cercare Cristo, perché si possa così quasi dire di seguirlo in cielo e indagato dove un tempo dimorò a lungo, trovare dove abita ora.

(65) Non lontano da qui il Giordano si getta nel mare che è chiamato di Sodoma,[96] ed in quel luogo vi sono evidenti vestigia di città distrutte e della vendetta celeste. Vicino c'è la distesa del deserto.[97]

(66) Il viaggio è duro, ma nessuna via deve sembrare difficoltosa per colui che va verso la salvezza. Il nostro nemico ti frapporrà ovunque numerose difficoltà, luoghi e genti fastidiosi, per farti retrocedere dall'impresa iniziata, o per farti ritardare o, se non riesce in nessuno dei due intenti, per renderti meno entusiasta nel tuo sacro pellegrinaggio. Questi infatti oltre al resto aggiunge

[95] Petrarca allude alla strage degli innocenti (*Matteo*, 2, 13-21).

[96] La localizzazione di Sodoma sulle coste del Mar Morto appartiene ad alcune fonti di *itineraria* medievali.

[97] Il deserto del Sinai.

la naturale secchezza dei luoghi e la mancanza di ogni cosa. Tuttavia ti conviene ricordare che le cose migliori hanno un grande prezzo, e volgere a tuo uso il detto virgiliano

la pietà ha il sopravvento su di un viaggio duro,[98]

e mutare leggermente quello di Lucano

aspro è il cammino verso la legge,
e di un anima irruente verso l'amore.[99]

Nulla è tanto difficile da non essere lenito da un'ardente virtù e da un'intensa pietà.

(67) Quindi se si racconta che M. Catone fuggì il mite dominio di Cesare attraverso la Sirte libica e distese desertiche piene di serpenti, tu non fuggirai il dominio crudele e feroce di Satana attraverso quel deserto che un tale popolo attraversò per sfuggire alla crudeltà del Faraone? E ciò che hanno potuto bambini e donne, non lo puoi tu giovane e forte? Dio era con loro, e sarà con te.

(68) Rifletti che in questi luoghi venne dettata la legge a Mosè,[100] che questi parlò con Dio, che vide il cespuglio in fiamme, che venne mandata la manna dal cielo, e gli altri lenimenti divini e divini giudizi indirizzati verso un popolo caro, ma ingrato.

(69) Avrai forse voglia di vedere il mar Rosso, che il poeta non chiama mare, ma litorale Rosso: infatti non prende il nome dal colore delle acque ma da quello della spiaggia. Arrivandovi non stare a pensare alle spezie

[98] Virgilio, *Aeneis*, VI, 688.
[99] Lucano, *Pharsalia*, IX, 385.
[100] Le leggi dettate da Jahve a Mosè sono contenute nell'*Esodo*, che narra anche le vicende ricordate da Petrarca della fuga del popolo di Israele, il rovo infuocato, la manna celeste e l'attraversamento del Mar Rosso.

indiane ed alle merci orientali che di là vengono portate in Egitto e quindi nel nostro mare, ma al popolo aiutato da Dio a passare, all'asciutto, tra i flutti. Il primo pensiero appartiene all'umana cupidigia e debolezza, il secondo alla pietà ed alla potenza divina.

(70) Qui vedrai il corpo di santa Caterina,[101] posatovi, si dice, dalle braccia degli angeli, e non è cosa indegna che riposi su quello stesso monte su cui era stata data la legge di Dio in nome della quale ella aveva combattuto fino alla morte.

(71) In questi luoghi sono impressionanti le incursioni saracene, la siccità, la mancanza di cibo, la fatica, ma nulla è più pericoloso della perdita dell'orientamento, giacché non vi è nulla che rimetta sulla strada giusta. Quindi guarda di non allontanarti, per nessun motivo, dai compagni.

(72) Con un viaggio difficoltoso e incerto si è ormai arrivati in Egitto. Là, sul Nilo, vedrai la nuova Babilonia, opera di Cambise e Carra d'Egitto, città immensa e popolatissima, le quali riproducono l'antica Babilonia al di là dell'Eufrate e Carra assira.[102]

(73) Vedrai il grande confine tra l'Africa e l'Asia, oltre al Tanai,[103] un fiume largo e stupefacente, riguardo al quale hanno espresso diverse opinioni filosofi, poeti e cosmografi (Aristotele gli ha dedicato un libro intero),[104]

[101] Si tratta del Monastero di S. Caterina, sul monte Sinai; ricordato anche da Niccolò da Poggibonsi nel *Libro d'Oltramare*.

[102] *Babilon nova* o d'Egitto è la denominazione per Il Cairo (*Carra*). Tale toponimo si trova negli *Itineraria* del XII secolo e continua nella tradizione geografica trecentesca.

[103] Antica denominazione del fiume Don, assunto come confine tra Europa e Asia.

[104] Si tratta del *Perì Kovsmou*, III, che forse Petrarca aveva letto nell'*Aristoteles latinus*: *De mundo*, che circolava almeno dalla prima metà del secolo precedente, da cui il fortunato (ma spurio) opuscolo *De inondatione Nili* (che ora si legge in V. Rose, *Aristoteles pseudepigraphus*, Lipsiae, 1863, pp. 631-643).

fiume con una straordinaria piena estiva, inondazioni assai fertili, un letto sterminato e una sorgente ignota; invano cercarono di scoprirla re egizi, persiani e macedoni, e da ultimo gli imperatori romani. La sorgente rimane tutt'ora ignota, e chi legge conosce in merito numerose ipotesi, ricerche e narrazioni.

(74) L'occasione richiede che qui se ne riporti una famosa, e degna di essere esposta, che ho appreso da persone illustri. Raccontano che la fonte purissima sia là dove venne nascosto Cristo dalla furia di Erode, e che il fanciullo onnipotente l'abbia fatta scaturire dal suolo arido per ristorare la madre affaticata.[105] Si dice che i cristiani possono bere benissimo da essa, mentre per i saraceni è più amara dell'assenzio: quindi per essi delibarne è come una punizione durissima, e guardano meravigliati, come se fosse un miracolo, i nostri correligionari che vi attingono cupidamente. E non fu una cosa straordinaria per colui che fece scaturire la fonte, disporre anche di dare un diverso sapore all'acqua a seconda della religione di chi beveva.

(75) Non resta ormai altro di memorabile che non possa non ricordare se non Alessandria: opera di Alessandro, di cui porta il nome ed il sepolcro. Quando Cesare vi giunse, dopo i giorni in Tessalia e la morte di Pompeo, scosso dall'ambiguo mormorare della popolazione turbolenta, si legge che entrò come per rendere omaggio religioso.

(76) E Cesare Augusto, dopo la vittoria di Azio e la sconfitta e la morte di Antonio, arrivandovi visitò il corpo di Alessandro. E quando gli venne chiesto se voleva vedere anche la salma del re Tolomeo, elegantemente rispose che voleva vedere un re non dei morti. Ed in

[105] L'aneddoto della sorgente del Nilo fatta scaturire dal Cristo fanciullo per dissetare la madre è riportato anche da Niccolò da Poggibonsi (cfr. la fonte *Mathalia*).

questa risposta è insito il detto: un re è creato dal coraggio dell'animo e dalla gloria delle gesta, non da un regno, da uno scettro e da una corona.

(77) Adatta a te questa massima, per desiderare di vedere dei santi e non dei morti. Poiché tuttavia l'antica fama degli uomini illustri tocca gli animi non senza esserne uno stimolo, potrai ammirare anche questo monumento, se non è stato sopraffatto dal tempo, ed anche l'urna che racchiude le ceneri di Pompeo.[106] Alessandro è detto Magno dagli scrittori greci, Pompeo da quelli latini (i Francesi applicarono l'appellativo al loro Carlo). Una sola città li tiene ambedue: l'uno mandato dall'Oriente, l'altro dall'Occidente; l'uno da Pelle, l'altro da Roma.

(78) Vedrai dove in uno scontro infelice e circondato Cesare riuscì a compiere quelle gesta magnifiche e quasi incredibili. Vedrai il Faro, dal quale il termine "faro" si diffuse per le altre terre. Ammirerai la foce a più bracci del Nilo, dove per buona sorte del popolo romano il vincitore guardò, piangendo, il corpo sfigurato e lacero, il tronco privato del capo del condottiero, e spartì il dominio con il genero[107] sì che il Nilo bagni quello ed il Tevere questo. O fortuna della fede, o fine delle azioni umane!

(79) Sicuramente attento e diligente come sei, c'è da sperare che da maestri di tal valore e tanto favorevoli tu possa facilmente imparare e ricordare per sempre.

(80) Si è tuttavia già viaggiato abbastanza, e si è scritto abbastanza: tu fino a questo punto con remi e andando per mari e terre, io solcando questa carta con una penna veloce, e non so se tu sia a questo punto stanco di

[106] Lucano, *Pharsalia*, 8, 712-822, racconta come Pompeo fosse stato cremato ad Alessandria.

[107] Pompeo Magno era genero di Cesare in quanto ne aveva sposato la figlia Giulia.

viaggiare, certamente io lo sono di scrivere, tanto più che sono avanzato a gran velocità. Il tuo viaggio di circa tre mesi, io l'ho concluso in tre giorni.

(81) E qui sia il termine del cammino per ambedue. Tu devi ritornare a casa, io ai miei studi. Ciò che io ho fatto in fretta, tu devi compierlo con maggior impegno attivo, felicemente con l'aiuto di Cristo. Dopo aver visto tutto ciò, con la sua guida, ritornerai da noi più saggio e più santo.

POGGIO BRACCIOLINI

L'India di Nicolò de' Conti

Un ruolo fondamentale nella elaborazione della moderna letteratura di viaggio proviene dalla complessa realtà culturale e scientifica della Firenze quattrocentesca e dal suo peculiare sincretismo, con i rapporti tra la nuova cultura umanistica e l'erudizione geografica della tradizione letteraria trecentesca, sia nel campo della geografia fisica generale (tra tutti, l'*Itinerarium syriacum* e l'*Africa* petrarcheschi e il *De montibus* di Boccaccio), sia nel campo dei resoconti di viaggio (giova ricordare i viaggi di Niccolò da Poggibonsi e quelli dei "mercanti" Lionardo Frescobaldi, Simone Sigoli e Giorgio Gucci).[1] Il composito e fervente mondo culturale dell'Umanesimo scientifico fiorentino si riassume oltre che nella "riscoperta" e diffusione del testo cosmografico di Tolomeo, prodottasi a Firenze nella seconda metà del XV secolo (per opera del dotto Emanuele Crisolora che lo copiò e lo modificò nel 1397),[2] anche nell'ampio patrimonio di conoscenze teorico-pratiche posseduto all'epoca in Toscana nei diversi campi del sapere astronomico, matematico, geografico e tecnico-artistico, fino a Paolo dal Pozzo Toscanelli, scienziato di fama euro-

[1] I viaggi di Frescobaldi, Sigoli ecc. si leggono in *Pellegrini scrittori. Viaggiatori toscani del Trecento in Terrasanta*, cit.

[2] Cfr. S. Gentile, *L'ambiente umanistico fiorentino e lo studio della geografia nel secolo XV*, in *Amerigo Vespucci. La vita e i viaggi*, ed. Banca Toscana, Firenze, Giunti, 1991, pp. 11-45.

pea, la cui opera è riferita alla problematica cosmografica/geografica.

In questo ambito di rinascita della letteratura di viaggio e geografica, si inserisce l'opera di Poggio Bracciolini da Terranova (1380-1459) che raccoglie nel IV libro del *De Varietate Fortunae* (scritto nel 1447-48, ma dato alle stampe nel "fatidico" 1492) il resoconto del viaggio in Asia di Nicolò (o Niccolò) de' Conti.[3] Questi (1395 ca. – 1469), di antica famiglia veneziana, parte giovanissimo per l'Oriente e impara l'arabo a Damasco, dove opera come mercante a partire dal 1414. Vissuto probabilmente a Baghdad e Bassora, percorre le rotte e le strade dell'Oriente per 25 anni, presumibilmente fino al 1439. Navigando senza continuità dal Tigri all'Eufrate, da Baghdad a Bassora, attraversa il Golfo Arabico e si dirige verso l'India. Diversamente da Marco Polo, invece che limitarsi a costeggiarla, vi si inoltra profondamente. Compiuto un lungo giro nel Deccan, torna sulla costa del Malabar, bordeggiando quella di Madras; poi parte alla volta di Sumatra, da dove raggiunge il delta del Gange. Un'ultima puntata verso est lo vede raggiungere l'Indocina, e Giava, toccando forse il Borneo.

Tornato a Venezia nel 1439, Conti rivolge una supplica al pontefice Eugenio IV, un veneziano di casa Condulmero, per ottenere di essere riammesso alla fede cristiana da lui abiurata, quasi certamente per convenienza di commercio, fin dalle prime fasi del suo viaggio in Oriente. Niccolò è costretto a una penitenza particolare, dettando la sua storia a Bracciolini, letterato di professione e segretario del papa, che la testualizza e la struttura in un'opera ben costruita e stilisticamente elabora-

[3] Per un profilo biografico su questo viaggiatore, cfr. V. Bellemo, *Sul viaggiatore Nicolò de' Conti: nuove ricerche*, in «Archivio veneto», XVIII, 1888, pp. 1-27; F. Surdich, *Conti, Niccolò de'*, in *Dizionario Biografico degli Italiani*, vol. 28, Roma, Istituto della Enciclopedia Italiana, 1983, pp. 457-460.

ta, redatta originariamente in latino ma ben presto tradotta in portoghese.

Le peregrinazioni "indiane" e i luoghi visitati da Nicolò de' Conti sono organizzati in un telaio di impianto trattatistico (la redazione latina costituisce il quarto libro del *De Varietate Fortunae*). Quello che conta dimostrare, nell'ottica laica e umanistica di Bracciolini, che è di fatto l'estensore materiale e il rimaneggiatore di questo resoconto, è come possa essere varia, e dunque insignificante, la fortuna delle umane vicende. Dunque, terminano per sempre i simbolismi che legavano l'India all'Europa descrivendola come la terra dei Magi evangelici, o come luogo di meraviglie quali l'unicorno o la fenice (che comunque ancora ricorre nel memoriale di Conti), sfruttando gli esotismi intrinseci alle storie di Alessandro Magno, o alle teratologie del regno del Prete Gianni.[4] La relazione di Conti abbandona le divisioni arbitrarie degli antichi geografi, divide l'India in tre parti, dalla Persia all'Indo, dall'Indo al Gange e l'India Transgangetica, che include anche il Mangi (l'odierna Cina Meridionale), e cerca di offrire un grande panorama geo-etnografico dell'Asia. Il testo si sofferma principalmente sulle descrizioni di usanze sociali e pratiche cultuali, fornisce ragguagli di interesse merceologico su regioni e città, inventariando spezie, risorse minerarie, prodotti agricoli e manufatti artigianali. Come in un cerchio, il libro di Bracciolini racchiude in sé l'Asia, continente smisurato e molteplice, nella prospettiva di un mercante toscano che ha passato tutta una vita tra quei paesi svolgendo la sua attività mercantile.

Il memoriale di viaggio di Conti è indubbiamente tra i più precisi e interessanti della sua epoca per quel che riguarda l'India. In particolare, egli è il primo a segnala-

[4] Su questi temi un sintetico e utile panorama è offerto nel volume di Zaganelli, *L'Oriente incognito medievale*, cit.

re riti e tradizioni sino a quel momento ignote agli occidentali, come ad esempio la poliandria e la matrilinearità della discendenza attestate fra i Nayar, sottocasta dell'India sudoccidentale, e a documentare la diffusione del costume indiano del rogo delle vedove assieme alla salma del marito e certune cerimonie dei Bramani.

La prima e più ampia parte della relazione concerne l'itinerario che è incerto e difficile da ricostruire nella sua interezza,[5] in parte anche per le deformazioni del latino umanistico. Lo stesso apparente andirivieni del racconto dimostra piuttosto lo sviluppo della singolare avventura di uomo e di viaggiatore che la stesura ragionata di un viaggio di scoperta vero e proprio, né tanto meno di una preordinata ricognizione di luoghi. Più sobria e ordinata è la descrizione dell'India. Il suo interesse va anzitutto ai prodotti commerciali dei paesi che visita, ed è in questa prospettiva che si concentra la sua attenzione. Più che il paesaggio è la vita che lo interessa, con un esotismo che sollecita in lui una schietta curiosità, palese nell'indugio descrittivo. Conti racconta molte cose dei traffici e delle produzioni dell'India, dell'Indocina e delle isole oceaniche. Le sue memorie di viaggio si modellano sugli schemi espositivi delle "pratiche di mercatura", in cui le schede geografiche dei diversi paesi dell'Asia rivelano una *dispositio* da manuale commerciale, con la rassegna dei diversi tipi di articoli merceologici.

Nicolò de' Conti è anche il primo viaggiatore occidentale, di cui si abbia notizia, che ha visitato e descritto la Birmania e il Deccan. In queste regioni egli precede di oltre mezzo secolo l'arrivo dei portoghesi, tanto che

[5] Ricostruisce il percorso A. Grossato, *Venture e sventure di Nicolò de' Conti*, in Id., *Navigatori e viaggiatori veneti sulla rotta per l'India. Da Marco Polo ad Angelo Legrenzi*, Firenze, Olschki, 1994, pp. 49-58; cfr. anche F. Surdich, *La Via della Seta. Missionari, mercanti e viaggiatori europei in Asia nel Medioevo*, Trento, Centro Studi Martino Martini/Il Portolano, 2007, pp. 149-153.

la sua relazione ebbe larga diffusione dopo che il re del Portogallo ne commissionò una traduzione ritenendola preziosa fonte di informazioni su numerose città indiane. Dalla versione portoghese discendono quelle olandese e inglese e lo stesso compendio del Ramusio è basato su quella traduzione. Vi sono, inoltre, numerosi manoscritti che ne attestano la circolazione tra Italia, Francia e Germania.[6]

Il testo è tratto da A. Grossato, *L'India di Nicolò de' Conti. Un manoscritto del Libro IV del* De Varietate Fortunae *di Francesco Poggio Bracciolini da Terranova (Marc. 2560)*, Padova, Editoriale Programma, 1994, pp. 17-48.

[6] Su questo cfr. O. Merisalo, *Le prime edizioni stampate del* De Varietate Fortunae *di Poggio Bracciolini*, in «Arctos. Acta Philologica Fennica», vol. XIX, Helsinki, 1985, pp. 81-102 e vol. XX, 1986, pp. 101-129.

L'India di Nicolò de' Conti

Ritengo che, se anche allontanandomi qualche volta un po' dal corso che imposero come fine alla scrittura di questo libro, dall'asprezza della fortuna ad una più mite sorte e gioconda varietà di eventi sono per condurre gli animi.

Sto per condurre gli animi dei lettori su quanto sia lecito considerare anche la forza della fortuna non piccola, che fece tornare reduce in Italia sano e salvo un uomo ch'era stato sballottato per venticinque anni dagli estremi confini della terra attraverso tanti mari e terre! Molte cose e dagli antichi scrittori e per fama vengono raccontate intorno agli Indiani, dei quali una conoscenza certa diffusamente fu fatta, che dimostrò che certuni di quei racconti erano simili al vero. Un certo Nicolò veneto, che penetrò nelle cose più intime dell'India, allora era per la seconda volta in Firenze in udienza al pontefice Eugenio,[7] allo scopo di chiedere perdono in quanto tornando dalle Indie, dall'Egitto per il mar Rosso, era pervenuto a rinnegare la fede,[8] in quanto vi fu costretto non tanto per suo timore di morte quanto per quello della moglie e dei figli che aveva condotto seco. Io desideroso di udire costui avevo presentito che molte cose da lui già dette erano degne di essere conosciute, anche dalla classe degli uomini più dotti, e a casa mia lo interrogai diligentemente su molte cose che parve valesse la pena che fossero tramandate alla memoria tramite le lettere. Infatti dissertò con finezza e serietà intorno al viaggio e verso genti così lontane nel luogo degli Indiani

[7] Si tratta di papa Eugenio IV (1383-1447).

[8] Quasi certamente, questa conversione *pro tempore* si situa nelle prime fasi del viaggio verso Oriente, piuttosto che al suo ritorno, come volle far credere. Si tratta di una abiura dovuta soprattutto a esigenze di commercio.

e intorno ai costumi e dei varii animali e degli alberi e degli aromi e in che luogo nascano, in modo che appariva che non fingeva ma diceva cose vere. Donde era partito giunse là dove leggemmo che nessun altro in verità era giunto, nemmeno presso i Persiani. Infatti andò al di là del Gange e molto più in là dell'isola Taprobane,[9] dove eccetto due persone cioè il comandante[10] della flotta di Alessandro Magno e quel cittadino romano[11] del tempo dell'imperatore Tiberio, che furono spinti dalle tempeste, nessuno di noi era giunto. La qual cosa è nota attraverso gli scritti. Giovanetto da Damasco in Siria, dove era a causa del mercanteggiare, imparata prima la lingua araba nella classe dei mercanti; essi erano seicento, che secondo il volgo è chiamata carovana, con le loro mercanzie, attraverso i luoghi deserti dell'Arabia Petrea, quindi attraverso la Caldea pervenne all'Eufrate. All'uscita dal deserto, che sta in mezzo, dice di essere incappato in un fatto stupefacente. Infatti mentre stavano riposando verso mezzanotte, udito un grande rumore e strepito temendo tutti che predoni arabi venissero a rapinarli, alzatisi tutti con timore di ciò che stava per avvenire, videro molti gruppi di cavalieri che andavano oltre, taciti secondo l'abitudine, verso le loro tende senza recare danno. Molti che avevano visto affermarono che erano demoni vaganti per il deserto. La città sopra l'Eufrate è nobile parte dell'antica Babilonia, del perimetro di quattordicimila passi che gli abitanti chiamano col

[9] Taprobane è l'isola di Ceylon, così denominata da Plinio, *Naturalis historia*, VI, 22. Bracciolini utilizza una toponomastica derivata in gran parte dall'enciclopedia pliniana. Il nome di Taprobane, che potrebbe identificarsi con l'Indonesia, Sri Lanka o *Tacloban* nelle Filippine, deriva probabilmente dal sanscrito Tamba Vanna che significa "rame colorato".

[10] Onesicrito era al comando della flotta macedone.

[11] Si tratta di Annio Plocamo, celebre mercante degli inizi del I sec. d.C., di cui parla Plinio, *Naturalis historia*, VI, 84. Costui era un liberto degli Annii di *Puteoli* spinto dalla tempesta fino a un porto di Ceylon.

nuovo nome Baldachia.[12] L'Eufrate passa in mezzo alla città. Vi è un unico ponte. Esso consta di quattordici saldissime arcate congiunte dall'una e dall'altra parte con baluardi. Molti i monumenti della vecchia città e le moli degli edifici che si vedono. Sul monte c'è una città munitissima. Sulla medesima è situata anche la reggia. Il re di quella provincia è potentissimo. Di qui in direzione del fiume, dove vide molte nobili e coltivate isole, in venti giorni di navigazione, dopo otto viaggi per terra giunse alla città di Bàssora e da questa dopo quattro giorni giunse al Golfo Persico dove il fiume sbocca e rifluisce come nel nostro oceano. Navigando per esso per cinque giorni giunse al porto di Calcon.[13] Quindi ad Ormesia,[14] che è una piccola isola nel Golfo, lontana dal continente dodicimila passi. Da essa uscì nel Golfo rivolto verso l'India per cento miglia verso la città di Calacazia[15] nobile mercato dei Persiani, nella quale avendo dimorato per un certo tempo imparò la lingua persiana, di cui poi si giovò e del costume dei quali fece uso in ogni peregrinazione. Presa a nolo una nave da soci mercanti persiani e mauri[16] che sono assai fidati, in un mese fu condotto alla nobile città di nome Combaita[17] nel secondo golfo dopo gli sbocchi del fiume Indo nella qual regione si trova la pietra sardonica.[18] Le mogli vengono bruciate insieme coi mariti, una o molte affinché il funerale sia solenne, quella che fu più cara giacendo col marito col braccio sotto il collo del marito viene bruciata. Le altre, acceso il rogo si buttano sul fuoco. Dell'intero rito si

[12] Baghdad, posta sul Tigri e non sull'Eufrate.
[13] Località di difficile identificazione.
[14] Hormuz.
[15] Kalat.
[16] Abitanti della Mauritania; ma qui vale genericamente "mori, africani".
[17] Cambay.
[18] La sardonia (*sardonius lapis*), una varietà di calcedonio.

parla più avanti. In venti giorni passò attraverso due città marittime, l'una di nome Paciamuria,[19] e l'altra Helliti;[20] in queste regioni sorge lo zenzero[21] che viene chiamato volgarmente belleoli, gebeli ed helli. Sono radici di due alberi dell'altezza di due cubiti, con grandi foglie della grandezza dell'enula,[22] con dura corteccia come le radici delle canne, le quali proteggono il frutto. Da esse si estrae lo zenzero, che mescolato con la cenere e posto al sole in tre giorni si secca.

Partì di qui. Lontano dal mare per trecento miglia giunse ad una grande città di nome Bizenegalia[23] di un perimetro di sessanta miglia, situata intorno a dei monti scoscesi. Le convalli, con un muro costruito verso i monti proteggono la città da quella parte. Così il suo perimetro è più grande. Novantamila si contano gli uomini che possono portare armi. I suoi abitanti prendono quante mogli loro aggrada e queste vengono bruciate con i mariti. Il loro re eccelle su tutti. Questi prende fin dodicimila mogli, delle quali quattromila a piedi seguono il re ovunque vada, adibite al servizio della sua cucina, altrettante ornate con più cura vengono trasportate da cavalli. Le rimanenti, che si dice siano due o tre migliaia, sono trasportate in lettiga. Assunte in matrimonio con questo patto: che si gettino spontaneamente nel rogo del defunto padrone per essere bruciate. E ciò sarebbe tenuto il massimo onore. La molto nobile città di Pela-

[19] Barkur, a nord di Lahore.

[20] Elly, città oggi scomparsa già identificata da Marco Polo (cap. 178), in prossimità del Monte Delly, sulla costa del Malabar, a nord di Cananore.

[21] Pianta erbacea utilizzata come medicinale o come spezia in cucina (*zingiber officinale*).

[22] La *enula campana*, pianta del genere Inula.

[23] *Bizenegalia* è il nome di Vijayanagara, antica capitale del regno omonimo che ricopriva un'area di circa 25 kmq sulla destra del fiume Tungabhadra, oggi scomparsa e rimasta solo luogo di scavo archeologico. Di essa sopravvive solo il sobborgo chiamato Hampi.

gonda[24] sotto lo stesso re, della circonferenza di diecimila passi, dista da Bigzenelia[25] otto giorni di viaggio, dalla quale di nuovo si trasferì in venti giorni di strada terrestre alla città e al porto marittimo di nome Pudifetamina.[26] E in questo viaggio lasciò due città[27] Odesghiri e Cenderighiria, nelle quali nascono rossi sandali. Quindi Malpuria,[28] città marittima nel secondo golfo posta al di là dell'Indo accolse Niccolò. Qui vien reso omaggio al corpo di Tommaso[29] onorevolmente sepolto in una grandissima ed ornatissima basilica da parte di eretici, che vengono chiamati Nestoriti,[30] i quali abitano in quella città in mille uomini. Questi sono dispersi per tutta l'India come da noi i Giudei. L'intera Provincia si chiama Mahabaria.[31] Al di là di essa c'è la città di Caila,[32] il quale luogo produce perle, ed inoltre alberi da frutto con foglie della lunghezza di sei cubiti ed altrettanti pressappoco di lunghezza, talmente sottili che si possono tenere ripiegate nel pugno: di cui si fanno uso nello scrivere in luogo di carte, e per protezione della testa contro la pioggia.[33] Infatti quando vanno in viaggio, si coprono aprendo una foglia ch'era stata ripiegata tre o quattro volte. In mezzo al golfo c'è la nobilissima isola di Saillana[34] del perimetro di tre migliaia di miglia,

[24] Forse Penukonda, a otto giorni di viaggio da Vijayanagara.
[25] Variante del nome *Bizenegalia*.
[26] Probabilmente, una località portuale sulla costa del Malabar.
[27] Località di difficile identificazione.
[28] Mailapur o Saint-Tomé, sobborgo meridionale di Madras.
[29] Uno degli apostoli del Cristo.
[30] I Nestoriani, condannati come eretici nel Concilio di Efeso del 431. Dal nome di Nestorio patriarca di Costantinopoli (prima metà V sec.) che sosteneva la dottrina della netta distinzione delle due nature (umana e divina) del Cristo.
[31] Il Mahabar.
[32] L'antica Kayal, presso la foce del Tambraparni.
[33] Probabilmente si tratta della *Corypha umbraculifera*, detta in India *talipot*, le cui larghe foglie sono usate dai locali come parapioggia.
[34] Ceylon.

nella quale ci sono rubini, zaffiri, granati e quelli che si chiamano occhi di gatto,[35] in quel luogo tenuti in sommo grado. Vi si ricava il cinnamomo,[36] e si dice in grande quantità. Quell'albero è molto simile, con grossi fiori, ai salici sia per numero che per prezzo, i cui rami si estendono, non in alto, ma espansi di lato; le foglie sono assai simili, sia pure più grandi, alle foglie dell'alloro. La corteccia dei rami è migliore e più sottile; più grossa e di sapore inferiore quella del tronco. I suoi frutti sono simili alle bacche del lauro, dai quali si estrae un olio odoroso, dei quali unguenti gli Indiani fanno uso dopo averlo lavorato. La legna, una volta tolta la corteccia, viene bruciata. C'è un lago nell'isola, in mezzo al quale c'è una città anch'essa regale del perimetro di tre miglia. Dalla casta dei bramini che sono più sapienti degli altri uomini è dominata l'isola. I bramini filosofeggiano per tutta la vita tutti interessati all'astrologia[37] e dediti ad una vita la più onesta. Giunse ad una insigne città dell'isola Taprobane,[38] che nella loro lingua vien chiamata Sciamutera, nella quale città dimorò un anno. Essa ha un perimetro di seimila passi e possiede un emporio nobilissimo. Lasciata l'isola navigò per venti giorni spinto da un vento favorevole. Qua c'è l'isola Andamane d'oro del perimetro di ottocentomila passi in cui abitano gli antropofagi. Ad essa, se non spinto dalla tempesta, non approda nessuno, ché fatto a brani diviene cibo degli immani barbari. Egli sostiene che Taprobane è larga per una vastità di sedicimila passi. Uomini crudeli ed aspri

[35] L'*occhio di gatto* è una varietà microcristallina di quarzo.

[36] Appartenente alla famiglia delle *Lauraceae*, da cui si ricava un olio odoroso.

[37] Si tratta della *Jyotisa*, la scienza astrologica del *Veda* alla quale sono dediti i brahmani.

[38] Si è già visto come la denominazione sia data tradizionalmente a Ceylon; ma qui è Sumatra. Si tratta di un inspiegabile errore dell'autore.

di costumi. Grandissime orecchie hanno gli uomini e le donne, nelle quali portano orecchini dorati ornati di gemme. Si vestono di panni di lino e di tela serica fino al ginocchio. Sposano molte donne. Hanno case basse, per evitare l'ardore del sole. Son tutti idolatri. Abbondano di pepe, più grande del solito e più lungo, di canfora, e di moltissimo oro. L'albero del pepe è simile all'edera. I suoi grani sono verdi e della forma del grano del ginepro. Che, spruzzato con un po' di cenere, viene tostato al sole. Hanno un frutto verde di nome duriano[39] della grandezza del cocomero, nel quale ne stanno cinque come melarance oblunghe di vari sapori, simile al burro coagulato. In quella parte dell'isola che chiamano Batech[40] abitano gli antropofagi, che fanno continuamente guerra coi vicini. Tengono come tesori le teste umane, che sono state tagliate ai nemici. Dopo aver tagliato le carni le ripongono e di esse fanno uso in luogo di monete se qualcosa comprano con una o più, secondo che la cosa viene stimata. Chi ha molte teste in casa, costui viene stimato più ricco. Lasciata Taprobane fu spinto verso le città di Tenasseri,[41] posta sopra l'imboccatura di un fiume dello stesso nome, da una tempesta di sedici giorni. La quale regione abbonda di elefanti e di verzino.[42] Di qui dopo molti viaggi in terra e in mare, entrato all'imbocco del Gange, seguendo il fiume in quindici giorni fu portato alla città di nome Cernove,[43] insigne e ricca. La larghezza del fiume è tale che chi vi naviga in

[39] Di difficile identificazione; ma, secondo Grossato, potrebbe trattarsi del *Durio zibethinus*, un albero che produce un frutto polposo grande come una noce di cocco (cfr. *L'India di Nicolò de Conti*, cit., p. 46, n. 54).

[40] Regione di Sumatra.

[41] Tenasserim, in Birmania.

[42] Il *verzino* è un nome collettivo col quale si indicano i legni da tinta di alcune leguminose.

[43] Toponimo di difficile identificazione. Grossato propone la città gangetica di Chandranagor o Chandernagar.

mezzo non vede da nessun lato la terra; è di quindici miglia in qualche punto, [egli] afferma. Sulle rive ci sono canne di un'altezza stupefacente,[44] e di una grossezza superiore ad un abbraccio. Solo con esse si fanno i battelli da pesca e parimente col legno, che è più spesso della palma si fanno gli scafi adatti all'uso sul fiume. Tra nodo e nodo c'è una distanza uguale alla statura di un uomo. Il fiume nutre coccodrilli[45] e pesci di ogni genere a noi ignoti. Il quale fiume è affiancato da una parte e dall'altra di giardini e orti e di ville bellissime, nei quali crescono le muse[46] il cui frutto è più dolce del miele simile al fico, le noci da noi chiamate indiche.[47] Inoltre varii i frutti. Da quella città risalendo per tre mesi il Gange, lasciate dietro a sé quattro città famosissime discese a Maarazia[48] potentissima città, dove vi sono alberi di aloe[49] e grande qualità di oro e argento, di gemme e anche di perle. Lasciata questa essendosi diretto verso i monti posti ad oriente anche in virtù delle sabbie con un viaggio di tredici giorni dapprima giunse a Cronorie,[50] quindi ritornò a Buffetania,[51] successivamente per mare dove per un mese intero essendo pervenuto allo sbocco del fiume Racani[52] e quindi essendo giunto nella città dello stesso nome posta sul fiume in sei giorni, attraverso monti privi di abitazioni per diciassette giorni. Quindi quindici giorni per pianure aperte entrò nel maggior fiume Gange chiamato Dazia[53] dagli abitanti. Allora in

[44] Probabilmente la *Bambusa arundinacea*, di grandi dimensioni.
[45] Si tratta dei gaviali del Gange.
[46] Le *muse* sono i banani, o frutti della musa (*Musa paradisiaca*).
[47] Le noci indiane (*Cocos nucifera*).
[48] Forse Maharajapor.
[49] La *Aloe vera*, usata in forma liquida nella farmacopea.
[50] Cfr. la n. 46, il toponimo *Cernove*.
[51] Variante di *Pudifetamina*, o *Pudifetania* (cfr. n. 26).
[52] Rachano, ovvero il Kuladan, fiume la cui foce è sulla costa dell'Arrakan.
[53] Il fiume Dava, oggi Irawaddy.

un mese di navigazione risalendo il fiume viene portato nella città più nobile di tutte che si dice Ava,[54] di un perimetro di quindicimila passi. In questa sola città trovò moltissimi locali. Di quante piacevolezze degne di riso vi siano com'egli afferma, io presi nota; in esse vengono vendute da sole donne quelle cose che noi chiamiamo sonagli, così detti, come credo, dal suono: aurei, argentei e di bronzo, in forma di piccola nocciola. Ad essi l'uomo va prima di prender moglie, altrimenti viene respinto dal matrimonio. Tagliata e tolta un po' la cute del membro virile, di questi sonagli vengono introdotti tra la pelle e la carne fino, a dodici e più secondo che piace attorno nei vari luoghi. Quindi cucita la pelle, entro pochi giorni si viene sanati. Fanno ciò per soddisfare la libidine delle donne, in quanto il nodo col gonfiore del membro arreca sommo piacere alle donne. I membri di molti mentre camminano, ripercossi dalle cosce, risuonano così perché vengano sentiti. A ciò Nicolò, molto spesso invitato dalle donne, che lo deridevano per la piccolezza del membro, non volle che il suo dolore fosse motivo di godimento agli altri.

Questa è la provincia che gli abitanti chiamano Madras. È piena di elefanti, di cui il loro re in verità ne nutre diecimila. Di cui fanno uso in guerra. Vengono legate sopra il dorso delle piccole torrette. Da sopra otto o dieci uomini combattono con giavellotti e con archi e con quelle che noi chiamiamo balestre. Sostiene poi che gli elefanti vengono presi soprattutto in questo modo. Nel quale sembra concordare con Plinio, che le femmine addomesticate vengono lasciate allo scopo che avvicinino gli elefanti selvatici. L'elefante solo, quindi, tende verso la elefantessa solitaria, finché si abituano a stare insieme. Allora le femmine pascolando vengono condotte a poco a poco in un luogo chiuso fra poche mura. Egli af-

[54] *Ava* era l'antica capitale distrutta da un terremoto nel 1839.

ferma che due grandi porte vi sono aperte; una per l'ingresso, l'altra per l'uscita. La femmina, entrata nella prima, abbandonato il maschio, esce dalla successiva. Questa e la precedente vengono chiuse esternamente, basandosi sulle impronte [lasciate dagli elefanti]. Allora dai fori sul muro a ciò predisposti circa mille uomini entrano con lacci molto allentati. Quindi qualcuno di loro dalla parte anteriore si pone davanti alla bestia rinchiusa. Che, avida di ferire, si getta a correre. Gli altri uomini inseguendola, avendo lanciati i lacci, mentre essa alza i piedi nella corsa, presala nei piedi posteriori, la legano ad una colonna lignea fissata a terra verso l'alto, dopo averla trascinata via con grande sforzo. Quindi dopo aver sottoposta la belva ad un digiuno di tre o quattro giorni, allora somministrandole un po' di erba ogni giorno in quindici giorni la rendono mansueta come le altre. Altrove, dice, gli elefanti vengono condotti in una piccola valle chiusa da tutte le parti, nel quale luogo fatte uscire le femmine, la fame doma i rinchiusi. Nel quarto giorno poi le bestie vengono cacciate in luoghi chiusi, a ciò predisposti, dove vengono rese mansuete. Quindi vengono usate. I re li comprano. Vengono nutriti con riso e burro ed altre erbe. Quelli selvatici si nutrono anche di piante ed erbe. Poi vengono governati da una guida con un bastone di ferro ripiegato nella parte superiore.[55] L'animale possiede tanta perizia che con la pianta del piede portata avanti spesso prende i giavellotti lanciati per difendere coloro che gli siedono in groppa. Il re viene condotto in giro da un elefante bianco, a cui pende dal collo una catena aurea ornata di gemme fino ai piedi.

Gli uomini si accontentano di una sola moglie. Gli uomini e le donne con uno stilo di ferro usato di punta si dipingono i corpi con vari colori e con figure in modo che esse rimangano per sempre. Tutti adorano idoli. Al-

[55] Tale strumento è l'*ankuśa*, usato anche come arma di offesa.

zandosi poi dal letto pregano con le mani giunte rivolti verso oriente: Dio trino[56] e la sua legge ci protegge.

Vi è un genere di frutti simile alle arance, succose e dolci. Vi è anche un albero di tale nome con foglie grandissime, sulle quali essi scrivono. Infatti l'uso del papiro manca nell'India intera, eccetto nella città di Combaita.[57] Produce un frutto simile ad una rapa gigantesca, col succo internamente coagulato. Il quale è un cibo assai buono, ma nella parte inferiore della buccia. Quella regione produce serpenti pericolosi della grossezza di un uomo e dai piedi lunghi sei cubiti. Gli abitanti considerano un cibo fra i migliori i serpenti abbrustoliti. Oltre a ciò le formiche rosse della grandezza di un piccolo gambero, le mangiano condite con pepe considerandole cosa ottima. Inoltre c'è un animale[58] con uno scudo sulla testa, con la coda di bue e con un unico corno in fronte secondo la forma dell'unicorno, ma più breve, cosicché si protende di un cubito. Del colore e della grandezza di un elefante, coi quali fa continuamente guerra. L'osso del corno guarisce dal veleno, e per questo è in considerazione. Nei suoi confini verso il Cataio nascono buoi neri e bianchi,[59] e questi ultimi sono di maggior valore. Hanno crini e coda equina. ma sono più pelosi e piedi sempre tesi innanzi. I peli della coda sono sottilissimi e come le piume degli uccelli sono valutati a peso d'argento. Con essi poi fanno ventagli per il culto degli dei e ad uso dei re. Oppure li collocano sopra la natica dei cavalli in un cimiero d'oro o d'argento, affinché proteggano in modo sparso i posteriori dei cavalli, o li pongono sot-

[56] Qui Conti allude, ovviamente, alla *Trimūrti* (triplice immagine), ossia l'Essere Unico nelle sue tre funzioni di *Brahmā* (colui che produce), *Visnu* (colui che conserva) e *Śiva* (colui che trasforma).

[57] Cambay.

[58] Si tratta del rinoceronte indiano, il cui corno era utilizzato nella farmacopea tradizionale.

[59] Si tratta dello Yak.

to il mento affinché decorino il petto, che è il particolare genere di ornamento. I cavalieri in tal modo appendono sulla sommità delle lance delle setole, recandoli dinnanzi a sé egregiamente [come simbolo] di grande nobiltà.

Al di là di Macino[60] c'è una provincia, più prestante di tutte, di nome Cataio, in cui signoreggia colui che è Gran Cane; così è chiamato nella loro lingua l'imperatore. La sua città regale è larga trentadue miglia in quadrato. È Cambaleschia[61] nel cui mezzo c'è una cittadella munitissima e decoratissima, palazzo dei re. Nei singoli angoli della città c'è una roccaforte, che serve da arsenale, rotonda, con un perimetro di quattro miglia, in [ognuna] delle quali vi sono conservate armi di ogni genere e strumenti di guerra adatti alla conquista di città. Verso qualsivoglia di esse dalla cittadella si protende attraverso la città un muro ricurvo affinché ad esse si apra un accesso al re, se qualche tumulto contro di lui viene sollevato. Vicino a questa c'è la città di nome Nemptai,[62] [lontana] un quindici giorni di viaggio. Seppe che era stata fondata dall'imperatore. Essa ha un perimetro di trenta miglia. È la più popolosa di tutte. Dice che in ambedue le città vi sono case, palazzi ed ogni altro tipo di costruzione, in tutto simili a quelle che esistono in Italia. Gli uomini [vi] sono morigerati, urbani e dotati più degli altri. Da Ava per mare, rivoltosi verso lo sbocco di un fiume non grande, dove c'è un porto nominato Xeytona,[63] dopo aver viaggiato per diciassette giorni ed entrato nel fiume, in dieci giorni giunse alla città popolarissima della periferia di dodicimila passi, che gli abitanti chiamano Panconia,[64] dove stette per quattro me-

[60] Matschin, nell'Indocina settentrionale.

[61] *Cambalù*, ovvero Pechino. Dalla sintetica descrizione, non sembra che Conti si sia mai effettivamente recato in Giappone.

[62] Nankin.

[63] Tatung.

[64] Bangkok.

si. Solo in questo luogo vi sono viti e se ne trovano poche, essendovi carenza di viti e di vino in tutta l'India. E non ricavano vino dall'uva. Hanno pini. Mele cotogne. Castagne. Meloni, ma piccoli e verdi. Alberi di sandalo bianco, e canfora. Soltanto che questa è nascosta nell'albero. Esso viene inciso. Se prima non vien fatto un sacrificio alle loro divinità sparisce. E non sempre fuoriesce!

Vi sono due isole nell'interno dell'India e quasi agli estremi confini della terra. Ambedue si chiamano Giava,[65] delle quali l'una tre e l'altra due mila miglia si estende verso oriente. Ma si distinguono dal soprannome della maggiore e della minore. Alle quali giunse tornando al mare. Sono lontano dal continente un mese di navigazione, e tra loro sono vicendevolmente vicine cento miglia. Nelle quali con la moglie ed i figli (li ebbe compagni non di ogni peregrinazione) rimase nove mesi. Le abitano uomini i più inumani di tutti e i più crudeli, i quali mangiano topi, cani, gatti e qualunque altro animale tra i più sporchi. Superano tutti gli altri mortali in crudeltà. Uccidere un uomo è un gioco, e a nessuno vien data la punizione. I debitori vengono dati in servitù ai creditori. Certuni preferendo morire piuttosto che servire, afferrata la spada, trafiggono i più deboli che incontrano fintantoché vengono uccisi essi stessi da qualcuno più valido che incontrano, il quale poi i creditori citandolo in tribunale costringono a dare soddisfazione in luogo del morto. Se qualcuno abbia comperato una spada nuova, oppure un pugnale, ed esperimenti la punta del ferro nel corpo d'un passante, e la morte di quell'uomo non è di danno a qualcuno, i passanti esaminano la ferita e lodano la perizia dell'assassino nel colpire se usò il pugnale con destrezza. Prendono quante mogli loro piacciano a scopo di godimento. Presso di loro è assai

[65] Si tratta del Borneo e di Giava.

frequente il gioco dei galli come combattenti.[66] Provenienti da varie parti li portano al combattimento, e ognuno reca il proprio affermando che vincerà; e per la vittoria dell'uno o dell'altro anche gli astanti mettono del denaro per il gallo di cui desiderano che vinca, poi prendono il denaro. Nella più grande Giava si trova un uccello particolare, senza piedi, simile al colombo, di piuma leggera, con coda oblunga, sempre fermo sugli alberi.[67] Non se ne mangia la carne. Tengono in gran conto la pelle e la coda, di cui fanno uso per ornamento della testa. Al di là di queste [isole] con un viaggio di quindici giorni si trovano due isole, di cui una è chiamata Sandai,[68] nella quale si trovano noci muscate[69] e maces;[70] e l'altra di nome Batavia[71] nella quale soltanto si producono le brocche di garofano, e si esportano nelle isole di Giava. Batavia produce dei pappagalli dal triplice aspetto: con le penne rosse ed arancione il becco e multicolori, che [chiamano] Nori,[72] ambedue cioè splendenti, della grandezza dei colombi; similmente i bianchi sono uguali [per grandezza] alle galline. Questi sono i cacatua. Così son chiamati i più grandi. Superano gli altri nella parlata degli uomini, che imitano in maniera la più stupefacente, così pure rispondendo a chi li interroghi. Neri per il calore gli uomini che abitano le due isole. Al di là di esse [isole] il mare non è accessibile ed i naviganti sono tenuti lontani dall'aria.

Lasciate le isole di Giava e prese quelle cose che erano utili all'uso della ricerca, piegò il viaggio verso occi-

[66] L'India è la terra d'origine dei galli da combattimento.

[67] Probabilmente si tratta di una delle specie dell'uccello del Paradiso, talora identificato con la leggendaria Fenice.

[68] Una delle isole dell'Arcipelago della Sonda.

[69] La noce moscata (*Myristica fragrans*).

[70] Il *maces* è il seme della noce moscata: è ricoperto da un involucro, detto *macis*, dal quale si ricava una droga specifica.

[71] Una delle isole dell'arcipelago Banda.

[72] Sono i Lori, caratteristici pappagalli indiani.

dente verso una città marittima, che si chiama Ciampa,[73] ricca di legno di aloe, di canfora e di oro. Ed in quello stesso viaggio, [in cui aveva impiegato un mese] in altrettanti giorni giunse a Coloen,[74] il cui perimetro abbraccia dodicimila passi. Lo zenzero che vien detto colobi, il pepe, il verzino, la cannella, che vien chiamata grossa, in questa provincia che chiamano Melibaria,[75] vengono raccolti. Vi sono inoltre serpenti[76] senza piedi lunghi sei braccia, selvaggi animali, ma innocui se non vengono irritati e si dilettano della vista dei bambini e da questa vengono attratti al cospetto degli uomini. Quando giacciono la loro testa appare simile alla testa dell'anguilla, quando si ergono dilatano il capo, e nella loro parte posteriore appare l'aspetto di un uomo e come se fosse dipinta con vari colori. Vengono presi con incantamenti, di cui è presso di loro frequente l'uso, e senza che nuocciano vengono recati in giro a dare spettacolo. C'è nella medesima regione e nella vicina provincia Susinaria[77] un altro genere di serpenti[78] con la coda lunga quattro piedi pari a quella di grandi cani, di cui si nutrono dopo averli presi a caccia, i quali sono innocui come presso di noi le daine e le capre. E dicono che esso sia ottimo cibo. Della loro pelle multicolore si fa uso per varie guaine. Che è bellissima a vedersi. Quella regione produce altri serpenti dall'aspetto meraviglioso. Essi sono lunghi un cubito, alati come pipistrelli, col corpo della lunghezza di sette teste disposte l'una dopo l'altra; abitano sugli alberi, hanno un volo velocissimo, ve-

[73] Champa, sulla costa dell'Annam, in Indocina.

[74] Quilon, antico porto commerciale, all'estremità meridionale della penisola indiana.

[75] Malabar.

[76] Si tratta del cobra dagli occhiali (*Naja tripudians*), che viene ammaestrato dagli incantatori.

[77] La regione del Cocin.

[78] Forse, i pitoni.

lenosi in confronto agli altri, al punto che col solo alito possono uccidere gli uomini. Vi sono poi dei gatti selvaggi volanti,[79] i quali hanno una membrana che va dai piedi anteriori a quelli posteriori ed è fissata al corpo, che si contrae. Una volta stesi i piedi e battendo le ali vanno svolazzando di albero in albero. Braccati dai cacciatori, in seguito alla stanchezza del continuo volare, come siano caduti a terra, vengono presi. Si trova e con frequenza un albero il cui tronco porta un frutto simile a quello del pino, ma così grande che a mala pena si può togliere, il quale ha una buccia verde e dura al punto che cede solo ad un dito che prema.[80] Internamente ci sono duecentocinquanta o trecento frutti dal sapore delizioso come quello dei fichi. Essi son divisi fra loro per mezzo di membrane. Il nocciolo che sta dentro è della consistenza e del sapore della castagna, ventoso, come quello che vien cotto e vien messo fra le brage che, se non viene un po' inciso, salta fuori dal fuoco dopo aver emesso uno scoppio. La buccia esterna vien data da mangiare ai buoi. Sotto terra nelle radici degli alberi vengono trovati talvolta dei frutti, i quali per sapore sono superiori agli altri, tanto che è uso che siano portati a re e tiranni. All'interno il frutto manca del nocciolo. L'albero è simile ad un grande fico, con foglie simili a quelle frastagliate della palma. Il legno è uguale al bosso, ed identico nel valore all'uso di moltissime cose. Il nome dell'albero è cachi. C'è un altro frutto di nome amba, verdissimo, assai simile alla noce, ma maggiore della pesca, dalla buccia amara, del sapore del miele internamente.[81] Prima della maturazione lo addolciscono nell'acqua come noi siam soliti fare con le olive verdi.

[79] Specie di pipistrelli.

[80] Varietà indiana dell'albero del pane (*Artocarpus incisa*), originario della Malesia.

[81] Si tratta del mango (*Mangifera indica*).

Lasciata Colena, passò con un viaggio di tre giorni nella città di Cocin, del perimetro di cinquemila passi, posta sopra lo sbocco del fiume dal quale prese il nome. Navigando per parecchio tempo sul fiume notò nottetempo sulla riva esservi frequenti fuochi. Ritenendo che si trattasse di pescatori, indagò che cosa essi facessero per notti intere! Ma quelli che erano nella nave ridendo dissero: «icepe icepe». Questi sono esseri in forma umana,[82] e si possono chiamare tanto pesci che mostri, che nottetempo uscendo dall'acqua e raccolta della legna e, provocato il fuoco dallo sfregamento di pietre, bruciano la legna accanto all'acqua. Quindi presi i pesci che accorrono in gran numero attratti dallo splendore del fuoco, li mangiano. E dissero che presi da loro parecchi di questi [esseri], che stavano durante il giorno nascosti nell'acqua, per nulla dalla forma umana differiscono sia maschi che femmine. In questa regione si colgono gli stessi frutti che in Colena.[83] Colonguria,[84] quindi, posta allo sbocco dell'altro fiume, e poi Paluria,[85] allora Meliancota,[86] il quale nome indica la grande città presso di loro [fiumi] estesa per nove miglia lo accolse. Successivamente si diresse verso Calcutta, città marittima del perimetro di ottomila passi, nobile emporio dell'intera India, patria del pepe, della lacca, dello zenzero, più grosso della cannella, fertile della Kebolis gedoaria.[87] In questa sola regione le donne, secondo che lo desidera-

[82] Potrebbe trattarsi dei mammiferi marini noti come *Sirenidi*; e più in particolare dei Dugonghi (*Dugong dugong*), che vivono nelle acque costiere dell'Oceano Indiano.

[83] Variante di *Coloen*, quindi Quilon.

[84] Kodulangur, l'odierna Cranganore.

[85] Palur.

[86] Toponimo di difficile identificazione.

[87] Con il nome *Kebulis* l'autore si riferisce ai mirabolani chebuli, frutti simili alla prugna; la *gedoaria* o *zedoaria* è una droga ricavata dalla *Curcuma zedoaria*, che ridotta in polvere costituisce l'ingrediente principale del *curry* e di altre spezie.

no, prendono più mariti, per averne per il loro piacere dieci e più. Essi dividono fra loro ciò che a ciascuno spetti per il sostentamento della moglie. Chi va dalla donna (ciascuno ha una casa per sé) ognuno ha un segno, diverso dagli altri, legato alla porta perché un altro sopravveniente, avendolo notato, se ne vada. Secondo l'arbitrio della moglie sono dati agli uomini i figli, i quali non succedono per eredità ai padri, ma i nipoti. Dopo queste cose, in quindici giorni si trasferì a Combaita, città vicino al mare, di un perimetro di dodici miglia, verso occidente, ricca di spicanardo,[88] lacca, di indaco,[89] di lane e di moltissima seta. Là vi è un genere di sacerdoti che vengono chiamati bacali,[90] i quali si accontentano di una sola moglie, la quale secondo la legge vien bruciata assieme al marito. Essi non si nutrono di nessun essere vivente, ma mangiano frutta, riso, latte e legumi. Vi si trovano bovi selvatici[91] in gran numero, criniti come cavalli, ma con i peli più lunghi, con le corna talmente tese in avanti che, come pieghino il capo toccano la coda con le corna.

Quanto mirabilmente siano grandi, [basti dire] che di queste si servono al posto delle botti durante il viaggio per bere. Tornando a Calcutta [si recò] nell'isola di nome Secutera.[92] Questa volge ad occidente, e dista dal continente cento miglia; vi giunse in due mesi. Essa produce aloe secutrino: e si estende per un circuito di seicentomila passi, la maggior parte coltivata dai Nestoriani cristiani. Dalla parte opposta di qui, non molto più in là di cinquemila passi, ci stanno due isole[93] tra loro di-

[88] Lo spiconardo.

[89] Sostanza colorante ricavata dalle foglie di alcune leguminose del genere *Indigofera*.

[90] I Bachali, una sottocasta brahmanica.

[91] I bisonti indiani.

[92] L'isola africana di Socotra.

[93] Darsa e Samha.

stanti cento miglia, delle quali l'una è abitata da uomini, l'altra da donne. Vicendevolmente ora gli uomini si recano dalle donne, ora le donne dagli uomini. E prima che passino sei mesi ciascuno torna alla propria isola. Allora muoiono all'istante. Hanno solo capelli neri. Infatti questo colore presso di loro eccelle. Certune con foglie dipinte degli alberi coprono il capo, ma non il viso. Eccetto quelle che abitano nel Cataio si colorano. L'India interiore permette agli uomini una sola moglie. Abbondanza di mogli diletta i rimanenti della maggior parte, che le prendono per libidine, eccettuati quelli che, Cristiani, trassero origine dall'eretico Nestorio; i quali sparsi in tutta l'India trascorrono la vita con un'unica moglie. Il culto delle tombe non è lo stesso presso tutti. L'India anteriore eccelle su tutti nella cura del seppellire e nella magnificenza. Adornano antri, scavandoli sotto terra e saldati da un muro. Dentro mettono il morto in un letto bellissimo con sostegni aurei intorno ai limiti, con vesti preziose; inoltre lo dispongono con anelli, cosicché il morto ne possa usare presso gli inferi. Chiuso un saldo muro all'orlo della spelonca, allorché non vi sia ingresso; al di sopra vi edificano dei tetti convessi con grande spesa e dei rivestimenti che tengano lontano l'acqua dal sepolcro e ad esso servano quanto più a lungo [possibile]. Nell'India di mezzo i morti vengono bruciati, e con essi per lo più le mogli vive; nello stesso rogo con gli uomini vengono annientate una o molte a seconda che sia stato l'accordo di matrimonio. La prima vien bruciata secondo legge e quella che è unica. Poi vengono prese anche le altre mogli, ciascuna secondo il patto che alla sua morte renda solenne il funerale, e ciò non è ricevere poco onore presso di loro. Il defunto vien posto sul catafalco con i suoi migliori vestiti. Grande sopra di lui, costruita in forma di piramide, una pira di legni odoriferi. Sottoposto il fuoco, la moglie, con la più elegante acconciatura fra trombe e flautisti e canti ed essa stessa danzante secondo l'uso, con alacrità gira intorno al rogo con un grande accompagnamento. Assiste frattanto anche il sacerdote (questi si chiamano bacali), posto in alto sopra un palco. Della vita il disprezzo e della morte, moltissimi piaceri con l'uomo, moltissime opulenze, moltissimi ornamenti viene promesso saranno presenti esortando persuadente [il sacerdote] avendo ella più volte girato intorno al fuoco si ferma vicino al palco, e togliendosi dal corpo le vesti di loto secondo il costume ed indossata la tunica bianca di mussolina all'esortazione del dicente [sacerdote] si getta nel fuoco. Se avviene che, molto spesso, quelle che son più paurose alla vista delle altre che mostrano di dolersi e riluttare inorridite, rimangono come stordite, vengono dagli astanti contro voglia gettate nel rogo. Raccolte dopo ciò le ceneri, le pongono entro vasi e provvedono al sepolcro. Piangono i morti in vari modi. Gli Indiani dell'interno si vestono persino la testa di sacco. Certuni innalzano alberi nelle vie con carte dipinte e traforate fluenti dalla sommità fino a terra, suonando per tre giorni certi bronzi. Danno cibi ai poveri in onore a Dio. Altri congiunti della stessa famiglia serbano il lutto anche per due giorni e tutti i vicini del defunto stanno in casa, dove nulla si cuoce. Ma i cibi vengono forniti da un altro luogo. Di qui si portò in quindici giorni per mare nella città di Adena,[94] opulenta e ricca di edifici. Quindi in sette giorni si trasferì in Etiopia nel porto che si nomina Berbera, poi in un mese di navigazione nel Mar Rosso al porto di Gedda e successivamente in due mesi attraverso una navigazione difficoltosa discese a terra presso il monte Sinai. Dal deserto dopo un certo tempo partitosi, giunse al Cairo, città dell'Egitto, con la moglie e quattro figli e altrettanti servi. In conseguenza della peste perdette la moglie e inoltre due figli e tutti i servi. Finalmente lo accolse la patria

[94] Aden.

Venezia con due figli, dopo aver compiuto tanti vagabondaggi di terra e di mare. A chi lo richiedeva della religione e dei costumi degli Indiani così riferiva: L'India è [tutta] divisa in tre parti. Una [va] dai Persiani al fiume Indo. La seconda da questo al Gange. La terza è al di là. La quale è, per le restanti ricchezze, di [autentica] civiltà. Di gran lunga la più prestante per lusso, vita e civile consuetudine eguale a noi. Infatti hanno case del tutto sontuose ed abitazioni pulitissime e suppellettile pulita ed indulgono alla più raffinata vita. Lontani da ogni barbarie e ferinità. Uomini umanissimi e mercanti ricchissimi a tal punto che qualcuno ha un traffico di quaranta navi proprie. Ciascuna delle quali viene stimata cinquecentomila aurei. Questi soltanto come da noi fanno uso di mense e di drappi e di vasi d'argento in gran numero quando mangiano, mentre gli altri Indiani mangiano su tappeti stesi per terra. Le viti e l'uso del vino manca presso gli Indiani. Dal riso sminuzzato e mescolato all'acqua e con l'aggiunta di colore rosso e col succo di quello che forniscono gli alberi, confezionano una bevanda non diversa dal vino. In Taprobane[95] incidono i rami di un albero, e si dice che da questi defluisce un succo talmente soave, che si trova sospeso in alto; il quale è una loro frequente bevanda. C'è un lago fra l'Indo e il Gange, la cui acqua di meraviglioso sapore, vien bevuta con somma voluttà. Per berla confluisce tutta la regione, anche quelli che stanno assai lontano. Essendo preparati dai corrieri dei cavalli, in pochi giorni ricevono acqua fresca. Tutti mancano di frumento e di pane. Ma vivono di farina di riso, di carni, di latte, di formaggio; abbondano di galline, capponi, pernici, faggiani e di altri volatili selvatici. Alla uccellagione e alla caccia sono interessati. Non lascian crescere la barba, ma una lunga chioma. Certuni [tengono] i capelli sparsi sulle

[95] Sumatra.

spalle, li legano dietro la nuca con una corda serica, e in quel modo partono per la guerra. Si servono di barbieri, come noi. Gli uomini sono pari a noi in quanto a statura e a brevità di vita. Dormono su letti ornati d'oro con su imposto un materasso di seta. L'uso delle vesti varia secondo le regioni. Dell'uso di lana perlopiù tutti scarseggiano, abbondano di lino e seta e con queste confezionano le vesti, ma quasi tutti, sia uomini che donne, vestono di lino fino alle ginocchia; in luogo dei cosciali succinti un'unica veste e di lino o serica vestono, gli uomini sino agli stinchi, le donne fino ai talloni. La vampa del calore impedisce che abbiano più vesti e con questo avviene che esse tengano lontano il sole. Con purpurei ed aurei legacci così come vediamo nelle statue antiche. Alcune donne in taluni luoghi hanno calzari di leggero cuoio segnati con oro e seta. Portano cerchi d'oro alle braccia, intorno alle mani, al collo ed alle gambe del peso di tre libbre, pieni di gemme a scopo di ornamento. Pubbliche donne e dovunque ai volenti sono alla mano sparse per la città nelle proprie dimore, le quali con profumi e unguenti e con aspetto ed età piene di lusinghe gli uomini [allettano]. Gli Indiani tutti sono propensi al godimento, e quindi l'uso dei maschi è ignoto presso gli Indiani. L'ornamento della testa è di vario tipo, e per la maggior parte con un fazzolettino intessuto d'oro coprono la testa, dopo aver legato i capelli con una fettuccia serica. In taluni luoghi i capelli sopra la sommità [della testa] torcono in giro a forma di piramide con uno stilo d'oro in mezzo, da cui [pendono] anelli d'oro. Pendono intorno ai capelli vari colori con drappi aurei. Certune portano capelli altrui. Gli amici in segno di lutto in questi giorni portano in bocca una foglia amara. Coloro ai quali il padre o la madre siano morti, non cambiano veste per un anno intero, e non prendono cibo se non una sola volta al giorno, e non curano nemmeno le unghie; oltre ai capelli ed alla barba. Quelle che piangono i morti in molte stanno intorno al cadavere, le donne nude fino all'ombelico e si percuotono i seni ed il petto gridando lamentosamente heu heu; una recita cantando le lodi del morto, alla quale certune nei luoghi noti e, percosso il petto, rispondono. Moltissime quelle dei principi; le loro ceneri in vasi aurei e d'argento vengono accomodate, e in un lago, che dicono consacrato agli dei attraverso il quale sostengono che si apre l'accesso, a loro ordinano che siano gettate [le ceneri]. I bacali, che sono i loro sacerdoti, si astengono da ogni animale, particolarmente dal bue, in quanto potente animale, in grado di essere utile agli uomini più di qualunque altro. Infatti lo usano anche per portare some. Ucciderlo o mangiarlo ritengono che sia cosa nefasta. Si nutrono di riso, erbe, frutta, legumi, ed hanno un'unica moglie, la quale col marito, quando muore, viene bruciata giacente accanto a lui, col braccio posto sotto il collo del marito così sopportando il fuoco senza mostrare nessun segno di dolore. Per tutta l'India c'è quel tipo di pensatori che sono i bramani, i quali si dedicano alla astronomia ed allo studio di predire le cose future con la cura più onesta e dediti a costumi di vita la più onesta. Fra questi disse di aver visto un uomo di trecento anni; e ciò presso di loro è cosa straordinaria, cosicché per la novità della cosa, ovunque egli andasse i fanciulli lo seguivano per suo decoro. Diffusa è presso molti [di loro] la perizia di quella che chiamano geomanzia, cosicché predicono le cose future come se fossero presenti. E si affidano alle formule magiche, cosicché spesso provocano le tempeste: ed hanno il potere di calmarle. Per la qual cosa moltissimi mangiano nascostamente per non essere disturbati da occhi indagatori. Con serietà Nicolò riferì che essendo a capo d'un'unica nave, trovandosi in mezzo al mare da sette giorni, il vento cessò, e temendo i marinai che la bonaccia durasse più a lungo, posta la mensa presso l'albero [della nave] e ballando intorno e avendo chiamato spesso con varii sacrifici il dio di nome Mutia;[96] e che frattanto uno (che era arabo), preso dal demone, danzando in modo stupefacente, incominciò a girare per tutta la nave alla maniera di un pazzo. Allora disse che si avvicinò alla mensa e postosi sopra di essa, divorando alcuni carboni, chiese di bere il sangue di un gallo, che egli dopo averlo strozzato e portato alla bocca, bruciò. Allora frattanto chiedendo che cosa volessero da lui, chiesero il vento, e quello dopo il terzo giorno promise che avrebbe dato il vento favorevole dal quale sarebbero stati condotti in porto; e mostrando come desse il vento dopo aver poste le mani dietro la schiena ed ammonendo che i venti avrebbero incominciato con cautela. Poco dopo come [se fosse] mezzo morto cadde a terra. Che cosa avesse fatto e che cosa avesse detto, si dimenticò di ogni cosa del tutto. Come aveva predetto avendo il vento soffiató, pervennero in porto pochi giorni dopo. Gli Indiani navigano perlopiù fino a vedere le stelle dell'altro polo; per cui raramente vedono la costellazione dell'Orsa. Son privi dell'uso di magnete[97] e della elevazione e dell'abbassamento del corso del polo. Dei luoghi misurano la distanza e in quale luogo siano sanno con questa misura. Costruiscono navi certune di gran lunga maggiori delle nostre, fino a due miglia valide, con cinque vele, ed altrettanti alberi. La parte inferiore viene rivestita con tre ordini di tavole per sopportare gli impeti delle tempeste, dalle maggiori delle quali vengono scosse. Vi sono poi navi disposte con camerette così costruite che se qualcuna parte di essa, perché colpita, venisse a mancare, la rimanente parte conduca a termine il viaggio integra. Nell'intera India vengono venerate divinità per le quali ci sono templi molto simili ai

[96] Non si tratta di un dio, ma di una invocazione, come *mukti* o *mutti* (liberazione).

[97] La bussola.

nostri decorati internamente con varie figure. I quali in un giorno solenne adornano, ed in essi vi sono idoli[98] ora di pietra ora d'oro e argento ed avorio. Taluni di sessanta piedi di altezza. Presso di loro c'è vario modo di adornare e di sacrificare. Si lavano con acqua pura, quindi entrati nel tempio sia di mattina che di sera, e steso a terra il corpo e con le mani e i piedi stesi, a lungo oranti baciano la terra, oppure col legno di aloe ed il fumo di aromi fanno sacrifici agli dei. Gli Indiani al di qua del Gange non hanno campane, ma con piccoli vasi di bronzo alternativamente percossi ricavano un suono. Offrono inoltre cibi agli dei allo stesso modo degli antichi pagani, cibi [che poi] distribuiscono in pasto ai poveri. Nella città di Combaita[99] i sacerdoti davanti all'idolo del loro dio tengono un discorso verso il popolo, con cui invitano al culto ed espongono quanto sia grato agli dei il futuro, e che per essi molti lasciano la vita. Decretata la morte stanno fermi con un largo [oggetto] di ferro al collo, di cui la parte esterna rotonda, la parte interna con un acutissimo filo tagliente; dalla parte anteriore pende al petto una catena, nella quale i sedenti con le gambe contratte piegato il collo inseriscono i piedi. Allora a talune parole di colui che presiede estese improvvisamente le gambe nello stesso tempo e raddrizzata la testa staccano la testa. E questi sono considerati santi. L'idolo che è fermo in Bizenegalia[100] in un tempo prestabilito dell'anno in mezzo di due carri, nei quali fanciullette adornate cantano un inno a Dio, viene portato per la città con un grande concorso di popolo; molti, spinti dal fervore della fede, sottomettono alle ruote i corpi prostrati a terra per cercare la morte, che, dicono, è assai accetta a Dio. Altri per adornare i carri, forato il fianco, in-

[98] Le statue hindu.
[99] Cambay.
[100] Vijayanagara. Cfr. n. 23.

trodotta una fune attraverso il corpo si sospendono al carro penzolanti ed esanimi seguono l'idolo. Ritengono ciò un ottimo sacrificio ed assai accetto a Dio. Effettuano tre giorni festivi particolarmente solenni. Una volta uomini e donne di ogni età, indossate vesti nuove e lavato il corpo nei fiumi o nel mare, tre interi giorni con canti e danze corali e banchetti fanno festa. Di nuovo nei loro templi e fuori sulle sommità dispongono infinite luminarie con olio di susimanno,[101] splendenti notte e giorno. Nel terzo giorno per tutte le strade innalzano legni da costruzione, i più leggeri a norma dell'albero di una piccola nave con legati dall'alto al basso vari e bellissimi fazzoletti intessuti d'oro e sulle loro sommità; ogni giorno per nove giorni ciò viene considerato solenne. Vi pongono un uomo, pio di aspetto, dedito alla religione, che con animo equo ritiene che ogni cosa per grazia di Dio va richiesta. Essi vengono aggrediti con pomi, arance, limoni, e con altri frutti odoriferi lanciati da popolo, e ciò essi con estrema pazienza sopportano. Vi sono altri tre giorni festivi nei quali lanciano acqua crocea, già disposta nelle vie, contro i passanti cosicché innaffiano anche lo stesso re e la regina e ciò viene accolto con riso da tutti. Celebrano le loro nozze con canto, conviti, tromba, flautista. Infatti, eccettuati gli organi, gli altri strumenti simili ai nostri per cantare e ballare hanno in uso. Conducono e di giorno e di notte conviti sontuosi, nei quali si canta, si suona si danza. Cantano guidando danze corali in cerchio secondo il costume nostro. Danzano in un unico ordine in fila l'uno dopo l'altro con piccolissimi bastoncelli dipinti, che portano doppi, scambiandoseli, con quelli che vengono loro incontro; la qual cosa è, dice, bellissima a vedersi. Inoltre terme e bagni non sono in uso, se non presso i superiori Indiani che stanno al di là del Gange. Gli altri più spesso

[101] Il sesamo.

durante il giorno si lavano con acqua fredda. Mancano di olio e di frutti naturali, come pesca, pere, ciliegie, pomi. La vite vi è rara. E questa, come già dicemmo, è in un solo luogo. Nella regione Puditfetania cresce un albero che non dà alcun frutto, alto tre cubiti da terra, che chiamano della verecondia. Quando un uomo gli si avvicina, si contrae e costringe i rami in unità. Quando [l'uomo si allontana] si espande nuovamente. Bizenegalia al di là verso settentrione in quindici giorni di peregrinazione raggiunse. Vi è un monte di nome Abenigaro,[102] circondato da pozze d'acqua e da animali velenosi. Ed esso stesso all'accesso è infestato da serpenti. Esso dà diamanti. Per quanto sia difficile accostarsi al monte, la solerzia degli uomini trova modo di accostarvisi per trovare i diamanti estraendoli da quel monte. C'è un altro monte accanto a quello poco più alto. Questo gli uomini certamente nello spazio di un anno lo salgono; tagliati a pezzi i buoi, che ad esso seco conducono, con adatte balestre a ciò fabbricate lanciano le carni ancora calde e sanguinanti sul cocuzzolo del monte, dalla caduta delle quali le pietruzze aderiscono alle carni; allora avvoltoi ed aquile che volano sopra, prese le carni, per mangiarle volano altrove dove sono i luoghi sicuri dai serpenti. Là si riuniscono. Poi gli uomini prendon sù le pietruzze che caddero dalle carni. Delle altre pietre che dicono preziose, è più facile il rinvenimento. Scavano infatti appena vicino ai monti arenosi, in luoghi nei quali esse si trovano, fin a dove trovino l'acqua mescolata a sabbia. Quindi posta la sabbia in un crivello apposito lavano. Scendendo la sabbia attraverso il crivello, le pietre, se ci sono, rimangono sopra. Questa maniera di scavar pietre viene osservata dovunque in verità. È gran cura dei padroni che gli artigiani e i servi non rubino

[102] Toponimo di difficile identificazione; forse una località nella zona delle miniere di Golconda, a nordest di Vijayanagara.

qualcosa; infatti vengono posti dei custodi che dopo aver scosso le vesti degli operai esaminano le parti più segrete del corpo, impediscono i furti e le frodi. Effettuano un anno dodici mesi, che denominarono dai segni del cielo. Computano gli anni in modo vario. La maggior parte prendono inizio da Ottaviano, nel cui tempo nel mondo intero nacque la pace. Dicono che sia il 1490. Talune regioni non hanno moneta, ma in suo luogo usano pietre che noi chiamiamo occhi di gatto. In qualche luogo al posto di monete usano un ferro fatto a forma di un grosso ago. Altrove vengono spese carte intitolate col nome del re. In luoghi anteriori dell'India sono in uso ducati veneti. Taluni hanno monete d'oro doppiamente maggiori dei numeri fiorini, talune minori ed inoltre d'argento e di rame. In taluni luoghi l'oro confezionato secondo un certo peso è al posto della moneta. In guerra gli Indiani che stanno davanti fanno uso di giavellotti; di spada, bracciali, scudo rotondo e di arco gli altri; ed elmi, corazza sul petto. Gli Indiani che stanno dietro hanno in uso balestre e quelle che noi diciamo bombarde, e le altre macchine belliche adatte alle espugnazioni di città. Questi chiamano noi Franchi e, mentre chiamano cieche le altre genti, dicono che essi hanno due occhi mentre noi ne abbiamo uno solo: considerandosi superiori in quanto a prudenza. In Compaita hanno soltanto l'uso del papiro. Tutti gli altri Indiani scrivono sulle foglie degli alberi, dalle quali ricavano codici affatto leggiadri. Scrivono poi non come noi o gli Ebrei di fianco, ma conducendo la penna in lungo dall'alto in basso. I modi di parlare sono presso gli Indiani moltissimi, e fra loro diversi. Abbondano di servitori, e il debitore che non [può] pagare ovunque si dà al creditore. Ai rei di delitto ed a colui di cui non è certo il testimonio viene imposto il giuramento. Triplice è la forma del giuramento: vien posto davanti a un idolo colui che deve giurare: giura per l'idolo di essere innocente. C'è un ferro rovente fatto come un'accetta; pattuito il giuramento, se lambendo con la lingua il ferro ne esce con nessun danno, viene assolto. Altri ancora prima del giuramento, spinti davanti all'idolo portano per alcuni passi con le mani nude un ferro o una lamina rovente; se in qualche parte si brucia, viene punito come colpevole, se illeso viene liberato dalla pena del delitto; c'è una terza consuetudine di giuramento ed essa è più comune: hanno davanti all'idolo un'olla piena di burro bollente! Giurando sé essere alieno da colpa, intinge due dita nel burro e, immediatamente, queste vengono strette in un panno di lino, sopra il quale viene impresso un segno affinché le dita non possano essere messe a nudo; il terzo giorno viene sciolto il legaccio. Se una qualche lesione c'è alle dita, egli subisce la pena meritata; se le dita sono illese, liberano l'uomo.

Presso gli Indiani non c'è nessuna pestilenza, né quelle malattie che spopolano di uomini la nostra terra, e colà il numero di popoli e le genti è più grande di quanto si possa credere.

La maggior parte di questi popoli raccoglie un esercito di oltre dieci centinaia di migliaia di uomini. Racconta di una battaglia i cui vincitori portarono a casa, in conseguenza del trionfo, dodici carri pieni di corde di oro e di seta con le quali i capelli dei morti eran legati dietro la nuca. Aggiunge, inoltre, che una volta che egli si era trovato, pacifico, in una battaglia per osservare e che da entrambe le parti era stato riconosciuto straniero, se ne era allontanato senza alcun pericolo.

L'isola di Giava, quella che vien detta maggiore, produce un albero, rarissimo, in mezzo del quale si trova uno stilo di ferro sottilissimo e lungo quanto il tronco dell'albero. Chi ne strappa una sua particella così da farla aderire alla carne, è inviolabile dal ferro, e molti tagliata la pelle la inseriscono nel corpo a vantaggio della carne. E ciò è stimato moltissimo.

Quelle cose che si raccontano usualmente intorno alla fenice e che da Lattanzio vengono descritte in versi, non sembrano essere fantasiose! Ai confini dell'India anteriore dice che c'è un uccello raro di nome seniendа[103] con un rostro con varie canne [come una zampogna] e queste con più fori distinti. Quando è vicino il tempo della morte esso raccoglie legni secchi nel nido, sui quali giacendo canta con tutte le canne così soavemente che attira in modo mirabile e allieta gli ascoltatori; allora scuotendo le ali suscita il fuoco tra le legne e si lascia bruciare. Poco dopo dalle ceneri sorge un verme dal quale ivi nasce il medesimo uccello. A somiglianza del suo rostro gli abitanti fecero una zampogna e un canto tanto soave, che i più allo stupito Niccolò narrarono quella che io dissi l'origine della zampogna.

Nell'India anteriore, nell'isola Sailana,[104] c'è anche un fiume, che vien chiamato Arotani,[105] così pieno di pesci che si possono prendere con gran facilità con la mano. Ma in verità se qualcuno abbia tenuto per un po' il pesce preso con la mano, incappa immediatamente nella febbre; deposto il pesce, viene restituita la salute. La causa di questa cosa la riferiscono ad una favoletta intorno ai loro dei che egli narrò. Ma essa pare che sia dovuta alla natura, poiché anche presso di noi se qualcuno abbia tenuto in mano il pesce che si chiama torpedine, subito la mano si intorpidisce e viene colpita da un certo dolore.

Queste cose riferite da Nicolò intorno agli Indiani, serbata fede alla narrazione, avendo io giovato a questa opera per la scienza, sopravvenne poco dopo anche un altro dall'India superiore verso settentrione, il quale as-

[103] Il riferimento è alla Fenice, la cui ubicazione era creduta in Oriente.
[104] Ceylon.
[105] Forse, il fiume Arivi-Aru, che sfocia nel golfo di Manar.

seriva di essere stato mandato presso il pontefice per investigare su coloro che per fama venivan detti cristiani là dove il sole tramonta, come se fossero in un altro mondo.

Dice che c'è un regno presso il Cataio lontano venti giorni di viaggio, il cui re e gli abitanti tutti sono cristiani ma eretici, cioè Nestoriani; e che il patriarca della loro gente aveva designato lui affinché riferisse cose sicure di noi. Asseriva che le chiese presso di loro sono più grandi e più adorne delle nostre e sono strutturate solo a volte. Che il patriarca è ricco di oro e di argento, come colui che percepiva un'oncia d'argento dai singoli capi famiglia secondo il censo annuo.

Avendo parlato con lui tramite l'interprete armeno, che conosceva la lingua teucra[106] e la latina, lo interrogai quindi sulla distanza dei viaggi e sui luoghi. Infatti le rimanenti cose: costumi, riti, animali ed altre cose che recano piacere a sentirle narrate, vidi che erano le più difficili a conoscere per la ignoranza dell'interprete, il quale era efficente nella sua lingua e non in quella dei parlanti.

Quindi affermò il grandissimo potere di colui che di tutti è l'imperatore, cioè il Gran Cane, il quale riferiscono che andava a nove potentissimi re. Attraverso gli Sciti superiori, i quali oggi sono chiamati Tartari, e i Parti per vari mesi facendo viaggio, pervenne finalmente all'Eufrate. Quindi, a Tripoli entrato in mare, a Venezia. Quindi partì per Firenze. Disse di aver visto molte città sia con edifici pubblici che privati più belli che in questa nostra [città]. Infatti le più erano di un circuito di venti o dieci miglia. Non vano autore sembrava. Costui, dopo che ebbe parlato col Pontefice, visitata la città di Roma per devozione, se ne partì senza chiedere nulla di oro e di argento. Affinché apparisse come colui che senza

[106] Turca.

chiedere favore, come molti son soliti [fare] mentendo, ma come colui che si era accostato a noi per incarico. Quasi nello stesso tempo essendo da me interrogati, tramite un interprete, certuni che erano partiti dall'Etiopia per venire dal Pontefice a motivo della fede, intorno al luogo del Nilo ed alla sua sorgente e se fosse a loro noto, due di loro affermarono che per patria essi erano vicini alle sue fonti. Allora sopravvenne un forte desiderio di conoscere quelle cose che agli stessi antichi scrittori e filosofi e a Tolomeo, che sulle sorgenti del Nilo scrisse per primo, sembra che fossero ignote. I quali sulla sorgente e sull'accrescimento del Nilo essendo incerti, fecero molte congetture. E quelle cose che erano state rivelate nella loro relazione e molte altre, che avevano narrato [a me] che interrogavo, sembrarono degne di essere conosciute e di essere affidate alle lettere. Attestarono che il Nilo sorge vicino alla regione equinoziale alle radici di altissimi monti,[107] le cui sommità sono sempre riempite da nebbie, da tre sorgenti non grandi, due delle quali distano fra loro quaranta passi; e cinquecento passi più sotto l'acqua congiunta insieme dà vita al fiume che non può essere passato a guado. Della terza che è la più abbondante, e dista dalle precedenti per un miglio, dopo diecimila passi l'acqua si congiunge alle altre fonti. Testimoniano che il Nilo viene accresciuto maggiormente con le acque di mille fiumi, da entrambi i lati in esso affluenti. Nei mesi di marzo, aprile, maggio vengono versate piogge da grandi acquazzoni, con le quali i fiumi aumentati danno incremento al Nilo e provocano inondazione. Dicono che le acque del Nilo prima che si mescolino con quelle degli altri fiumi sono dolcissime e sapidissime, e coloro che vi si lavano vengono mondati dalla scabbia e dalla lebbra. Per un tem-

[107] I Monti della Luna, che si riteneva fossero sede delle sorgenti del Nilo.

po di quindici giorni al di là delle sorgenti del Nilo [dicono] che vi sono fertili regioni abitate, e là ed in esse moltissime egregie città. Vicino alla sorgente del Nilo vi è una città, dalla quale sarebbero usciti, di nome Varnaria[108] di venticinquemila passi di perimetro, esattamente perfezionata. In essa di notte mille cavalieri sono di guardia per tener lontani i tumulti della moltitudine. Questa regione è gradevole per l'aria temperata e per il suolo più fertile degli altri, cosicché produce tre volte in un anno erbe e due volte biade; di frumento e di vino abbonda quella regione, benché la massima parte degli Etiopi usi acqua confezionata con orzo in luogo di vino. Fico, pesca, mela, melarancia e certi [frutti] simili ai cocomeri nostri. E dicono che limoni e cedri e tutti quei frutti, eccettuate le mandorle, presso di loro vengono colte. Riferirono che moltissimi sono gli alberi mai sentiti nominare e a noi sconosciuti. Ma per la difficoltà dell'interprete, che conosceva soltanto la lingua degli Arabi, non fu facile mettere in lettere. Nel registro tuttavia uno: esso è dell'altezza di un uomo, largo quanto un uomo può stringere con le braccia, con una corteccia molteplice: l'una sopra l'altra. Questi frutti sono simili a quelli che stanno nascosti nelle castagne, dai quali una volta pestati si ricava un pane bianco di sapore soavissimo, di cui si servono nei banchetti. Le foglie dell'albero sono larghe un braccio e lunghe il doppio. Il Nilo fino all'isola di Meroe è molto frequentato. Disceso per sassi aspri, essendo non navigabile al di là di Meroe ai navigli fino all'Egitto vero e proprio. Ma attraverso i molteplici suoi meandri dicono che la navigazione si protrae per sei mesi. Quelli che abitano quelle regioni, dalle quali deriva il Nilo, vedono il sole rivolto verso settentrione. Nel mese poi di marzo vien visto dalla regione sopra il capo. Tutta l'Etiopia ha comunque le stesse lettere, ma

[108] Località forse identificabile con Barara, in Abissinia.

per la vastità delle regioni lingue diverse. La regione marittima India è rivolta verso Zanzibar. Dissero che sicuramente [vi si trovano] chiodi di garofano, zucchero ed ognuna di esse, e noci che son chiamate muscate. Tra l'Etiopia e l'Egitto si trovano luoghi deserti per cinquanta giorni. Si fa questo viaggio con cammelli che portano cibo e bevanda. In molti luoghi in verità è minacciata da selvaggi uomini in forma umana, i quali attraverso il deserto nudi quasi come belve sparsi vaganti a cavallo di cammelli, dei quali mangiano le carni e il latte. Spogliano coloro che passano dei cammelli, del cibo e della bevanda; e questa è la causa per cui molti chiunque siano muoiono di fame, e per cui raramente tornano di là presso di noi. Tutti gli Etiopi hanno vita molto più lunga di noi. Infatti vivono oltre i centoventi anni. Molti portano innanzi la vita fino al centocinquantesimo anno. In alcuni luoghi oltrepassano il duecentesimo anno. La regione è tutta popolatissima, in quanto essi non sono mai colpiti dalla pestilenza e per mancanza di malattie e per la lunga età si accresce la moltitudine; e per la varietà delle regioni ci sono diversi costumi. Portano vesti di lino e di seta; infatti sono privi di lana tutti gli uomini e le donne; le quali in alcuni luoghi lunghe vesti dietro a sé trascinano cinte con cinture della larghezza di un palmo e adorne di oro e di gemme. Alcune coprono la testa con fazzoletti intessuti di oro, altre con capelli sparsi, molte incedono con i capelli legati dietro la nuca. Di oro e gemme sono più ricchi di noi. Gli uomini portano anelli, le donne bracciali d'oro messi in evidenza da varie pietre preziose. Dal giorno festivo della natività del Signore fino al quarantesimo sesto passano ogni giorno solleciti in banchetti e danze corali, fanno uso di piccole mense cosicché mangiano a due e a tre servendosi di tovaglie e salviette in quantità secondo l'uso nostro. Hanno un solo re, il quale si chiama dopo Dio re dei re. Dicono che molti sono i re sotto di lui. Dicono che costà ci sono vari generi di animali. I loro buoi sono gibbosi allo stesso modo del cammello, con le corna estese dietro il dorso per tre cubiti cosicché da uno solo viene portata un'anfora di vino. I cani sono della grandezza degli asini nostri. Certuni superano i leoni alla caccia. Hanno grandi elefanti e moltissimi. Parecchi per mostra e godimento. Taluni li nutrono in quanto utili in guerra. Questi sono quelli presi piccolini durante le cacce e li rendono mansueti, dopo avere ucciso quelli più grandi. I loro denti si protendono fino a sei cubiti. Inoltre educano i leoni fatti miti per bellezza e spettacolo. Vi è un genere di belva di vario colore, simile all'elefante, ma è privo di proboscide ed ha piedi di cammello, avente due corna acutissime alla sommità della lunghezza di un cubito.[109] Uno in fronte l'altro sul naso. Un altro animale di poco più lungo di una lepre di nome zibetto,[110] quanto al resto a lui simile; di un odore così intenso che se a taluno avendo soffregato il piccolo arbusto abbia aderito, allora viene impresso a quello un soave odore, cosicché dopo ciò i passanti condotti dall'olfatto strappano quella parte cui aderì, essa pezzo per pezzo spezzata viene venduta più a caro prezzo dell'oro. Riferirono che c'era un altro animale, lungo nove cubiti, alto sei, coi piedi fessi di bue, grosso di corpo non più di un cubito, assai simile nella pelle al leopardo, con la testa di cammello, col collo lungo quattro cubiti, con la coda pelosa.[111] Sono pagate a grande prezzo le pelli che le donne portano pendenti dalle braccia e adorne di varie gemme. Parimenti un altro animale selvatico preso in caccia viene mangiato. Questo è della grandezza di un asino, listato di rosso, con le corna di color verde di tre cubiti intorti dalla sommità. Un altro simile alla lepre,

[109] Potrebbe trattarsi del rinoceronte africano.

[110] Si tratta della *Viverra civetta*, che secerne la sostanza nota in profumeria come zibetto.

[111] La giraffa.

con piccole corna, di color rosso, salta più di un cavallo. Inoltre un altro simile alla capra, con due corna sopra il dorso protese per più di due cubiti, che, poiché il fumo di quelle allontana dalla febbre, si vendono per quaranta monete d'oro. Un altro simile al primo e senza le corna, ma di pelo rosso e con un collo lungo due cubiti. Narravano di un altro della grandezza di un cammello, del colore del leopardo, con il collo di sei cubiti proteso in avanti, la testa di un capriolo. A questi aggiungevano un uccello[112] alto sei cubiti da terra con sottili gambe, coi piedi anserini,[113] con un collo e la testa pure piccola, ed un becco simile a quello della gallina, vola allo stesso modo, ma nella corsa supera la velocità dei cavalli. Omisi a causa della sazietà molte cose riferite. Infatti dicono anche che nei luoghi deserti abitano serpenti,[114] in alcuni luoghi lunghi cinquanta cubiti, senza piedi, con la coda di scorpione, e che da questi vien divorato un vitello intero.

In queste cose avendo tutti fermamente convenuto che non c'era cagione di mentire, poiché apparivano buone, stabilii con determinazione di trasmetterle agli altri a motivo di una utilità comune.

[112] Lo struzzo.
[113] Come le oche, cioè palmati.
[114] Il *Boa constrictor*.

[illegible] alle capo con due catene sopra il

[illegible]

[illegible] e [illegible] di [illegible]

[illegible]

ALVISE DA MOSTO

Navigazione africana

È noto il contributo essenziale dato dagli italiani alle scoperte geografiche tra la fine del XV e i primi decenni del XVI secolo, sulla base di un'esperienza e una tradizione marinaresca che data almeno dal XIII secolo e dalle repubbliche marinare. In tal senso, uno come Alvise da Mosto, che conosce il mondo e le peripezie dei «marinai», ma che, al tempo stesso, ha competenze nell'ambito tecnologico e unisce a una cultura umanistica la padronanza della navigazione e una conoscenza tecnica delle carte nautiche, può essere considerato come un prototipo del viaggiatore italiano del Quattrocento. Come tanti altri dopo di lui, fiero delle sue origini e della sua piccola patria, lontana ma non dimenticata, si sente cittadino di un mondo più vasto, nel quale gli interessi mercantili e la sete di conoscenza erano in grado di superare le barriere nazionali. Al di là dei risultati raggiunti, la sua attività ebbe un peso determinante sulla storia della cultura e della civiltà dell'Occidente.

Così, Alvise da Mosto (o, come si diceva allora, da Ca' da Mosto, cioè della casata da Mosto), nato a Venezia intorno al 1432, diviene esploratore e commerciante al servizio dell'Infante del Portogallo Enrico il Navigatore, patrono e coordinatore dell'esplorazione dell'Atlantico e delle coste africane. Tra il 1418 e il 1445, infatti, i portoghesi raggiungono e popolano le isole atlantiche (Porto Santo, Madera, Azzorre), intrecciano rapporti commerciali con i popoli delle coste del Sahara meridionale e iniziano l'esplorazione sistematica del litorale africano.[1]

Quindi, quando nel 1454, durante un viaggio per le Fiandre con la flotta commerciale veneziana, fa scalo a Cabo Sao Vicente, in Portogallo, località divenuta uno dei centri più importanti della politica esplorativo-marittima del paese, il giovane Alvise stabilmente si insedia nella corte portoghese. Partecipa alla spedizione di Vincenzo Diez (1455) e naviga l'Atlantico a sud toccando Porto Santo, Madera, le Canarie e Capo Bianco. L'anno seguente, d'accordo con il genovese Antoniotto Usodimare,[2] per l'allestimento di due caravelle, riprende il mare e si spinge fino alle isole Bissagos. Ritornato in Portogallo, forse come segretario reale, si reca poi a Venezia, dove muore nel 1477, dopo aver steso la sua relazione.

Il merito di Mosto non è tanto quello di scopritore, quanto di esploratore e storico. In questo egli si manifesta degno continuatore dei più antichi viaggiatori italiani, come Giovanni di Pian del Carpine, Marco Polo, e Odorico da Pordenone. Bisogna anche riconoscere la decisiva influenza sui progressi della cartografia; se la "carta da navegar" da lui tracciata è andata perduta, il famoso Mappamondo di Fra Mauro (agosto 1460) tiene

[1] Un profilo biografico è in U. Tucci, *Da Mosto, Alvise*, in *Dizionario Biografico degli Italiani*, vol. 32, Roma, Istituto della Enciclopedia Italiana, 1986, pp. 369-373.

[2] Antoniotto Usodimare, di famiglia di forti tradizioni marinaresche, e lui stesso viceammiraglio, esplorò la Guinea per conto del principe Enrico il Navigatore e si spinse sino al fiume Gambia. Entrato in rapporti con un «dominus niger» locale, ebbe in dono 31 schiavi, pappagalli e denti di elefante, come lui stesso racconta nella lettera che scrisse dal Portogallo in data 12 dicembre 1455. La lettera di Antoniotto ai suoi creditori (*Itinerarium Antonij Ususmaris Civis Januensis*, 1455) è conservata in un codice della Biblioteca Universitaria di Genova; pubblicata in *Le navigazioni atlantiche*, a cura di R. Caddeo, cit., pp. 151-155 (per i tratti biografici si vedano le pp. 87-90).

conto delle sue esplorazioni. Egli è il cronista e il descrittore dell'occupazione di uno spazio atlantico da parte dei portoghesi.

In questa navigazione, compiuta nel 1456 assieme ad Antoniotto Usodimare, il da Mosto riferisce nel primo capitolo di aver scoperto le isole del Capo Verde. In realtà, l'arcipelago del Capo Verde fu scoperto da un ligure, Antonio da Noli, nel 1438 (sono chiamate infatti in alcune carte Isole di Antonio o de Antonio), mentre fu doppiato per la prima volta nel 1445 da Diniz Diaz. Alcuni documenti portoghesi permettono di stabilire la data della scoperta: un primo atto di donazione delle isole fatta al re Fernando in data 3 dicembre 1460 nel quale figurano le isole Bonavista, Santiago, Sale, Mayaes e Sam Christovà; un secondo atto di donazione del 19 settembre 1462 nel quale figurano le altre isole: Brava, Sam Nyccolao, Sam Vicente, Raza, Branca, Santa Luzia, Santo Antonio. Antonio da Noli ebbe l'investitura della capitaneria della parte meridionale di Santiago e diede inizio al popolamento delle isole, e nel 1446 ottenne il privilegio di praticare la tratta dei negri in Guinea.

Il testo si legge in G.B. Ramusio, *Navigazioni e viaggi*, a cura di M. Milanesi, vol. I, Torino, Einaudi, 1978, pp. 523-535.

Navigazione africana

Come furono li primi che scoprirono l'isole di Capo Verde, a due delle quali posero nome Bona Vista e di San Iacobo

Della condizione di questo paese di Gambra,[3] quanto per quello che potei vedere e intendere in questo mio primo viaggio, poco o niente si può dire specialmente di veduta, perché, come avete inteso, per esser le genti delle marine aspere e salvatiche, non potemmo con loro aver lingua in terra né trattar cosa alcuna. Poi fummo sforzari[4] di tornar in Spagna né passar piú avanti, perché, come di sopra abbiam detto, li nostri marinari non ci volsero seguire. Onde l'anno sequente il predetto gentiluomo genovese[5] e io, d'accordo un'altra volta, armammo due caravelle per voler cercar questa fiumara. E avendo sentito il prenominato signor Infante[6] (senza licenzia del quale non potevamo andare) che noi avevamo fatta questa deliberazione, molto li piacque e volse armar una sua caravella che venisse in nostra compagnia. Di che fattone presti d'ogni cosa necessaria, partimmo dal luoco chiamato Lagus,[7] ch'è appresso il Capo San Vicenzo, nel principio del mese di maggio con vento prospero, e tenimmo la volta delle Canarie e in pochi giorni vi giungemmo. E secondandone il tempo, non curammo di toccar le dette isole, ma navigammo tuttavia per ostro[8] al nostro viaggio, e con la seconda dell'acque,

[3] Gambia.

[4] Costretti.

[5] Si tratta, appunto, di Antoniotto Usodimare.

[6] Enrico il Navigatore, Infante di Portogallo (1394-1460), grande propulsore delle navigazioni e delle scoperte dei portoghesi.

[7] Lagos, porto della provincia dell'Algarve.

[8] L'ostro o austro è il vento che spira dal sud; per estensione rappresenta il Sud e le terre meridionali.

che grandemente tiravano giuso al garbin,[9] scorremmo molto.

Ultimamente pervenimmo al Capo Bianco,[10] e avendo vista d'esso si slargammo un poco in mare; e la notte seguente ne assaltò un temporale da garbin con vento forzevole, onde per non tornar indrietro tenimmo la volta di ponente e maestro, salvo il vero, per parare e costeggiare il tempo due notti e tre giorni. Il terzo giorno avemmo vista di terra, e cridando tutti «terra, terra», molto si maravigliammo, perché non sapevamo ch'a quella parte fosse terra alcuna. E mandando duoi uomini d'alto discoprirono due grandi isole, il che essendone notificato, rendemmo grazie al nostro Signore Iddio, che ne conduceva a vedere cose nuove, perché sapevamo bene che di queste tal isole in Spagna non s'aveva alcuna notizia. E giudicando noi quelle poter esser abitade, per intender piú cose e per provar nostra ventura, tenimmo la volta d'una d'esse, e in breve tempo li fummo propinqui. E giungendo ad essa, parendone grande, la scorremmo un pezzo a vista di terra, tanto che pervenimmo ad un luogo dove pareva che fosse buon stazio,[11] e lí mettemmo ancora. E abbonazzato[12] il tempo, buttammo la barca fuora e quella ben armata mandammo in terra, per veder se 'l v'era persona alcuna o vestigio d'abitazione; quali andorono e cercorono molto, e non trovorono strade né signale alcuno, per il quale si potesse comprendere che in essa fossero abitanti. E avuta da

[9] La nomenclatura dei venti è italiana già dal secolo XI. Nel *Trésor* di Brunetto Latini (1260-1269) sono citati i termini adoperati dai marinai italiani per designare i punti cardinali: *Tramontana*, *Levante*, *Mezzodì*, *Ponente*, e i venti intermedi: *Greco*, *Scirocco*, *Garbino*, *Maestro*. Cfr. B. Latini, *Tresor*, a cura di P.G. Beltrami, P. Squillacioti, P. Torri e S. Vatteroni, Torino, Einaudi, 2007, pp. 148-153 (libro I, 106, 10-15).

[10] Capo Bianco, storicamente navigato nel 1441 da Nuño Tristąo.

[11] Luogo di ancoraggio delle imbarcazioni (dal lat. *statio*, stazione).

[12] Tempo di bonaccia.

loro questa relazione, la mattina seguente per chiarir in tutto l'animo mio mandai dieci uomini ben in punto d'arme e balestre, che dovessino montar la detta isola da una parte, dove l'era montuosa e alta, per veder se trovavano cosa alcuna o se vedevano altre isole: per il che andorono e non trovorono altro se non che l'era disabitata, e v'era grandissima copia[13] di colombi, li quali si lassavano pigliar con la mano, non conoscendo quel che fosse l'uomo; e di quelli molti ne portorono alla caravella, che con bastoni e mazze avevano preso. E nell'altura ebbono vista di tre altre isole grandi, delle quali l'una non se avedemmo che ne rimaneva sotto vento dalla parte di tramontana, e le altre due erano in dromo dell'altra alla via d'ostro, pur al nostro cammino, e tutte a vista l'una dell'altra. Ancora li parse[14] di vedere dall'altra parte di ponente molto in mare a modo dell'altre isole,[15] ma non si decernivano[16] bene per la distanzia: alle quali non mi curai di andare, sí per non perder tempo e seguir il mio viaggio, come perch'io giudicava che fossino disabitate e salvatiche come eran quest'altre. Ma dipoi, alla fama di queste quattro isole ch'io aveva trovato, altri capitando quivi le furono a discoprire, e trovorono quelle esser dieci isole fra grandi e piccole, disabitate, non trovando in esse altro che colombi e uccelli di strane sorti e gran pescason[17] de pesci.

Ma, tornando al mio proposito, ne partimmo di questa isola e, seguendo il nostro cammino, venimmo a vista delle altre due isole. Onde, scorrendo la staria[18] d'una

[13] Abbondanza.
[14] Parve.
[15] Le isole del Capo Verde, note agli antichi sotto il nome di Esperidi, sono dieci: Sant'Antonio, San Vincenzo, San Luca, San Nicola, del Sale (*del Sal*), di Buona Vista (*Boa Vista*), di Maggio (*Mayo*), San Giacomo (*Santiago*), San Filippo del fuoco, San Giovanni o *Brava*.
[16] Discernevano.
[17] Pescagione, pesca.
[18] Costa.

d'esse, che ne pareva copiosa di arbori,[19] discoprimmo la bocca d'un fiume che usciva di questa isola, e giudicando la fosse buon'acqua sorgemmo per fornirsi; e dismontati alcuni dei miei in terra, andorono al primo luoco di questo fiume su per la riva, e trovorono lagune piccole di sale bianchissimo e bello, del quale ne portorono al navilio in gran quantità; e di questo prendemmo quanto ne parse, e cosí trovando l'acqua bonissima ne togliemmo. Dechiarando che qui trovammo gran quantità di biscie scudellare,[20] o sian gaiandre[21] a nostro modo, delle quali ne prendemmo alcune, la coperta delle quali era maggiore che buone targhe.[22] E quelli marinari le amazzarono e fecero piú vivande, dicendo che altre volte ne avevano mangiato nel colfo d'Argin,[23] dove etiam[24] se ne trovava, ma non cosí grandi. E dico che ancora io per provar piú cose ne mangiai, e mi parseno buone, non meno quasi come d'una carne bianca di vitello, sí buon odore e sapore rendevan; per modo che ne salorono[25] molte, che in parte ne furono buona munizione[26] sul viaggio. Ancora pescammo su la bocca di questo fiume e di dentro, dove trovammo tanta quantità di pesce che gli è incredibile dirlo, delli quali molti d'essi non avevamo mai veduti, ma grandi e di buon gusto. La fiumera[27] era grande, che largamente vi potria entrar dentro un navilio di botte centocinquanta cargo, ed era larga un buon tirar d'arco. Qui stemmo duoi giorni a sol-

[19] Alberi.

[20] Testuggini (dal lat. med. *scudelaria*, scodella).

[21] Il nome port. è *gajandre*.

[22] Scudi di legno.

[23] Il golfo e l'isoletta di Arguin, nota ai Cartaginesi sotto il nome di *Cerne*, fu circumnavigata da Nuño Tristan nel 1441, iniziandovi il commercio degli schiavi.

[24] Anche.

[25] Salarono, fecero salagione.

[26] Rifornimento, riserva.

[27] Fiume, fiumara.

lazzo e si fornimmo delli renfrescamenti[28] anteditti, con molti colombi che ammazzamo senza numero, notando che alla prima isola dove che dismontammo mettemmo nome isola di Buona Vista, per esser stata la prima vista di terra in quelle parti; e a questa altra isola, che maggior ne pareva di tutte quattro, mettemmo nome l'isola di San Iacobo, perché il giorno di san Filippo Iacobo venimmo ad essa a metter àncora.

Di un luoco chiamato le Due Palme, e di una isola a cui fu posto nome Santo Andrea, e perché. Del re Forosangoli e del signor Battimansa

Fatto quanto è soprascritto, partimmo dalle dette quattro isole tenendo la volta di Capo Verde, onde in pochi giorni, Iddio mediante, venimmo a spelegar[29] a vista di terra ad un luoco che si chiama le Due Palme,[30] ch'è fra Capo Verde e rio di Senega,[31] e avendo buona conoscenza del terreno seguimmo scorrendo il capo. E la mattina seguente quello passammo, e tanto navigammo che pervenimmo un'altra volta al detto fiume di Gambra, dove brevemente entrammo e, senza altro contrasto de' Negri e di sue almadie,[32] navigammo sopra il fiume di giorno sempre col scandaglio in mano. Le almadie de' Negri, che pur alcune trovammo, andavano a lungo le rive del detto fiume, non osando accostarsi a noi. E dentro del detto fiume circa dieci miglia trovammo una isoletta a modo d'un polesine,[33] fatta per il detto fiume, alla quale avendo messo ancora, una dominica mancò di questa vita uno de' nostri marinari, il quale di più giorni

[28] Rifornimenti.
[29] Allontanarsi dall'alto mare per accostarsi a terra (forma derivata da *pelago*).
[30] Las Palmas.
[31] Senegal.
[32] Piroghe scavate in un tronco d'albero (arabismo).
[33] Zona bassa e paludosa, a somiglianza della regione del Polesine.

era stato ammalato di febbre. E benché la morte sua a tutti ne aggravasse, nondimeno, convenendo a noi voler quello che a Dio piaceva, in questa isola il sepelimmo, quale avea nome Andrea: e per questo intitolammo detta isola doversi chiamare nell'avvenire l'isola di Santo Andrea, e così è stata sempre chiamata.

Partendo da questa isola e navigando sempre su per lo fiume, alcune almadie de' Negri ne seguivano dalla lunga, onde, ammattando[34] noi a quelle e chiamando i nostri turcimanni[35] quelli Negri, e mostrandoli alcuni cendadi[36] e altre cose, dicendo che securamente si accostassino, che li donaressemo di quelle robbe, e che non avessino paura, che eravamo uomini umani e trattabili, detti Negri a poco a poco accostandosi, prendendo da noi alcuna sigurtà, finalmente vennero alla mia caravella. E uno d'essi Negri entrò dentro del navilio, il quale intendeva il parlare del mio turcimanno, e molto si maravigliò del nostro navilio nel modo che navigamo con la vela, perché loro non sanno salvo che vogare con remi e credevano che altramente non si navigasse. E stupivasi di vederne uomini bianchi, e non meno del nostro abito, maraviglioso a loro e molto differente dal suo, principalmente perché la maggior parte di loro vanno nudi, e se alcuno va vestito, è di camicie bianche di gottone.[37] Noi femmo gran carezze al Negro, donandoli molte cosette di poco momento, di che rimase molto contento. Domandandoli io di molte cose, finalmente ne affirmò quello esser il paese di Gambra e che 'l principal loro signore era Forosangoli,[38] il quale diceva stare lontano dal fiume fra terra verso mezzodí e sirocco,[39] secondo ne mostrò, da

[34] Gesticolando, facendo segnali.
[35] Interpreti.
[36] Zendadi, tessuti leggerissimi di seta.
[37] Cotone.
[38] Nome proprio di un capo (*Farim*) di razza mandinga.
[39] Scirocco.

nuove in diece giornate: il quale Forosangoli era sottoposto a l'imperatore di Melli,[40] che è il grande imperatore de' Negri; ma che nientedimeno erano molti signori menori[41] che abitavano appresso il fiume, cosí da un lato come dall'altro; e se volevamo, che 'l ne menaria[42] ad uno d'essi, il quale si chiama Battimansa,[43] e che 'l tratteria col detto signore che 'l volesse prender amistà con noi, poi che li pareva ch'eravamo buone persone. Questa sua offerta molto ne piacque, e lo menammo in navilio faccendoli buona compagnia, tanto che, navigando su per il detto fiume, pervenimmo al luoco del nominato Battimansa, che secondo il giudicio nostro era lontano dalla bocca del detto fiume circa miglia LX e più.

Del presente fatto a Battimansa; delle robbe che tolsero i Portogallesi a baratto; del modo del vogar de' Negri di quel paese e de' remi loro

Notando che, andando sopra detta fiumara, andavamo per levante, e in questo luoco dove mettemmo l'ancora, il detto fiume era molto piú stretto che nella bocca, dove al nostro giudicio non era largo oltra un miglio; e se vede in questo fiume molti rami di acqua, che sono fiumi che mettono in esso. Giunti noi a questo luoco, determinammo di mandar uno de' nostri turcimanni con questo Negro alla presenzia di questo signore Battimansa. E cosí mandammoli un presente, che fu una *alzimba*[44] di seta alla moresca, che a nostro modo è a dire come una camicia, la quale era assai bella e fatta in terra de' Mori; e mandammoli a dire come eravamo venuti per comanda-

[40] La regione del Mali.
[41] Minori.
[42] Avrebbe condotto.
[43] Nome proprio di un capo (*mansa*).
[44] Parola araba (*algiubbeh*) che designa una veste aperta dalle maniche corte.

mento del nostro signore, re di Portogallo cristiano, per far con lui buona amistade e per intender da lui se gli avea bisogno delle cose de' nostri paesi, che ogni anno il nostro re ghe ne[45] mandaria, con assai altre parole. Il turcimanno andò col detto Negro dove era questo signore, al qual dissono tante cose di noi che subito volse mandar certi suoi Negri alle caravelle, coi quali facemmo non solamente amicizia, ma etiam li vendemmo molte cose a baratto, delle quali avemmo certi schiavi negri e certa quantità d'oro: ma non da conto, rispetto a quello che credevamo di trovare, perché la fama era assai maggiore per informazion de' Negri di Senega; e in effetto lo trovammo esser poco secondo noi, ma secondo loro, che sono poverissime genti, pareva assai. Il qual oro è molto apprezzato appresso queste genti, e secondo me molto piú che da noi, perché lo stimano per cosa molto preziosa: nientedimeno ne facevan buon mercato rispetto alle cose minime e di poco momento, secondo l'opinion nostra, che toglievano da noi all'incontro di esso.

Quivi stemmo circa undeci dí, e in questo tempo venivano alle nostre caravelle molti di questi Negri, abitanti da una parte e dall'altra del detto fiume: e chi veniva per veder cosa molto nuova a loro, e chi veniva per venderne alcune cosette loro over qualche anelletto d'oro. Le cosette che ne portavano erano gottonine e filadi[46] di gottoni e panni di gottoni fatti a lor modo, alcuni bianchi, altri divisati, cioè vergadi, bianchi e azzurri, e altri rossi, azzurri e bianchi, molto ben fatti. Portavano anco molti gatti maimoni[47] e babuini grandi e piccoli di diverse sorti, che in questa parte se trova grandissima quantità, e davanli a baratto per cosa di poca valuta, cioè di dieci marchetti l'uno. Ancora ne portavano zi-

[45] Gliene (ven.).
[46] Filati.
[47] Si tratta dei cercopitechi.

betto e pelle di gatti che fanno il zibetto a vendere, e davano una onza di zibetto per un'altra cosa all'incontro, che non valeva quaranta o cinquanta marchetti: non che loro lo vendino a peso, ma io il dico per estimazione. E altri ne portavano frutti di diverse sorti, e fra le altre molti dattali[48] piccoli e salvatichi, che non erano molto buoni, ma secondo loro erano buoni da mangiare: e molti de' nostri marinari ne mangiavano e trovavanli di vario sapore dalli nostri, ma io mai ne volsi mangiare per dubio di flusso o d'altro. E a questo modo avevamo ogni dí gente nuova alle caravelle, e di diversi linguaggi, e mai non cessavan di andar su e giuso per quel fiume con quelle sue almadie di luoco a luoco, con femmine e uomini, al modo che fanno di qua le nostre barche in su le fiumare: ma tutto il suo navigare è per forza di remi, e vogano tutti in piedi, tanti da una banda quanti dall'altra, e sempre hanno uno di più che voga di drieto, ora da un lato ora dall'altro per tener dritta la barca. E non appoggiano il remo ad alcuna forca, ma lo tengono forte con le mani; ed è fatto il remo in questo modo: hanno una mazza come una mezza lanza,[49] lunga un passo e mezzo, che è sette piedi e mezzo, e in capo di questa mazza hanno ferrato over legato a lor modo un tagliere rotondo, e con questa sorte di remi vogano per forza di braccia velocissimamente quelle sue barche per la costa del mare a terra a terra. E hanno molte bocche di fiumicelli, dove si mettono e vanno sicure; ma communemente non si slargano molto dal suo paese, perché non sono sicuri da un paese all'altro che non sian presi e venduti per schiavi. E in capo di giorni undeci terminammo di partirci e di venir alla bocca del detto fiume, perché molti de' nostri si cominciorono ammalar di febbre calda acuta e continua: onde subitamente ci partimmo.

[48] Datteri.
[49] Lancia.

Della fede e del modo del vivere e vestir loro

Delle cose che si può dire di questo paese, per quello che noi vedemmo e per l'informazione che noi avemmo in quel poco di tempo che stemmo lí, prima della fede sua: quella è communemente idolatra in diversi modi, dando gran fede agl'incanti e ad altre cose che sanno far diaboliche; ma tutti conoscono Iddio, e anche ve ne sono alcuni della setta di Macometto;[50] e questi sono uomini che praticano per diversi paesi e non stanno fermi a casa, perché li paesani non ne sanno cosa alcuna. Nel modo del vivere, tutti quasi si governano secondo li Negri del regno di Senega, e mangiano di quelle medesime vivande, salvo che hanno di più sorte risi,[51] che di questi non nascono nel regno di quelli primi Negri; ancora mangiano costoro carne di cane, la qual non ho mai udito dire che se ne mangi altrove. Il loro vestire è di gottonine, e dove li Negri di Senega vanno quasi tutti nudi, questi il forzo vanno vestiti per esservi abondanzia e gran quantità di gottoni. Le femmine vestono pur anche ad un medesimo modo, salvo che hanno piacere, quando che sono piccole di età, di farsi alcune opere per le carni, fatte con punture di ago su per il petto, braccia e collo, le quali pareno di queste opere di seda che solevan farsi sopra i fazzoletti; e sono fatte con fuoco, che mai per alcun tempo vanno via.

Questa regione è molto calda, e tanto quanto si va più avanti verso ostro,[52] tanto piú par che vogli la ragion che i paesi siano caldi, e specialmente in questa fiumara faceva molto maggior caldo che nel mare, per esser occupata da molti arbori e molto grandi, che sono per tutto il paese. Della grandezza de' quali dicono che, faccendo noi acqua ad una fontana appresso la ripa del fiume, v'e-

[50] Maometto, cioè musulmani.
[51] Hanno diverse qualità di riso.
[52] Verso sud.

ra un arbore grandissimo e molto grosso,[53] ma l'altezza non era alla proporzion della grossezza, perché giudicammo esser circa venti passa alto, ma la grossezza faccendola misurare trovammo circa dicessette braccia a torno a torno al piè; ed era sbusato[54] e in molti luoghi vano e concavo, e aveva le rame disopra molto large che spandevano a torno, per modo che 'l facea grande ombra. Anche se ne trovano di maggiori e piú grossi, sí che potete comprender per questi simili arbori la virtù del paese esser buona, e la terra esser fertile, per esser bagnata da molte acque.

Degli elefanti del detto paese e del modo che usano alla caccia di quelli; della lunghezza de' denti e forma de' piedi suoi

In questo paese si trova gran copia di elefanti, e honne[55] visto io tre vivi salvatichi, perché non sanno domesticarli come in altri paesi. E stando con il navilio surto a mezzo del fiume, avemmo vista di questi tre elefanti, che uscivano del bosco e andavano per la riviera: saltammo alquanti di noi nella barca per andare ad essi, che erano un poco lontani, ma come ne videro venire, ritornorono nel bosco. Dapoi ne viddi un altro piccolo morto, perché a mia complacenzia un signor negro, che avea nome Guumimansa,[56] il quale abitava appresso la bocca di questo fiume, andò a cacciarlo con molti Negri, e duoi giorni lo perseguitorono, in tanto che lo amazzorono. Costoro vanno alla caccia a piede e non portano altre arme per offendere salvo azzagaie,[57] delle quali s'è

[53] Si tratta del *baobab* (*Adansonia digitata*), verso il quale gli africani hanno una specie di venerazione per tutti i benefici che ne traggono.
[54] Bucato, cavo.
[55] Ne ho.
[56] Altro nome di un capo (*mansa*).
[57] Acciai.

detto di sopra, e archi, e tutte le sue arme sono avelenate. E sappiate che vanno a trovar questi elefanti alli boschi e dove sono molti arbori, e si mettono i Negri da drieto di quelli e anco montano sopra, e li feriscono con saete[58] overo con le azzagaie avelenate. E vanno scampando e saltando da uno arbore all'altro, in modo che l'elefante, ch'è animal molto grosso, avanti che 'l si possi volgere vien ferito da molti, senza potersi difendere. Ben vi dico che alla larga, dove non fossero arbori, niuno uomo non oseria[59] accostarsi a lui, perché non corre tanto niuno uomo che lo elefante, solo a non si mover del suo passo, non lo aggiungesse. Questo ho udito raccontar a molti Negri; ma non è però l'elefante feroce animale che vada all'uomo, se da lui non è attentato. E questo piccolo elefante viddi io morto in terra, il dente lungo del quale non era oltra tre palmi, e di questi tre un palmo si raccoglieva nella mascella, sí che non poteva avere salvo duoi palmi di dente: e questo era segno che l'era giovanetto, dico rispetto quelli che hanno i denti da dieci in dodici palmi lunghi. E per piccolo che fosse, noi giudicammo che l'avesse carne per cinque in sei tori de' nostri.

Questo elefante mi fu donato per questo signore, cioè che tolesse[60] di esso quella parte ch'io volessi, e il resto fosse dato a quelli cacciatori per mangiare. Onde, intendendo io che la carne di quello se mangiava per i Negri, ne feci tagliare un pezzo, del qual ne mangiai nel navilio a rosto e a lesso, per provar piú cose e per poter dire che avea mangiato della carne d'uno animale che non avea mangiato alcuno della mia terra: la qual carne in effetto non è troppo buona, e mi parse dura e dissavida,[61] cioè

[58] Frecce.
[59] Oserebbe.
[60] Togliessi.
[61] Dissapita, cioè senza sapore.

di poco gusto. E portai etiam uno de' suoi piedi e parte della tromba al navilio, e anche trassi molti de' suoi peli del corpo, ch'erano negri e lunghi un palmo e mezzo e più e molto grossi. Le qual cose, insieme con parte di quella carne che fu insalata,[62] appresentai poi in Spagna al prenominato signore don Henrich,[63] che la ricevette per gran presente,[64] per esser le prime cose che l'avea avute di quel paese, discoperto per sua industria.

Non voglio pretermetter di dire che 'l piede dello elefante è tanto a torno a torno quasi come il piede d'un cavallo; ma il piè suo non è di unghia come quello del cavallo, ma tutto d'un callo negro e grossissimo, sul qual callo del piede ha cinque unghie a torno il detto piede, raso a terra, rotonde e di grandezza poco piú d'un grossone.[65] E non era il piè di questo piccolo elefante cosí piccolo, che 'l non fosse largamente piú d'un palmo e mezzo, e lungo sotto la suola per ogni quadro e ad ogni volta, perché come ho detto tutto è tondo. Ancora per lo detto signor negro mi fu donato un altro piede di elefante, il quale misurai piú volte sotto la suola, e lo trovai palmi tre e uno dedo[66] grosso, cosí di largo come di lungo e da ogni parte; qual etiam appresentai al prefato signor infante con un dente dodici palmi lungo, qual con detto piede grande mandò a donare alla signora duchessa di Bergogna[67] per un gran presente.

E ancora in questo fiume di Gambra, e cosí in molti altri fiumi di questo paese, oltra le calcatrici[68] e altri

[62] Salata.
[63] Don Enrico di Portogallo.
[64] Dono.
[65] Antica moneta d'argento, detta anche *grosso*.
[66] Dito.
[67] Isabella di Portogallo, sorella di don Enrico il Navigatore, andata in sposa a Filippo il Buono, duca di Borgogna.
[68] La *calcatrice*, animale leggendario, è probabilmente identificabile con il coccodrillo. Compare nella rassegna di animali favolosi nel *Morgante* di Pulci (cantare XXV, 324).

animali diversi, vi si trova un animale chiamato pesce cavallo.[69] Questo animale è di natura quasi del vecchio marino, che ora sta in acqua e ora in terra, e de tutti duoi questi elementi si nutrisce. Ed è di questa forma: il corpo grande come una vacca, e corto di gambe; ha li piedi fessi e la testa ha forma di cavallo, con duoi denti grandi, uno per lado,[70] a modo di porco cinghiale, quali sono molto grandi, e ne ho visto da duoi palmi e più lunghi alle fiate. Questo animale esce dell'acqua e va su per la riva come bestia quadrupede, la qual non si trova in altre parti dove si naviga per nostri cristiani, per quanto ho potuto intendere, se non per ventura nel Nilo. Ancora vedemmo vespertilioni,[71] cioè nottole a nostro modo, grandi tre palmi e piú, e altri diversi uccelli molto differenti dalli nostri, e massime infiniti pappagalli, e cosí etiam infiniti pesci in questo fiume molto varii dalli nostri e di gusto e di forma, nondimeno buoni da mangiare.

Come furono scoperti alcuni fiumi, e del fiume di Casamansa e del signore similmente detto Casamansa; della distanzia del rio di Gambra al detto fiume

Come ho detto di sopra, per la inconvalescenzia dei nostri uomini partimmo dal porto di Mansa, cioè del paese del signor Battimansa, e in pochi giorni uscimmo del detto fiume. E uscendo fuori, parendone a tutti aver molte vittuarie, e che saria laudabil cosa, poi ch'eravamo là, dover etiam scorrer piú oltra per questa costa, perché essendo tre navilii eravamo assai buona compagnia, e cosí d'accordo un giorno circa terza con vento prospero facemmo vela. E perché eravamo molto incolfati a questa bocca del rio di Gambra, e la terra della

[69] Il *pesce cavallo* è l'ippopotamo.
[70] Lato.
[71] Pipistrelli.

parte verso ostro e garbin se metteva molto fuora al mare, faccendosi al modo d'un capo, noi ce tenimmo alla volta di ponente per metterci fuora al mare: la qual terra mostrava tutta bassa e copiosa d'infiniti, bellissimi e grandissimi arbori verdi. E dapoi che fummo larghi in mare quanto ne parse, discoprimmo quello non esser capo da far menzione, perché oltra la detta ponta[72] si vedeva il terreno della costa tutto di lungo; nientedimeno andammo larghi da questa punta, intorno della qual si vedeva il mare rompere piú di quattro miglia fuora. Per la qual cosa noi continuamente tenivamo duoi uomini a prova e uno su l'arbore ad alto, per discoprire scogli over altre secche, navigando solamente il dí con assai poche vele e con grande risguardo, e di notte mettendo ancora, andando l'una caravella drieto l'altra secondo ne toccava per sorte ogni giorno, perché cadauno di noi aria voluto che 'l compagno fosse andato avanti, ma tutto facevamo per sorte, toccando un giorno a uno e un giorno all'altro.

E cosí navigando per quella costa sempre a vista di terra duoi giorni, il terzo scoprimmo la bocca d'un fiume di assai ragionevol grandezza, e secondo mostrava detta bocca era largo piú di mezzo miglio; e piú avanti andando, verso sera avemmo vista d'un piccol colfo, che quasi mostrava al modo della bocca d'un fiume: di che, per esser tardi, mettemmo ferro. E la mattina seguente, faccendo vela e incolfandosi[73] noi alquanto, discoprimmo la bocca d'un altro gran fiume, parendomi, secondo il giudicio mio, quella esser poco minore dell'antedetta bocca del detto fiume di Gambra; e da una parte e dall'altra del detto fiume si vedeva gran copia di bellissimi arbori alti e verdi, onde se accostammo e qui sorgemmo. E parlando insieme determinammo di armar due delle nostre

[72] Punta.
[73] Addentrandoci maggiormente nel golfo.

barche, e con li nostri turcimanni mandar in terra a saper nuova del paese e del nome di questa fiumara, e saper chi era signore di queste parti: e cosí facemmo. Le barche andarono e tornarono, e dissero che questa fiumara si chiamava la fiumara di Casamansa, come è a dir la fiumara d'un signor nominato Casamansa negro, il quale abitava dentro del detto fiume circa miglia trenta; ma che 'l detto signore non si trovava in quel luoco, ma che era andato in guerra contra un altro. Onde, avuta noi questa tal nuova, il giorno sequente si partimmo, notando che dal rio di Gambra fino a quest'altro di Casamansa sono leghe circa venticinque, che sono miglia cento.

Del luoco detto Capo Rosso e perché è cosí chiamato; del rio di Santa Anna e del rio di S. Dominico e d'un altro gran fiume; e della marea d'acqua crescente e discrescente di quel paese

Ed essendo partiti da questo fiume di Casamansa, seguendo per la costa, pervenimmo ad un capo che al nostro giudizio è lontano dalla bocca del detto fiume circa miglia venti. E questo capo è un poco piú alto che 'l terreno della costa, e mostrava la fronte d'esso esser rossa: e per questo li mettemmo nome Capo Rosso.[74] E dapoi, navigando per la costa, pervenimmo alla bocca d'un fiume assai ragionevole e al nostro giudizio largo un tirar di balestra: questo non curammo di tentare, ma li mettemmo nome il rio di Sant'Anna.[75] E passando detto fiume e navigando pur al nostro cammino, venimmo ad un altro fiume pur in la detta costa, il quale non ne parse minor di quel di Sant'Anna, e a quest'altro mettemmo nome il rio di San Dominico:[76] e dal Capo Rosso an-

[74] Il Capo Rosso si eleva a sud del fiume Casamansa.

[75] Il *rio di sant'Anna* è un braccio fluviale che si stacca dal Rio de Las Palmas e scorre verso sud gettandosi nell'Atlantico.

[76] Rio San Domingo.

tedetto fino a questo fiume ultimo giudicammo per arbitrio esser miglia quarantacinque in sessanta.

Dapoi etiam navigando per la predetta costa per una giornata, venimmo alla bocca d'un grandissimo fiume,[77] dico sí grande che prima noi tutti giudicammo quello esser colfo; nientedimeno si vedevan gli arboni[78] bellissimi e verdi dall'altra parte del terreno verso ostro. La qual larghezza fu giudicata per tutti al meno esser miglia venti e di là in suso, perché buon spazio mettemmo in traversar detta bocca, cioè da un terreno all'altro. E quando fummo dall'altra parte avemmo vista in mare di alcune isole,[79] onde noi determinammo voler saper in questo luoco qualche nuova di tal paese, e subito mettemmo ancora. E la mattina seguente vennero alli nostri navilii due almadie, che sono di quelle sue barche dette di sopra, le quali in verità erano molto grandi, e quasi che una era lunga come una delle nostre caravelle, ma non sí alta, e in questa venivan piú di trenta Negri; l'altra, ch'era minore, avea da circa sedeci uomini. Noi, vedendoli venire vogando molto velocemente al modo predetto, e dubitandosi, prendemmo l'arme in mano per star a veder quello che volessero fare. Quando ne furono appresso, levorono un fazzuol bianco alto ligato ad un remo, quasi a modo di dimandar segurtà;[80] noi li rispondemmo in quel medesimo modo, e visto loro che avevamo fatto il simile, vennero a lato. E la maggior delle altre almadie si accostò alla mia caravella, e ne guardavan con grandissima maraviglia, vedendone esser uomini bianchi; guardavano anco la forma del nostro navilio, con l'arbore e l'antenna incrosata,[81] perché è cosa

[77] Il Rio de Las Islas o Rio Grande.
[78] Alberi.
[79] L'arcipelago delle isole Bissagos, o Bisegos, di fronte all'estuario del Rio Grande.
[80] Incolumità, salvaguardia.
[81] Incrociata (ven.).

che loro non sanno che la sia né l'usano. Onde io, desideroso di intender di questa generazione, li feci parlare alli miei turcimanni, né mai alcun di loro poté intender cosa che dicesseno, né meno quelli dell'altre caravelle: il che veduto ne avemmo grandissimo dispiacere. E finalmente ci partimmo senza poterli intendere, e vedendo ch'eravamo in paese nuovo e che non potevamo esser intesi, concludemmo che 'l passar piú avanti era superfluo, perché giudicavamo dover trovar sempre piú nuovi linguaggi, e che non si poteva far cosa buona: e cosí determinammo di tornar indrieto. Da un Negro delle due almadie furono comprati per noi alcuni anelletti d'oro a baratto di alcune cosette, non parlando, ma con cenni faccendo mercato.

Noi stemmo sopra la bocca di questo gran fiume, o rio Grande, duoi giorni, e la tramontana quivi se ne mostrava molto bassa. In questo luoco trovammo una grande contrarietà, che non si trova altrove, per quanto ho potuto intender, cioè che, faccendosi in questo luoco marea di acqua montante e zozante[82] come si fa a Venezia e in tutto il ponente, e dove in ogni luoco la cresce sei ore e cala altre sei, quivi la cresce ore quattro e cala otto. Ed è tanto l'impedito della correntia della detta marea, quando la comincia a crescere, che gli è quasi incredibile, perché tre ancore per prova a pena e con fatica ne potevano tenere. E ora fu che la correntia ne fece far vela per forza e non senza pericolo, perché l'aveva molto piú forza che le vele col vento.

Di due isole grandi e altre piccole.

Partimmo dalla bocca di questo gran fiume per ritornarsene in Spagna, e tenimmo la volta del mare verso quelle isole, le quali erano distanti da terra ferma circa mi-

[82] Calante (ven., da *zo*, giù).

glia trenta. A queste isole giungemmo, le quali sono due grandi e alcune altre piccole. Queste due grandi sono abitate da Negri, e sono isole molto basse, ma copiose di bellissimi arbori, grandi e alti e verdi. Qui anche non avemmo lingua, perché loro non intendevano noi, né noi loro. E di lí partendo venimmo verso le parti nostre de' cristiani, alle quali per nostre giornate navigammo, tanto che Dio per sua misericordia, quando li piacque, ne condusse a buon porto.

CRISTOFORO COLOMBO
Lettera a Luis de Santángel

Il primo contatto degli europei con il Nuovo Mondo avviene attraverso la lettera che Colombo (1451-1506) indirizza ai suoi protettori barcellonesi, Luis de Santángel, *escribano de racíon* (cancelliere e amministratore) del re Ferdinando il Cattolico, e Gabriel Sánchez, tesoriere generale della corte di Aragona. Chiusa a Lisbona il 4 marzo 1493, tra il 25 e il 31 successivo la lettera è già a Firenze nelle mani del mercante-imprenditore Juan Sánchez, fratello di Gabriel, che la fa circolare, e viene probabilmente tradotta in brevissimo tempo. Da Firenze giunge poi a Milano, a Ferrara, a Siena, a Venezia. Alla circolazione manoscritta e semi-privata nel doppio canale mercantile e diplomatico si aggiunge poi quella a stampa destinata al grande pubblico, a Barcellona nell'aprile del 1493. Nella veste latina, tradotta da Aliander (Leandro) de Cosco, chierico in servizio attivo presso la curia romana di papa Alessandro VI Borgia, la lettera, con il titolo *De insulis inventis. Epistola Christophori Colon*, conosce un successo internazionale: tre edizioni romane del 1493, e l'anno successivo sei nuove edizioni tra Anversa, Basilea e Parigi, poi la traduzione in tedesco (Strasburgo, 1497).[1] Il ruolo della stampa è vitale per

[1] Ricostruisce la vicenda editoriale L. Formisano nella *Introduzione* a C. Colombo, *La lettera della scoperta (Febbraio-Marzo 1493) nelle versioni spagnola, toscana e latina, con il «Cantare» di Giuliano Dati*, a cura di L. Formisano, Napoli, Liguori, 1992, in part. pp. 39-52.

la propagazione delle notizie[2] e incoraggia lavori di fantasia e di rielaborazione letteraria su un avvenimento divenuto significativo e popolare. L'esotica terra scoperta diviene materia di poesia, come nella versificazione di Giuliano Dati, *Lettera delle isole che ha trovato nuovamente il Re di Spagna* (Firenze, 1493).[3]

Si tratta di una lettera-relazione, che non si rivolge a un destinatario preciso; è indirizzata a un generico «Signore», che solo i dati esterni al testo permettono di identificare con i due protettori barcellonesi; è quindi destinata a chiunque voglia e sappia leggerla. Dunque, ai rapporti che legano il mittente ai destinatari primi (l'*entourage* della corte e dei mercanti spagnoli) si sostituisce il rapporto fra autore e lettore. Di conseguenza, non "epistola" in senso stretto, ma una via di mezzo tra il *reportage* e il documento legale. Per quanto non si possa prescindere dalla sua natura legale,[4] la lettera è prima di tutto un racconto. Non solo, infatti, la scrittura è coniugata al passato remoto (o al presente narrativo) e, dunque, sganciata dal piano del discorso e ancorata al piano della narrazione, ma il racconto fissa i *topoi*, le formule descrittive e gli stilemi narrativi che formeranno quel paradigma rappresentativo e formale che entrerà a far parte dell'orizzonte d'attesa del pubblico eu-

[2] Sulle diverse edizioni della lettera si veda J. Heers, *La scoperta dell'America. Echi e dibattiti nella vecchia Europa*, Genova, ECIG, 1993, pp. 26-33.

[3] Cfr. *La scoperta del Nuovo Mondo. La divulgazione in Italia dell'impresa attraverso due testi del 1493*, Introduzione di M. Davis, Firenze, Olschki, 1992.

[4] Il termine di "scoperta" (*inventio*), utilizzato già dai contemporanei di Colombo per indicare la sua impresa, rimandava al significato, proprio del diritto romano, di «acquisizione». L'accezione giuridica era doppiamente appropriata, poiché si trattava della *inventio* di una sconfinata cosa di nessuno (*res nullius*), della quale era legittimo impossessarsi. Sugli aspetti giuridici della scoperta di Colombo vedi A.A. Cassi, *Ultramar. L'invenzione europea del Nuovo Mondo*, Roma-Bari, Laterza, 2007.

ropeo e agirà da filtro per la nascente letteratura americana.

Una cosciente selezione di informazioni e di immagini è alla base del resoconto colombiano, poiché il racconto deve essere costruito in maniera tale da rispondere alle aspettative dei destinatari. In qualche modo, si cerca di rendere appetibile l'incognito per le sue somiglianze con il già noto piuttosto che per le sue diversità. La struttura stessa del racconto segue le fasi evolutive del viaggio, giacché la narrazione è di per sé un viaggio, se non altro entro il proprio tempo narrativo e in quello, non sempre parallelo, della ricezione. La prima sezione comprende la partenza e la navigazione verso l'ignoto; la seconda, lo sbarco e l'incontro con la realtà del mondo "nuovo" appena scoperto; la terza il ritorno in Spagna.

Il tema che informa l'intera lettera è quello della funzione-guida dello sguardo proiettato sullo spazio "nuovo" da descrivere e sul percorso fatto di direzioni e di distanze, di oggetti e nomi. L'intero racconto viene affrontato sulla base di un codice espressivo assai particolare, quello della "maraviglia".[5] L'occhio e la mente del viaggiatore sono attentissimi a cogliere e interpretare i molteplici segni del mondo che si apre attorno a loro. La genericità e serialità del contesto geografico (alberi, piante, clima, animali) connota questa letteratura come un libro senza tempo: del Nuovo Mondo, Colombo e Vespucci e gli altri ci consegnano un'immagine mitica, immobile quasi, come cristallizzata in un eterno presente.

Nell'ordine della scrittura prevale una visione sostanzialmente unitaria, tanto da suggerire l'idea di un movimento illusorio o circolare. La forza di stabilizzazione di questi *topoi* è esemplare. Un esempio è il tema del *rescate* (o *resgate*), dello scambio o baratto dei doni con i nati-

[5] Vedi la lettura che ne dà G.B. De Cesare, *Oceani classis e nuovo mondo*, Roma, Bulzoni, 1992, pp. 9-40.

vi, prassi già portoghese lungo le rotte africane e poi codificata da Colombo (dall'iberismo *rescatar* o *resgatar*). Questo tema, come ha notato Formisano, rappresenta un vero e proprio luogo comune che attraversa la letteratura di scoperta del primo Cinquecento.[6] Altro tema che questa lettera afferma è la piacevolezza della terra e del clima, svolta secondo il *topos* del *locus amoenus*; poi la mitezza degli indigeni, articolata nel motivo della *nudità* e della mancanza di armi; la loro socievolezza e pavidità, espressa nel motivo della *fuga* dinanzi all'estraneo; il tema della *danza* e del *canto* come forme di accoglienza festosa riservata allo straniero (visto come un dio); infine la naturale disposizione alla conversione.

L'approdo nei Caraibi avviene all'insegna del "meraviglioso": il termine usato per descrivere il dono divino delle isole appena scoperte è *maravillosamente* (meravigliosamente). Colombo aveva un forte interesse per il meraviglioso, che gli proveniva dalle sue (non molte) letture; ma l'efficacia del testo sta soprattutto nella capacità di indirizzare il discorso anche a fini pratici. Tutto il racconto di Colombo è pervaso dal senso di stupore, di «meraviglia» di fronte allo spettacolo di una natura nuova e lussureggiante, al punto che l'autore sembra porsi un problema di credibilità per i lettori e lo risolve con paragoni accessibili all'esperienza di quelli "in Spagna". La reminiscenza letteraria serve a Colombo come materiale per costruire l'immagine inusitata della nuova "realtà": «ne proietta il ricordo entro alla paradisiaca visione che diventa con esso esperienza vissuta ed attuale realtà secondo l'insegnamento dei poeti e le immagini di una natura ideale».[7]

[6] L. Formisano, *Tra racconto e scrittura: la scoperta dell'America nei viaggiatori italiani del primo Cinquecento*, in *Atti del IV Convegno Internazionale di Studi Colombiani*, vol. I, cit., pp. 199-230.

[7] L. Olschki, *Storia letteraria delle scoperte geografiche. Studi e ricerche*, Firenze, Olschki, 1937, p. 20. Tuttavia, c'è da dire che le catego-

Ma poi il discorso si concretizza materialmente ed è volto a convincere possibili finanziatori per un nuovo viaggio, non solo sulla base delle bellezze naturali, ma soprattutto sulle ricchezze minerarie delle nuove terre, che avrebbero giustificato in sede economica e politica nuovi investimenti per i viaggi successivi. Dunque, la *meraviglia* diventa concreta, e tutte le bellezze naturali prima separatamente descritte sono riassunte in una serie di considerazioni che hanno al loro centro una possibile utilizzazione economico-coloniale. Lo studioso americano Greenblatt afferma che la produzione del meraviglioso non è solo un'espressione dell'effetto che il viaggio ebbe su Colombo, ma «una calcolata strategia retorica, l'evocazione di una risposta estetica al servizio di un processo di legittimazione».[8] L'attenzione più forte è richiamata dall'oro, la ricerca del quale era stata una delle principali ragioni del viaggio, insistendo su ricchezze potenzialmente notevoli (*abbondanza* è una parola chiave). Dunque, la «meraviglia» diventa una sorta di manipolazione retorica per riempire il vuoto al centro del rito giuridico (mutilato) di presa di possesso.[9]

La scoperta, però, fu anche un lacerante conflitto interiore per Colombo. L'Ammiraglio scopre un mondo nuovo, ma non accetta la realtà di questo mondo così come gli si presenta; sicché cerca di adattarla alle sue conoscenze pregresse e a quelle prefigurazioni concettuali che determinano la sua interpretazione. È significativo riflettere su quanto poco egli fosse in grado di compren-

rie estetiche sono implicite nell'insistente uso del meraviglioso letterario, non perché Colombo alluda deliberatamente ad esse, ma perché ovviamente emergono dalla stessa matrice culturale che dà forma al suo linguaggio e alle sue percezioni.

[8] S. Greenblatt, *Meraviglia e possesso. Lo stupore di fronte al Nuovo Mondo*, Bologna, Il Mulino, 1994, p. 128.

[9] A questo proposito, vedi l'approfondita analisi della lettera colombiana in Greenblatt, *Meraviglia e possesso*, cit., pp. 103-156 (*Possedimenti meravigliosi*).

dere, nel suo primo viaggio, del luogo in cui si trovava o di quello a cui stava dando l'avvio, cercando di coniugare le nuove scoperte con le *auctoritates* di Aristotele e Tolomeo. L'ardimentoso marinaio, il nuovo Ulisse che ha solcato acque sconosciute agli antichi, è comunque un uomo angosciato dal nuovo, che chiede risposte alla tradizione, ansioso – lui «navigatore attento, ma non molto aggiornato»[10] – di trovare conferme a un'impresa che lo sovrasta. Nella *Biblioteca Colombina* di Siviglia si conservano una serie di libri annotati dall'Ammiraglio, alcuni dei quali noti e studiati già anticamente. Tra questi, al di là delle Sacre Scritture, particolare valore per Colombo rivestivano la traduzione latina del *Devisament du Monde*, ovvero il *Milione* di Marco Polo, la traduzione spagnola della *Naturalis Historia* di Plinio, la *Imago Mundi* di Pierre d'Ailly, vescovo di Cambray, del 1410 e la *Historia rerum ubique gestarum* di Enea Silvio Piccolomini.[11] La tesi moderna che «Colombo scoprì il Nuovo Mondo senza uscire dal Vecchio» (Gusdorf) risiede nel fatto che egli rimase ostinatamente chiuso entro il perimetro dei suoi libri, che rimandano implicitamente al carattere autodidatta della sua formazione culturale.

La presa di coscienza del "nuovo" modifica le forme tradizionali del sapere. Assieme a Colombo, anche la letteratura di viaggio varca le proprie Colonne d'Ercole; ed essa, non meno della religione e della giurisprudenza, rappresenta un punto di riferimento culturale di fronte all'incommensurabile novità dell'orizzonte naturale ed antropologico che si schiude agli europei dopo il 1492. È la letteratura la realtà testimoniale che plasma

[10] J.H. Parry, *Le grandi scoperte geografiche*, Milano, Il Saggiatore, 1963, p. 201.

[11] L'opera in cinque libri dedicata ad Alfonso V re di Napoli (1416-1458) fu composta prima di essere eletto papa nel 1458 con il nome di Pio II.

la nuova sconosciuta realtà “naturale” del Nuovo Mondo. L’Oceano, le nuove terre, l’oro, gli *indios* e le loro cose, gli animali e le piante, tutte realtà che ricevettero un nuovo nome, e dunque un nuovo statuto ontologico e letterario. Terre che sembravano poter regnare soltanto nell’esperienza mistica divengono dopo Colombo dimensioni ed entità geografiche accertate e misurabili quantitativamente. Le visioni razionali, laiche dell’universo e le interpretazioni di quest’ultimo alla luce delle Scritture, da alternativa divengono parte di un intreccio complesso. Nella ricostruzione di queste visioni, l’impresa di Colombo assume un valore emblematico, in quanto avvenuta in un’epoca tumultuosa, un’epoca di passaggio, in un momento cruciale di svolta tra le vecchie e le nuove concezioni. Nelle parole di Colombo sembrano risuonare tutti gli avvenimenti successivi: i nuovi viaggi, l’allargarsi delle scoperte, la consapevolezza crescente dell’errore della geografia classica e la percezione che un intero nuovo emisfero era stato scoperto, l’incontro violento delle civiltà, lo sterminio di massa, l’impresa missionaria e l’immenso progetto di colonizzazione da parte delle nazioni atlantiche.

Il testo è edito in C. Colombo, *Gli scritti*, a cura di C. Varela, introduzione di J. Gil, edizione italiana a cura di P. Collo, traduzione e revisione dei testi di P.L. Crovetto, Torino, Einaudi, 1992, pp. 139-146.

Lettera a Luis de Santángel

15 febbraio 1493

Signore: posto che so che avrete piacere della grande vittoria che Nostro Signore mi ha concesso nel mio viaggio, vi scrivo la presente dalla quale saprete come in trentatre giorni[12] passai alle Indie[13] con la flotta che gli illustrissimi Re e Regina, Nostri Signori, mi diedero, dove io trovai assai molte isole, popolate di gente in numero infinito, prendendone possesso per conto delle Loro Altezze con bando e vessillo reale spiegato, senza incontrare opposizione di sorta.

Alla prima che io trovai apposi nome di Sant Salvador in onore della Maestà Divina, il quale tutto questo meravigliosamente ha concesso; gli indios la chiamano Guanahaní.[14] Alla seconda misi nome di isola di Santa María de Concepción;[15] alla terza Ferrandina,[16] alla quarta Isabela;[17] alla quinta isola Juana,[18] e così a ciascuna un nome nuovo.

[12] Partito da Palos il 3 agosto 1492, Colombo era giunto alle Canarie il 12 dello stesso mese. Il conteggio della traversata oceanica copre effettivamente trentatré giorni, dalla ripartenza del 9 settembre fino al 12 ottobre, arrivo a Guanahaní.

[13] È la prima volta che, per indicare il Nuovo Mondo, compare il termine *Indie* in un documento a stampa.

[14] *Guanahaní* è l'attuale Watling, nel gruppo delle Lucaye, Bahamas britanniche. Approdatovi il 12 ottobre, Colombo vi si trattenne per due giorni.

[15] L'isola di *Conceptión* è l'attuale Rum Cay, così chiamata da Colombo per commemorare la festa della maternità della Vergine (14 ottobre).

[16] In onore di re Ferdinando II d'Aragona, scoperta il 16 ottobre; oggi Long Island.

[17] Così chiamata in onore della regina Isabella di Castiglia e León. Le due isole vicine sono Crooked Island e Fortune.

[18] In onore del principe ereditario Giovanni delle Asturie; oggi Cuba, con l'antico nome indigeno.

Quando pervenni alla Juana ne seguii la costa a ponente, e la trovai sí grande che la pensai essere terra ferma, la provincia di Catayo.[19] E posto che non trovai città e luoghi sulla costa, salvo piccoli villaggi, con la cui gente non potei avere conversazione, perché tutti subito fuggivano via, io procedevo per la detta rotta, pensando che non avrei potuto mancare grandi città o abitati; e dopo molte leghe, visto che non v'era nulla di nuovo, e che la costa mi conduceva a settentrione, cosa contraria al mio volere, e poiché l'inverno già infuriava [e] io volevo fare del † a mezzogiorno, e il vento mi spingeva innanzi, decisi di non temporeggiare oltre, e tornai indietro fino a un buonissimo porto, di dove inviai due uomini[20] all'interno, per sapere se vi fosse un re o grandi città. Camminarono lo spazio di tre giornate, e trovarono piccoli villaggi in numero infinito e genti innumerevoli, ma nessuna vestigia di governo, ragione per la quale essi fecero ritorno.

Io, dagli altri indigeni che già avevo catturati, intendevo come questa terra fosse tutta un'isola, e cosí ne seguii la costa a oriente per cento e sette leghe,[21] fin dove essa aveva fine; dal quale suo capo estremo vidi un'altra isola a oriente, a una distanza di dieci o otto leghe, alla quale apposi nome di Spañola;[22] e vi andai, e seguii la banda a settentrione, cosí come per la Juana, in direzione di oriente CLXXVIII leghe grandi in linea retta, [cosí come per la Juana] la quale sí come tutte le altre è fer-

[19] Il Catai, ossia la Cina. Colombo era convinto di essere giunto alla periferia del regno favoloso del Catai descritto da Marco Polo, navigando verso Occidente e di essere stato impedito di raggiungere Cipangu dalla massa delle terre incontrate nella navigazione.

[20] Il 2 novembre Colombo mandò verso l'interno Rodrigo de Xeres e Luis de Torres, quest'ultimo un ebreo convertito che conosceva l'arabo, l'ebraico e l'aramaico ed era l'interprete ufficiale della flotta.

[21] Si tratta di *leghe* marittime. La lega marittima era un'unità di misura che corrispondeva a circa 4 miglia romane.

[22] *Spañola*, ossia "piccola Spagna" è Haiti.

tilissima in grado superlativo, ma questa specialissimamente e offre molti porti sulla sua costa, senza eguali tra quanti ne conosca in terre cristiane, e molti fiumi, e buoni, e grandi che è meraviglia;[23] le sue terre sono alte, e vi sono molte catene di montagne altissime, più di quanto non siano nell'isola di Tenerife,[24] tutte bellissime, di mille fogge diverse, e tutte accessibili, e coperte d'alberi di mille sorte e alte tanto che sembrano toccare il cielo; e ho inteso che gli alberi non perdono mai la foglia, che è quanto mi fu dato capire avendoli visti sí verdi e sí belli come di maggio in Spagna; e ve n'erano in fiore, e altri col frutto, e altri in diversa fase ancora, secondo la specie; e cantava l'usignolo[25] e gli altri uccelletti di mille sorte nel mese di novembre, quand'io mi vi trovavo. Vi sono palme di sei o otto specie, che è meraviglia vederle nella loro mirabile varietà; ma ***[26] cosí come gli altri alberi, e frutti, e erbe. Vi sono pinete a meraviglia, e campagne grandissime, e miele, e molte sorte di uccelli e frutti assai diversi. All'interno, vi sono molte miniere di metalli, e gente *in stimabile numero*.[27]

La Spañola è meraviglia: le catene, e le montagne, e i coltivi,[28] e le campagne, e le terre oltremodo belle e

[23] Comincia qui la descrizione delle *meraviglie* delle terre ritrovate, dettata dall'effettivo e grande stupore destato nell'animo di Colombo da quanto aveva visto, ma anche dal fatto che suo intento nel redigere questa lettera non era soltanto informare i due corrispondenti (e tramite loro, i sovrani), ma anche di porre le basi per un allargamento del pubblico dei possibili lettori.

[24] Il cratere del Pico de Teyde a Teneriffa, nelle Canarie, alto 3.716 metri, era considerato come una delle vette più alte conosciute, tale da valere come termine di riferimento per i monti delle nuove terre. Il nome Haiti, nel lessico precolombiano, significa infatti "la montuosa".

[25] Ad Haiti non vi sono usignoli. Per Olschki si tratta di una reminiscenza letteraria (cfr. L. Olschki, *Storia letteraria delle scoperte geografiche*, cit., pp. 11-21).

[26] L'asterisco indica una lacuna nel testo.

[27] La Varela rimanda al libro di *Giobbe*, 36, 26 (op. cit., p. 141, n. 9).

[28] Coltivazioni.

grasse per piantarvi e seminarvi, e per allevare bestiame di ogni sorta, per elevarvi edifici di città e villaggi. I porti del mare, di bontà impossibile a credersi a chi non li abbia veduti, e cosí i fiumi, molti e ampi e di ottime acque, la maggior parte dei quali portano oro. Quanto agli alberi, e ai frutti, e alle erbe vi sono grandi differenze da quelli che vidi alla Juana: in questa vi sono spezie in abbondanza e grandi miniere d'oro e di altri metalli. La gente[29] di quest'isola, al pari di quella di tutte le altre che ho scoperte e di cui ho avuto notizia, vanno tutti nudi,[30] uomini e donne, come le madri loro li partoriscono, salvo alcune donne che si coprono una sola parte del corpo con una foglia di erba o una cosuccia di cotone che tessono alla bisogna. Essi non hanno ferro, né acciaio, né armi, né vi sono versati; non perché non si tratti di gente forte e di buona statura, ma pel fatto d'esser pavidi oltre misura. Non conoscono altra arma salvo quelle fatte con canne che recidono quando sono ancora in semenza, in capo alle quali conficcano un paletto aguzzo. E non osano farne uso, ché molte volte mi è accaduto di inviare a terra due o tre uomini in qualche villaggio, per averne conversazione; ed essi uscivano loro incontro in numero infinito, ma come li vedevano arrivare se ne fuggivano, senza che il padre si prendesse cura del figlio. E questo non perché si fosse fatto del male a persona, che anzi, in tutti i luoghi che ho visitato e nei quali ho potuto aver conversazione ho dato loro tutto

[29] Gli abitanti dell'isola sono i *Taïnos*, appartenenti al gruppo degli *Arawak*, una popolazione di temperamento e di costumi miti, praticamente disarmata.

[30] Il tema della nudità, qui comparso per la prima volta, appare come la manifestazione più insolita del modo di vita dei nativi ed è collegabile da un lato alla barbarie e incultura degli *Indios*, dall'altro al loro stato edenico; poi *topos* ricorrente nella letteratura del periodo (cfr. Pregliasco, *Tipologia di un viaggio minimo*, in *La letteratura di viaggio dal Medioevo al Rinascimento*, cit., pp. 77-78).

quanto avevo, cosí di panno come molti altri oggetti, senza ricevere in cambio cosa alcuna; che insomma, essi sono tali, codardi senza rimedio. È pur vero che, una volta rinfrancati e spogliatisi di detto timore, essi sono a tal punto privi di malizia e liberali di quanto posseggono che non lo può credere chi non l'abbia veduto. Essi, fatta che venga loro richiesta delle cose che hanno, non dicono mai di no, anzi invitano la persona a servirsene, e si mostrano tanto amorevoli che darebbero il loro stessissimo cuore e, si tratti di cosa di valore ovvero di minimo prezzo, subito la cedono per una cosuccia da niente, e se ne tengono paghi.[31] Io m'opposi a che si dessero loro cose tanto vili come cocci di scodella, o frammenti di vetro rotti, e pezzi di nastro, sebbene, quando ne potevano avere, sembrava loro di possedere la cosa più preziosa del mondo. E accadde che un marinaio, in cambio di un nastro ricevesse oro del peso di due castigliani[32] e mezzo; e altri assai di più per cose che valevano anche di meno. E per delle *blancas*[33] nuove, davano tutto quanto possedevano, fossero pure due o tre castigliani di oro, o una *arroba*[34] o due di cotone filato. S'appagavano persino di cerchi di botti e davano quanto avevano come bestie. Cosa che mi parve male, e la proibii. Io stesso davo per nulla in cambio mille cose buone delle nostre, perché ci fossero devoti. E, oltre a ciò, si facciano cristiani, e ben disposti all'amore e al servizio delle Loro Altezze e di tutta la nazione castigliana, e procurino di riunire e

[31] Si inaugura qui il tema del *resgate* (scambio di doni), ricorrente nella letteratura di scoperta (L. Formisano, *Linee di ricerca sul tema "il viaggio alle Indie Occidentali"*, in *La letteratura di viaggio dal Medioevo al Rinascimento*, cit., p. 92); così anche l'ingenuità degli *indios* nel concludere affari.

[32] Il *castigliano* era una moneta d'oro coniata da Ferdinando il Cattolico.

[33] Le *blancas* sono monete di scarso valore.

[34] La *arroba* è una misura spagnola di peso, equivalente a 25 libbre o alla quarta parte del quintale.

consegnarci le cose di cui hanno abbondanza, e che ci sono necessarie. Essi non conoscevano setta alcuna, né idolatria; ma tutti credono che la forza e il bene stiano nel cielo, e fermamente credevano che io, con queste navi e questa gente, venissimo dal cielo e, persuasi com'erano di ciò, mi ricevevano in tutti i luoghi, dopo essersi liberati dalla paura. E ciò non perché siano ignoranti, che anzi sono di sottilissimo ingegno, e navigatori esperti di tutti quei mari, che è meraviglia come sanno dar conto di ogni cosa, ma per non aver mai veduto gente vestita né navi simili alle nostre.

E giunto che fui alle Indie, nella prima isola da me trovata, presi alcuni di essi con la forza,[35] affinché imparassero la lingua nostra e mi dessero notizia di quanto vi era da quelle parti; e cosí avvenne che, presto, ci capirono, e noi loro, a volte a parole, e a volte a segni; e costoro ci sono stati assai preziosi. E ancora al presente li porto meco; e perseverano nella convinzione ch'io venga dal cielo, sebbene abbiano parlato a lungo con me. E costoro erano i primi a darne l'annunzio, ovunque io approdassi, e gli altri andavano correndo di casa in casa, e ai villaggi vicini, gridando a gran voce: «Venite, venite a vedere la gente dal cielo». Cosí tutti, uomini e donne, rincuoratisi alquanto, accorrevano, e venivano piccoli e grandi, e tutti portavano qualcosa da mangiare e da bere, e ne davano con un amore meraviglioso.

Essi hanno (in) tutte le isole molte canoe,[36] a modo di fuste a remo, alcune grandi e altre più piccole, e non poche di esse sono più grandi d'una fusta di diciotto banchi. Non molto larghe, ché sono ricavate da un sol tron-

[35] Si compie così, come una cosa naturalissima, il primo atto di schiavizzazione nelle terre appena scoperte.

[36] L'autore utilizza il nome locale *canoa* per questo tipo di imbarcazione, che fa qui la sua comparsa per la prima volta. Il testo latino riporta semplicemente «schapas» (piccole barche), mentre nello spagnolo si incontra il termine indigeno («muchas canoas»).

co; ma una fusta a remi non gli terrebbe dietro, ché vanno che è cosa da non credersi e con esse navigano per tutte quelle isole che sono innumerevoli, e scambiano le loro mercanzie. In alcune di queste canoe ho visto LXX e LXXX uomini; e ciascuno al proprio remo.

In tutte quest'isole, non ho notato varietà di sembianti fra la gente, né dei loro costumi, né della lingua, ché tutti si intendono: cosa assai profittevole per il fine che spero le Loro Altezze vorran perseguire: la conversione loro alla nostra santa fede, verso la quale si mostrano assai inclini.

Ho già detto di come avessi proceduto CVII leghe in dirittura da occidente a oriente, lungo la costa dell'isola Juana. A giudicare da tale mio viaggio posso dire che quest'isola è più grande dell'Inghilterra e della Scozia insieme ché, oltre queste CVII leghe, mi rimangono dalla parte di ponente due province che non ho visitato, una delle quali chiamano Auan,[37] che è dove nasce la gente con la coda.[38] Le quali province non possono estendersi in lunghezza per meno di L o di LX leghe, a quanto ho potuto intendere da questi indios che porto meco, i quali conoscono tutte le isole. Quest'altra Española ha un perimetro maggiore che non la Spagna da Colunia,[39] sulla costa, fino a Fuenteravía in Biscaglia, ché in una quadra procedetti per CLXXXVIII leghe grandi in linea retta da occidente a oriente. È terra di sogno; e, vista, da non potersene staccare. Nella quale, per quanto di tutte abbia preso possesso in nome delle Loro Altezze e tutte siano più fornite di quanto mi sia dato di sapere e di dire, e tutte io le tenga per conto delle Loro Altezze, che ne possono disporre in egual guisa

[37] La zona dove sorge oggi L'Avana.

[38] Prima annotazione di una realtà fantastica, evidente retaggio delle letture medievali di Colombo.

[39] La Coruña.

e appieno come dei regni di Castiglia, in questa Española dico, nel punto più alto e nella provincia migliore per le miniere d'oro e pei commerci sia dalla terra ferma di qua, come da quella di là del Gran Can, donde ne verrà grande scambio e guadagno, ho preso possesso di un grande villaggio al quale misi nome di Villa de la Navidad, e in essa ho costruito difesa e fortezza, che certo al presente sarà stata ultimata, e vi ho lasciato gente fornita a sufficienza per la bisogna, con armi, e artiglieria, e vettovaglie per più di un anno, e fusta,[40] e maestro esperto di mare e d'ogni arte per costruirne, e grande amicizia con il re[41] di quella terra, al punto ch'egli si pregiava di chiamarmi fratello, e considerarmi per tale. E anche se dovesse mutar di proposito e attaccare questa gente, né lui né i suoi sanno cosa siano le armi, e vanno nudi, come già ho detto. Sono i più pavidi del mondo, di modo che anche quei pochi che vi sono rimasti di guarnigione bastano a distruggere tutta quella terra, ed è isola senza pericolo per le loro persone, a patto che si sappiano ben governare.

In tutte queste isole, mi sembra che gli uomini siano contenti con una donna, ma al loro signore o re ne dànno fino a venti. Le quali donne mi sembra lavorino più degli uomini. Né ho potuto capire se posseggano beni propri, ché m'è sembrato di intendere che dividessero quanto avevano e, in ispecie, il cibo.

In queste isole fino al presente non ho trovato uomini mostruosi, come molti opinavano, ché anzi è gente di gradevole aspetto, né sono negri come in Guinea, e hanno i capelli fluenti; i quali capelli non crescono dove eccessiva è l'arsura dei raggi solari. E se è vero che colà il sole ha gran forza ché si è distanti dalla linea equinozia-

[40] La *fusta* è una piccola galea veloce, con un albero a vela latina (deriv. da *fustis*, palo, pertica).
[41] Il re è il cacicco Guacanagarí.

le di soli ventisei gradi, pure, in quest'isole, per esservi grandi montagne, il freddo questo inverno era intenso; ed essi se ne difendono sia in forza dell'abitudine, sia con l'aiuto del cibo (che) mangiano assai speziato e piccantissimo. In guisa che non vi trovai mostri, né di essi notizia, salvo che nell'isola che è Carib, la seconda all'entrata delle Indie, che è popolata da gente che in tutte le isole tengono per oltremodo feroce, la quale si ciba di carne umana.[42] Costoro hanno molte canoe, con le quali infestano tutte quest'isole di India, e razziano e depredano di quanto possono. Non sono d'aspetto peggiore degli altri, ma sono usi portare i capelli lunghi come le donne e imbracciano archi e frecce fatti ugualmente di canna, con un bastoncino sulla punta, in luogo del ferro che non posseggono. Sono feroci con tutte queste altre genti, le quali sono in massimo grado codarde, ma io non li tengo in maggior conto degli altri. E sono essi ad avere contatti con le donne di Matinino,[43] che è la prima isola che si trova veleggiando di Spagna

[42] L'antropofagia è uno dei *topoi* obbligati della Scoperta, che qui compare per la prima volta, ma che si lega ovviamente a tutta una tradizione letteraria antica, accordandosi il dettaglio orrorifico con miti collaudati del vecchio mondo. Fin da Colombo, dunque, si narra di reperimenti di lacerti umani o visioni raccapriccianti di smembramenti e banchetti antropofagici. Il tema incise con forza anche sull'iconografia della Scoperta. Cfr. *Le Americhe*, prefazione di E. Ortona, Milano, Electa, 1987. Gli abitanti di quest'isola, da identificarsi probabilmente con l'odierna Portorico, chiamavano se stessi *Caribi*, cioè "ardimentosi", e da questo nome, scritto e pronunciato anche *Caraibi*, sono derivati gli appellativi geografici. Dalla forma corrotta *Canibi*, *Canibales*, usata dallo stesso Colombo, è venuto invece cannibale col suo attuale significato. Il primo a usare questo termine con il valore di "antropofago" è il comasco Pietro Martire d'Anghiera, elemosiniere alla corte spagnola, autore del *De orbe novo Decades*.

[43] Nel *Diario di bordo*, alla data 15 e 16 gennaio, Colombo afferma di aver trovato un'isola popolata da sole donne, senza uomini, che viene identificata con l'attuale Martinica. Cfr. C. Colombo, *Diario di bordo. Libro della prima navigazione e scoperta delle Indie*, introduzione, traduzione e commento di G. Ferro, Milano, Mursia, 1985.

alle Indie, nella quale non v'è uomo alcuno. Esse non son dedite a lavori femminili, ma usano archi e frecce, di canna come quelli di cui si è detto sopra, e si armano e si fanno scudo di lamine di rame che posseggono in abbondanza.

Mi assicurano che v'è un'altra isola, più grande della Española, dove le persone non hanno neanche un capello. In questa[44] v'è oro in quantità infinita, e da questa e dalle altre porto meco indios in guisa di testimoni.

In conclusione, per parlare solo di ciò che si è compiuto in questo viaggio, che pure è stato sí affrettato, possono vedere le Loro Altezze[45] che io procurerò quanto oro esse vorranno, per piccolo che sia l'aiuto che le Loro Altezze vorranno ora concedermi; spezie e cotone quanto le Loro Altezze ordineranno di far caricare; e mastice[46] quanto ordineranno di caricare, e di qualità tale che fino al presente non si è trovata che in Grecia, nell'isola di Chio, e la Signoria[47] lo vende al prezzo che vuole, e legno di aloe quanto ordineranno di caricare, e quanti schiavi ordineranno di caricare, e saranno scelti tra gli idolatri. Io credo di aver trovato rabarbaro, e cannella, e mille altre cose di valore troverò, di quelle che si saranno procurati quelli ch'io lascio, ché non mi sono trattenuto in nessun luogo quando il vento m'era propizio; salvo che nella Villa de la Navidad, ove indugiai il tempo necessario a che tutto fosse sicuro e ben sistemato. E a dire il vero, avrei fatto

[44] Haiti, da dove appunto l'Ammiraglio portò con sé alcuni nativi che potessero avallare le sue affermazioni.

[45] I reali di Spagna appaiono i veri destinatari della lettera di Colombo.

[46] S.E. Morison, *Cristoforo Colombo Ammiraglio del mare oceano*, Bologna, Il Mulino, 1962, p. 265, ritiene che Colombo si sia sbagliato, identificando la resina-gomma della pianta haitiana *gumbo-limbo* con la resina-mastice del lentisco di Chio.

[47] Il governo della Repubblica di Genova, qui chiamato *Signoria*, deteneva il monopolio della resina-mastice di Chio.

molto di più se le navi fossero state migliori, come ragione voleva.

Questo è molto e *** eterno Dio Nostro Signore, il quale concede a tutti quelli che seguono le sue vie il trionfo in imprese che sembrano impossibili. E tale fu questa, segnatamente. Ché, quantunque di queste terre si sia parlato e scritto, tutto era per congetture, e per fama, non comprovate da esperienza, al punto che i più, sentendone parlare, giudicavano più in base a favole, che per quello che realmente era. Cosicché il Nostro Redentore ha concesso questa vittoria ai nostri illustrissimi Re e Regina, e ai loro regni, la cui fama verrà accresciuta da sí alta impresa, di cui tutta la cristianità dovrà gioire e fare grandi feste e rendere grazie solenni alla Santa Trinità con molte preghiere solenni, per il massimo incremento che lucrerà dalla conversione di tanti popoli alla nostra santa fede, e pure per i beni temporali, atteso che non solo la Spagna ma tutti i cristiani troveranno qui consolazione e guadagno. Questo, riferito in breve, cosí come è avvenuto.

Redatta sulla caravella[48] al largo delle isole Canarie, il XV di febbraio dell'anno CCCCLXXXXIII.

Servo vostro

L'Ammiraglio[49]

Postscriptum.

Scritta che ebbi la presente e trovandomi già nel mare di Castiglia, si alzò tanto vento contrario di sud e sud-est che fui costretto ad alleggerire le navi. Talché, oggi, dovetti riparare qui, in questo porto di Lisbona, ciò che fu la cosa pi? mirabile del mondo; di dove decisi di scri-

[48] La *Niña*, sulla quale Colombo si era imbarcato, dopo il naufragio della nave ammiraglia *Santa Maria*, nel natale del 1492.

[49] Il titolo di *Almirante*, con cui Colombo si firma, non indica un grado marinaresco, ma la giurisdizione sull'oceano e sulle terre scoperte.

vere alle Loro Altezze. In tutte le Indie ho sempre trovato temporali come in maggio. E io mi vi recai in XXXIII giorni e feci ritorno in XXVII, non fosse che per queste tempeste che m'hanno trattenuto XIIII giorni in balia di questo mare. Dicono qui tutti gli uomini di mare che mai v'è stato inverno tanto cattivo, né tante navi perdute.

Redatta il giorno quattordici marzo.

AMERIGO VESPUCCI
Il Mondo Nuovo

La gloria di Amerigo Vespucci (1454-1512) è affidata alle smilze pagine di *Mundus Novus*, titolo efficacissimo con il quale uscì, probabilmente a Firenze alla fine del 1503 o all'inizio del 1504, un opuscolo di poche carte in caratteri gotici, scritto in latino in forma di lettera indirizzata da «Albericus Vespucius» a Lorenzo di Pierfrancesco de' Medici.[1]

In *Mundus Novus* riferisce di un viaggio compiuto nel 1501-02, al servizio del re di Portogallo, ma afferma di averne compiuti già due al servizio del re di Castiglia, e di essere in procinto di intraprenderne un quarto sempre al servizio del sovrano portoghese. Il racconto è quello di un avventuroso approdo in una terra sconosciuta e la successiva navigazione lungo la sterminata costa, che si stendeva al di là dell'equatore fino al 50° grado di latitudine australe. Non solo, secondo la prospettiva dello scrivente, quella terra era continua e si presentava come una costa lunga, ininterrotta, ma si er-

[1] Lorenzo di Pierfrancesco de' Medici, del ramo cadetto di Cafaggiolo, cugino del Magnifico, era all'epoca il padrone di Vespucci. Il giovane Amerigo era entrato al suo servizio nell'aprile del 1482, come amministratore della casa e dei beni della famiglia Medici in Toscana. Per la biografia di Vespucci, vedi I. Luzzana Caraci, *«Per lasciare di me qualche fama». Vita e viaggi di Amerigo Vespucci*, Roma, Viella, 2007 e il recentissimo libro di F. Fernández-Armesto, *Amerigo* [2007], Milano, Bruno Mondadori, 2009.

geva come un impenetrabile ostacolo a sbarrare la via verso i mercati dell'estremo Oriente. Quella terra si rivelò di dimensioni smisurate, «nuova» appunto non solo perché inesplorata, ma anche perché mai sospettata dagli antichi cosmografi, e tanto sconfinata da apparire come un vero e proprio continente: dunque, un vero e proprio «Mondo nuovo». Era una questione di grande importanza, con notevoli implicazioni filosofiche e morali, perché i cosmografi erano persuasi che il caldo estremo rendesse inabitabile quella parte del globo sotto alla «zona torrida».

L'eco del *Mundus Novus* fu vastissima, tanto che, a poche settimane di distanza dalla sua pubblicazione, venne ristampato a Venezia, a Parigi, ad Augusta, a Norimberga, ad Anversa, a Colonia, a Strasburgo, a Rostock, e fu tradotto subito in tedesco e in fiammingo. Alessandro Zorzi, un colto cosmografo vicentino, lo volgarizzò e lo incluse con altre relazioni di viaggi nella raccolta di Fracanzio Montalboddo, *Paesi nuovamente ritrovati e Novo Mondo da Alberico Vespuzio florentino intitulato* (Vicenza, 1507), che ebbe a sua volta altre cinque ristampe fra il 1508 e il 1519 e venne tradotta in francese e in latino, diffondendosi in ogni parte d'Europa. Nel giro di cinquant'anni se ne ebbero almeno cinquanta edizioni e il Ramusio lo introdusse nel primo volume (1550) della raccolta *Delle navigazioni e viaggi*, con il titolo *Sommario scritto per Amerigo Vespucci fiorentino di due sue navigazioni al magnifico messer Pietro Soderini, Gonfalonier della magnifica Repubblica di Firenze.*[2]

La storia testuale del *Mundus Novus* è complicata, poiché non si conosce l'originale del manoscritto né ci

[2] Cfr. *Due navigazioni di Amerigo Vespucci*, in Ramusio, *Navigazioni e viaggi*, cit., vol. I. Per le notizie sulla vicenda editoriale, cfr. *Il Mondo nuovo di Amerigo Vespucci. Vespucci autentico e apocrifo*, a cura di M. Pozzi, cit.

sono fonti indirette che ne attestino la veridicità e l'affidabilità. Le prime edizioni furono fatte in latino senza indicazioni di luogo o data, ma si suppone sia Parigi alla fine del 1503 o inizio del 1504. La prima edizione, con tipi dell'impresa di Asburgo, per Johannes Otmar Vindelice (1504), reca il titolo di *Mundus Novus. Albericus Vespucius Laurentio Petri de Medicis salutem plurimam dicit.* La formula di chiusura del testo, «Ex italica in latina linguam iocundus interpretes hanc epistolam vertit», ha autorizzato alcuni studiosi a identificare lo «iocundus» traduttore con Giulano di Bartolomeo del Giocondo, fiorentino stabilitosi a Lisbona ai tempi di Vespucci; mentre altri propende per il frate Giovanni del Giocondo, architetto ed erudito veronese che visse a Parigi dal 1499 al 1507. Sia come sia, la traduzione di Giocondo costituisce l'unica fonte delle edizioni e traduzioni esistenti.

Tutti sappiamo che Colombo giunse per primo a toccare il suolo americano e che questo fu il suo merito maggiore, ma Vespucci, a differenza di lui, era più aperto a una visione probabilistica del mondo al di là dell'oceano. E così, mentre le affermazioni di Colombo di essere giunto verso le Indie riecheggiavano inequivocabilmente le orme dei suoi predecessori (Marco Polo e le cosmografie medievali), in modo da persuadere i lettori della costruzione di una nuova realtà e ottenere una credibilità delle sue descrizioni, ritenendo ostinatamente che Cuba, Giamaica e Hispaniola fossero Asia, Vespucci assumeva, invece, la differenza come un dato più rilevante che la somiglianza. Nel suo viaggio aveva costeggiato la terraferma a una latitudine tanto meridionale quale mai fino ad allora era stata raggiunta, ma non incontrò nessuno degli indizi che avrebbero dovuto rivelare l'Asia. Perciò quel viaggio costituì il primo avvio alla comprensione che le Nuove Terre fossero una massa continentale del tutto indipendente dall'Asia: «Fu un'intuizione che non mancò, ma si bloccò in Colombo, e che, non del tutto ingiustamente, glorificò Vespucci».[3]

Il termine *novus* è importantissimo: è il riconoscimento di un ente geografico determinato e distinto dal già noto, un nuovo continente; una *novità* intesa ora in senso assoluto, come continente *nuovo* perché contenente cose diverse da quelle già conosciute, ora in senso relativo, come mondo «nuovamente scoperto», o «riscoperto». Una novità dalla quale emersero poi lo sforzo di immaginare un mondo nuovo, non nel senso di scoperta geografica ma nel senso di promessa per l'umanità, e l'idea di mondi *nuovi*, o alternativi, concepiti come terreno di coltura per una visione di tipo utopistico.[4] Vespucci ha in un sol colpo posto il problema dello *choc* culturale del Nuovo Mondo e perifericità del vecchio mondo: dalla scoperta delle terre «incognite» alla garanzia del nome come primato della volontà di affermazione dell'uomo.

La lettera è divisa in ventinove paragrafi ed è strutturata come un lungo racconto in cui compaiono tutti i *topoi* della scoperta; ma ciò che davvero interessa a Vespucci sono i fatti puri e semplici: le stagioni e le condizioni meteorologiche, le condizioni di vita dei nativi, la

[3] P.E. Taviani, *L'avventura di Cristoforo Colombo*, Bologna, Il Mulino, 2001, p. 217. Sulla vicenda umana e storica di Vespucci, si può leggere il romanzo-saggio di S. Zweig, *Amerigo* [1946], Milano, Mondadori, 1946, le cui riflessioni presentano la vicenda come una storia di coincidenze e fatalità, errori e malintesi, ma servono, quanto meno, a fissare il punto dal quale fare iniziare questo procedimento di "riscoperta" della figura del mercante fiorentino. Scrive Zweig: «se Colombo ha il merito dell'azione, appartiene al Vespucci il merito storico dell'interpretazione; come interprete ha reso visibile quello che il suo predecessore aveva trovato come un sonnambulo» (p. 39).

[4] Sulla nascita della letteratura utopistica del Cinquecento in riferimento al *mundus novus* vespucciano, cfr. Pregliasco, *Antilia*, cit., *passim*, e C. Spila, *Il "Mundus Novus" di Vespucci alle origini dell'Utopia rinascimentale*, in *Studi europei e mediterranei*, a cura di A. Gnisci e N. Moll, Roma, Bulzoni, 2008, pp. 137-152.

loro nudità e l'inquieta sessualità, gli scenari naturali e le stelle, la cosmogonia, gli strani animali e le piante e le innumerevoli altre cose andate perdute per sempre in quel "primo" vergine sguardo di un laico. L'imperativo morale di uno come Vespucci è che si metta per iscritto quanto è accaduto durante il viaggio e quanto si è potuto vedere, comportando una consapevole rinuncia alla "maraviglia" colombiana e all'oratoria religiosa. Il tono di chi narra è qui quello del messaggero, dello storico classico, direi erodotiano.

La nostra traduzione si basa sul testo latino stabilito da Mario Pozzi, in *Il mondo nuovo di Amerigo Vespucci (Vespucci autentico e apocrifo)*, a cura di M. Pozzi, Milano, Serra e Riva Editori, 1984, pp. 88-121.

Il Mondo Nuovo

Alberico Vespucio saluta Lorenzo di Piero de' Medici

Nei giorni passati ti ho scritto piuttosto diffusamente del mio ritorno da quelle nuove terre che, con la flotta e i finanziamenti e il mandato del Serenissimo Re di Portogallo,[5] abbiamo cercato e scoperto e che abbiamo opportunamente chiamato *mondo nuovo*.[6] Di questi paesi nessuna cognizione hanno avuto i nostri antichi e per tutti coloro che la ascoltano questa [notizia] risulta una cosa nuovissima. Infatti, questa opinione va oltre quella dei nostri antenati poiché la maggior parte di essi pensava che oltre la linea equinoziale e verso il mezzogiorno non ci fosse un continente, ma soltanto il mare che chiamavano *Atlantico*; e se alcuni di quelli affermavano che lì c'era un continente negavano, con molti ragionamenti, che quella terra fosse abitabile. Ma questa mia ultima navigazione dimostra che questa loro opinione è falsa e del tutto contraria alla verità, poiché in quelle zone meridionali io ho trovato un continente abitato da animali e popoli più numerosi [che] nella nostra Europa o in Asia o in Africa e di clima più temperato e ameno che in qualsiasi altra regione da noi conosciuta, come saprai più oltre dove succintamente scriveremo soltanto le cose più importanti e più degne di nota e di memoria, le quali in questo nuovo mondo furono da me o viste o udite, come più avanti appariranno chiaramente.

[5] Dom Manuel I di Aviz, detto "il Fortunato" (1495-1521), sotto il cui regno si realizzò anche l'impresa di Vasco da Gama, con la quale ebbe inizio il dominio portoghese nell'Oceano Indiano.

[6] Nelle prime righe emerge la consapevolezza della "novità", la rivelazione dell'esistenza di un grande continente, posto ai limiti del mondo conosciuto e nettamente differente dall'ecumène di tradizione classica.

Con felice navigazione il 13 maggio del 1501 siamo partiti da Lisbona per ordine del Re con tre navi per esplorare nuove terre verso l'Austro.[7] Navigammo verso sud per venti mesi[8] senza interruzioni. Di questa navigazione tale è l'ordine. La nostra navigazione fu per le Isole Fortunate, così chiamate un tempo, ora invece nominate le Gran Canarie, che stanno nel terzo clima[9] e ai confini dell'occidente abitato. Poi lungo l'Oceano abbiamo percorso tutto il litorale africano e una parte del paese degli Etiopi fino al promontorio etiope, così chiamato da Tolomeo, il quale ora da noi è chiamato Capo Verde e dagli Etiopi è detto Biseghiere[10] e quella regione Mandinga[11] dentro la zona calda per 14° della linea equinoziale verso Settentrione, che è abitata da genti e popoli negri. Qui, recuperate le forze e le cose necessarie alla navigazione, togliemmo l'ancora e spiegammo le vele ai venti, e riprendemmo il nostro viaggio attraverso il vastissimo Oceano dirigendoci verso il Polo Antartico, tenendo verso Ponente col vento che è detto *vulturno*;[12] e dal giorno in cui ci allontanammo da questo promontorio navigammo per lo spazio di due mesi e tre giorni senza che ci apparisse alcuna terra.

Quello che veramente sopportammo in questa immensità del mare, quali pericoli di naufragio e quali travagli del corpo sostenemmo e quali affanni afflisse-

[7] Termine che nella tradizione nautica indica il vento che soffia da sud. Vedi n. 8 p. 190.

[8] La locuzione *venti mesi*, secondo R. Levillier, *América la bien llamada*, Buenos Aires, G. Kraft, s.d. (ma 1948), è sbagliata; si deve leggere «venti giorni», trattandosi di un evidente errore di trascrizione nel manoscritto.

[9] Secondo la teoria di Claudio Tolomeo, astronomo e geografo alessandrino (sec. II d.C.), l'ecumène era diviso in sette zone, o *climi*.

[10] Il toponimo *Biseghiere* indica l'isola di Gorée, nella baia di Dakar (Senegal), tristemente nota per essere punto di partenza per le navi negriere.

[11] Nome generico per l'Africa occidentale.

[12] Il *vulturno* è il levante, o vento di est-sudest.

ro l'animo, lo lascio alla stima di quelli che hanno esperienza di molte cose, che sanno quanto sia difficile cercare le cose incerte e investigare l'ignoto. E per dire in breve tutte le cose, sappi che navigammo per sessantasette giorni in cui per quarantaquattro giorni avemmo fulmini con la pioggia, i tuoni e tale oscurità di nebbie che non vedemmo né il sole di giorno, né il cielo sereno di notte. Per ciò, sopravvenne in noi un tale timore che quasi ci pareva di aver perduto ogni speranza di vita.

Tra tali e tante tempeste di mare e di cielo, piacque all'Altissimo di mostrarci infine il continente e i nuovi paesi e un mondo sconosciuto. Fummo tanto pervasi di gioia nel vedere quei luoghi quanto ciascuno può immaginare che accada a quelli che giungono alla salvezza tra molte calamità e avversa fortuna. Poi il 7 agosto 1501 gettammo le ancore sulle spiagge di quei paesi, rendendo grazie a Dio nostro signore con solenni preghiere e celebrando una messa cantata.

Lì ci rendemmo conto che quella terra non era un'isola ma un continente, poiché sia si estendeva per lunghissimi lidi che non la circondavano ed era piena di infiniti abitanti. E qui scoprimmo innumerevoli genti e popolazioni e animali selvatici di tutti i tipi, che non si incontrano nei nostri paesi, e molti altri da noi mai visti dei quali sarebbe lungo parlarne dettagliatamente. Molte cose ci diede la clemenza di Dio quando arrivammo in questi luoghi; infatti, mancavano legna e acqua e per pochi giorni ancora avremmo potuto continuare la vita in mare. A lui l'onore e la gloria e ogni azione di grazie.

Decidemmo di navigare seguendo il litorale di questo continente verso oriente, senza mai perderlo di vista. Seguitammo tanto a lungo che giungemmo ad un golfo dove la costa volgeva verso sud; e da quel luogo, dove per la prima volta toccammo terra, fino a questo capo ci furono circa trecento leghe. In questa parte della navigazione più volte scendemmo a terra e conversammo amichevolmente con quella gente, come più avanti saprai. Avevo dimenticato di scriverti che dal promontorio di Capo Verde fino al principio di questa terra ci sono circa settecento leghe; sebbene io stimo di averne navigate più di ottocento, in parte per ignoranza dei luoghi e del nocchiero e in parte per le tempeste e i venti che impedivano il nostro retto viaggio e che ci costringevano a frequenti astuzie.

Per la qual cosa, se i compagni non mi avessero infuso coraggio e se non avessi conosciuto la cosmografia, non ci sarebbe stato nocchiero o comandante che sapesse nel giro di cinquanta leghe dove stavamo. Eravamo infatti straviati ed erranti e solo gli strumenti ci segnalavano con esattezza la verità dei corpi celesti: e questi erano il quadrante e l'astrolabio, come tutti sappiamo. E così per questo mi hanno grandemente onorato. Infatti, mostrai a quelli[13] che, senza l'ausilio della carta nautica conoscevo l'arte della navigazione più di tutti i piloti del mondo, giacché quelli non hanno notizia se non dei luoghi in cui sono soliti navigare.

Quando poi questo angolo di terra ci mostrò che la costa era rivolta al meridione, convenimmo di navigare e cercare quello che c'era in quei luoghi. Poi navigammo lungo la costa per circa seicento leghe, e molte volte scendemmo a terra e parlammo e comunicammo con gli abitanti di quelle terre, e da quelli eravamo ricevuti fraternamente, e talvolta venimmo ospitati amichevolmente quindici o venti giorni consecutivi, come leggerai più avanti.

Di questo continente, una parte sta nella zona torrida al di là della linea equinoziale verso il polo antartico. Infatti, il suo principio comincia a otto gradi oltre la stessa

[13] Vespucci si riferisce ai marinai e ai membri dell'equipaggio.

linea equinoziale. Seguendo questa costa navigammo tanto a lungo che passammo il tropico del Capricorno verso il polo antartico con l'orizzonte più alto di cinquanta gradi. E fummo vicino al circolo antartico a diciassette gradi e mezzo da quello; ma ciò che vidi e conobbi sulla natura di quelle genti e dei loro costumi e della loro umanità e della fertilità del terreno e della salubrità dell'aria e della disposizione del cielo e dei corpi celesti e soprattutto delle stelle fisse dell'ottava sfera mai viste o menzionate dai nostri maggiori, ti narrerò più avanti.

Per prima cosa, parliamo della popolazione. In quei paesi incontrammo una tale varietà di genti che nessuno mai potrebbe enumerare (come si legge nell'*Apocalissi*),[14] gente mite nei confronti di Dio e mansueta. Tutti di entrambi i sessi vanno in giro nudi senza coprire alcuna parte del corpo, e così come escono dal ventre della madre vanno fino alla morte. Hanno grandi corpi, robusti, ben disposti e proporzionati e di un colore che va verso il rosso. Il che penso gli accada perché camminando nudi sono riarsi dal sole. Hanno la chioma abbondante e nera. Nell'andatura e nei giochi sono agili e hanno il viso di aspetto gentile e aggraziato, sebbene si deturpino da soli.

Infatti, si forano le mascelle e le labbra e le narici e le orecchie. E non si creda che quelli siano fori piccoli o che ne abbiano uno solo. Io ho visto molti di loro che hanno, solo sul viso, sette fori, ciascuno dei quali poteva contenere una prugna. Riempiono questi fori con pietruzze cerulee, marmoree, cristalline o di alabastro, bellissime o con ossa bianchissime e altre cose artificiosamente lavorate secondo le loro usanze. Rimarresti stupito se vedessi che cosa mostruosa è un uomo

[14] Il riferimento è alla moltitudine immensa delle nazioni e dei popoli in *Apocalisse*, 7, 9.

che ha sulle mascelle o sulle labbra sette pietre, di cui alcune sono lunghe mezzo palmo. Spesso, infatti, ho osservato e considerato il peso di queste sette pietre pesare in sedici once, senza contare che in ciascun orecchio perforato da un triplice foro tengono altre pietre pendenti in anelli; e questa usanza è propria solo degli uomini. Infatti, le donne non si forano il viso ma soltanto le orecchie.

Un'altra loro usanza è atroce e oltre ogni umana crudeltà. Infatti, le loro donne, essendo libidinose, con un certo loro artificio e col morso di alcuni animali velenosi fanno diventare i genitali dei mariti talmente gonfi che sembrano deformi e turpi e, a causa di questo, molti di loro perdono i genitali che, per mancanza di cura, divengono molli e restano eunuchi.

Non hanno panni di lana né di lino né di seta, poiché non ne hanno bisogno; né possiedono dei beni proprî, ma tutte le cose sono comuni; vivono senza re, senza un'autorità suprema e ciascuno è padrone di se stesso. Prendono tante mogli quante vogliono, e il figlio si accoppia con la madre e il fratello con la sorella, e chiunque che abbia voglia con la prima donna che incontra. Rompono i matrimoni quante volte vogliono, e non vi osservano alcuna legge. Inoltre, non hanno nessuna chiesa, non hanno alcuna legge, né sono idolatri. Che altro dire? Vivono secondo natura, e si possono definire più epicurei che stoici.

Tra di loro non vi sono mercanti né commercianti. I popoli combattono tra di loro senza arte né alcuna disciplina. Gli anziani con le loro perorazioni persuadono i giovani a [fare] quello che vogliono, li incitano alle battaglie, nelle quali crudelmente si uccidono: e quelli che in guerra vengono fatti prigionieri, li mantengono in vita non per altri scopi che per ucciderli e farne cibo; infatti, gli uni mangiano gli altri, e i vincitori i vinti, e la carne umana è il loro alimento comune. Stanne certo, poiché è stato visto un padre mangiare figli e moglie, e io ho conosciuto un uomo, con il quale ho parlato, che diceva di aver mangiato più di trecento uomini. E sono stato inoltre 27 giorni in una certa città dove nelle case ho visto carne umana salata, sospesa alle travi, come da noi si fa con il lardo e la carne di maiale. Dico di più: essi si stupiscono del fatto che noi non mangiamo i nostri nemici e non usiamo nei cibi la loro carne, che dicono essere saporitissima.

Le loro armi sono archi e frecce e quando si affrontano in battaglia non si coprono alcuna parte del corpo per difendersi, pertanto sono in questo simili alle bestie. Noi, per quanto ci è stato possibile, abbiamo tentato di dissuaderli e di cambiare questi perversi comportamenti, e ci promisero che li avrebbero abbandonati.

Le donne, come ti ho detto, sebbene camminino nude e siano libidinose, nondimeno hanno corpi piuttosto belli e ben fatti, e non sono brutte come qualcuno potrebbe forse pensare, e (ancorché siano ben in carne), la loro bruttezza certamente è dissimulata dalla buona qualità della loro costituzione. Una cosa ci sembrò sorprendente, che tra quelle nessuna sembrava avere mammelle flosce; e quelle che avevano partorito, per la forma del ventre e la pelle non raggrinzita, non si distinguevano in nulla dalle vergini, e così nelle altre parti del corpo che per correttezza tralascio intenzionalmente sembravano simili. Quando si potevano accoppiare ai cristiani, lo facevano con estrema libidine e abbandonavano ogni pudore. Vivono centocinquanta anni, si ammalano raramente, e se incorrono in qualche malattia si curano da sé con certe radici di erbe.

Queste sono le cose notabili che di loro ho conosciuto. L'aria lì è molto temperata e salubre e, come ho potuto capire dalle loro stesse relazioni, mai alligna la peste o altra malattia, che provenga dall'aria contaminata, e se non muoiono di morte violenta, vivono di lunga vita: credo, poiché qui soffiano sempre i venti australi e principalmente quello che noi chiamiamo Borea,[15] che è per loro tal quale è per noi l'aquilone.[16] Amano la pesca, e quel mare è pescoso e abbondante di ogni genere di pesci. Non sono cacciatori, credo perché pur essendoci lì molti tipi di animali selvatici e soprattutto leoni e orsi, e numerosi serpenti e altre bestie orride e deformi, e pur aprendosi ivi in lungo e in largo foreste e alberi immensi per grandezza, non osano esporsi nudi e senza armi a tanti pericoli.

La terra di quei paesi è molto fertile e amena e con molte colline e monti e infinite valli e abbondante di grandissimi fiumi e di fonti salubri e vastissime foreste dense e impenetrabili e piene di ogni genere di fiere. Lì crescono alberi grandissimi senza coltivazione, dei quali, molti frutti sono gradevoli al gusto e utili al corpo umano; altri veramente al contrario e nessun frutto di questi è simile ai nostri. Lì nascono anche numerosi tipi di erbe e di radici con le quali fanno il pane e ottime vivande. Hanno anche molti tipi di semi del tutto diversi dai nostri.

Lì non hanno nessun genere di metallo eccetto l'oro, che in quei paesi abbonda, benché in questa nostra prima navigazione non ne abbiamo portato. Venimmo a sapere dagli stessi abitanti che nelle regioni interne vi era grande abbondanza d'oro, ma che da loro era estimato poco o non tenuto in pregio. Hanno molte perle, come ti ho scritto altrove. Se potessi ricordare singolarmente le cose che ci sono lì e volessi scrivere dei numerosi tipi di animali e della loro moltitudine, sarebbe cosa considerevole e in tutti i modi prolissa. E certamente credo che il nostro Plinio non abbia attinto

[15] Si tratta di Euro, il vento di sud-est (il testo latino ha «*Eurum*»).
[16] Vento di nord-nordest

alla millesima parte delle specie di pappagalli e del resto di altri uccelli e animali, che stanno in quei paesi, con tanta diversità di forme e di colori che Policleto, artista della perfetta pittura,[17] mancherebbe nel dipingerli. Lì, tutti gli alberi sono profumati e producono spontaneamente olio o anche un certo tipo di liquore, dei quali, se a noi fossero note le proprietà, non dubito che sarebbero salutari per il corpo. Il sito di questa terra, come ho detto, è volto a mezzogiorno con un clima così temperato che non si hanno mai inverni gelidi né estati roventi.

Il cielo e l'aria sono sereni per la maggior parte dell'anno e colmi di vapori densi. La pioggia cade a poco a poco e dura per tre o quattro ore e si dilegua come una nebbia. Il cielo è ornato di magnifici segni e figure tra le quali notai circa venti stelle di tale splendore come alcune volte abbiamo visto e Venere e Giove. Di queste, considerai sia il movimento sia l'orbita e misurai la loro circonferenza e il diametro semplicemente con metodi geometrici, e capii che erano di particolare grandezza. In quel cielo vidi tre Canopi,[18] due particolarmente chiari e il terzo oscuro.

Nel Polo antartico non ci sono l'Orsa maggiore né l'Orsa Minore, come è visibile nel nostro Polo Artico, né stelle che risplendono in maniera particolare; e tra quelle che lo circondano con una breve orbita tre sono quelle che formano la figura del triangolo ortogonale, delle quali quella che sta nel mezzo misura nove gradi e mezzo di circonferenza. E quando queste sorgono, da sinistra si vede un Canopo bianco di straordinaria gran-

[17] L'errore è evidente, giacché Policleto (V sec. a.C.) era uno scultore greco, spesso menzionato insieme a Fidia e Mirone; sarebbe più corretto pensare a Polignoto di Taso (prima metà V sec.), pittore ricordato da Pausania.

[18] Il *canopo* è una nebulosa oscura nella costellazione della Croce che si sovrappone alla brillante Via Lattea.

dezza che, quando giunge nel mezzo del cielo ha questa figura:

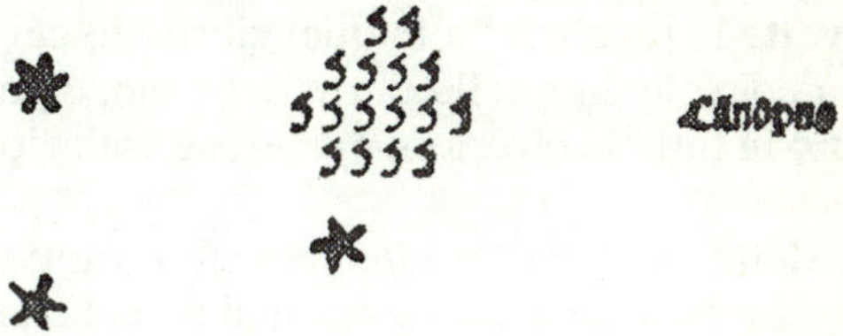

Dopo di queste, vengono le altre due, delle quali quella posta al centro ha una circonferenza di dodici gradi e mezzo di diametro e insieme a queste si vede un altro Canopo bianco. A queste, seguono altre sei stelle di straordinaria grandezza e luminosità tra tutte le altre dell'ottava sfera, delle quali, nello spazio del firmamento, quella che sta nel mezzo ha una circonferenza di trentadue gradi di diametro. E con questa, vola un Canopo oscuro di immensa grandezza. Tutte queste stelle si vedono nella Via Lattea e, quando stanno sulla linea equinoziale, hanno questa disposizione:

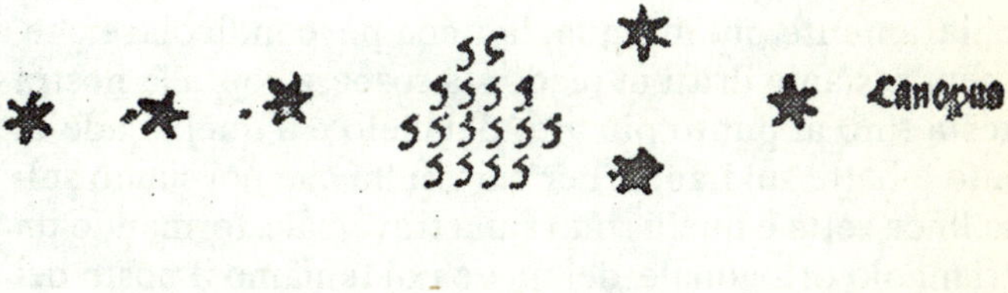

Ho conosciuto molte altre bellissime stelle, delle quali ho diligentemente annotato il movimento in un certo libretto mio che specialmente scrissi durante questa mia navigazione, il quale al presente conserva questo Serenissimo Re, che spero me lo restituirà.

In quell'emisfero, vidi cose che contraddicono l'opinione dei filosofi. La bianca iride[19] quando era quasi la mezzanotte fu vista per ben due volte non solo da me ma anche da tutti gli altri marinai. Similmente, vedemmo più volte la luna nuova in quel giorno in cui si congiungeva col sole; in quella parte del cielo, ogni notte, incrociano in tutte le direzioni numerose esalazioni e luminarie.

Ti ho detto poco fa: in *quell'emisfero*, nonostante, parlando con proprietà, non si tratti di un emisfero vero e proprio in confronto al nostro; ma poiché si avvicina a questa forma, m'è parso giusto di chiamarlo così.

Dunque, come ti dissi, da Lisbona, da dove partimmo, che dalla linea equinoziale è distante trentanove gradi e mezzo, navigammo oltre la linea equinoziale per cinquanta gradi, che sommati agli altri formarono novanta gradi; che secondo la numerazione insegnataci dagli antichi è la quarta parte del circolo massimo; è dunque cosa manifesta che noi abbiamo navigato la quarta parte del mondo. E per questa ragione, noi che abitiamo a Lisbona, al di qua della linea equinoziale di trentanove gradi e mezzo di latitudine settentrionale, rispetto a quelli che abitano a cinquanta gradi di latitudine meridionale, oltre la medesima linea, angolarmente nel quinto grado nella linea trasversale; e, affinché tu chiaramente più intenda, la linea perpendicolare che, mentre siamo dritti in piedi, sta sospesa sopra la nostra testa fino al punto più alto del cielo e a quelli cade di lato e batte sul fianco. Per cui risulta che noi siamo sulla linea retta e quelli sono sulla traversale, formando un triangolo ortogonale, del quale noi teniamo il posto del cateto e quelli invece la base e l'ipotenusa si protende

[19] L'arcobaleno o *Iride* (nome con cui si indicava questo fenomeno, derivato dall'omonimo personaggio mitologico). In questo caso, si tratta di un'aurora polare.

da noi all'estremo della linea di quelli, come appare nella figura:

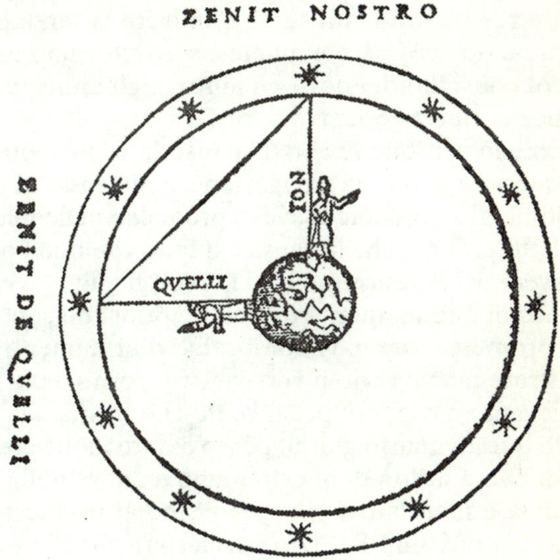

Queste furono le cose più importanti che io ho visto in questa mia ultima navigazione che chiamo la *terza giornata*. Infatti, gli altri due giorni furono due altre navigazioni che per ordine del Serenissimo Re di Spagna feci verso occidente, in cui ho annotato le cose mirabili di quel sublime creatore di tutto, Dio nostro, la perfezione: di tutte le cose notabili ho tenuto un diario, di modo che se alcuna volta avrò del tempo io possa raccogliere una ad una ogni singola e mirabile cosa e comporre un libro di geografia, o di cosmografia, affinché il mio ricordo viva nei posteri e tale straordinaria creazione di Dio onnipotente, in parte ignota agli antichi e a noi nota, sia conosciuta del tutto. Pertanto, prego Dio clementissimo che mi proroghi i giorni di vita così che con sua buona grazia e salute dell'anima possa portare a compimento questo mio desiderio. Le altre due giornate me le conservo nel mio santuario interno, e restituendomi il serenissimo Re la terza giornata, quando avrò pace e quiete e sarò ritornato in patria, col consiglio dei dotti e l'aiuto degli amici, potrò cominciare questa opera.

Ti chiedo perdono se non ti ho mandato le annotazioni di questa mia ultima navigazione, o piuttosto di questo ultimo giorno, come ti avevo promesso nelle mie ultime lettere. Sappi che la causa è il fatto che non ho potuto avere dal Serenissimo Re i libri originali.

Penso di fare un quarto giorno[20] e ormai mi sono già state promesse due navi con i relativi armamenti per perlustrare nuove regioni verso mezzogiorno dalla parte di levante navigherò per il vento che si chiama Africo.[21] In questo quarto giorno penso di fare molte cose in lode di Dio e utilità di questo regno e onore della mia vecchiaia e nient'altro più spero, sino al permesso di questo Serenissimo Re. Dio permetterà ciò che è meglio. Saprai ciò che sarà.

Il traduttore Giocondo ha tradotto questa epistola dalla lingua italiana alla latina affinché tutti quelli che conoscono la lingua latina[22] comprendano quante cose mirabili si trovino nelle Indie e sia frenata l'audacia di coloro che vorrebbero esaminare il cielo e la potenza divina per sapere più di quanto è lecito, mentre dopo tanto tempo che il mondo è iniziato non si è ancora scoperta la grandezza della terra e ciò che essa contiene.

[20] Il termine lat. *diem* equivale a "viaggio".
[21] L'*Africo* è il vento di ovest-sudovest.
[22] I dotti.

ANTONIO PIGAFETTA
In Patagonia

L'ipotesi della sfericità della terra, acquisita già dalla scienza classica, fu verificata per la prima volta soltanto nel 1522, quando la *Victoria*, unica nave superstite della flotta di Magellano, ebbe fatto ritorno a Siviglia, dopo aver circumnavigato il globo terrestre da occidente a oriente. D'altro canto, seppure adombrata e assunta come dato scientifico, la cultura medievale sembra aver ignorato la nozione di "sfericità" della terra, se per questo si intende proprio il suo significato di "globo terrestre". Una siffatta esperienza sulla forma della terra si cercherebbe invano anche nei primi testi della scoperta: è possibile reperire solo il tema della terra "nuova" o "nuovamente riscoperta", se non ancora "incognita"; ma nessun riferimento al contesto di una sfericità. Nell'orizzonte cognitivo e nelle rappresentazioni del Nuovo Mondo, il concetto di globo è ancora sullo sfondo, un concetto indifferenziato e preformale. La terra è un orizzonte indistinto; per il resto, quello del "giro del mondo" è un'esperienza astratta, al limite un esercizio di scienza geografica imbastito su riferimenti letterari e materiali eruditi.

Nell'esperienza di Pigafetta (1491-1531), imbarcato come *sobresaliente* (soprannumerario) della missione, testimone oculare dell'impresa irripetibile («Credo certamente non si farà mai più tal viaggio»), si afferma la *curiositas* della tradizione umanistica, fatta propria dall'uomo rinascimentale. Questa si emblematizza nello sguardo, nel senso visivo, nell'occhio che osserva, che registra il *novus*, e nella scrittura che racconta, che fissa sulla carta il marchio dell'unicità e della autorevolezza all'esperienza vissuta. Il lettore del tempo trova soddisfazione perché chi scrive ha trasformato il viaggio da "esperienza mentale" a esperienza fisica, è diventato *agens* e *patiens* del viaggio. Così Pigafetta, nella dedicatoria del Gran Maestro di Rodi,[1] enuncia la sua volontà di fermare sulla carta l'avventura del viaggio: «sapere e intendere le grandi e ammirabili cose che Dio me ha concesso de vedere e patire ne la infrascritta mia longa e pericolosa navigazione».

L'aspirazione a raccontare il gran viaggio trova perfetto riscontro nell'avventura, nella dimensione del *patire* la lunga e pericolosa navigazione. Solo dopo aver esperito, Pigafetta decide di «narrare altrui» l'esperienza vissuta perché non se ne perda la memoria che solo la scrittura può conservare. L'abilità dello scrittore sta nel dare forma a un percorso diegetico dove l'«evento» si risolve in «ricordo», in memoria appunto. La stesura della *Relazione del primo viaggio attorno al mondo*, infatti, si colloca in un momento successivo rispetto agli eventi narrati. Non è il «diario» giornaliero dell'impresa, consegnato subito dopo lo sbarco nelle mani di Carlo V, ma una scrittura del ricordo, un recupero memoria-

[1] La *Relazione* viene composta nel 1524, in gran parte a Vicenza (dove l'autore era tornato dopo una serie di soggiorni in Portogallo, Francia e poi Mantova), e dedicata a Philippe de Villiers de l'Isle-Adam, Gran Maestro dell'ordine di S. Giovanni di Gerusalemme, a cui Pigafetta appartenne. Il testo è la rielaborazione degli appunti di viaggio che nel corso della spedizione Pigafetta aveva steso con grande cura. Postuma è invece la *princeps* dell'opera; mentre il manoscritto Ambrosiano fu ritrovato soltanto alla fine del secolo scorso. Per la storia testuale dell'opera, cfr. l'*Introduzione* di A. Canova all'edizione critica del testo pigafettiano da lui curata, soprattutto le pp. 49-63 e la *Nota al testo*, pp. 127-155.

le di un evento ormai concluso e passato, del quale tuttavia rimane la consapevolezza di essere uno dei pochi superstiti.

Il tema della «memoria» si impone, dunque, come materiale letterario con cui costruire il racconto cercando di restituire la sequenza logica dei fatti, le emozioni e le sensazioni fisiche. La congerie di impressioni visive e di vicende vissute viene così resa attraverso la tecnica della *enumeratio*, la rassegna di immagini, il catalogo di oggetti, piante, fiori, animali, frutti. Le informazioni si dispongono così più per via letteraria che geografica o antropologica; la costruzione narrativa della dimensione spazio-temporale segue un modello frammentario ed episodico: il computo e la registrazione precisa dei giorni se per un verso è riconducibile al tempo del «diario», dall'altro viene attraversata da ellissi temporali che spezzano il tempo della storia.

Il testo pigafettiano non riporta solo l'incredibile e inusitato viaggio attorno al mondo, ma dedica spazio alla descrizione delle regioni attraversate, ai costumi delle popolazioni che le abitavano, ai pericoli che i viaggiatori correvano. Nella *Relazione* vive lo stesso spirito di intrattenimento che s'affaccia nei romanzi di cavalleria e nei libri di vite ricche di stranissimi "avvenimenti". In primo luogo, avventure marittime mai sentite prima: perché nel lungo e periglioso viaggio attorno al mondo tutto poteva accadere. E accadde, infatti. Pericoli di ammutinamento, stratagemmi adottati con gli *indios*, salvataggi e naufragi, e poi la morte di Magellano, e il fortunoso ritorno. Nel racconto della navigazione è sempre la dimensione avventurosa a dominare e la distanza si misura in giornate di viaggio per mare. Pigafetta raccontava tutto questo: le tempeste d'acqua, le traversate difficili degli stretti, lo stretto di Magellano, i giganti patagoni. Il suo racconto accumula un buon numero di *topoi* ben noti alla letteratura di viaggio alle Indie Occidentali, con precedenti in Alvise da Mosto e Vespucci,[2] fino al tema dei giganti abitatori della Patagonia, un mito che ebbe lunghissima fortuna e che durò fino a tutto il Settecento.

Il testo si cita da A. Pigafetta, *Relazione del primo viaggio attorno al mondo*, testo critico e commento di A. Canova, Padova, Antenore, 1999, pp.176-193.

[2] Cfr. A. Canova, *Esperienza e letteratura nella "Relazione del viaggio attorno al mondo" di Antonio Pigafetta: la descrizione del Brasile*, in «Annali di storia moderna e contemporanea», 4, 1998, pp. 459-476.

In Patagonia

Luni[3] a' tre d'octobre a mezanocte se dete le velle al camino de l'austro[4] ingolfandone[5] nel Mare Occeanno,[6] passando fra Capo Verde e le sue isolle in 14 gradi e mezo. E cussí molti giorni navigassimo per la costa de la Ghinea overo Etiopia,[7] ne la qualle è una montagna detta Siera Leona,[8] in 8 gradi di latitudine con venti contrari, calme e pioge, senza venti fin a la lignea equinotialle,[9] piovendo sesanta giorni de continuo contra la opignone de li antichi.[10] Inanzi che aiungessemo a li legnea[11] a 14 gradi, molte gropade[12] de venti impetuosi e corenti de acqua ne asaltaronno contra el viagio. Non possendo spontare inansi[13] e aciò che le nave non periculasseno,[14] se calavano tute le velle e de questa sorte andavamo de mare in traverso finché passava la grupada, perché veniva molto furiosa. Quando pioveva non era vento; quando faceva solle era bonasa.[15]

Venivano al bordo de le nave certi pessi[16] grandi che

[3] Lunedì.
[4] La rotta verso sud, cfr. n. 8, p. 190.
[5] Addentrandosi.
[6] L'espressione *Mare Occeanno* indica antonomasticamente l'Atlantico, giacché con il lat. *Oceanus* si designava tutta la distesa d'acqua attorno alla terra.
[7] Parte dell'Africa occidentale corrispondente agli odierni Senegal e Guinea.
[8] La Serra Leõa, in Guinea.
[9] L'equatore (sp. *línea equinoccial*, con interferenza del port. *linha*).
[10] Si riferisce alla teoria geografica classica in merito alla cosiddetta zona torrida, la cui confutazione era avvenuta già con Vespucci.
[11] Alla linea.
[12] Si tratta di "turbini" (derivato dallo sp. *grupada*; o dal port. *gropada*).
[13] Oltrepassare, procedere in avanti.
[14] Corressero pericolo.
[15] Bonaccia.
[16] Pesci.

se chiamano *tiburoni*[17] che hanno denti terribili e, se trovano omini nel mare, li mangiano. Pigliavamo molti con ami de fero, benché non sonno bonni da mangiare se non li picoli, e anche loro mal bonni.

In queste fortune molte volte ne aparse il Corpo Sancto, cioè sancto Elmo in lume.[18] Fra le altre, in una obscurissima nocte dé[19] tal splendore come è una facella ardente in cima de la magiore gabia;[20] e sté[21] circa due ore e piú con noi consolandone che piangevamo. Quanto questa bennedeta luce se volse partire da nui, tanto grandissimo splendore dete ne li ochi nostri che stesemo piú de mezo carto[22] de ora tuti ciechi, chiamando misericordia e veramente credendo essere morti. El mare subito se acquietò.

Viti molte sorte de ucelli, tra le qualle una che non aveva culo. Un'altra, quando la femina vol far li ovi, li fa sovra la schiena del maschio e ivi se creanno; non hanno piedi e sempre viveno nel mare; un'altra sorte che viveno del sterco de li altri ucelli e non de altro, sí como viti molte volte questo ucello, qual chiamano *cagassela*,[23] corer dietro ad altri ucelli fin tanto quelli son-

[17] I *tiburoni* sono gli squali (sp. *tiburón*).

[18] Si tratta del cosiddetto "fuoco di sant'Elmo", una manifestazione luminosa di elettricità atmosferica che appare di notte sull'estremità degli alberi delle navi. Elmo era il più antico santo patrono dei marinai.

[19] Diede.

[20] La *magiore gabia* è la coffa, ossia la piattaforma posta su un albero della nave, su cui prendevano posto i marinai (chiamati *gabbieri*) di vedetta.

[21] Stette.

[22] Quarto.

[23] La *cagassela* è volatile di difficile identificazione. Nel suo commento, Canova propende per lo *Stercorarius*, «uccello in realtà non coprofago, ma che assale altri volatili e li induce a rigurgitare il cibo ingerito per nutrirsene» (Pigafetta, cit., p. 168); mentre per Busnelli si tratta del tordo viscivoro, o *cagaaceite* (cfr. M.D. Busnelli, *Per una lettura del "Primo viaggio intorno al mondo" di Antonio Pigafetta*, in «Studi di lessicografia italiana», 4, 1982, pp. 5-45; il riferimento è a p. 42).

no constrecti mandar fuora el sterco. Subito lo piglia e lassa andare lo ucello. Ancora viti molti pessi che volavano e molti altri congregadi[24] insieme che parevano una isola.

Passato che avessemo la linea equinotiale, inverso el meridianno perdessemo la tramontana e cosí se navegò tra el mesoiorno e garbín fino in una tera che se dise la *Tera del Verzín*,[25] in 23 gradi $^1/_2$ al polo antartico, che è la tera del Capo de Sancto Augustino,[26] che sta in 8 gradi al medesimo polo, dove pigliassemo gran refresco[27] de galine, batate,[28] pigne[29] molto dolci (fruto invero più gentil che sia), carne de anta[30] como vaca, canne dolci[31] e altre cose infinite che lascio per non essere prolixo.[32] Per uno amo da pescare o uno cortello davano 5 o 6 galinne, per uno petine uno paro de occati,[33] per uno spechio o una forfice[34] tanto pesce che averebe bastato a 10 omini, per uno sonaglio o una stringa uno cesto de batate (queste batate sonno al mangiare como castagne e longo como napi)[35] e per uno re de danari (che è una carta de iocare) me deteno 6 galine e pensavano ancora

[24] Stretti insieme, compatti, in branco.

[25] La *Tera del Verzín* è il Brasile. Il termine *bresil* o *brasil*(*e*) e il sinonimo *verzin*(*o*) indicano alcune specie di *Caesalpinia*, tipiche dell'America centrale e meridionale, che forniscono un legno rosso che veniva usato come colorante.

[26] Oggi, Capo Branco.

[27] Rinnovo delle provviste di bordo.

[28] Si tratta delle patate dolci.

[29] Ananas (sp. *piña*).

[30] Il nome *anta* si riferisce a un animale di difficile identificazione. Busnelli, *Per una lettura del "Primo viaggio intorno al mondo" di Antonio Pigafetta*, cit., lo identifica con il tapiro; mentre Pozzi propende per il guanaco (A. Pigafetta, *Il primo viaggio intorno al mondo*, a cura di M. Pozzi, Vicenza, 1995, p. 260).

[31] Canne da zucchero.

[32] Prolisso (grafia veneta).

[33] Paperi (venetismo).

[34] Forbice.

[35] Navoni, piante erbacee simili alla rapa.

averni inganati. Intrassemo[36] in questo porto il giorno de sancta Lucia[37] e in quel dì avessemo el solle per zenit e patissemo più caldo quel giorno e li altri quando avevamo el solle per zenit che quando èramo soto la linea equinotialle.

Questa Tera del Verzín è abondantissima[38] e più grande che Spagna, Fransa e Italia tute insieme. È del re de Portugalo.[39] Li populi de questa tera non sonno cristiani e non adorano cosa alguna; viveno secondo lo uzo de la natura e viveno centovinticinque anni e cento e quaranta. Vanno nudi cossí omini como femine. Abitano in certe case longhe che le chiamano *boii*[40] e dormeno in rete de bambaso, chiamate *amache*,[41] ligade ne le medeme[42] case da uno capo e da l'altro a legni grossi; fanno foco infra essi in tera. In ognuno de questi *boii* stanno cento omini con le sue moglie e figlioli facendo gran romore. Hanno barche d'un solo arburo, ma schize, chiamate *canoè*,[43] cavate con menare[44] de pietra (questi populi adoperano le pietre como nui el fero per non avere); stanno trenta e quaranta omini in una de queste. Vogano con palle[45] come da forno e cussí negri, nudi e tosi[46] asimigliano quando vogano a quelli de la Stige palude.[47] So-

[36] Entrammo.

[37] Il giorno 13 dicembre 1519.

[38] Ricchissima.

[39] Il Brasile, ufficialmente scoperto dal portoghese Pedro Álvares Cabral nel 1500, ma costeggiato anche da Vespucci, entrò a far parte dei possedimenti del Portogallo nel 1504.

[40] Le "case" (esotismo dal taíno, di origine caraibica).

[41] Prima attestazione italiana nota del termine *amaca*, che proviene dal taíno.

[42] Medesime.

[43] Il termine *canoa* è voce taína: barche piatte, schiacciate (*schize*), ad un solo albero (*arburo*).

[44] Mannaie.

[45] Pale, remi.

[46] Glabri.

[47] Il riferimento è a Dante, *Inferno*, VII, 106-130.

no disposti, omini e femine, como noi.[48] Mangiano carne umana de li sui nemici non per bonna, ma per una certa uzansa. Questa uzansa lo uno con l'altro fu principio una vechia, la qualle aveva solamente uno figliolo che fu amazato da li suoi nemici. Per il che, passati alguni giorni, li sui pigliorono uno de la compagnia che aveva morto[49] suo figliolo e lo condusero dove stava questa vechia. Ela, vedendo e ricordandose del suo figliolo, como cagna rabiata[50] li corse adosso e lo mordete in una spala. Costui de lí a poco fugí ne li soi e disse como lo volsero mangiare, mostrandoli el segnalle de la spala. Quando questi pigliarono poi de quelli, li mangiorono; e quelli de questi: sí che per questo è venuta tal uzansa. Non se mangiano subito, ma ognuno taglia uno pezo e lo porta a casa metendolo al fumo. Poi, ogni 8 iorni, taglia uno pezeto mangiandolo brutolado[51] con le altre cose per memoria de gli sui nemici. Questo me disse Ioane Carvagio[52] piloto che veniva con nui, el qualle era stato in questa tera quatro anni. Questa gente se depingeno maravigliosamente tuto il corpo e il volto con foco in diverse amaniere, anco le done; sono tosi e sensa barba perché se la pelanno; se vestono de vestiture de piume de papagalo con rode grande al cullo de le penne maggiore (cosa ridicula). Casi[53] tuti li omini, eccepto le femine e fanciuli, hanno tre busi ne' lavro de soto,[54] ove portano pietre rotonde e longhe uno dito e più e meno di fora pendente. Non sono del tuto negri, ma olivastri; portano descoperte le parte vergoniose; il suo corpo è

[48] Uomini e donne hanno un aspetto fisico simile al nostro.

[49] Aveva ucciso.

[50] Rabbiosa.

[51] Abbrustolito (veneto).

[52] João o Lopes Carvalho, pilota della nave *Concepción* e, in seguito, della *Trinidad*.

[53] Quasi.

[54] Intendi: hanno tre fori (*busi*) nella parte inferiore del labbro (*lavro*).

senza peli e cossí omini qual donne sempre vano nudi. Il suo re è chiamato *cacích*. Hanno infinitissimi papagali e ne danno 8 o 10 per uno speco, e gati maimoni picoli fati como leoni, ma ialli (cosa belissima). Fanno panne rotondo bianco de medola de arbore, non molto bonno, che nasce fra l'arbore e la scorsa ed è molto recotta. Hanno porci che sopra la schena teneno il suo lombelico e ucceli grandi che hanno el beco como un cuchiaro sensa linga.

Ne davano per una acceta o cortello grande una o due de le sue figliole giovane per schiave, ma sua mogliere non darianno per cosa alguna. Elle non farebbero vergonia a' suoi mariti per ogni gran cosa, come n'è stato referito. De giorno non consenteno a li loro mariti, ma solamente de nocte. Esse lavorano e portano tuto el mangiare suo da li monti in zerli overo canestri sul capo o atacati al capo, però essendo sempre seco sui mariti solamente con uno arco de verzín o de palma negra e uno mazo de freze di canna; e questo fano perché sonno gelosi. Le femine portano sui figlioli tacadi al colo in una rete de bambazo. Lascio altre cose per non essere più longo.

Se disse due volte messa in tera, per il che questi stavano con tanta contrictione in genochioni alsando le mani giunte che era grandissimo piacere vederli. Edificarono una casa per nui, pensando dovessemo star seco algun tempo, e tagliarono molto verzín per darnela a la nostra partida. Era stato forse dui mesi non aveva piovesto in questa terra e, quando aiongesemo al porto, per caso piovete: per questo decevano noi vegnire dal cielo e avere menato nosco la piogia. Questi populi facilmente se converterebenno a la fede de Iesú Cristo.

Imprima costoro pensavano li batelli fossero figlioli de la nave e che elle li parturisseno quando se butavano fora di nave in mare e, stando cosí al costado como è uzansa, credevano le nave li nutrisseno. Una iovene bella vene un dì ne la nave capitania ove io stava, non per altro se non per trovare alguno recapito. Stando cossí e aspectando, butò lo ochio supra la camera del maistro e victe uno chiodo longo più de un dito, il che pigliando con grande gentilessa e galantaria se lo ficò a parte a parte de li labri de la sua natura e subito bassa bassa se partite, vedendo questo il capitanio generale[55] e io.

Alguni vocaboli de questi popoli del Verzín

1] al miglio – *maiz*
2] alla farina – *hui*
3] a l'amo – *pinda*
4] al cortello – *tacse*
5] al petine – *chigap*
6] alla forfice – *pirame*
7] al sonaglio – *itanmaraca*
8] buono più che bono – *tum maragathum*

Stessemo 13 giorni in questa tera. Seguendo poi il nostro camino, andasemo fin a 34 gradi e uno terso al polo antartico, dove trovassemo in uno fiume de acqua dolce[56] omini che se chiamano *Canibali*[57] e mangiano la carne umana. Vene uno de la statura casi como uno gigante nella nave capitania per asigurare[58] li altri suoi. Aveva una voce simile a uno toro. Intanto che questo stete ne la nave, li altri portoronno[59] via le sue robe dal loco dove abitavano dentro nella terra per paura de noi.

[55] Con la locuzione *capitanio generale* l'autore si riferisce all'ammiraglio portoghese Ferdinando Magellano (Fernando de Magalhães, 1480-1521), comandante della spedizione.

[56] Si tratta del Rio de la Plata, nell'odierno Uruguay.

[57] Sono i Caribi (o Cannibali), una popolazione antillana con cui Colombo entrò in contatto e di cui descrisse l'antropofagia. Con il passare del tempo, però, il vocabolo si trasformò da nome proprio in aggettivo.

[58] Rassicurare.

[59] Portarono.

Vedendo questo, saltassimo in terra cento omini per avere linga[60] e parlare seco overo per forsa[61] pigliarne alguno. Fugiteno e fugendo facevano tanto gran passo che noi saltando non potevamo avansare li sui passi. In questo fiume stanno sette izolle;[62] ne la maior de queste se trova pietre preciose. Qui se chiama Capo de Sancta Maria;[63] già se pensava che de qui se pasasse al Mare de Sur,[64] cioè mezodí, né mai piú oltra fu discoverto.[65] Adesso non è capo[66] si non[67] fiume e ha larga la boca 17 leghe. Altre volte in questo fiume fu mangiado da questi Canibali per tropo fidarse uno capitanio spagnolo che si chiamava Ioan de Solís e sesanta omini che andavano a discovrire terra como nui.

Po', seguendo el medesimo camino verso el polo antartico acosto de terra, venissemo a dare in[68] due isolle pienni de occati[69] e lovi marini.[70] Veramente non se poria narare il gran numero de questi occati: in una ora cargassimo le cinque nave. Questi occati sonno negri e hanno tute le penne ad uno modo cossí nel corpo como nelle ale, non volano e viveno de pesse. Erano tanti grassi che non bisognava pelarli ma scortigarli. Hanno lo beco como uno corno. Questi lovi marini sonno de diversi colori e grossi como viteli ed el capo como loro con le orechie picole e tonde e denti grandi; non hanno gambe se non piedi tacade[71] al corpo simile a le nostre mani,

[60] Intendi: sbarcammo cento uomini per ottenere notizie (*avere linga*).
[61] Con la forza.
[62] Isole.
[63] Oggi Punta del Este, in Uruguay.
[64] L'Oceano Pacifico.
[65] Scoperto.
[66] Promontorio.
[67] Bensì.
[68] Imbatterci.
[69] Paperi; ma qui pinguini, come si evince dalla loro descrizione.
[70] Lupi marini, ossia otarie, foche.
[71] Attaccati.

con onghie picolle e fra li diti hanno quella pele como le oche. Sarebenno ferocissime se potesseno corere; nodano[72] e viveno de pesce. Qui ebenno li nave grandissima fortuna, per il che ne aparseno molte volte li tre corpi sancti, çioè sancto Elmo, sancto Nicolò e sancta Chiara, e subito sessava[73] la fortuna. Partendone de qui arivassemo fin a 49 gradi e mezo a l'antartico. Essendo l'inverno, le navi introrono in uno bon porto per invernarse.[74] Quivi stesemo dui mesi senza vedere persona alguna. Un dí a l'improviso vedessemo uno omo de statura de gigante[75] che stava nudo ne la riva del porto, balando, cantando e butandose[76] polvere sovra la testa. Il capitanio generale mandò uno de li nostri a lui, aciò facesse li medesimi acti in segno de pace e, fati, lo conduce in una izolleta dinanzi al capitanio generalle. Quando fo nella sua e nostra presentia, molto se maravigliò e faceva segni con uno dito alzato credendo venissemo dal ciello. Questo erra tanto grande che li davamo[77] a la cintura e ben disposto; aveva la faza[78] grande e depinta intorno de rosso e intorno li ochi de iallo con dui cori[79] depinti in mezo de le galte;[80] li pochi capili che aveva era-

[72] Nuotano, cioè vivono in acqua.

[73] Cessava.

[74] Passare l'inverno, svernare.

[75] Uno dei giganti abitatori della Patagonia. Pigafetta presenta all'Europa i Patagoni, che dovevano avere tanta fortuna letteraria e filosofica fino al Settecento inoltrato, a Vico e a Leopardi. Antonello Gerbi riassume la polemica sull'esistenza e sulle proprietà dei giganti patagonici nel suo *La natura delle Indie Nove. Da Cristoforo Colombo a Gonzalo Fernández de Oviedo*, cit., pp. 143-147; lo studioso aveva già trattato la questione in *La disputa del Nuovo Mondo. Storia di una polemica*, Milano-Napoli, Ricciardi, 1955 (nuova ed. a cura di S. Gerbi, con un saggio di A. Melis, Milano, Adelphi, 2000, pp. 120-125, cui si rimanda per le fonti bibliografiche).

[76] Gettandosi.

[77] Gli arrivavamo.

[78] Faccia, volto.

[79] Cuori.

[80] Gote.

no tinti de bianco; era vestito de pelle de animale coside[81] sotilmente insieme, el quale animalle[82] ha el capo e orechie grande como una mula, il colo e il corpo como uno camello, le gambe di cervo e la coda de cavalo e nitrisse como lui. Ge ne sono asaisimi[83] in questa tera. Aveva a li piedi albarghe[84] de le medesme pelle che copreno li piedi a uzo de scarpe e nella mano uno arco curto e grosso, la corda alquando piú grossa di quelle del lauto,[85] fata de le budelle del medemo animale, con un mazo de frece de canna non molto longhe, impenade como le nostre, per fero ponte[86] de pietra de fuoca[87] bianca e negra, a modo de le freze turchesche, facendole con un'altra pietra. Lo capitanio generalle li fece dare da mangiare e bere e, fra le altre cose che li mostrete, li mostrò uno spechio grande de azalle.[88] Quando el vide sua figura, grandamente se spaventò e saltò indrieto e butò tre o quatro de li nostri omini per terra. Dapoi li dete[89] suonagli, uno spechio, uno petine e certi paternostri[90] e mandollò in tera con omini armati. Uno suo compagno, che mai volse venire a le nave, quando el vite venire costui con li nostri, corse dove stavano li altri. Se misseno in fila tuti nudi. Arivando li nostri a essi, comensorono a balare e cantare levando uno dito al ciello e mostrandoli polvere bianca de radice de erba posta in pignate de tera[91] che la mangiasseno perché non avevano altra co-

81 Cucite.
82 Si tratta del guanaco.
83 Moltissimi.
84 Calzature.
85 Liuto.
86 Per fare punte.
87 Pietra focaia.
88 Acciaio (ven.).
89 Diede.
90 I *paternostri* sono i rosari, per esten. "pallottole" di materiale vario, usate per confezionare ninnoli e ornamenti. Con sineddoche: collane, catenine.
91 Recipienti di terracotta.

sa. Li nostri li feceno segno dovesseno vegnire a le navi e che li aiuterebenno portare le sue robe, per il che questi omini subito pigliorono solamente li sui archi e le sue femine cargate[92] como asine portorono il tuto. Queste non sonno tanti grandi ma molto piú grosse. Quando le vedessimo, grandemente stessemo stupefati: hanno le tete longhe mezo brazo, sonno depinte e vestite como loro mariti, se non dinanzi a la natura hanno una pelessina[93] che la copre. Menavano quatro de questi animali picoli ligadi[94] con ligami a modo de caveza.[95] Questa gente, quanto[96] voleno pigliare de questi animali, ligano uno de questi picoli a uno spino;[97] poi veneno li grandi per iocare con li picoli ed essi, stando asconsi, li amazano con le freze. Li nostri ne condussero a le navi dizidoto[98] tra omini e femine; e foreno[99] ripartiti a le due parte del porto açiò pigliasseno de li dicti animali.

De lí a 6 iorni fu visto uno gigante depinto e vestito de la medesima sorta de alguni che facevano legna. Aveva in mano uno arco e freze; acostandose a li nostri, prima se tocava el capo, el volto ed el corpo e il simile faceva a li nostri e dapoi levava li mani al ciello. Quando el capitanio generale lo sepe, lo mandò a tore[100] con lo schifo[101] e menòlo in quella izola che era nel porto dove avevano facta una casa per li fabri e per meterli alcune cose de le nave. Costui era più grande e meglio disposti de li altri e tanto tratabile e gratioso. Saltando balava e,

[92] Cariche.
[93] Pelle di animale, usata come veste.
[94] Legati.
[95] Finimento che serve per tenere legato il capo di un animale.
[96] Quando.
[97] Arbusto.
[98] Diciotto.
[99] Furono.
[100] Prendere.
[101] Battello, scialuppa.

quando balava, ogni volta cazava[102] li piedi soto terra uno palmo. Stette molti giorni con nui, tanto che 'l batisassemo[103] chiamandolo Ioanni. Cos<í> chiaro prenuntiava *Iesú*, *Pater Noster*, *Ave Maria* e *Iovani* como nui, se non con voce grocissima.[104] Poi el capitanio generale li donò una camiza, una camisota di panno, braghesse[105] di panno, un bonet,[106] un spechio, uno petine, sonagli e altre cose e mandòlo da li sui:[107] ge li andò molto alegro e contento. El giorno seguente costui portò uno de quelli animali grandi al capitanio generale, per il che li dete molte altre cose aciò ne portasse de li altri, ma piú no 'l vedesemo. Pensasemo li suoi lo avessero amazato per aver conversato con nui. Passati 15 giorni, vedessemo quatro de questi giganti senza le sue arme perché le avevano ascosse in certi spini: poi li dui che pigliassemo ne le insegnaro. Ognuno era depinto diferentiatamente. Il capitanio generale retenne dui, li piú ioveni e piú disposti,[108] con grande astutia per condurli in Spagna; se altramente avesse facto, facilmente averebenno morto alguni de nui. L'astutia che uzò in retenerli fu questa: ge dete molti cortelli, forfice, spechi, sonagli e cristalino.[109] Avendo questi dui le mani pienne de le dette cose, il capitanio generale fece portare dui para[110] de feri che se meteno a li piedi, mostrando de donarlli, ed elli, per essere fero, li piacevano molto, ma non sapevano como

[102] Cacciava.

[103] Battezzammo.

[104] Grossissima.

[105] Le *braghesse* indicano, in veneto, i pantaloni lunghi.

[106] Berretto. Martinengo ricorda come i berretti, specie quelli rossi, fossero oggetto privilegiato di scambio con i nativi (A. Martinengo, *I berretti rossi di Colombo: dall'eziologia allo stereotipo*, in *Dialogo. Studi in onore di Lore Terracini*, a cura di I. Pepe Sarno, Roma, Bulzoni, 1990, pp. 365-378).

[107] Per i pronomi, la forma *sui* coesiste con *suoi*.

[108] Di migliore costituzione.

[109] Perla di vetro simile a cristallo.

[110] Due paia.

portarli e li rincresceva lassarli. Non avevano ove metere quelle merce e besognavali tenerli con le mani la pelle che avevano intorno. Li altri dui volevano aiutarli, ma il capitanio non volse. Vedendo che li rincresciva lassare quelli feri, li fece segno li meterebe a li piedi e che li portarebenno via. Essi risposero con la testa de sí subito. Ad uno medesimo tempo li fece metere a tucti dui e, quando l'inchiavavano con lo fero che traversa, dubitavano,[111] ma, sigurandoli il capitanio, pur steteno fermi. Avedendosene poi de l'ingano, sbufavano como tori, chiamando fortemente Setebos[112] che li aiutasse. Agli altri dui, apena potesimo ligarli li mani, li mandassemo a terra con nove omini açiò guidasseno li nostri dove stava la moglie de uno de quelli avevano presi, perché fortemente con segni la lamentava açiò ella intendessemo. Andando, uno se desligò[113] li mani e corse via con tanta velocità che li nostri lo perseno di vista. Andò dove stava la sua brigata e non trovò uno de li soi che era rimasto con le femine perché era andato a la caza.[114] Subito andò a trovare e contòli tuto el fatto. L'altro tanto se sforzava per desligarse che li nostri lo ferirono un poco sopra la testa e sbufando conduce li nostri dove stavano le loro donne. Gioan Cavagio piloto, capo de questi, non volse tore la donna quella sera, ma dormite ivi perché se faceva nocte. Li altri dui veneno e, vedendo costui ferito, se dubitavano e non disero niente alora, ma ne l'alba parloro a le donne; subito fugiteno via e corevano piú li picoli che li grandi, lassando tute le sue robe. Dui se

[111] Temevano (latinismo).

[112] Il nome di *Setebos* si riferisce a una divinità patagonica. Shakespeare, che aveva letto la *Relazione* pigafettiana (tradotta in inglese e inserita in forma abbreviata nelle *Decades of the newe worlde or west India* di Richard Eden, London, 1555), si ricordò di questo demone facendolo invocare da Caliban, erede dei Cannibali americani (*La tempesta*, I, 2; V, 1).

[113] Si slegò, si sciolse.

[114] Caccia.

trasseno da parte tirando a li nostri frece; l'altro menava via quelli soi animaleti per cazare e, così combatendo, uno de quelli passò la cossa[115] con una freza a uno de li nostri, il quale subito morí. Quando visteno[116] questo, subito corseno via. Li nostri avevano schiopeti[117] e balestre e mai non li poterono ferire. Quando questi combatevano, mai stavano fermi, ma saltando de qua e de·llà. Li nostri sepelirono lo morto e brasarono[118] tute le robe che avevano lassata. Certamente questi giganti coreno piú veloci che cavali e sonno gelosissimi de loro mogliere.

Quando questa gente se sente malle al stomaco, in loco de purgarse se meteno ne la golla dui palmi e piú d'una friza[119] e gomitano coloro verde mischiade con sangue[120] perché mangiano certi cardi. Quando li dole el capo se danno nel fronte una tagiatura[121] nel traverso e cussí ne le brace, ne le gambe e in ciascuno loco del corpo, cavandosse molta sangue. Uno de quelli avivamo presi, che stava ne la nostra nave, diceva como quel sangue non voleva stare ivi e per quello li dava passione.[122] Hanno li capeli tagliati con la chierega a modo de' frati, ma piú longhi, con uno cordonne di bambaso[123] intorno lo capo, nel qualle ficano le freze quando vano a la caza. Ligano el suo membro dentro del corpo per lo grandissimo fredo. Quando more uno de questi ge apareno 10 o dudice[124] demoni balando molto alegri intorno del morto tucti depinti. Ne vedeno uno sovra li altri asai piú grande, gridando e facendo piú gran festa. Cosí como el

[115] Coscia.
[116] Videro.
[117] Schioppi, armi da fuoco leggere.
[118] Bruciarono.
[119] Freccia.
[120] Intendi: vomitano qualcosa di colore verde mescolato con sangue.
[121] Taglio.
[122] Noia, fastidio.
[123] Bambagia, cotone.
[124] Dodici.

demonio li apare depinto, de quella sorte se depingeno. Chiamano el demonio magior *Setebos*, a li altri *Cheleulle.*[125] Ancora costui ne disse con segni avere visto li demoni con dui corni in testa e peli longhi che coprivano li piedi getare foco per la boca e per il culo. Il capitanio generale nominò questi popoli *Patagoni.*[126] Tutti se vesteno de la pelle de quello animale già deto; non hanno case se non trabache[127] de la pelle del medesimo animale e con quelli vano mo di qua mo di là como fanno i cingani;[128] viveno de carne cruda e de una radice dolce che la chiamano *chapae*. Ognuno de li dui che pigliassemo mangiava una sporta de biscoto e beveva in una fiata[129] mezo sechio de acqua. E mangiavano li sorgi[130] senza scorticarli.

Stessemo in questo porto, el quale chiamassemo Porto de Sancto Iulianno,[131] circa de cinque mesi, dove acadetenno molte cose. Açiò che vostra illustrissima signoria ne sapia algune, fu che, subito entrati nel porto, li capitani de le altre quatro nave ordinorono uno tradimento per amazare il capitanio genneralle;[132] e questi erano el veadore[133] de l'armata, che se chiamava Ioan

[125] *Cheleulle* è il nome di un'altra divinità patagonica di difficile identificazione, forse Chahueli.

[126] Nel suo commento, Canova ricorda come questo nome derivi probabilmente da «quello del mostro Patagón, uno dei personaggi del romanzo cavalleresco *Primaleón* (a stampa dal 1512)» (cfr. Pigafetta, cit., p. 184, n. 172).

[127] Tende.

[128] Zingari.

[129] Volta.

[130] Sorci, topi.

[131] Puerto San Julián, in Argentina.

[132] Si tratta del fallito ammutinamento del 12 aprile 1520, in seguito al quale Magellano fece uccidere e squartare il tesoriere Luis de Mendoza e Gaspar de Quesada, comandante della nave *Concepción*. Juan de Cartagena e l'ecclesiastico (*prete*) furono esiliati, mentre il contabile (*contadore*) Antonio Coca venne messo ai lavori forzati (cfr. le precisazioni di Canova in Pigafetta, cit., p. 185, testo e nn. 177-178).

[133] Il termine *veadore* è voce spagnola per "ispettore, sovrintendente".

de Cartagena, el tesorero Alovise de Mendosa, el contadore Antonio Coca e Gaspar de Cazada † e, squartato el veador de li omini, fo amazato lo tesorero a pognalade, esendo descoperto lo tradimento. De lí alquanti giorni Gaspar de Casada †, per voler fare uno altro tradimento, fo sbandito con uno prete in questa terra Patagonia. El capitanio generale non volse farlo amazare perché lo imperatore don Carlo lo aveva facto capitanio.

Una nave chiamata Sancto Iacobo,[134] per andare a descovrire la costa, se perse. Tucti li omini si salvarono per miracolo non bagnandosse. Apenna dui de questi venirono a li navi e ne discero el tuto, per il che el capitanio generale ge mandò alguni omini con sachi pienni de biscoto. Per dui mesi ne fu forsa portarli el vivere perché ogni giorno trovavano qualche cosa de la nave. El viagio ad andare era longo 24 leghe (che sonno cento millia), la via asprissima e pienna de spini. Stavano 4 giorni in viagio; le nocte dormivano in machioni;[135] non trovavano acqua da bevere se non giaçio,[136] il che ne era grandisima fatiga. In questo porto era asaisime cape longhe, che le chiamano *missiglioni*[137] (avevano perle nel mezo), ma picole che non le potevano mangiare. Anco se trovava insenso,[138] struzi,[139] volpe, pàssare[140] e conigli piú picoli assai de li nostri. Qui, in cima del piú alto monte, drizassemo una croce in signo de questa terra che erra del re de Spagna e chiamassemo questo monte *Monte de Cristo*.

[134] La nave *Santiago*, destinata alle perlustrazioni.
[135] Cespugli.
[136] Ghiaccio.
[137] Si tratta di una specie di mitili (sp. *mejillones*).
[138] Incenso.
[139] Si tratta dei *nandù*, più piccoli degli struzzi, diffusi nella Patagonia meridionale.
[140] Passeracei.

Partendone de qui in 51 grado manco uno terso a l'antartico trovasemo uno fiome de acqua dolce[141] nel qualle le navi quasi se persenno per li venti teribili, ma Dio e li corpi sancti le aiutarono. In questo fiume tardassemo circa dui mesi per fornirne de acqua, legna e pesce longo uno braso e piú con squame: era molto bonno, ma poco. E inansi se partissemo de qui, el capitanio genneralle e tuti nui se confessasemo e comunicassemo como veri cristianni.

Poi, andando a cinquantadui gradi al medesimo polo, trovassemo nel giorno delle Undicimila Vergine uno streto, el capo del qualle chiamamo *Capo de le Undicimillia Vergine*,[142] per grandissimo miracolo. Questo streto è longo cento e diece leghe (che sonno 440 millia) e largo piú e manco de meza lega, che va a referire in uno altro mare chiamato Mar Pacifico, circundato da montagne altissime caricate de neve. Non li potevamo trovare fondo si non lo proise in tera in 25 e 30 braza[143] e, se non era el capitanio gennerale, non trovavamo questo strecto, perché tuti pensavamo e dicevamo como era serato tuto intorno. Ma il capitano generale, che sapeva de dover fare la sua navigatione per uno streto molto ascoso, como vite ne la tesoraria de re de Portugal in una carta fata per quello exelentissimo uomo Martin de Boemia,[144] mandò due navi (Sancto Antonio e la Conceptione, che cossí le chiamavano) a vedere che era nel capo de la baia. Noi con le altre due nave (la capitania se chiamava Trinitade, l'altra la Victoria) stessemo ad

141 Il Rio Santa Cruz.

142 Si tratta dell'attuale Cabo Vírgines.

143 Nel suo commento, Canova spiega: «si poteva toccare il fondo solo quando il cavo di ormeggio di prua si trovava a 25-30 braccia dalla riva» (cfr. Pigafetta, cit., p. 187, n. 194); *proise* è iber. "prodese, cavo d'ormeggio".

144 Martin Behaim (1459 ca.-1507), cartografo e cosmografo tedesco al servizio del re di Portogallo.

aspectarle dentro ne la baia. La nocte ne sovravenne una grande fortuna[145] che durò fino a l'altro mezoiorno, per il che ne fu forza levare l'ancore e lassiare andare de qua e de là per la baia. A le altre due navi li era traversia[146] e non potevano cavalcare[147] uno capo che faceva la baia quasi in fine per voler venire a noi; sí che li era forsa a dare in seco.[148] Pur acostandose al fine de la baia, pensando de essere persi, viteno una boca picola che non pariva boca ma uno cantone[149] e, como abandonadi, se cazaronno dentro, sí che per forza discoperseno el streto e, vedendo che non era cantone ma uno streto de tera, andarono piú inanzi e trovorono una baia. Poi andando piú oltra, trovorono uno altro stretto e un'altra baia piú grande che le due prime. Molto alegri subito voltoron indrieto per dirlo al capitanio generale. Noi pensavamo fosseno perse, prima per la fortuna grande, l'altra perché eranno passati dui giorni e non aparevano; e anco per certi fumi che facevano dui de li sui mandati in tera per avisarne. E cosí stando suspesi, vedemo venire due navi con le velle pienne e con le bandere spiegate verso de noi. Essendo casi vicine, subito scaricorono molte bombarde †...† e gridi; poi tuti insieme, rengratiando Idio e la Vergine Maria, andasemo a cercare piú inanzi.

Essendo entrati in questo streto, trovassemo due boche: una al siroco, l'altra al garbino. Il capitanio generale mandò la nave Sancto Antonio insieme con la Concetione per vedere se quela boca che era verso siroco aveva exito nel Mare Pacifico. La nave Sancto Antonio non volse aspectare la Conceptione perché voleva fugire per retornare in Spagna, como fece. Il piloto de questa nave

[145] Tempesta.
[146] Furia di vento che scuote la nave.
[147] Doppiare.
[148] Incagliarsi.
[149] Insenatura.

se chiamava Stefan Gomes,[150] lo qualle odiava molto lo capitanio gennerale perché, inanzi se facesse questa armata, costui era andato da lo imperatore per farse dare algune caravele per discovrire terra, ma per la venuta del capitanio gennerale sua magestà non le li dete. Per questo se acordò con certi spagnolli e nella nocte seguente pigliarono lo capitanio de la sua nave, el qualle era germano[151] del capitanio generale e aveva nome Alvaro de Meschita, lo ferirono e lo messeno in feri e cosí lo condussero in Spagna. In questo nave era l'altro gigante che avevamo prezo, ma, quando entrò nel caldo, morse. La Conceptione, per non potere seguire questa, la aspectava andando di qua e de là. Sancto Antonio a la nocte tornò indrieto e se fugí per lo medesimo strecto. Nui éramo andati a descovrire l'altra boca verso el garbín, trovando pur ognora el medesimo streto. Arivassemo a uno fiume, che 'l chiamassemo el *Fiume delle Sardine*, perché apresso de questo ne eranno molte, e cosí quivi tardassemo quatro iorni per aspectare le due nave. In questi giorni mandasemo uno batello ben fornito per descoprire el capo de l'altro mare. Venne in termine de tre iorni e dissero como avevano veduto el capo ed el mare amplo. El capitanio gennerale lagrimò per allegreza e nominò quel capo *Capo Dezeado*,[152] perché l'avevano ià gran tempo desiderato. Tornasemo indrieto per sercar[153] le due nave e non trovassemo si non la Conceptione e, domandandoli dove era l'altra, rispose Ioan Seranno,[154] che era capitanio e piloto de questa e

[150] Pilota portoghese, aveva proposto senza esito una spedizione a Carlo V, il quale aveva poi incaricato Magellano. Ribellatosi all'Ammiraglio, tornò in Spagna il 6 maggio 1521 e subì una prigionia breve. Dopo qualche tempo riprese le missioni per la corona imperiale.

[151] Cugino (ven.).

[152] L'odierno Cabo Pilar, uno dei lembi dell'isola Desolación, in Cile.

[153] Cercare.

[154] Juan Serrano fu prima capitano della *Santiago*, poi naufragata, e della *Concepción*.

anco de quella che se perse,[155] che non sapeva e che mai non l'aveva veduta dapoi che ella entrò ne la boca. La cercassemo per tuto lo streto fin in quella boca dove ella fugite. Il capitanio gennerale mandò indrieto la nave Victoria fina al principio del streto a vedera se ella era ivi e, non trovandola, metesse una bandera in cima de alguno monticello con una letera in una pignatella ficada in tera apresso la bandera, aciò vedendola trovasseno la letera e sapesseno lo viagio che facevamo, perché cussí era dato le ordine fra noi quando se smarivamo le nave una de l'altra. Se misse due bandere con le letere l'una a uno monticello ne la prima baia, l'altra in una izoleta nella terza baia dove eranno molti lovi marini e ucceli grandi. Il capitanio generale l'espetò[156] con l'altra nave apresso el fiume Isleo e fece metere una croce in una izoleta zirca de questo fiume, el qualle era fra alte montagne caricate de neve e descende nel mare apresso lo Fiume de le Sardine. Se non trovavamo questo streto, el capitanio generale aveva deliberato andare fino a setantacinque gradi al polo antartico, dove in tal altura al tempo de la estate non ge è nocte e, se glie n'è, è poca, e cossí ne l'inverno iorno. Açiò vostra illustrissima signoria il creda, quando éramo in questo strecto le nocte eranno solamente de tre ore ed era nel mese d'octobre. La terra de questo strecto a man manca era voltata al siroco ed era bassa. Chiamassemo a questo streto el Streto Patagonico,[157] in lo qual se trova ogni meza lega segurissimi porti, acque exelentissime, legna si non di cedro, pesce, sardine, missiglioni e appio[158] (erba dolce, ma ge n'è anche de amare; nasce atorno le fontane),[159] del qualle mangiassimo assai iorni per non avere altro. Cre-

[155] La nave *Santiago*.
[156] Aspettò, attese.
[157] Lo Stretto di Magellano.
[158] L'*appio* è una specie di sedano usato come antiscorbuto.
[159] Fonti d'acqua.

do che non sia al mondo el piú bello e migliore streto como è questo. In questo Mar Occeanno se vede una molto delectevol caza de pesci: sonno tre sorte de pessi longhi uno brazo e piú che se chiamano *doradi*, *albacore* e *bonniti*,[160] li qualli seguitano pesci che volanno, chiamatti *colondrini*,[161] longhi uno palmo e piú e sonno obtimi al mangiare. Quando quelle tre sorte trovano alguni de questi volanti, subito li volanti saltanno fora de l'acqua e volano finché hanno le alle bagnate piú de uno trar de balestra. Intanto che questi volano, li altri corenno[162] indrieto socta acqua a la sua ombra; non sonno cussí presto cascati ne l'acqua che questi subito li piglianno e mangiano, cosa invero belissima de vedere.

160 Orate, alalonghe e palamiti.
161 Pesci rondine (dallo sp. *golondrinas de mar*).
162 Corrono.

GIOVANNI DA EMPOLI

Relazione del primo viaggio

Le notizie sulla vita di Giovanni da Empoli (1483-1517) sono abbastanza scarse, si riducono a pochi documenti d'archivio, su cui si è indagato soprattutto in questi ultimi anni.[1] Mercante per tradizione familiare, non ignaro di latino e di rudimenti del greco, Giovanni inizia la sua attività commerciale nell'azienda del padre Leonardo, cambiavalute in Firenze. In pochi anni acquista una notevole esperienza nel campo della contabilità e delle operazioni cambiarie e nel 1501 è a Lione, una delle principali piazze bancarie europee e punto di riferimento di molte operazioni connesse all'espansione transoceanica;[2] poi va a Bruges, per finire a Lisbona (1502), come agente di compagnie fiorentine. Da qui, nell'aprile 1503, si imbarca per una spedizione di 18 mesi in Oriente. Ritornato in patria, opera tra Lione e Lisbona

[1] Sulla sua biografia lo studio più completo è quello di M. Spallanzani, *Giovanni da Empoli un mercante fiorentino nell'Asia portoghese*, Firenze, Studio per Edizioni Scelte, 1999, che offre anche documenti in edizione critica e fonti bibliografiche aggiornate. Vedi anche G. Bertuccioli, *da Empoli Giovanni*, in *Dizionario Biografico degli Italiani*, vol. 31, Roma, Istituto della Enciclopedia Italiana, 1985, pp. 635-640.

[2] È noto il ruolo di una città come Lione nello stimolare compagnie fiorentine a promuovere investimenti in viaggi diretti alle Indie Orientali e Occidentali, tra cui quello importantissimo di Giovanni da Verazzano. Si veda la documentazione in F. Melis, *I mercanti italiani nell'Europa medievale e rinascimentale*, con introduzione di H. Kellenbenz, a cura di L. Frangioni, Bagno a Ripoli (Firenze), Grassina, 1990, pp. 45-54.

per conto della compagnia dei Gualterotti in qualità di socio o almeno come persona a cui era riconosciuto il diritto di svolgere operazioni per conto di terzi. Nel 1509 si imbarca per Malacca (di cui rimane testimonianza in un'altra lettera), dove vive fino al 1514. Tornato a Lisbona, ebbe dal sovrano l'incarico di istituire una *feitoria* nell'isola di Sumatra e, se fosse stato possibile, in Cina. Fallito il tentativo a Sumatra, dove si era recato nel 1515, si imbarcò per la Cina nel 1517 ma morì di malattia a Macao.

Di seguito, si riporta la lettera che Giovanni scrisse al suo ritorno dal viaggio in Malacca, tra il 1503 e il 1504, la cui redazione emendata venne inserita nel primo volume della raccolta ramusiana, con l'intestazione *Viaggio fatto nell'India per Giovanni da Empoli, fattore su la nave del serenissimo re di Portogallo, per conto de' Marchionni di Lisbona*. Giovanni aveva appena vent'anni quando si imbarcò, come fattore con merci sue e di altri commercianti italiani di Lisbona, sulla flotta che si recava in India al comando di Afonso de Albuquerque. In questo viaggio svolse un ruolo importante la compagnia di Girolamo Frescobaldi e Filippo Gualterotti di Bruges, accanto ai quali partecipò in veste di finanziatore, assieme ad altri, la casa fiorentina dei Marchionni, una delle principali sostenitrici della politica portoghese d'oltremare (Bartolomeo Marchionni era stato appaltatore del commercio con l'Africa e aveva partecipato al finanziamento della spedizione di Cabral in Brasile nel 1501).

La fama raggiunta da questa come dalle altre lettere di Giovanni da Empoli si può dire rappresenti proprio un aspetto significativo del lavoro e dell'importanza culturale dei mercanti fiorentini in Asia. Il suo viaggio in Malacca è, in tal senso, un resoconto esemplare delle vicende che potevano capitare a un viaggiatore del tempo, e offre un quadro effettivo della realtà dell'epoca.

La lettera, oltre a essere un significativo campione del mondo dei mercanti fiorentini (o toscani in genere), pronti ad approfittare delle straordinarie opportunità che le rotte nuove aperte dai portoghesi erano in grado di offrire e tra i primi a investire somme di denaro e a partecipare in prima persona a questa impresa, è un campionario di *topoi* sui problemi dell'andar per mare. Vi si registrano anche tanti stupefacenti spettacoli vissuti per nave, che lo scrittore registra in maniera secca e concisa, perché narrando parecchie cose si induce più "maraviglia".

Nel resoconto compare il tema della tempesta (*fortuna*) che fa sì che le navi si perdano di vista e proseguano la navigazione in maniera indipendente l'una dall'altra. La nave sulla quale viaggia Giovanni tocca il Brasile, in una zona chiamata Vera Croce, destinata a divenire un utile scalo per le navi portoghesi dirette in Asia. La nave, poi, dopo aver corso «horribile fortuna» nel doppiare il difficile Capo di Buona Speranza, risale l'Africa attraversando il canale di Mozambico. Dopo altre tempeste, in India, a Cochin, i portoghesi, e con loro il mercante fiorentino, si trovano coinvolti nelle lotte in atto tra il re di Calicut e il sovrano locale, che riesce a reinsediarsi sul trono proprio grazie all'appoggio dei portoghesi. C'è la difficoltà di acquisto delle spezie, prenotate da altri europei. Poi c'è lo scambio di cortesie e di doni, le solenni cerimonie religiose e la stipula del vantaggioso trattato commerciale che frutta un notevole carico di spezie. Le navi affrontano di nuovo un lungo viaggio per tornare a Lisbona con questa merce.[3]

[3] Sotto la voce "spezie" i mercanti europei riunivano oltre ai prodotti tradizionali (pepe, cannella, zenzero, chiodi di garofano), altri prodotti minori di origine prevalentemente vegetale impiegati nella produzione tessile come coloranti o nella farmacopea. Cfr. W. Heyd, *Storia del commercio col Levante nel Medio Evo* [1879], Torino, UTET, 1909 (2° ediz., *ivi*, 1913).

Sarebbe riduttivo, però, fermarsi al solo racconto di una spedizione senza prendere in esame la coscienza, che pervade tutta una classe imprenditoriale, di essere davanti a una «impresa» commerciale senza precedenti, quale è quella legata alla scoperta e all'esplorazione (e allo sfruttamento) di mercati nuovi. Senza far riferimento a quei fenomeni che riguardano le società europee (il vecchio mondo) come la tratta degli schiavi o il commercio dell'oro, non si può evidentemente comprendere la relazione, non semplicemente simbolica, di questo evento col fenomeno successivo del colonialismo.

Il testo si legge in M. Spallanzani, *Giovanni da Empoli un mercante fiorentino nell'Asia portoghese*, Firenze, Studio per Edizioni Scelte, 1999, pp. 139-151.

Relazione del primo viaggio

Chopia del primo viaggio che Giovanni di Lionardo da Empoli fecie in India, per la lettera che iscrive a Lionardo, suo padre

La partita nostra fu da Lisbona alli vi d'aprile 1503, nell'armata del capitano magiore Alfonso d'Albucherche,[4] chapitano di 4 navi di Portoghallo, di portate una di botte 1600,[5] per nome Santo Iachopo, e l'altra di portata di botte 700, per nome Santo Spirito, e l'altra di portata di botte 300, per nome Santo Cristofano, e quarta di portata di botte 200, di Chaterina Dies: le quali partitici di conserva cominciamo a fare nostra diritta navichazione a dirittura al Chapo Verde. E chome avemo vista del detto chapo, prese consiglio il chapitano maggiore con li sua piloti che cammino s'avessi a pigliare, che fussi buona navichatione per ghuadangniare il Chapo di Buona Speranza, perché ordinariamente el diritto chammino era di lungho alla costa di Ghinea, per nome propia, la quale per essere chosta e terre molto suddite alla corrente e molti schogli e basso mare, e oltre è choperta della linea equinomentiale,[6] dove per la forza d'essa il vento non può vighorare, e per fuggire detta costa diliberamo d'andare alla volta, al piè di leghe 750 in 800. E per navighando in la detta volta, venissimo a essere tanto avanti levante e ponente con detto chapo e navichando nella detta volta al piè di 28 giorni, una sera avemo vista d'una terra, la quale già per altri era suta trovata in prosunzione, non già per cosa ferma, e chiamasi isola di

[4] Afonso de Albuquerque, futuro viceré dell'India portoghese, comandava una delle due squadre che nel 1503 vennero inviate in India per difendere le fattorie e costruire una fortezza a Cochin.

[5] Si tratta di 1600 botti. L'autore elenca le navi secondo la stazza, in ordine decrescente.

[6] Linea equinoziale, cioè l'equatore.

Prosuntione:[7] intorno alla quale istemo tutta la notte, chon molto tempo fortuito e in qualche chonditione di perderci, perché il vento era traversia d'essa. Detta isola non è di nullo di minero,[8] per quanto potessimo comprendere; e d'essa partiti, navighando pure in detta volta, ci trovamo tanto avanti chome la terra della Vera Crocie,[9] così nomata, altra volta dischoperta per Amerigho Vespucci, nella quale si fa buona somma di cassia[10] e di verzino: altro da minero non abiamo compresa. Le gente dessa sono di buona forma, vanno nudi, sì huomini chome donne, sanza niente coprire: isforacchionsi insino alla cintura e s'adornano di penne varie di pappaghalli, e loro labbra piene d'ossa di pescie. Le loro arme come dardi, la punta coperta di dette ossa di pescie. Fede nessuna non tenghano salvo epichura;[11] mangiano per chomune vitto charne humana, la quale secchano al fumo, come noi la charne del porcho.

Partiti di detto luogho per nostra navighazione in chontro a detto Chapo,[12] come fumo a dirittura dell'isola di Santo Tommè perdemo la vista di questo nostro polo articho, e subito ci achostamo al polo antarticho.[13] E avanti potessimo ghuadangniare il detto chapo, chorremo orribile fortuna[14] per più volte a albore secho sanza palmo di vela, ora al ponente, ora al levante, perché in detto luogho non chursitano altri venti che i 2. E chon la

[7] Il nome *Prosuntione* è evidente errore per Ascensione, l'isola scoperta da João da Nova nel 1501, oggi detta Trinidade.

[8] Intendi: non vi è nessun prodotto o minerale prezioso.

[9] Il Brasile.

[10] La *cassia* appartiene alle Leguminose, il cui frutto è usato per scopi medicinali, con funzione lassativa e decongestionante.

[11] Epicurea.

[12] Il Capo di Buona Speranza.

[13] L'autore è qui molto impreciso; di fatto le navi avevano superato da un pezzo l'equatore. Giovanni da Empoli non era, infatti, un esperto di astronomia nautica, come giustamente fa notare Marica Milanesi (Ramusio, *Navigazioni e viaggi*, cit., p. 744, n. 3).

[14] Tempesta, fortunale.

gratia di Dio ghuadangniamo il detto Chapo e fumo nella vista d'esso, alli 6 di luglio.

E di quivi partiti a lungho di detta costa, entramo in un porto propinquo a detto chapo, chiamato l'Acqua di San Biagio,[15] perché fu dischoperto tal porto in detto dì: e in esso porto v'è un picchololo eromitorio fatto in sua memoria. In detto luogho v'è acqua abondantissima dolcie, che (si cava) per fosse fatte a mano. In detta terra non v'è chosa di sustanzia nessuna, salvo v'è molto bestiame domestícho da mangiare e altre simile; chosta ciaschuna vaccha uno sonaglio di questi mezani, delle quali ne rischattamo per detti sonagli, che per oro o ariento non ce gli arebano mostrati. Gli huomini sono sanza chapegli e 'l chapo tingnioso e brutto, con gli ochi cispiosi; e il chorpo insino alla cintura vestito di pelle pilose, e gli huomini portano la loro natura in uno quoio piloso, a modo di ghuaina, sempre diritta. E le donne portano detto abito di pelle e a esso apicchato una choda pilosa di dette simile bestie, le quali pendano dinanzi e drieto, per choprire sue verghongnie; e ànno le poppe loro molto lunghe, chosa molto diforme.[16] Gli huomini portano certi dardi con una punta di ferro, che vi se ne truova qualchuno. Leggie nessuna non tenghano, salvo epichurea; mangiano charne cruda, per quanto abiamo veduto; parlano in ghola con cenni e fischi, e giammai[17] e giamai gli abiamo veduti splichare parola squisita, perché avamo in fra noi huomini sabitori di vani linghue, e ggiamai potettano pigliare costrutto di loro linghua: e in conclusione sono huomini bestiali. Questo è quanto s'è compreso in detta terra.

[15] Angra de São Braz, l'attuale Mossel Bay in Sudafrica, scoperta da Bartolomeu Dias nel 1488. Il termine portoghese *angra* significa "cala, insenatura, baia".

[16] L'aspetto fisico degli Ottentotti e delle loro donne sarebbe divenuto uno dei più comuni argomenti di polemica per i sostenitori dell'inferiorità naturale dei "selvaggi" rispetto agli europei.

[17] La grafia del ms. oscilla tra *giammai* e *giamai*.

Partiti di detto porto, navighando a ppiè di detta costa, corremo qualche tormenta e con grande difichultà potemo ghuadangniare detta costa. Pure andamo tanto avanti chome la terra di Zoffalla,[18] onde è la mina dell'oro, e dove il re à fatto uno chastello bene artigliato e huomini in abastanza. E di quivi partiti per andare a Melinde, dove per obrighatione e comandamento del re di Portoghallo bisongniava andare per aspettare il chapitano maggiore, ci quale s'era da noi perduto per la fortuna grande passata. E volendo noi seghuire e mettere ad effetto tale mandata era vento opposito, di sorte che, istando barlaventrando[19] per pigliare detta terra, e per pigliare uno piloto d'essa che ci menassi nell'Indie per rispetto del pericoloso gholfo, giamai ci fu rimedio, e l'acque ci trasportorono tanto a basso che fumo a tenere una terra chiamata Patti,[20] la quale è circhundata di molti bassi. E sondando il nostro piloto, quando trovava 30 braccia,[21] e quando dieci o meno, di modo che noi altri, per non possere altro fare, surgemo in 4 braccia, con assai paura di nostra perditione, perché se fusse ventato vento contrario forzoso eravamo del tutto persi. E chosì stando, non possendo chompire il reggimento del re, e il tempo passava dello attraversare el gholfo – se l'uomo non si trovava il settembre nell'Indie non si può passare il gholfo, ché sei mesi venta levante e sei ponente – diliberamo lasciare el reggimento del piloto e partire *exs*

[18] Sofala e, più oltre, Malindi (*Melinde*) nella parte orientale dell'Africa. Sofala era sede di un presidio portoghese e importante centro di approvvigionamento dell'oro africano.

[19] Secondo Marica Milanesi, il termine significa "bordeggiando" e deriva dall sp. *barloventear*; mentre per Spallanzani, la parola è un calco dal portoghese *barlaventear*, che significa "mettersi a sopravvento, sopravventarsi" (cfr. *Giovanni da Empoli un mercante*, cit., p. 143, n. 23).

[20] Località dell'attuale Kenia.

[21] Misura di lunghezza variabile che oscilla tra i 58 cm dei fiorentini e i 2,2 m circa dei portoghesi.

aructo[22] e commettere[23] detto gholfo, la quale traversa sono 800 leghe o più: e navighando bene 15 giorni, per detto gholfo, trovamo le navi di nostra conserva, affuora una, la di Chaterina, la quale era sonmersa[24] con la fortuna, e insieme faciemo gran festa, racontando ciaschuno le fortune ochorse.[25] E seguendo nostra navichatione per detto gholfo paurosamente, perché in detto gholfo sono XXIIII mila isole allaghate,[26] e sse e s'errassi il detto chanale, si vi chaglierebbe[27] in dette isole. E sse in detto gholfo ventassino[28] tutta sorta di venti, chome in questi nostri mari venta, nessuna nave si salverìa;[29] ma perché nel tempo che noi passamo detto gholfo sempre il vento è prospero e uno solo, perché chome dicho non venta altri venti che ponente e levante. E quando noi siamo quasi a l'uscire del chanale, e segniali che noi abiamo, chome a tutti è notorio, sono questi: e prima troviamo acqua biancha, chome chosa presso di terra, tuttavolta non resta che non sia discosto dalla terra a noi notoria 150 leghe o più; di poi troviamo l'acqua del mare piena di serpe,[30] le quali in tanta abondanza sono quanto dire si può: sono sottili e lunghe a rragione, vanno chol chapo fu(o)ri d'acqua: il terzo segnio e utimo sono e granchi rossi e non molto grossi. Quando tale troviamo, sappiamo siamo presso a terra a 70 leghe. E di quindi è il nostro chammino: troviamo il monte Deli, prima terra d'India, chiamata principio di Melibari così chiamata. E di qui fumo

[22] Probabilmente: *ex abrupto*, all'improvviso.
[23] Compiere, con il senso di "percorrere".
[24] Affondata.
[25] Passate.
[26] Nell'Oceano Indiano emergono numerosi arcipelaghi, le Comore, le Seychelles e le Laccadive, la cui continuità è bene espressa dall'agg. *allaghate*.
[27] Vi si rimarrebbe incagliati.
[28] Spirassero.
[29] Si salverebbe.
[30] Serpenti di mare.

a Chananor,[31] e pigliamo rinfrescho[32] per ricreatione di tante fatiche e fortune sopportate: e ffu alli XI di settembre, e quivi comperamo quelle merchanzie vi trovamo.

Partimoci a lungho dalla chosta e andarno a Chuccim, facciendo il cammino per Chalichut e que' l'altre terre circhustante. Giunti a Chuccim, trovamo essere arrivati la nave della chapitania, di Francesco d'Albucherche, le quali partirano di Lixbona 3 navi insieme otto dì di poi noi. E ivi trovatole, faciemo gran festa, e da loro avemo linghua chome avevano trovato detto regnio di Chuccim distrutto, e suto chacciato il re da' mori e giente di Chalichut: alla qual chosa (detto) chapitano aveva con sua battelli e giente ghuerreggiato, di modo che aveva vinto il canpo de' nimici, con qualche occisione dell'una parte e de l'altra, e aveva rimesso il re di Chuccim in suo stato. Ora, raghunatosi[33] e dua chapitani maggiori, diliberorano fare ghuerra e andare a danno di detto re di Chalichut: chosì per molte volte lo feciano. E faciemo in detto luogho di Chuccim uno chastello in su la punta del rio di Repellim, molto forte di legniame e fossi grandi circhundato e con molta gente e artiglierie, e ciaschuna nave dette per provedimento di detto chastello. E fatto questo, chominciamo a domandare la charicha degli spezi: trovamo nella terra esservi dodicimila chantara[34] di pepi, e quali avevano comperati l'altro chapitano, che era giunto prima di noi. E doppo molte differenzie che ebbe il nostro chapitano con l'altro sopra la divisione d'essi, perché noi volavamo la metà, rimissensi i ne' fattori del re che là stavono: fu giudichato che e fussino[35] li spezi degli altri, per l'essere prima giun-

[31] Il porto di Cananor, sulle coste indiane.
[32] Rifornimento.
[33] Toscanismo per "radunatosi".
[34] Il *cantaro* (o *cantare* o *cantara*) è una misura di peso anticamente in uso in molte regioni italiane, che equivale press'a poco a 50 kg.
[35] Fossero.

ti. E chosì, fuori di speranza, e disperati avere tanto affatichati e nostri chorpi e venuti sì lontani per avere a tornare sanza spezi, deliberamo piutosto non tornare a Portoghallo e cierchare nostro ventura più avanti, che a quel tempo non era notorio.

E partitoci della terra di Chuccim, andamo a lungho della terra ben 250 miglia, dove trovamo una terra chiamata Cholom,[36] nella quale non v'era suto giammai persona a dischoprire: e qui surgiemo a lungho della praia:[37] è chosta brava, ben sei miglia da terra. E surti chosì in sulla sera, a mezzanotte chominciò a ventare tanto di vento opposito et traversia di detta terra, di modo che durò 5 dì, tanta e ssì gran fortuna e ssì gran mare, e repugnavaci tanto a terra che perdemo 4 amarre, cioè anchore, e rimasti sopra una e con poche speranze di salute: la giente, quasi la maggior parte, spogliati, perché se neciessario fossi istato gittarsi al mare per salvarsi. Pure Iddio non volse vedere tanta crudeltà: ciessò il vento e mare. Et ciessato tale fortuna, el chapitano mi mandò a terra a intendere quello che in essa fossi: e armato il battello, et co' lle sue robe e cirimonie, mi messano in terra, dove trovamo essere bene 400 huomini della terra, aspettandoci per vederci, sì e battelli chome noi altri, parendo loro mirabile chosa la nostra giunta incognita a lloro: donde, né chome. Faciemo dire loro chome eravamo cristiani dal nostro turcimanni,[38] e chome tale intesano, presano gran piaciere, diciendo loro essere alsì cristiani, e quali erano rimasti insino del tempo di Santo Tommaso. E chiamonsi nome cristiano, così donne chome huomini, chome noi: e d'essa sorte sono numero di tremila, pocho più o meno. E subito ci menorano a vedere una chiesa fatta al modo nostro, medio-

[36] Il porto indiano di Quilon.
[37] Plaia, spiaggia.
[38] Interprete.

cre, con santi e crocie, intitolata Santa Maria: e al circhuito d'essa abitano e detti cristiani, chiamati nazarani. E qui in detta chiesa ci apresentorno per istanza, di poi fumo al re, chiamato Manbiadore,[39] dal quale con assai letitia e amore ci ricievette. Domandatogli se lui aveva il modo a darci spezii per la charicha delle 3 navi, rispose che in 20 dì s'obrighava a charicharciele in fondo d'ogni sorta spezi. E tornatoci a nnave con tal risposta al chapitano, faciemo gran festa e, cominciati aconciare[40] le navi per pigliare gli spezi, chominciamo a charichare, e charichamo tanto quanto il nostro appetito desiderava, e in fondo tanto che diciemo non più.

Ora, faccendo conto di partirci, e desideroso il chapitano e il re di Cholom di vedersi insieme, dettonsi dì diputato, e il chapitano, il giorno che e s'avevano a vvedere, si mmisse in ordine sei battelli delle navi, tutti beni armati e forniti d'artiglierie, bandiere e palvesi e stendardi; e il battello del chapitano choperto di velluto, e dentro la poppa dove si siede con molti adornamenti di lanbelli di Barberia alla morescha,[41] e lui vestito di brochato, cioppa[42] alla viniziana e con molte gioie e chatene d'oro, tanto superbamente, chome si richiedeva al chapitano che rapresentava il re di Portoghallo: e noi altri ciaschuno adorni secondo sua forze. E giunti presso a terra, dove è uno porto, dove è naturale surgitoio delle navi d'India, e chome fumo giunti, surgì[43] l'anchore de' battelli, e feciesi alarghare al mare insino a tanto che il re venisse al lito. E in spatio d'una ora il re venne con innumerabile chosa di giente, e prima tutti per ordine: le squadre, di spada e targha al modo nostro, ro-

[39] Si tratta di Nambeadarim, un brahmano di altissimo rango che rappresenta la massima autorità di Quilon, in India.
[40] Preparare.
[41] Nomi e qualità di stoffe e ornamenti di tipo orientale.
[42] Una lunga giubba portata anche dagli uomini.
[43] Sorgemmo, cioè "levammo".

telle[44] i numero grande. Di poi li arcieri, di poi li palestri[45] unti con loro olii, chome conviene al giuocho di palestre, nel quale molto se exercitano di poi l'uhuomini cittadini chanbiatori, cioè banchieri, orefici e altri artigiani, e quali gli chiamano zettim,[46] e di poi e nairi, e quali al modo nostro sono siri di riputatione. Di poi e prossimani al re sono bramini, e quali al modo nostro chiameremo conti e marchesi e baroni e più grandi del regnio, de' quali bramini quattro d'essi, e principali, portavano la persona del re in cierti andari superbi, chome barella, con quattro manichi di pezi di denti d'elefanti, commessi e acconci bene; e il re a sedere a modo loro, cho piè di basso del sesso a uso di sarti, bene adorni con panni di seta lavorato e cotonina, e con molti belli anelli di buona stima, e una berretta di velluto chermisi piena di gioie, bene adorna, lungha d'altura 2/3 di braccio, a quattro quarti con pendoni che chaschano, e i chapelli di basso di detta berretta. E dricto a llui aveva molti elefanti e chavagli, e anchora che e chavagli non sieno naturali del paese chome gli elefanti, ma venghano di verso la Persia; e dopo questo assai suoni, chome chornamuse, cieramelle,[47] naccheroni e tronbette.

Et subito che fu tanto avanti chome li battelli del chapitano, fermossi la sua gente e 'l re si fecie fermare; e chome fu giunto, il chapitano mandò per farli onore a sparare tutte l'artiglierie e sonare tutte le tronbe e tronbone, e di poi si fecie tirare i battelli a terra per isciemdere e baciare la mano al re. E chome il re vedessi el chapitano volere isciendere, usò tale arte che, volgiendosi intorno sanza altrimenti parlare, tutta la giente sua

[44] Scudi leggeri, rotondi e convessi.

[45] Si tratta dei *Nair* delle scuole d'arme o palestre. Essi ricevevano una speciale educazione militare in scuole dette *kelari*.

[46] I *Chettys*, casta di commercianti tamil, originari del Coromandel, considerati stranieri a Calicut.

[47] Le cennamelle sono strumenti musicali a fiato simili alla piva.

s'alarghò dal re bene assai, e mostrò che volle fidarsi di noi piutosto che noi avessimo a fidarci di lui. E il chapitano, mettendosi in su le spalle de' sua marinai per farsi mettere in terra per non si inmollare, il re se n'andò verso lui per ricieverlo e missesi nella acqua sino presso al ginochio: e qui stettano alla marina presso al battello, facciendo gran festa, e inanzi partissino l'uno da l'altro feciono loro chapitoli e achordo in questo modo.

Il re s'obrighò dare ciaschuno anno a' portoghesi tutte le spetierie che nella terra si faciessi, e chosì noi ci obrighamo a pigliarle, e vi si misse pregio fermo, tanto a lloro spezi chome alle nostre merchanzie. Di poi chiedemo che il fattore del re, che llà rimaneva per il re di Portoghallo, avessi lui a 'ntendere nella giustitia de' cristiani, quando occhorressi, et etiam i nelli cristiani della terra che noi vi trovamo, e quali prima erano tenuti chome giudei in fra nnoi altri e mal trattati. Ora tutto gli piacque compiacierci, anchora che li parve chosa molto grande tirarli di sua iuriditione; tuttavolta ci volle contentare. E chosì fatto l'achordo, messono tutto in scritto in lettere d'argiento, e ssi partì il chapitano della nave, facciendo gran cirimonie l'una parte e l'altra. Di poi, i cristiani della terra, desiderosi di vedere nostri saciendoti, il chapitano fecie sciendere a terra il frate nostro con dua preti, tutti vestiti con sua eclesiastici paramenti, e innanzi a essi giente assai che ll'achonpagniavano, de' nostri e de' cristiani della terra. E con molti suoni entrato in chiesa, chominciò a cielebrare la messa, e con grande solennità di tronbe e chanpane portatevi, e lla chiesa paramentata[48] e piena di huomini e di donne cristiane: non bisogna dire se ha divotione e festa era grande. E chome fu finita la messa, chominciò il frate a predichare, e il turcimanno, che era huomo sufficientissimo, se il frate dicieva bene in sua linghua, lui dicieva meglio, di

[48] Addobbata in senso sacro, rivestita sontuosamente.

modo che lla chosa continovava ogni dì in favore e buono zelo, di modo che in otto dì che istemo di poi davere charicho, assai giente si battezò de' gientili della terra. Et sine dubio credo che, chon l'aiuto di Dio, non solamente el serenissimo re di Portoghallo arà acquistato gran richeza, ma etiam sono di credere che in ispatio di 50 anni saranno convertiti assai giente,[49] che Iddio ne presti di sua infinita gratia.

Partitoci di detta terra alli 15 di giennaio, andamo alla volta di Chuccim per vedere quello avessino procieduto l'altra armata. Trovamola partita, et era dinanzi a Chalichut, e stavano per fare acordo chol re. Noi partitoci, fumo a Chalichut e trovamo le navi, e in effetto non avevano possuto avere spetie abondanti per tutte le navi, perché chi gli avevano promesso le dodicimila chantara non l'aveva voluto osservare, et erono malcontenti. Noi demo loro 200 sacha di pepe, che noi non potavamo portare nelle nostre navi, che erano troppo chariche. E chosì ci partimo e andamo a Chananor, dove pigliamo acqua e risi e pesci per il nostro viaggio. Et ci partimo alli 27 di giennaio, e pigliamo uno piloto moro per la traversa del gholfo da Meccha. Partitoci, parendoci già avere navichato detto gholfo, fumo a ssoquadro di 3 isole allaghate, e qui istemo in conditione di perderci. Usciti di tale pericholo, cie n'andamo a Mozambichi, e di qui partiti, navighando a lungho della chosta, inanzi ghuadagniassimo il Chapo di Buona Speranza, chorremo assai tormente: e per non prolassare, ghuadagniamo detto chapo al primo di maggio 1504. E di lì pigliando nostra diritta, di poi d'avere tagliato molto mare, parendoci essere presso all'isole del Chapo Verde, ci trovamo più

[49] Di fatto, come nota la Milanesi nel suo commento al testo, «la società indiana si sarebbe mostrata refrattaria ai pur energici tentativi di conversione. Soltanto una minoranza appartenente alle caste più basse avrebbe ascoltato, verso la fine del secolo, la predicazione di Francesco Saverio e dei Gesuiti» (*op. cit.*, p. 750).

adrieto, e ffu a traverso della pescheria di Zanaghe[50] in Ghinea: et qui ci prese una chalma dove istemo 54 o 55 giorni; credo non andassimo oltre a 6 leghe in que' dì, di sorte che eramo disperati. Acqua avamo pocha, solamente tre pippe,[51] e vino nessuno: apparechi di nave, vele e altro, tutto consumato, di modo che la giente cominciò amalare: e in cinque dì ne gittamo al mare, solo della nave nostra, 76 persone, di sorta che di 85 persone ch'eravamo non ne rimase altro che 9, e i nell'altre navi il simile, che morì ben 130 persone, di sorte che eravamo del tutto disperati. La nave se n'andava in fondo, a chausa del busano[52] che l'avevano consumate. Qui non era redentione nessuna salvo di sperare l'aiuto di Dio, il quale bisogniava venissi accielleratamente, che qui non v'era rimedio nessuno, per più che un dì istemo in tal dangero, che io per me non so né scrivere né explichare. Volse la nostra buona sorte che l'altro dì avemo vista d'una nave, e faciemo venirla a nnoi, per sapere donde venissi: trovamo essere nave di Portoghallo che andava nella Ghinea a comperare servi. E il chapitano di detta nave ci dette acqua et sussidio, di modo che llo faciemo tornare adrieto con esso noi, e cci menò insino all'isola di Santo Iachopo nel Chapo Verde: e qui surgiemo e pigliamo acqua e charne e ischiavi, perché aiutassino condurre la nave a Portoghallo. E chosì partiti, facciendo il chammino da l'isola degli Astori, non potemo averla e andamo di lungho a Lisbona. E chome fumo alla vista della roccha di Sintra, cinque leghe di Lisbona, mandamo avanti la nave che avamo fatta tornare indrieto, a ffare a ssapere al re chome noi eravamo qui e che ci mandassi ordine dove avessimo a surgiere. La nave

[50] Sanhadja, zona compresa tra la Guinea e la Mauritania.
[51] Le botti.
[52] Si tratta delle Teredini (dallo sp. *gusanos*, vermi), specie di molluschi bivalvi che rodono il legno sommerso (*Teredo navalis*).

andò drento e noi fuori, e il vento contrario: e la giente etiopa che avamo tolta, chome aveva sentito il freddo, s'erono tutti morti. E di nuovo stando per entrare nel porto, con vento contrario, cie n'andavamo in fondo; e stemo in tali tormenti, che sse soprastavamo più mezo dì, ci saremo sommersi davanti a l'uscio. Pure entramo dentro, alli 16 di settembre, dove ci fu fatto bellissimo rachoglimento: e ben son cierto che per molta allegrezza che avesino, che lla nostra fu maggiore.

Schordavami dirvi e costumi e modi de' Malabari e gientili de l'India, le quali per falta di buona memoria l'avevo dimentichata. Li detti gientili sono idolatri, non mangiono charne, né pescie, né huova, né chosa che tengha sanghue: solo mangiono risi e erbe. Sono huomini necti e puliti; habitano in chase murate di mattoni e chalcina, bene lavorate. Tenghano le vacche per loro dio, sì ne e ve n'è assai abondanza per tutto la terra. Questo è quanto abiamo compreso, ecc., e di tanto vi fo noto, che Iddio vi acrescha vostra vita.

GIOVANNI DA VERAZZANO

Lettera a Francesco I

Il capitano della *Dauphine* (o *Delfina*), la nave che per prima nell'aprile del 1524 penetrò nella baia di New York, non era propriamente un uomo di mare di professione, ma apparteneva alla genìa dei mercanti-imprenditori. Giovanni da Verazzano (o Verrazzano, 1485-1528), figlio di una famiglia fiorentina antica e danarosa che aveva estese reti bancarie da Roma a Lione a Francoforte, era però un uomo di cultura, studioso di matematica, esperto di viaggi. La sua fama, per tanti anni oscurata, tornò in luce grazie all'opera di Alessandro Bacchiani col rinvenimento nell'archivio Macchi di Cellere del famoso «Codice», ossia la lettera originale al re di Francia Francesco I (ora alla Pierpont Morgan Library di New York), che lo studioso pubblicò nel 1909.[1]

Della relazione di Verazzano, in forma di lettera, si sa che fu dettata a bordo della nave e indirizzata a Francesco I dopo il ritorno, e poi spedita in copia a Bonaccorso Rucellai, socio del fratello Bernardo a Roma, da cui poi fu tratta un'altra trascrizione per mezzo del fiorentino Bernardo Carli, residente con altri di quella che allora si chiamava la «nazione fiorentina» a Lione. Questa rela-

[1] Sulla tortuosa vicenda del Codice Cellere, cfr. Firpo, *Colombo-Vespucci-Verazzano*, cit., p. 136 e il contributo di R. Almagià, *L'importanza geografica delle navigazioni di Giovanni da Verrazzano*, in *Giovanni da Verrazzano. Giornate commemorative* (Firenze-Greve in Chianti, 21-22 ottobre 1961), Firenze, Olschki, 1970, pp. 1-17.

zione, il cui originale è probabilmente in latino, venne divulgata da Ramusio nel terzo volume (1556) della sua grande raccolta. La copia inviata a Roma da Rucellai, scritta in un volgare con una patina latineggiante, giunse in mano di Paolo Giovio, diretto conoscente dei Verazzano, e rimase per tre secoli ignorata nella Biblioteca Gioviana di Como, fino a quando passò in eredità alla Biblioteca del conte Giulio Macchi di Cellere in Roma, dove fu riscoperta.

Al ritorno dal suo primo viaggio oceanico, dunque, Verazzano stende un resoconto del viaggio, da inviare direttamente al re e a coloro che erano interessati alla spedizione. La lettera a Francesco I, in data 8 luglio 1524, fu presumibilmente compilata non appena la *Dauphine* si ormeggiò nel porto di Dieppe, certamente sulla base di annotazioni raccolte in precedenza. Ma Giovanni delineò anche una o più carte delle coste rilevate, e un'altra o più ne delineò il fratello Gerolamo, cosmografo e cartografo.

Strutturalmente, la lettera si divide in due parti: la prima, essenzialmente descrittiva, è incentrata non tanto sulle vicende del viaggio quanto sul paesaggio e sulle genti che occupano quel lungo tratto di costa dell'America settentrionale tra la Florida e la Nuova Scozia, Capo Cod e le foci dell'Hudson. La seconda, più concisa e tecnica, è invece un'ardua disquisizione di carattere cosmografico. Ma è senz'altro la prima parte, più lunga e articolata, che ha maggior interesse dal punto di vista letterario, in quanto consente di individuare nei contorni essenziali la personalità e gli interessi dello scopritore, mettendo in luce anche il *topos* fondamentale dell'incontro con l'altro, con i nativi nord-americani, unici abitatori di quell'immensa distesa di terra che i planisferi del tempo lasciavano intatta, segnando ai margini la didascalia di «terra incognita».

Per la prima volta, un testo affronta la descrizione di

genti nuove e diverse dagli *indios* dei Caraibi. Verazzano si dilunga in minuziose osservazioni sul loro aspetto fisico («di colore bronzino, el viso profilato, e' capelli lunghi e neri, li occhi neri e prompti, l'aria dolce e suave, imitando molto l'antico»), ne nota il carattere benevolo e lieto, la socievolezza. Osservazioni preziose che la Conquista ha alterato per sempre. Con lo stesso spirito di osservazione acuta, l'autore descrive i luoghi che incontra e il variare dei climi e delle condizioni ambientali. La bellezza dei luoghi, la rigogliosa vegetazione, la varietà degli animali e la convinzione che in un simile ambiente avrebbero dovuto trovarsi oro e altre merci preziose, suscitano in lui viva ammirazione.

Il paesaggio viene assimilato al *locus amoenus* di letteraria tradizione: la terra fertile e ricca, il mare calmo, il clima propizio, vengono rivestiti delle memorie di una cultura umanistica. Un tratto di costa viene significativamente denominato «Arcadia», in ricordo dell'opera di Sannazaro e, assimilando il Nuovo Mondo all'antico, a molti luoghi vengono apposti nomi che rimandano al familiare paesaggio toscano, come «Orto de' Rucellai» o «Vallombrosa». Proseguendo sempre più verso nord, Verazzano si imbatte negli ampi specchi d'acqua del Pamplico Sound, e lo crede il Pacifico; fino a giungere, primo europeo, nell'ampia baia di quella che sarà un giorno New York. Proseguendo il tragitto, l'inclemenza del clima contamina questa felicità dei nativi e della terra: il clima si fa più rigido, il paesaggio incupisce, diventa aspro, le foreste si fanno tenebrose e impraticabili, e l'umanità più "barbara". Lungo la costa del Maine, gli indigeni vengono descritti «di crudezza e di vizi pieni» e vestiti «di pelle d'orso, lupi cervieri, lupi marini». Si spezza così la piacevole diversità della Nuova Arcadia e la piccola flotta fa ritorno in patria.

La storia del viaggio di Verazzano rapidamente scomparve dalla storia delle scoperte transoceaniche, oscurato dalla fortuna di cui godettero, pochi anni dopo, le imprese di Jacques Cartier che, penetrato nell'estuario del San Lorenzo nel 1534, lo risalì, aprendo una via verso l'interno dell'attuale Canada e gettando le basi per una più decisiva influenza francese sul continente americano. La stessa fine di Verazzano rimane avvolta nel mistero. Paolo Giovio negli *Elogia virorum* (1551) racconta della sua tragica morte in una spedizione brasiliana «divorato dai cannibali sotto gli occhi dei suoi compagni rimasti sulle navi».[2]

Molteplici sono i fronti su cui l'esperienza di viaggio di Verazzano (e le incredibili novità da essa rivelate) si misura con il sapere tradizionale. Dopo Vespucci e Magellano, anche l'esperienza di Verazzano si confronta con quelle *auctoritates* che pure fornirono all'epopea oceanica i primi strumenti cosmologici e geografici. Verazzano aveva infatti precisa coscienza della portata delle scoperte geografiche, quando affermava la maggiore quantità di conoscenze geografiche dei moderni rispetto agli antichi. Basti pensare alla sua "moderna" orgogliosa rivendicazione nella seconda parte della lettera-relazione al re Francesco I (che manca nella versione del Ramusio), nella quale giustifica le distanze percorse e, quindi, riflette sul fatto di aver piuttosto rivelato un nuovo continente che raggiunto quello che inizialmente aveva rappresentato l'obiettivo principale, il Catai. Verazzano propone al re Francesco I un nuovo cal-

[2] Cfr. P. Giovio, *Elogi degli uomini illustri*, a cura di F. Minonzio, traduzione di A. Guaspari e F. Minonzio, prefazione di M. Mari, note alle illustrazioni di L. Bianco, Torino, Einaudi, 2006, p. 924 (XXVII – *Sotto il ritratto di Hernán Cortés*). Notizie più precise vengono da un componimento poetico di Giulio Giovio, nipote di Paolo, che ha raccontato la tragica fine del navigatore in *Historia poetica*, il cui ms. è nel Museo Civico di Como: i versi furono pubblicati in A. Bacchiani, *I fratelli da Verrazzano e l'eccidio di una spedizione italo-francese in America (1528)*, in «Bollettino della Società Geografica Italiana», serie VI, vol. II, 1925, pp. 395-399.

colo della longitudine volto a dimostrare la falsità delle opinioni degli antichi, Aristotele *in primis*. Una seconda serie di calcoli dimostra poi le notevoli dimensioni del Nuovo Mondo, sulla base dell'estensione costiera, teoria che si stava affermando nel dibattito scientifico del tempo; sicché ora certo «troviamo el globo de la terra molto maggiore non hanno tenuto li antichi [...] il che per experienzia l'opposto veggiamo».

Ma tutt'altro che indiscusso fu il prevalere dell'«experienzia» moderna ricavata dai viaggi rispetto a un patrimonio di enorme prestigio che si presentava in veste solenne e rafforzato dalla attendibilità degli accademici. Se quella veneranda antichità resisteva, stava tuttavia per naufragare; e questo è tanto più significativo in Verazzano, in quanto è consapevolmente legato, nel lessico e nello stile di questa lettera, alle tradizioni classiche.

Il testo è tratto da *Colombo-Vespucci-Verazzano*, a cura di L. Firpo, Torino, UTET, 1966, pp. 161-187.

Lettera a Francesco I

A Francesco I, re di Francia
(Dieppe, 8 luglio 1524)

Di poi la fortuna[3] passata ne le plaghe septemtrionali,[4] serenissimo Re,[5] non scripsi a Vostra Maestà quello che era seguito delle quattro navi, che quella mandò per l'Oceano in discoprire nuove terre, pensando di tutto sia stata certificata: come da la impetuosa forza de' venti fumo constrecti con solo la *Normanda* e la *Dalfina* aflicte[6] ricorrere in Brectagna, dove restaurati, arà Vostra serenissima Maestà inteso il descorso[7] facemo con quelle, armate in guerra, per i liti di Ispagna, di poi la nuova disposizione con solo la «Dalfina» in seguire la pristina[8] navigazione; da la quale essendo ritornato, dirò a Vostra Maestà quello abbiamo trovato.

Da la Deserta,[9] scopulo[10] propinquo[11] a la insula di Madera del serenissimo Re di Portogallo,[12] con la detta *Dalfina*, a dì 17 del mese di gennaio passato, cominciando el 1524, con cinquanta uomini forniti di vectovaglie, arme e altri strumenti bellici e munizioni navali per octo mesi, partimo, navigando per zeffiro, spirando subsolano[13] con dolce e suave lenità. In giorni 25 corremmo le-

[3] Fortunale, burrasca.
[4] Settentrionali (grafia latineggiante).
[5] Si tratta di re Francesco I di Valois (1494-1547), salito al trono nell'anno 1515.
[6] Danneggiate.
[7] Rotta.
[8] Latinismo per "precedente".
[9] La *Deserta* è la Ilhas Desertas, a 32° latitudine nord, a sud-est di Madera.
[10] Scoglio, qui sta per "isola" (lat. *scopulum*).
[11] Vicino.
[12] Giovanni III di Aviz. Madera e le isole vicine erano state colonizzate dai portoghesi nel 1420.
[13] Vento di levante, che soffia dalla parte dell'aurora (*sub sole*).

ghe[14] octocento. Il dì 24 di febraio, forse le 16 ore, passammo una tormenta[15] tanto aspra, guanto mai omo che navicassi passassi, da la quale col divino aiuto e bontà de la nave dal glorioso nome[16] e fortunato fato, acta a sopportare le violente onde del mare, fumo liberi. Seguimmo nostra navigazione continuo[17] verso l'occidente, pigliando alquanto del septemtrione. In altri giorni 25 corremmo più oltre a leghe 400, dove ne apparse una nuova terra,[18] mai più da alcuno antico o moderno vista.

Monstravasi alquanto bassa al principio; aprossimatici a uno quarto di lega, conoscemo quella, per grandissimi fuochi facevano al lito del mare, essere abitata. Vedemmo correa verso l'austro:[19] lustrandola[20] per trovare alcuno porto dove potessimo con la nave surgere[21] e investigare la natura di quella, in spazio di leghe cinquanta[22] non trovammo porto o sino alcuno dove potessimo con la nave posarci. E visto continuo tendeva verso l'austro, per non incapar ne' Spagnoli deliberammo tornare a rigarla[23] verso il septemtrione, dove el medesimo[24] trovamo. Surgemmo a la costa,[25] mandando el batello a terra. Avemmo vista di molta gente, quali venivano al lito del mare e, veggendone aproximare,

[14] Si tratta di leghe nautiche, unità di misura che corrispondeva a 4 miglia romane.

[15] Burrasca (franc. *tourmente*).

[16] *Glorioso nome* perché la nave prendeva il nome augurale dell'erede al trono, il delfino Francesco.

[17] Con continuità, senza deviare.

[18] Verazzano approdò in America Settentrionale all'altezza dell'attuale Cape Fear, in North Carolina.

[19] Verso sud.

[20] Costeggiandola.

[21] Dare fondo.

[22] È probabile che la nave *Dalphina*, o *Dauphine*, sia giunta sino all'attuale Charleston, in South Carolina, una località che il fratello Gerolamo, nella sua carta geografica, chiamerà Dieppa.

[23] Costeggiarla.

[24] Cioè la costa piatta, senza alcun riparo.

[25] Al largo, in mare aperto.

fuggivano; alcuna volta, fermandosi, voltavonsi a drieto con grande amirazione riguardando. Assicurandoli con vari segni, venivano alcuni di quelli monstrando grande allegrezza in vederci, maravigliandosi de' nostri abiti, effigie e bianchezza, facendone vari segni dove col batello potessimo più commodi ascendere, offerendone di loro vivande.

Fumo a la terra, e quello che possemo di lor vita e costumi conoscere, in brevità dirò a Vostra Maestà.

Vanno del tucto nudi, salvo che a le parte pudibunde portano alcune pelle di piccioli animali simili a martore,[26] una cintura di erba angusta, tessuta con varie code d'altri animali, che pendano, circuendo el corpo per insino a le ginocchia; el resto nudo, el capo simile. Qualcuni portano certe grillande[27] di penne di uccelli. Sono di colore neri, non molto dagli Etiopi[28] disformi;[29] e' capelli neri e folti e non molti lunghi, quali legano insieme drieto a la testa in forma d'una piccola coda. Quanto a la simetria del omo, sono bene proporzionati, di mediocre statura, e più presto a noi excedano.[30] Nel petto sono larghi, ne le braccia disposti,[31] le gambe e altre parti del corpo bene composte; non hanno altro, che alquanto nel viso tendano in larghezza: non però tucti, ché a molti vedemmo el viso profilato. Li occhi negri e grandi, la guardatura fisa e prompta. Sono di forza non molta, d'ingegno acuti, agili e grandissimi corridori. Per quello possemo per experienzia conoscere, assimigliano per li duoi extremi agli Orientali e maxime a quelli de le ultime regioni Sinare.[32] Non possemo di queste gente di lo-

[26] Visoni.
[27] Ghirlande.
[28] Generico per "abitanti dell'Africa".
[29] Differenti.
[30] Ci superano in altezza, sono più alti di noi.
[31] Robusti.
[32] Cioè cinesi, ossia la Cina settentrionale e la Mongolia.

ro vita e costumi in particularità intendere per la poca di stanza[33] facemo a la terra, per essere poca gente e la nave surta in alto mare.

A la piaggia trovammo, non lungi da questi, altri popoli, de' quali pensiamo il vivere sia conforme. Apresso lo dirò a Vostra Maestà, narrando al presente il sito e natura di decta terra. El lito marictimo è tutto coperto di minuta arena, alto piedi 15, stendendosi in forma di piccoli colli, largo circa a passi cinquanta. Dipoi, ascendendo, si truovano alcuni rivi e bracci di mare, che entrano per alcune focie, rigando il lito da l'una e l'altra parte come corre la versura[34] di quello. Apresso si mostra la terra lata tanto eminente, che excede al lito arenoso, con molte belle campagne e planizie[35] piene di grandissime selve, parte rare e parte dense, vestite di tanti colori d'alberi, di tanta vaghezza e dilectevole guardatura, quanto exprimer sia possibile. E non creda Vostra Maestà queste sieno come l'Ercina selva[36] o l'aspre solitudine della Scizia[37] e plaghe septemtrionali, piene di rudi alberi, ma ornate e vestite di palme, lauri, cipressi e d'altre varietà d'alberi incogniti nella nostra Europa, i quali da lungi spazio spirano suavissimi odori (sentimo l'odor cento leghe e più, quando brugiaveno i cedri e li venti spiraveno da terra), de' quali la proprietà non possemmo conoscere per la causa di sopra narrata, non che a noi fussi difficile per le selve discorrere,[38] imperò che non tanto è la densità di quelle che per tutto non sieno penetrabili. Né pensiamo, partecipando del-

[33] Soggiorno, sosta.

[34] Conformazione.

[35] Pianure (lat. *planities*).

[36] Si tratta della mitica selva nera, o Foresta Nera, regione selvosa e montuosa dell'antica Germania, dall'odierno Württemberg alla Turingia fino alla Vestfalia (lat. *Hercynia silva*). Qui Verazzano sta descrivendo la Onsolw Bay (North Carolina).

[37] *Scizia*, nome antico che designava la Tartaria o Russia meridionale.

[38] Camminare, aggirarsi liberamente.

l'Oriente per la circumferenzia,[39] non sieno sanza qualche drogheria[40] o liquore aromatico e altre divizie, oro e altro, del quale la terra in tal colore[41] tutta tende. È copiosa di molti animali, cervi, daini, lepre e simili, di laghi e stagni di viva acqua con vari numeri[42] di uccelli acti e commodi a ogni dilectevole piacere di venazione.[43]

Sta questa terra in gradi 34, come Cartagine e Damasco. Baptizamo questa terra «Selva di lauri», e poco più giù, per li belli cedri, imposto gli fu el nome «Campo di cedri». L'aria salubre, pura e temperata dal caldo e freddo; venti non impetuosi in quelle regioni spirano e quelli che più continuo regnano sono coro[44] e zefiro al tempo estivo, al principio del quale noi fumo in quelle regione; il cielo chiaro e sereno con rara pluvia,[45] e se qualche volta da venti australi l'aria incorre in qualche bruna[46] o caligine, in uno 'stante, non durando, è disfacta, ritornando pura e chiara; el mare tranquillo e non fluctuoso,[47] l'onde del quale sono placide. E ancora che el lito tenda tucto in bassezza e nudo di porti, non però è infesto a' naviganti, essendo tutto netto e senza alcuno scopulo, profondo che per insino a quactro o cinque passi presso a la terra si truovano, sanza flusso[48] né refluxo, piedi 20 d'acqua, crescendo a tale proporzione uniforme la profondità nel pelago, con tanto buono tenitorio,[49] che qual si voglia nave da tempesta aflitta mai in quelle

[39] Dal passo si comprende come il navigatore fiorentino sia convinto, in un primo momento, di aver raggiunto le coste orientali dell'Asia.
[40] Spezieria.
[41] Colore aureo.
[42] Varie specie.
[43] Caccia.
[44] Vento di maestrale (lat. *corus*).
[45] Pioggia.
[46] Oscurità, nebbia.
[47] Agitato, ondoso.
[48] Senza sbalzi dovuti alle maree.
[49] Fondo roccioso o ricco di vegetazione, sul quale l'àncora fa buona presa.

parti, non rompendo le fune, potrà perire. E di questo la experienzia noi abbiamo provata, imperò che più volte nel principio di marzo, sì come sempre in ogni regione esser suole le forze de' venti,[50] sendo in alto mare surti, da procelle opressi, prima trovamo l'àncora rotta, che nel fondo arassi[51] o facessi movimento alcuno.

Partimmo da questo luogo, continuo scorrendo la costa, quale trovamo tornava al oriente, veggendo per tutta quella grandissimi fuochi per la moltitudine de li abitatori; surgendo a quella a la piaggia,[52] per non tenere porto alcuno, per necessità d'acqua mandammo el batello a terra con 25 uomini. Per le grandissime onde gittava il mare al lito, per essere la piaggia aperta, non fu possibile, senza pericolo di perdere il batello, alcuno potessi a la terra ascendere. Vedemmo molta gente venivano al lito, facendone vari segni d'amistà,[53] monstrando fussimo a terra; fra quali vidi uno atto magnifico, come intenderà Vostra Maestà.

Mandando a nuoto uno de' nostri giovani marinari a terra, portando a quelli alcune fantasie,[54] come sonagli, specchi e altre gentilezze, et essendo a 4 braccia giunto proximo a quelli, gittando loro le mercie e volendo adrieto tornarsi, fu tanto da l'onde remosso,[55] che quasi semimorto cadde, transportato a la riva del lito. El quale visto, le gente de la terra subito corsono e, pigliandolo per la testa, gambe e braccia, lo portorono alquanto lontano; onde, veggendo il giovane in tal modo portarsi,[56] da terrore spaventato, metteva grandissimi gridi; il che loro simile in loro lingua facevano, dimonstrandoli non

[50] *Sì come ... venti*: nella stagione più ventosa.
[51] Venisse trascinata sul fondo.
[52] Forse, l'odierno Capo Hatteras, abitato da tribù Algonquin.
[53] Di amicizia, di socievolezza.
[54] Cianfrusaglie, minuterie.
[55] Sbattuto (franc. *remué*).
[56] *Veggendo ... portarsi*: vedendosi portare in quella maniera.

temessi.[57] Dipoi quello in terra, al sole, a piè d'un piccolo colle posto, facevano grandissimi atti di amirazione, guardando la bianchezza de le sue carne, lineandolo per tutto, spogliandoli la camicia e calciamenti;[58] restato nudo, feciono apresso di quello uno grandissimo foco, aproximandolo al calore. Il che visto, e' marinari ch'erano nel batello restati pieni di spavento, come in ogni caso nuovo è costume di quelli, pensavono per cibo lo volessino arrostire. Riavuto le forze, con quelli alquanto dimorato, per segni mostrò volere ritornarsi a la nave; e' quali con grandissimo amore, tenendolo sempre stretto con vari abracciamenti, lo accompagnorno per insino al mare e, per più assicurarlo allargandosi in un colle eminente, stetteno a riguardarlo per insino fu nel batello. Quello el giovane di questa gente conobbe, che tale sono di colore nero come gl'altri, le carne molto lustre, di mediocre statura, el viso più profilato, del corpo e altri membri assai più delicati, di molta poca forza e più presto de ingegno. Altro non vidde. *Appellavimus «Annunciatam» a die adventus*,[59] ove trovasi uno istmo[60] de larghezza de uno miglio e longo circa a 200, nel quale da la nave si vedea el mare orientale mezzo tra occidente e septentrione, quale è quello senza dubio che circuisce le extremità de la India, Cina e Cataio. Navicamo longo al detto istmo con speranza continua di trovar qualche freto[61] o vero promontorio, al quale finisca la terra verso septentrione, per poter penetrare a quelli felici liti del Catai. Al quale istmo si pose da lo inventor [nome] «Ve-

[57] Mostrandogli di non temere, facendo segni per tranquillizarlo.
[58] Calzature. Firpo nota che il termine deve essere inteso nel senso dell'italiano cinquecentesco "calza", cioè un pantalone attillato (op. cit., p. 166, n. 131).
[59] *Appellavimus ... adventus*: il venerdì 25 marzo, festa dell'Annunciazione e Capodanno.
[60] L'*istmo* era certamente Hatteras Island, mentre il *mare orientale* era la laguna costiera di Pamlico Sound (North Carolina).
[61] Stretto.

razanio», così come tutta la terra trovata se chiamò «Francesca»[62] per il nostro Francesco.

Di qui partiti, seguendo sempre il lito, che tornava alquanto verso septemtrione, pervenimmo in spazio di leghe cinquanta a un'altra terra,[63] che molto più si monstrava bella e piena di grandissime selve. Surgendo a quella, andando 20 uomini circa leghe due infra terra, trovammo le gente per paura s'erano fuggite a le selve. Cercando per tutto, scontrammo in una femina molto vecchia e una giovane di anni 18 in 20, le quali per timore s'erano nascoste fra l'erba. Avea la vecchia dua fanciullette, quali portava sopra a le spalle, e drieto al collo uno fanciullo, tutti di età d'anni octo; simili tanti ne avea la giovane, ma tutte femine. Giunti a quelle, commincior ono a gridare: la vecchia a farne segno li òmini s'erano fuggiti a le selve. Donammoli a mangiare de le nostre vivande, quale con gran gusto aceptava: la giovane tutto renunziava e con ira a terra gittava. Pigliamo el fanciullo a la vecchia, per menare in Francia; e volendo prendere la giovane, quale era di molta bellezza e d'alta statura, non fu mai possibile, per li grandissimi gridi spandeva, la potessimo condurre al mare. E avendo a passare per alcune selve, essendo da la nave lunge, deliberammo lasciarla, portando solo el fanciullo.

Costoro trovammo più bianchi che li passati, vestiti di certe erbe che stanno pendenti a li rami de l'alberi, quali tessano con varie corde di canapa silvestre, el capo nudo, ne la medesima forma de li altri. Il viver[64] loro in genere è di legumi, de' quali abundano, differenti ne' colori e grandezza da' nostri, di optimo e dilectevole sapore; inoltre di venazione, pesci e d'uccelli, quali pigliano

[62] Ossia Nuova Francia.
[63] Molto probabilmente si tratta della zona di Chesapeake Bay, in Virginia, abitata da Indiani Nanticokes.
[64] Vitto, cibo.

con archi e con lacci. [Li archi] fanno di duro legno, le frecce di calamo,[65] ne la extremità mettendo ossi di pesci e d'altri animali. Sono in quelle parte le fiere assai più salvatiche che nella nostra Europa, per la continova[66] molestia hanno da' venatori. Vedemmo molte di loro barchette[67] construtte di uno solo albero, lunghe piedi venti, larghe quactro, quali non con pietra, ferro o altro genere di metalli sono fabricate. Imperò che in tutta quella terra, in spazio di leghe dugento che noi corremo, una sola pietra d'alcuna[68] spezie da noi fu vista. Aiutansi del quarto elemento,[69] ardendo del legno tal parte quanto basti a la concavità de la barca, simile de la poppa e prora, tanto che navigando possa solcare l'onde del mare.

La terra, del sito, bontà e bellezza è come l'altra; le selve rare; di vario genere d'alberi piena, ma non di tanto odore, per esser più septemtrionale e fredda. Vedemmo in quella molte vite[70] da la natura prodotte, quali, alzando, s'avvoltano a li alberi, come ne la Cisalpina Gallia[71] costumano: quali, se dagli agricultori avessino el perfetto ordine di cultura, sanza dubio produrrebbono optimi vini, perché più volte il frutto di quelle secco veggendo suave e dolce, non dal nostro differente. Sono da loro tenute in stimazione, imperò che per tutto dove nascono lievano li arbuscelli circumstanti, a causa il frutto possino germinare. Trovamo rose silvestre, viole e lilii[72] e molte sorte d'erbe e fiori odoriferi da' nostri differenti. Le abitazioni loro non conoscemmo, per essere dren-

[65] Canna.
[66] Continua, persistente.
[67] Sono le canoe.
[68] *Una sola ... d'alcuna*: neppure una.
[69] Il fuoco.
[70] Viti selvatiche.
[71] L'Italia settentrionale.
[72] Gigli (lat. *lilium*).

to infra terra. Stimiamo, per molti segni vedemo, sieno di legno e di erbe composte; credendo ancora per varie coniecture e segni, molti di quelli, dormendo a la campagna, altro che il cielo non abbino per copertura. Altro di costoro non conoscemmo. Pensiamo tutti li altri de la passata terra vivino nel medesimo modo.

Essendo in questa dimorati tre giorni, surti a la costa per la rarità de' porti, deliberammo partire, scorrendo sempre il lito (qual batezzamo «Arcadia» per la bellezza de li arbori) in fra septemtrione e oriente; il dì solamente navigando e la notte posando l'àncora, corremo una costa molto verde di selve, ma senza porti, e con alcuni promontorii ameni e fiumi picoli. Batezzamo la costa «di Lorenna» per el Cardinale,[73] el primo promontorio «Lanzone»,[74] el secondo «Bonivetto»,[75] el fiume più grande «Vandoma»[76] e uno monticello, quale *manet mari*, «di S. Polo» per el Conte.[77]

Ne l'Arcadia trovamo un omo, el qual veneva al lio per vederce che gente eramo, qual stava sospeso e fugiasco: riguardando noi, non si lasciava venir apresso. Era bello, nudo, con capelli in nodo avolto, di colore olivastro. Eravamo cerca a 20 in terra e, lusingandolo, se aproximò a due braza alquanto, e ne mostrava un legno acceso, come per presentarci foco; e noi ce facemo foco di polvere col azzalino,[78] e lui tutto tremò di paura; e fa-

[73] *Costa ... el Cardinale*: la costa compresa tra le baie di Chesapeake e di New York, prende il nome dal cardinale Jean di Lorena, vescovo di Verdun e di Narbonne.

[74] Capo Henlopen, all'imboccatura della Baia di Delaware, prende nome dal duca di Alençon, Carlo IV di Valois, cognato del re.

[75] Capo May, in New Yersey, prende nome da G. Gouffier, signore di Bonnivet, ammiraglio di Francia, amico e favorito di Francesco I.

[76] È il fiume Delaware che prende nome da Carlo di Borbone-Vendôme, duca di Vendôme e governatore di Piccardia.

[77] Navesink Higlands, nominata in onore di Francesco di Borbone, conte di Saint-Paul nell'Artois, cadetto del duca di Vendôme.

[78] Acciarino.

cemo scarcar uno sclopetto:[79] restò come attonito e orò,[80] predicando come un frate, ponendo el dito a cielo e, notando la nave e 'l mare, pareva benedisse noi altri.[81]

In termine di leghe cento trovammo un sito molto ameno,[82] posto in fra dui piccoli colli eminenti, in mezzo de' quali correva al mare una grandissima riviera,[83] la quale drento a la foce era profonda, e dal mare a la eminenzia di quella, col crescimento de l'acque, quali trovammo piedi octo, saria passata ogni oneraria nave.[84] Per essere surti a la costa in buono abligo,[85] non volemmo, sanza intelligenzia[86] de la foce, aventurarci. Fumo col batello, entrando ne la detta riviera, a la terra, quale trovammo molto popolata. La gente quasi conforme a l'altre, vestiti di penne di uccelli di varii colori, venivano verso di noi allegramente, mettendo grandissimi gridi di admirazione, monstrandone dove col batello avessimo più sicuramente a posare. Entrammo in detta riviera drento a la terra circa a meza lega, dove vedemmo faceva uno bellissimo lago[87] di circuito di leghe tre in circa, per lo quale andavano discorrendo da l'una e l'altra parte al numero di 30 di loro barchette con infinite gente, che passavano da l'una e l'altra terra per vederci. In uno 'stante, come avenir suole nel navicare, movendosi uno impeto di vento contrario dal mare, fummo forzati tornarci a la nave, lassando la detta terra con molto dispia-

[79] Schioppo, moschetto.
[80] Pregò.
[81] «Simbolico gesto ospitale, dominato terrore, senso profondo del mistero, umana fraternità si compongono in questo messaggio dell'età della pietra, così primitivo e insieme così civile» (Firpo, cit., p. 136).
[82] La Baia di New York.
[83] Il fiume Hudson.
[84] Nave da carico.
[85] Luogo riparato dal vento.
[86] Esplorazione, conoscenza.
[87] La Upper Bay, tra New York e Jersey City, che Verazzano risalì probabilmente fino a Manhattan e all'Hudson.

cere per la commodità e vaghezza di quella (chiamata «Angoleme»[88] dal principato, qual obtenesti in minor fortuna, e lo sino,[89] quale fa questa terra, «Santa Margarita»[90] dal nome di tua sorella, qual vince le altre matrone di pudicizia e d'ingegno), pensando non fussi senza qualche facultà di prezzo, monstrandosi tutti e' colli di quella minerali.[91]

Levata l'àncora, navigando in verso oriente, ché così la terra tornava, discorsi leghe 80 sempre a vista di quella, discoprimmo una isola[92] in forma triangulare; lontana dal continente leghe dieci, di grandezza simile a la insula di Rodo, piena di colli, coperta d'albori, molto popolata, per e' continovi fuochi per tutto al lito intorno vedemmo facevano. Baptezzammola in nome de la vostra clarissima genitrice «Aloisia»,[93] non surgendo a quella per la opposizione del tempo.

Pervenimmo a una altra terra[94] distante da la insula leghe 15, dove trovamo uno bellissimo porto[95] e, prima che in quello entrassimo, vedemmo circa di 20 barchette di gente che venivano con varii gridi di maraviglie intorno a la nave. Non aproximandosi a più di cinquanta passi, fermavonsi guardando l'edificio,[96] la nostra effigie e abiti;[97] di poi tutti insieme spandevano uno alto grido, significando rallegrarsi. Assicuratili alquanto, imitando loro gesti, s'aproximorono tanto, che gittamo loro alcuni sonagli e specchi e molte fantasie, le quali prese, con ri-

[88] Prima di salire sul trono, Francesco I era stato conte di Angoulême.
[89] Golfo, insenatura.
[90] In onore di Margherita di Valois, sorella del re di Francia.
[91] Di roccia viva.
[92] Block Island (Rhode Island) o Martha's Vineyard.
[93] In onore della madre del re, Luisa di Savoia.
[94] La costa dell'attuale Stato del Rhode Island.
[95] Newport.
[96] La nave.
[97] Abitudini, comportamenti.

so riguardandole, sicuramente ne la nave entrorono. Erano, intra quelli, duoi re di tanta bella statura e forma, quanto narrare sia possibile. El primo di anni 40 incirca, l'altro giovane di anni 24, l'abito de' quali tale era. El più vecchio, sopra il corpo nudo aveva una pelle di cervio lavorata artificiosamente a la domaschina[98] con vari ricami, la testa nuda, e' capelli adrieto avolti con varie legature, al collo una catena larga ornata di molte pietre di diversi colori. El giovane quasi ne la medesima forma era. Questa è la più bella gente e più gentile di costumi che abbiamo trovata in questa navigazione. Excedano a noi di grandeza; sono di colore bronzino, alcuni pendano più in biancheza, altri in colore flavo;[99] el viso profilato, e' capelli lunghi e neri, ne li quali pongono grandissimo studio in adornargli, li occhi neri e prompti, l'aria dolce e suave, imitando molto l'antico.[100] De l'altre parti del corpo non dirò a Vostra Maestà, tenendo tutte le proporzioni s'appartiene a ogni omo bene composto. Le donne loro sono de la medesima formosità e bellezza, molto graziose, di venusta aria e grato aspetto, di costumi e continenza secondo l'uso muliebre tanta, quanta a umana creatura s'appartiene; vanno nude, con solo una pelle di cervio ricamata, come li uomini, e alcune a le braccia portano pelli di lupi cervieri[101] molto ricche, il capo nudo, con vari ornamenti di trecce composti de' medesimi capelli, che pendano da l'uno e l'altro lato del petto. Alcune hanno altre acconciature come le donne de Egipto e di Siria usano, e queste sono quelle che excedano a la età[102] e giunte in sponsalizio. Tengono a li orecchi varie fantasie pendenti, come li orientali costumano, così uomini come donne, a' quali vedemmo molte

[98] Secondo la foggia di Damasco, con vari ricami.
[99] Giallo.
[100] Con la compostezza delle statue classiche.
[101] Linci.
[102] Di età adulta.

lamine di rame lavorato, da quelli tenute in prezzo più che l'oro, il quale per il colore non stimano; imperò che fra tutti e' metalli da loro per il più vile è tenuto, per il giallo colore, che abborreno, l'azzurro e rosso sopra ogni altro exaltando. Quello che da noi gli era donato, che più tenessino in prezzo, erano sonagli, cristallini azzurri e altre fantasie da mettere a li orecchi e al collo. Non pregiavono drappi di seta o di oro, né manco d'altro genere, né si curavono di quelli avere; simile di metalli come acciaio e ferro, perché più volte, monstrandoli de le nostre arme, non ne pigliavono admirazione, né di quelle domandavono, solo l'artificio[103] riguardando. De li specchi il simile facevano: subito, quelli riguardando, ridendo rinunziavono. Sono molto liberali, ché tutto quello hanno, donano. Facemmo con loro grande amistà, e un giorno, davanti entrassimo con la nave nel porto, stando per li tempi aversi una lega in mare surti, venivano con numero grande di loro barchette a la nave, pintati e conci[104] il viso con vari colori, monstrandoci era segno d'allegrezza, portandone de le loro vivande, facendoci segno dove, per salvazione de la nave, nel porto avessimo a surgere, di continuo accompagnandone per insino in quello posamo l'àncora.

Nel quale riposamo giorni 15, restaurandone di molte oportunità;[105] dove ogni giorno veniva gente a vederne a la nave, menando le loro donne. De le quali sono molto curiosi,[106] imperò che, entrando loro in quella, dimorando lungo spazio, faceano le loro donne aspettare ne le barchette, e con quanti preghi li facessimo, offerendoli donare varie cose, non fu possibile che volessino lasciare quelle in nave entrare. E molte volte, venendo uno de li duoi re con la regina e molti gentiluomini per suo piace-

[103] La maestria della lavorazione.
[104] Dipinti e imbrattati.
[105] Ristorandoci di molte cose necessarie.
[106] Gelosi, ma anche premurosi.

re a vederne, in prima si fermava sempre a una terra distante da noi dugento passi, mandando una barchetta avisarne de la sua venuta, dicendo volere venire a vedere la nave: questo facendo in spezie di sicuranza.[107] E come da noi aveano la risposta, subito venivano, e stati alquanto a riguardare, sentendo il noioso clamore de la turba marictima,[108] mandava la reina con le sue damigelle in una barchetta molto leggera a riposare a una isoletta distante da noi un quarto di lega: restando lui grandissimo spazio ragionando per segni e gesti di varie fantasie, riguardando tutte le substanzie[109] de la nave, domandando in particulare la proprietà di quelle, imitando nostri abiti, gustando de' nostri cibi; di poi benignamente da noi si partiva. E alcuna volta, dui o tre giorni stando la nostra gente a una isoletta vicina a la nave per varie necessità, come è costume de' marinari, veniva con secte in octo de' suoi gentiluomini in quella, guardando nostre operazioni, domandandone più volte se volevamo quivi restare per lungo tempo, offerendone ogni sua facultà. Di poi, tirando con l'arco, correndo, faceva con li suoi gentiluomini varii giuochi per darci piacere.

Fumo più volte infra terra[110] cinque in sei leghe, quale trovamo tanta amena quanto narrare sia possibile, acta ad ogni genere di cultura: frumento, vino, olio, imperò che in quella sono campagne late[111] 25 in 30 leghe, aperte e nude d'ogni impedimento d'arbori, di tanta fertilità, che qualsivoglia seme in quelle produrrebbe optimo frutto. Entrando di poi ne le selve, tutte ad ogni numeroso exercito, in qual modo sia, sono penetrabile, de le quali li alberi sono querce, cipressi e altri, incogniti ne la

[107] Sicurtà, accordo preventivo.

[108] *La turba marictima* è la ciurma, che rivolge alle donne indigene offensivi motteggi.

[109] Attrezzature e strutture.

[110] Nell'interno.

[111] Estese (lat. *latus*).

nostra Europa. Trovammo pomi luculliani, *sive* cerase,[112] prune e avellane,[113] e molte genere di fructe da le nostre differenti. Animali vi sono in grandissimo numero: cervi, daini, lupi cervieri e d'altre spezie, quali nel modo de li altri pigliono con lacci e archi, che sono loro principale arme. Le frecce di quelli sono con molta pulcritudine lavorate, ponendo in nella extremità, per ferro, smeriglio,[114] diaspro, duro marmoro e altre taglienti pietre, de le quali si servono per ferro in tagliare arbori e fabricare loro barchette d'uno solo fusto di legno, con mirabile artificio concavo, in le quali commodamente andranno da quactordici in 15 uomini; è 'l remo corto, in nella extremità largo, operando quello solo con forza di braccia, in pelago, sanza alcuno pericolo, con tanta velocità quanta a loro piace.

Extendendosi, vedemmo loro abitazioni, in forma circulare di 14 in 15 passi di ambito, fabricate di semicirculi di legno, separate l'una da l'altra sanza ordine di architettura, coperte con tele di paglia sottilmente lavorate, che da pioggia e vento si difendano. Non è dubio che, se avessino la perfeczione de l'artifici noi abbiamo, conducessino magni edificii, imperò che tutto el lito marictimo di varie pietre cerulee, cristalline e d'alabastro è pieno, e per tal causa è copioso di porti e riceptaculi[115] di navili. Permutano dette case di uno in altro luogo secondo la opulenzia del sito e 'l tempo in quello dimorati. Levando solo le tele, in uno 'stante hanno altre abitazioni fabricate. Dimora in ciascuna padre e famiglia in grandissimo numero, ché in alcuna vedemmo 25 e 30 anime. El viver loro è, come li altri, di legumi (quali producano con più ordine di cultura delli altri, observando ne le semenze l'influxo lunare, il nascimento de le Plia-

112 Ciliege.
113 Nocciole.
114 Minerale cristallino.
115 Rifugi.

de[116] e molti modi da li antiqui dati), inoltre di venagione e pesce. Vivono molto tempo e raro in egritudine[117] incorrano; se da vulnere[118] sono opressi, sanza flemito, col fuoco da loro medesimi si sanano; il fine loro essere di ultima vecchiezza giudichiamo. Sono di loro proximi molti pietosi e caritativi, faccendo ne le aversità gran lamenti, ne la miseria ricordando tutte le loro felicità. È parenti l'uno con l'altro, in fine di loro vita, usano il pianto siciliano misto con canto, per lungo tempo durando. Questo è quanto di loro possemmo conoscere.

Questa terra è situata nel pararello[119] di Roma in gradi 41 e 2/3, ma alquanto più fredda, per accidente e non per natura, come in altra parte narrerò a Vostra Maestà, descrivendo al presente el sito di detto porto.[120] Discorre el lito di decta terra da occidente in oriente. La bocca del porto, quale per la bellezza chiamamo «Refugio», guarda verso l'austro, angusta mezza lega; di poi, entrando in quella, fra oriente e septemtrione si stende leghe 12, dove, allargandosi, causa uno amplo seno[121] di circuito di leghe 20 in circa, nel quale sono cinque isolette[122] di molta fertilità e vagheza, piene d'alti e spaziosi alberi, fra quali ogni numerosa classe,[123] senza timore di tempesta o altro impedimento di fortuna, sicuramente può quiescere.[124] Tornando di poi verso meridie,[125] a l'entrata del porto, da l'uno e l'altro lato, sono amenissimi colli, con molti rivi, che da la eminenzia al mare scaturiscano chiare acque. Nel mezzo di decta bocca si truova uno

[116] La costellazione delle Pleiadi.
[117] Malattia.
[118] Ferita.
[119] Parallelo.
[120] È sempre Newport, detto più avanti il «*Refugio*».
[121] L'attuale Narragansett Bay.
[122] Le maggiori, dopo l'isola Rhode, sono Conanicut e Prudence.
[123] Flotta.
[124] Stare al sicuro (latinismo).
[125] Mezzodì, verso sud.

scoglio di viva pietra da la natura prodotto, acto a fabricarvi qual si voglia machina o propugnaculo[126] per custodia di quello, quale, e per la natura del saxo e per la famiglia de una gentildona,[127] chiamiamo «La Petra viva»; a cui dextro lato de detta bocca del porto è un promontorio,[128] qual diximo «Iovium promontorium».[129]

Essendo d'ogni nostra necessità restaurati, il giorno sexto di maggio partimmo dal detto porto, continovando il lito, non perdendo mai vista de la terra. Navigammo leghe centocinquanta, intra qual spazio trovamo sirti,[130] che si extendevano dal continente in pelago leghe 80, sopra quale non era se non 3 piedi d'acqua: per il che è periculo grande a navicarci. Passamo con difficultà e le batezzamo «Armellini».[131] Trovandola d'una medesima natura e alquanto più alta, con alcune montagne (con un eminente promontorio, qual chiamamo «Pallavisino»),[132] che tutte si monstravono minerale. Non posammo a quella per la prosperità del tempo ne serviva in rigar la costa: pensiamo sia all'altra gente conforme. Correva el lito a l'oriente.

In spazio di leghe cinquanta, tenendo più al septem-

[126] Fortezza.

[127] Si tratta di Maria Caterina de Pierre Vive, moglie di Antonio Gondi, banchiere fiorentino di Lione, forse, come ipotizza Firpo, amata da Verazzano.

[128] Oggi, Brenton Point nell'isola Rhode.

[129] In onore del letterato e storico Paolo Giovio, amico a Roma di Bernardo da Verazzano, il banchiere fratello di Giovanni.

[130] Banchi sabbiosi a est di Nantucket e di Cape Cod (Massachusetts).

[131] Passo di interpretazione dubbiosa. Firpo (op. cit., p. 178, n. 405) ipotizza che più che al biancore degli ermellini, simile alla schiuma del mare che si frange sugli scogli, è probabile che l'autore abbia voluto alludere sarcasticamente al cardinale Francesco Armellini di Perugia, legato di Giulio II in Francia e tesoriere del Vaticano e vescovo di Taranto nel 1524, noto per il suo implacabile fiscalismo e probabilmente detestato da una famiglia di banchieri come quella dei Verazzano.

[132] In onore di Gian Ludovico Pallavicini, condottiero dell'esercito francese.

trione, trovammo una terra alta,[133] piena di selve molto folte, de le quali li albori erano abeti, cupressi e simili, si generano in regioni fredde. Le gente tutte da l'altre disformi,[134] e quanto li passati erono di gesti gentili, questi erano di crudezza e vizii pieni, tanto barbari, che mai possemmo, con quanti segnali li facessimo, avere con loro conversazione[135] alcuna. Vestano di pelle d'orso, lupi cervieri, marini e d'altri animali. El vivere, per quello possemmo conoscere andando più volte da loro abitazioni, extimiamo sia di venazione, pesci e alcuni fructi, che sono di spezie di radicie, quali la terra per sé medesima produce. Non hanno legumi, né vedemmo segno alcuno di cultura, né meno sarebbe la terra, per la sterilità, acta a produrre fructo o seme alcuno. Se da quelli alcuna volta, permutando, volevamo de le loro cose, venivano al lito del mare sopra alcune pietre dove più frangeva e, stando noi nel batello, con una corda quello ne volevano dare ci mandavono, continuo gridando a la terra non ci aprossimassimo, donando subito il cambio a lo incontro, non pigliando se non coltelli, lami[136] da pescare e metallo tagliente. Né stimavono gentilezza alcuna; e quando non avevono più che permutare, da loro partendo, li òmini ne facevano tutti li acti di dispregio e verecundia che può fare ogni brutta creatura, come monstrar el culo, e ridevano. Sono in 43 2/3. Fummo contro a loro volontà drento infra terra dua e tre leghe 25 uomini armati, e quando scendevamo al lito, ne tiravono con loro archi, mettendo grandissimi gridi, di poi si fuggivano ne le selve. Non conoscemmo in questa terra facultà[137] di momento alcuno, se non gran-

[133] Montuosa. Le coste del New Hampshire e del Maine.
[134] Forse i Penobscot del Maine, avvistati nei pressi dell'attuale Portland.
[135] Rapporti amichevoli.
[136] Ami.
[137] Prodotto, risorsa.

dissime selve, con alcuni colli possano avere qualche metallo: ché a molti vedemmo paternostri[138] di rame a li orecchi.

Partimmo, scorrendo la costa intra oriente e septemtrione, quale trovamo più bella, aperta e nuda di selve, con alte montagne drento infra terra, diminuendo in verso el lito del mare. In leghe cinquanta discoprimmo 32 isole,[139] fra le quale tre magiori dicemo «Le tre Figlie di Navarra»,[140] tutte propinque al continente, piccole e di grata prospectiva, alte, tenendo la versura de la terra, fra le quali si causava bellissimi porti e canali, come nel sino[141] Adriatico ne la Illiride e Dalmazia fanno. Non avemmo con le genti conoscenza; stimiamo fussino come le altre lasciate di costumi e natura.

Navigando intra subsulano e aquilone,[142] in spazio di leghe 150 venimmo propinqui a la terra[143] trovorono per

[138] Vedi n. 90, p. 260.

[139] Sono le isole della Nuova Scozia meridionale, al confine tra il Maine e il Canada.

[140] *«Le tre Figlie di Navarra»*, così denominate in onore di Anna, Caterina e Isabella, figlie di Caterina de Foix, regina di Navarra.

[141] Golfo.

[142] Vedi n. 16, p. 241.

[143] Si tratta di Terranova. Furono i portoghesi Gaspar e Miguel Cortereal, che toccarono nel 1501 l'isola di Terranova, a nominarla *Bacalaia*, dal port. *bacalão*, ossia "merluzzo", che si pesca con abbondanza sui banchi prossimi all'isola. Il termine compare in Pietro Martire d'Anghiera, che riporta la testimonianza della spedizione di Sebastiano Caboto nell'America settentrionale, compiuto – secondo lo storico – nel 1508: «[...] in detta parte trovò una moltitudine di pesci grandissimi che andavan insieme appresso li liti, e intese per cenni dagli abitatori che li chiamavano *baccalai*, chiamò questa la terra delli Baccalai» (*Nuovo Mondo*, p. 292). La traduzione delle *Decades* di Pietro Martire venne fatta da un altro celebre letterato veneziano, Andrea Navagero, e pubblicata a Venezia nel 1534 col titolo di *Istoria dell'Indie Occidentali* a cura di G.B. Ramusio che poi la inserì nel terzo volume della raccolta. Si tratta del testo della prima edizione del libro VI della terza decade, pubblicata ad Alcalá nel 1516 (per cui si rimanda al volume *Nuovo Mondo. Gli Inglesi*, a cura di F. Marenco, Torino, Einaudi, 1990, pp. 19-21).

il passà e' Britanni,[144] quale sta in gradi cinquanta, e avendo consumato tutte nostre substanzie navali e vettovaglie, avendo discoperto leghe sectecento e più di nuova terra, fornendoci d'acqua e legne, deliberammo di tornare in Francia.

Quanto a la fede tenghino tutti questi popoli abbiamo trovato, per mancamento di lingua non possemmo conoscere, né per segni o gesti alcuni. Considerammo tenessino fede o leggie alcuna, né conoscessino una prima causa e motore, né venerassino cielo, stelle, sole o luna o altri pianeti, né manco tenessino spezie di idolatria; né conoscemmo facessino sacrifizio o altre preci, né ne le loro populazioni hanno templi o chiese di orazioni. Stimiamo non tenghino fede alcuna e vivino in propria libertà, e tutto dalla ignoranza proceda: perché sono molto facili a persuadere, e tutto quello che a noi cristiani circa il culto divino vedevano fare, facevano, con quello stimolo e fervore che noi facciamo.

Restami a narrare a Vostra Maestà l'ordine di detta navigazione circa a la cosmografia.

[...][145]

In tal forma, troviamo el globo de la terra molto maggiore non hanno tenuto li antichi, e repugnante a' matematici, ch'hanno voluto quella rispetto a l'acqua sia minima, il che per experienzia l'opposito veggiamo. E quanto a la area corporale, di spazio non meno la terra che l'acqua possedere giudichiamo, come a la presenzia migliore spero per più ragioni viste e sperimentate monstrare a Vostra Maestà.

[144] Con la spedizione del 1497 guidata da Giovanni Caboto.

[145] L'ampia parte qui espunta si riferisce a un complesso calcolo matematico che Verazzano compie basandosi sul rilevamento solare e le differenze dei tempi. Il computo vuole dimostrare che l'ampiezza della sfera terrestre è maggiore di quella fino ad allora divulgata e basata sul calcolo degli antichi cosmografi. Per la chiusa della lettera relativa alla cosmografia, cfr. L. Hughes, *La parte cosmografica della relazione di Verrazzano*, Torino, Loescher, 1894.

Tutta questa nuova terra, o nuovo mondo, che di sopra abbiamo narrato, contiene insieme,[146] non giugnendo[147] a la Asia né alla Africa, il che sappiamo per certezza; potria giugnere a la Europa con la Norvengia e Rossia,[148] che saria falso secondo li antichi, quali dal promontorio de' Cimbri[149] quasi tutto el septemtrione dicano essere stato navigato: a lo oriente, circuendo per insino al mar Caspio, el medesimo affermano. Resterebbe adunque solo interclusa[150] da dui mari, *scilicet* da lo orientale e occidentale, e quelli due ne chiude l'uno e l'altro, perché, oltre de' gradi 54 de lo equinocziale, verso l'austro si stende a l'oriente per lungo spazio, e dal septemtrione, passando e' gradi 66, segue tornando verso l'oriente, giugnendo per insino a gradi 70.

Spero con lo aiuto di Vostra Maestà ne aremo in breve megliore certitudine; la quale Idio omnipotente prosperi in diuturna fama, a causa veggiamo optimo fine di questa nostra cosmografia e che si adempia la sacra voce de lo Evangelio: «In omnem terram exivit sonus eorum»[151] ecc.

Ne la nave *Dalfina*, a dì 8 di luglio 1524.

Humilis servitor Ianus Verazanus.[152]

A Leonardo Tedaldi o a Tomaso Sartini, mercanti in Leone.[153] Mandaretelo a Bonacorso Ruscellai.[154]

[146] È un continente a sé.

[147] Non congiungendosi.

[148] Verazzano intuisce l'addensarsi delle terre nella zona artica, dove la Groenlandia quasi si congiunge con il continente americano.

[149] Popolazione germanica stanziata, secondo l'opinione degli antichi, nella zona tra la penisola dello Jutland e la Danimarca.

[150] Racchiusa, circondata.

[151] *In ... eorum*: «per tutta la terra risuonò la loro voce» (S. Paolo, *Epistola ai Romani*, X, 18).

[152] Umile servitore Giovanni da Verazzano.

[153] Sia Tedaldi che Sartini erano mercanti fiorentini a Lione, in rapporti di affari con la Banca di Bernardo da Verazzano, fratello di Giovanni, banchiere a Roma.

[154] Socio di Bernardo da Verazzano.

GASPARO CONTARINI

Relazione sulle Indie Occidentali

Accanto alle narrazioni dei mercanti e dei navigatori, che compiono le imprese e le esplorazioni, esiste tutta una serie di testi che restituisce il senso della più o meno preoccupata curiosità sorta negli ambienti di corte e tradottasi in un affannato lavoro diplomatico, a volte spionistico. Nella costruzione del discorso sulle "nuove terre", c'è infatti da risolvere anzitutto il problema politico-militare dell'occupazione e poi anche quello dell'elaborazione di nuove modalità giuridiche sulla presa di possesso, sulle acquisite territorialità e sulla regolamentazione dei mercati. Un'eco di questa temperie politica e culturale ci viene restituita in questo testo di Gasparo Contarini, letto in Senato a Venezia al rientro dopo una missione in Spagna, nel 1525, da cui è tratto questo brano il cui titolo è, ovviamente, redazionale.

Uomo appartenente al mondo delle relazioni consolidate, Gasparo Contarini (1483-1542), nato in una famiglia patrizia tra le più illustri di Venezia, fu allievo di Pietro Pomponazzi a Padova e ricoprì diverse e importanti cariche nell'amministrazione veneziana a partire dal 1518 e fino al 1535, quando papa Paolo III lo elevò alla porpora cardinalizia. Il lungo servizio nella Repubblica e i molteplici e gravosi impegni come vescovo riformatore e uomo di Curia non distolsero Contarini dagli studi e dalla stesura di opere letterarie.[1]

[1] Alla sua morte, lasciò una biblioteca che Apostolo Zeno annove-

In questo caso, lo strumento di comunicazione è la «relazione» politico-diplomatica, che conserva almeno in parte una certa immediatezza e colore del vissuto storico. Si tratta della prima relazione pervenuta alla Serenissima con profusione di notizie sulla scoperta del Nuovo Mondo a opera degli spagnoli. L'interesse dell'ambasciatore veneziano è alimentato da ragioni non tanto economiche quanto di ordine culturale. Contarini descrive le terre scoperte, gli usi e i costumi degli indigeni, e giudica l'impresa castigliana in termini tutt'altro che negativi, reputandola opera del pretto genio rinascimentale.[2]

Questa *Relazione* si situa nel periodo in cui Gasparo Contarini fu in missione presso Carlo V per conto della Serenissima. Dopo alcuni anni nell'amministrazione dello Stato, il 24 settembre 1520, Contarini veniva, infatti, eletto oratore a Carlo V per conto della Repubblica, con stanza a Worms. In questa sua missione, egli ebbe il difficile compito della salvaguardia dell'integrità territoriale di Venezia e della conservazione del suo plurisecolare dominio adriatico. Questo mandato di osservatore e informatore per cinque anni lo condusse attraverso un'Europa armata e irrequieta, lo mise in contatto con ambienti e persone della cultura e della diplomazia europea: tra questi, un significato importante riveste l'in-

ra tra le più insigni che Venezia avesse posseduto, e una serie di scritti che furono poi raccolti a cura del nipote Alvise Contarini e stampati a Parigi presso l'editore S. Nivelle (Gasparis Contareni cardinalis, *Opera*, 1571), poi ripubblicate nel 1578, con le cure del domenicano Marco Medici, a Venezia da Aldo Manuzio. L'elenco delle opere e dettagliate notizie biografiche si leggono in G. Fragnito, *Contarini, Gasparo*, in *Dizionario Biografico degli Italiani*, vol. 28, Roma, Istituto della Enciclopedia Italiana, 1983, pp. 172-192. Della stessa studiosa, si veda anche la monografia *Gasparo Contarini. Un magistrato veneziano al servizio della Cristianità*, Firenze, Olschki, 1988.

[2] L'osservazione è di G. Stiffoni, *Relazioni degli ambasciatori veneziani in Spagna e relazioni degli ambasciatori spagnuoli a Venezia negli anni della scoperta*, in *L'impatto della scoperta dell'America nella cultura veneziana*, a cura di A. Caracciolo Aricò, Roma, Bulzoni, 1990, pp. 351-364.

contro nelle Fiandre e in Inghilterra nel 1521 e nel 1522 con Thomas More.[3]

Se le tensioni politiche e le vicende militari di quegli anni sono al centro delle preoccupazioni di Contarini, egli tuttavia non trascura – sia per un forte interesse personale, sia per gli interessi veneziani ancora preminentemente legati ai traffici e ai commerci marittimi – di registrare le notizie e l'arrivo di prodotti provenienti dal Nuovo Mondo e di riferire sulle missioni geografiche. Questa *Relazione* si inserisce per l'appunto in questo contesto strategico per la Serenissima. Anzi, durante la sua missione alla corte imperiale, ad istanza della Signoria, cercò cautamente di assoldare Sebastiano Caboto, già stipendiato della corona inglese come il padre Giovanni, al servizio di Venezia per una progettata, poi non realizzata, spedizione veneziana in America. Egli attinge all'esperienza personale, alle relazioni diplomatiche e militari già conosciute o stampate o ancora inedite, ma comunque accogliendo come dato fondante la validità stessa del loro discorso, le possibilità di conoscenza e comprensione legate al viaggio e alla letteratura che dai viaggi scaturisce.

Il testo è tratto da G. Berchet, *Fonti italiane per la storia della scoperta del Nuovo Mondo. Raccolta colombiana*, parte III, vol. I.: *Carteggi diplomatici*, Roma, 1892, pp. 127-129 (documento conservato in Archivio di Stato di Torino, Codice R, A, b, x 25, I, c. 138) ora in *Nuovo Mondo. Gli Italiani*, cit., pp. 648-651.

[3] Alcuni storici hanno parlato di un'influenza dell'*Utopia* moriana sul trattato più celebre di Contarini, il *De magistratibus et republica Venetorum*. Cfr. F. Gilbert, *Religion and Politics in the Thought of Gasparo Contarini*, in *Action and Conviction in Early Modern Europe. Essays in Memory of E.H. Harbison*, ed. T.K. Rabb and J.E. Seigel, Princeton, Princeton University Press, 1969, pp. 114-115 e A. Ventura, *Scrittori politici e scritture di governo*, in *Storia della cultura veneta. Dal primo Quattrocento al Concilio di Trento*, a cura di M. Pastore Stocchi e G. Arnaldi, vol. III, Vicenza, Neri Pozza, 1981, pp. 550-553.

Relazione di Gasparo Contarini, letta in Senato, sulle Indie Occidentali

[Venezia, 16 novembre 1525]

Vi sono poi le Indie occidentali.[4] Questo è un paese grandissimo, scoperto fin'ora; e di giorno in giorno si procede più oltre, e se ne discuopre il maggiore. La prima e principale è l'isola Spagnuola.[5] Questa è posta quasi sotto il tropico di Cancro, lontana dalla Spagna circa due mila miglia; è grandissima, e alcuni la fanno[6] poco minore della Spagna; ha molte montagne e molte fiumare.[7] Li Spagnuoli hanno edificato in quest'isola tre città: la principale si chiama San Domenico, nella quale risiede l'almirante[8] e il consiglio regio. Questo almirante è figlio del Colombo genovese,[9] e ha grandissime giurisdizioni concesse a suo padre, benché molte ora gli siano usurpate e continuamente se ne usurpano dell'altre. Io l'ho lasciato alla corte, dove era andato per espedirsi. Quest'isola soleva essere abitatissima, talmente che Pietro Martire, il quale è milanese e del consiglio dell'Indie, e ha etiam il carico di scrivere quell'istorie e quelle navigazioni,[10] mi afferma che fra l'isola Spagnuola e la Gia-

[4] Contarini aveva riferito prima delle Indie Orientali, analizzando i rapporti fra Spagna e Portogallo in ordine alle nuove scoperte geografiche.

[5] L'isola *Spagnuola* è Hispaniola, cioè Haiti, dove Colombo approdò nel 1492.

[6] La giudicano, la stimano, la considerano.

[7] Corsi d'acqua, fiumi.

[8] *Almirante* è il titolo concesso a Colombo dalla Corona Spagnola.

[9] L'eredità di Cristoforo Colombo fu interamente devoluta al figlio Diego, al quale passava anche il titolo di Ammiraglio. Come Ammiraglio ed erede legittimo lo riconosce una cedola del re Ferdinando in data 2 giugno 1506 (posteriore di pochissimi giorni alla morte del padre). Vedi, al proposito, R. Almagià, *Gli Italiani primi esploratori dell'America*, Roma, Libreria dello Stato, 1937, p. 226.

[10] Sono le *Decades de Orbe novo* di Pietro Martire d'Anghiera.

maica, che non è molto grande, solevano essere, quando furono ritrovate dal Colombo, un milione d'anime e più, e ora per li crudeli trattamenti de' Spagnuoli, li quali sí per le gran fatiche che hanno dato a quelli poveri uomini insueti,[11] a farli cavar l'oro, sí per li morti di disperazione, la quale è stata cosí grande che si sono trovate delle madri che hanno uccisi li propri figliuoli, sono mancati quasi tutti, talmente che ora nell'isola Spagnuola non sono 7 mila anime, e ora comprano schiavi negri della Barbaria e li mandano lí all'aurifodine,[12] delli quali molti, poco avanti al partir mio di corte, s'erano congiunti con alcuni del paese ed erano fuggiti insieme alla montagna.

L'altra isola principale, la quale è a ponente di questa Spagnuola, è l'isola di Cuba.[13] Qui sta un governatore per nome di Cesare, dal quale si partí Ferdinando Cortese,[14] il quale ha trovato il Temistitan,[15] come dirò di sotto. Di quest'isola non se ne ragiona molto, come si fa della Spagnuola: della quale avevo omesso di dire che vengono ora in Spagna, oltra l'oro, gran quantità di cascie,[16] di zuccaro,[17] de cuori,[18] vengono etiam cavalli buoni, cose che non solevano nascere prima in quell'isola, ma li Spagnuoli l'hanno portate, e ora vengono in

[11] Inconsueti, insoliti.

[12] Miniere d'oro (voce composta da *auro*, oro, e dal lat. *fodīna*, deriv. da *fodĕre*, scavare).

[13] Colombo sbarca a Cuba nel suo secondo viaggio. Su questo viaggio si legga il *Memoriale*, in C. Colombo, *Gli scritti*, a cura di C. Varela, cit., pp. 148-164.

[14] Si tratta del conquistador spagnolo Hernán Cortés, incaricato dall'imperatore Carlo V. Sulla vicenda di Cortés si veda un "classico" come W.H. Prescott, *La conquista del Messico*, con un saggio introduttivo di W. Charvat e M. Kraus, Torino, Einaudi, 1958.

[15] Il nome *Temistitan* si riferisce alla città atzeca di Tenochtitlán.

[16] Alberi di acacie.

[17] Canne da zucchero.

[18] Cortecce. La forma *cuori* è da far risalire al lat. *corium* (cuoio) che vale in relazione alle piante e ai frutti come "corteccia" e "pellicola esterna dei pomi". Devo questa precisazione a Renzo Bragantini.

perfezione; solo il frumento non riesce perché, per la grassezza del terreno, viene tanto grande e morbido che si perde in erba. Nella Cuba non vi è tanta fertilità, come nella Spagnuola. L'isola terza di Giamaica non è molto grande a comparazione di queste; pure ancor lei è assai grande e fertile. Vi sono poi molte e innumerabili isole picciole, molte delle quali sono abitate da Cannibali, uomini fieri, che non solo mangiano uomini, ma ne vanno alla caccia come si fa di fiere brutte.

La terra ferma è un paese grandissimo. Questa comincia da un capo, che si chiama il capo di Santo Agostino, il quale è lontano dalla Spagna circa 2500 miglia o poco più ed è oltra il circolo equinoziale quattro gradi. Da questo capo si partono due coste, overo due starie[19] di terra. Una va verso il polo Antartico, overo verso il mezzodí nostro, declina però un poco al ponente, e va questa costa fino a 52 overo 54 gradi lontano dal circolo equinoziale, dove fu dalla nave *Vittoria*[20] ritrovato quello stretto, il quale è longo 500 miglia giusta da levante in ponente, e tandem passa su il mare meridionale;[21] dopo, quanto più verso l'Antartico continua questa costa non si sa. Nella prima parte di questa costa è la terra del Brasil, posseduta dai Portoghesi;[22] poi più in giù abitano li Patagoni,[23] uomini fieri e grandi assai più

[19] Termine marinaresco per "coste".

[20] La *Vittoria* era la nave della spedizione di Ferdinando Magellano, l'unica che fece ritorno in patria nel 1522.

[21] L'Oceano Pacifico.

[22] Il trattato di Tordesillas del 7 giugno 1494 assegnava il Brasile al Portogallo. Infatti, con la bolla *Inter Caetera* del 4 maggio 1493, papa Alessandro VI Borgia, in nome della teoria medievale della sovranità del successore di Pietro (e quindi di Cristo) su tutta la terra (*plena potestas*), tracciò una riga (*raya*) che fungeva da spartiacque tra il regno spagnolo e quello lusitano: il primo avrebbe controllato la porzione a ovest della *raya* e il secondo quella orientale. Sulle implicazioni giuridiche del trattato di Tordesillas, si veda A.A. Cassi, *Ultramar. L'invenzione europea del Nuovo Mondo*, cit., pp. 36-42.

[23] Vedi le pagine di Pigafetta dedicate ai giganti.

di noi altri, per quanto hanno referto quelli della nave *Vittoria*. L'altra costa comincia pure dal capo di Sant'Agostino, e va fra ponente e tramontana, della quale s'ha navigato, fino all'Jucatan. Questo spazio, per la computazione che si fa, puol essere da circa 5000 miglia e più. Di questa costa parte è inabitata, alcuna parte abitano Cannibali antropofagi, come ho detto, e parte è abitata da uomini più mansueti. È da sapere che questo terreno quasi per mezzo l'isola Spagnuola si stringe tanto, che da questo mare Oceano settentrionale[24] al mare Oceano meridionale, sopra il quale sono l'Indie occidentali, non vi sono più di 50 miglia. Qui in questo stretto dalli Spagnuoli sono state edificate due ville,[25] una sopra questo mare settentrionale, detta Nombre de Dios, e l'altra sopra il mare meridionale, detta Panama. Vi è un'isola poco distante dalla terra ferma, chiamata l'isola delle Perle, dove si pescano e pigliano gran quantità di perle, le quali poi vengono a Siviglia, come sanno molti dei nostri mercanti, li quali n'hanno comprate: e cosí procede questa costa sino al Giucatan,[26] il quale è una peninsola simile alla Morea, benché alcuni dicono ch'è isola, ma il mare fra lei e la terra ferma essere cosí basso che non se li può andare se non con barchette molto picciole. Da questa Giucatan nella terra propinqua, poco più all'occidente, sbarcò Fernando Cortese già cinque anni, e penetrò dentro nella terra, dove trovò molti popoli e molte città, fra le quali trovò una provincia detta Scalteza,[27] la quale era inimicissima al re di Temistitan, e cosí per essortazione loro e loro favore se ne andò al Temistitan, dove, passate molte guerre e molte lusinghe false, se n'è fatto signore. Questa città è maravigliosa e di grandezza di sito e d'artefizii. È posta in

[24] L'Oceano Atlantico.
[25] Città.
[26] La penisola dello Yucatán.
[27] Tlascala.

mezzo di un lago d'acqua salsa che circonda circa 200 miglia, e da un capo si congiunge con un altro lago d'acqua dolce. Non è però molto profondo: l'acqua cresce e cala ogni giorno due volte, come fa qui in Venezia. Dalla terra alla città sono alcune strade fondate nel lago. Gli abitanti sono idolatri, come tutti gl'altri di quelli paesi, mangiano uomini, ma non tutti, solamente mangiano gli nimici che prendono in battaglia. Sacrificano etiam uomini a suoi idoli. Sono industriosi in lavorare. Io ho veduto alcuni vasi d'oro e d'altro venuti di là, bellissimi e molto bene tirati. Non hanno ferro, ma in suo luogo adoprano alcune pietre. Ho veduto etiam specchi fatti di pietra. Lavorano poi lavori di penne d'ucelli miracolosi. Certamente io non ho veduto in queste parti, né altro lavoro, tanto sottile come sono alcuni di quelli di penna; li quali hanno un'altra vaghezza perché paiono di diversi colori, secondo ch'hanno il lume, come che vediamo farsi nel collo di un colombo. Ora questo Fernando Cortese è per proceder più oltre, già verso il mezzogiorno aveva ritrovato circa 200 miglia lontano dal Temistitan il mare meridionale e molte altre città. Quel lito dell'Oceano meridionale non è stato navigato se non da Panama, luogo nominato da noi poco di sopra, per 600 leghe, cioè 2400 miglia. All'occidente hanno ritrovato diversi popoli e diverse città, e finalmente sono pervenuti ad un'acqua amplissima, dolce, fra la quale e questo mare meridionale vi è un terreno non più largo di due miglia. In quest'acqua dolce, in queste isolette sono alcune terre. Costoro sperano di trovare che quest'acqua dolce pervenga in quest'altro suo mare settentrionale: il che, quando ritrovassero, credono che per quella via con gran facilità potranno navigare all'isole di Maluch[28] e altri luoghi dell'India, per tor le spe-

[28] *Maluch* è l'arcipelago delle Molucche.

cie[29] senza intricarsi[30] con Portughesi. Da Panama mo[31] verso l'oriente e mezzodí, dove è quello stretto detto di sopra, ritrovato dalla nave *Vittoria*, non si sa cosa alcuna. Ora la maestà cesarea aveva fatta un'armata di cinque navi in Siviglia, e fatto capitano Sebastiano caboto suo peota[32] maggiore, il quale è veneziano d'origine, perché andasse etiam nell'Indie.[33] Questo è quanto in brevità si può dire alla celsitudine[34] vostra degno di relazione di quest'Indie, le quali, come dissi, sono annesse alla corona di Castiglia.

E già sono venuto, serenissimo principe, alla fine della prima parte proposta, ch'era delli regni possessi dalla cesarea maestà.

[29] Prendere (*tor*: forma contratta per "togliere") le spezie.

[30] Venire in contatto, intrecciare relazioni.

[31] Ora.

[32] Il termine *peota* è venetismo per "pilota". La formula traduce lo spagnolo *piloto mayor*, carica che Sebastiano Caboto, figlio di Giovanni, ebbe da Carlo V nel 1523.

[33] Contarini si riferisce al preannunziato viaggio commerciale spagnolo alle Molucche, il cui comando venne affidato a Sebastiano Caboto. La data di partenza del viaggio, che aveva come scopo quello di capire meglio la posizione dell'arcipelago rispetto alle zone di influenza coloniale portoghese e spagnola definite dal trattato di Tordesillas (1494), era prevista per l'agosto del 1525, ma ebbe luogo, dal porto di Sanlúcar de Barrameda, alla foce del Guadalquivir, solo l'aprile dell'anno successivo.

[34] Termine raro per "grandezza, eccellenza" (deriv. dal lat. *celsus*, alto).

PAOLO GIOVIO

Lettera sulla Moscovia

Frequentemente, la letteratura di viaggio si sviluppa come elaborazione compiuta, per il tramite di studiosi, negli scrittoi o nelle biblioteche, di un racconto vissuto. Gli scrittori o gli storiografi sono attenti al pubblico elitario di riferimento, quello legato ai circoli umanistici delle corti, culturalmente avvertito e attento al gioco letterario degli eventi e delle citazioni così come alla concreta esperienza dei fatti.

Il racconto di viaggio, dunque, può essere l'occasione per tracciare il ricordo di ciò che si è visto, ad uso di una ristretta cerchia di fruitori; oppure uno strumento didattico che permetta di accrescere la conoscenza del mondo; una guida per chi pensa di poter affrontare lo stesso tipo di itinerario o una sorta di certificazione di un viaggio effettivamente avvenuto. Ne nasce in questo ultimo caso un autentico *reportage* di notizie geografiche, etniche, religiose, naturalistiche e militari-politiche come il *Libellus* sulla Moscovia a opera di Paolo Giovio (1483-1552).

Questo opuscolo, in forma di lettera a monsignor Giovanni Rufo, arcivescovo di Cosenza, che gli ebbe commissionato la relazione, costituisce un momento significativo, non del tutto marginale, nella produzione gioviana. L'interesse per la geografia da parte di Giovio si spiega, infatti, come fondamento di ogni narrativa storica rigorosa, sul modello da lui offerto nelle *Histo-*

riae.[1] Prima di accingersi a descrivere una battaglia, egli conduceva approfondite ricerche sui paesi del mondo allora noto; i dati così raccolti erano destinati, secondo le sue intenzioni, a comporre una serie di descrizioni degli «imperi e delle genti del mondo conosciuto» (*Pauli Iovii Opera*, vol. II, Roma, Istituto Poligrafico e Zecca dello Stato, p. 166). In campo geografico, la curiosità dello storico si appuntava in special modo sulle esplorazioni del Nuovo Mondo. Possedeva, infatti, un ritratto di Colombo[2] e per un periodo fu possessore del famoso codice *Cellere* di Giovanni da Verazzano, contenente la relazione del primo viaggio del navigatore. In suo onore, Verazzano assegnò il nome di *Puntum Iovianum* all'attuale Rhode Island.[3]

Quella di Giovio è una metodologia di lavoro volta a legare assieme eventi e accadimenti storici e descrizione morfologica del territorio (o «corografia»), come egli stesso dichiara in una lettera del luglio o agosto del 1550: «scrivere l'istoria de' suoi tempi, universale per tutto 'l mondo, attaccandole ancor le frange della corografia, specchio necessario e chi vuol vedere e chiarirsi dell'*ubi*, *quomodo*, *quando* delle cose fatte».[4] Di fatto, della serie progettata, solo due opere conobbero la stampa: quella che descrive le isole britanniche e quella

[1] Sulla curiosità geo-politica di Giovio, si vedano le osservazioni di F. Chabod, *Scritti sul Rinascimento*, Torino, Einaudi, 1967, pp. 262-267.

[2] Giovio inserì anche un "ritratto" di Cristoforo Colombo nei suoi *Elogia* (su cui si rimanda a F. Fossati, *Il Museo Gioviano e il ritratto di Cristoforo Colombo*, in «Periodico della Società Storica Comense», IX, 1892-93, pp. 84-118). Cfr. P. Giovio, *Elogi degli uomini illustri*, cit., pp. 695-702.

[3] Cfr. L.C. Wroth, *The voyages of Giovanni da Verrazzano*, New Haven, 1970, pp. 150-152, 237-240.

[4] P. Giovio, *Lettere*, a cura di G.G. Ferrero, vol. II, Roma, Istituto Poligrafico e Zecca dello Stato, 1958, p. 166. Per un profilo biografico dell'autore, si veda la voce di T.C. Price Zimmermann, *Giovio, Paolo*, in *Dizionario Biografico degli Italiani*, vol. LVI, Roma, Istituto della Enciclopedia Italiana, 2001, pp. 430-440.

relativa alla Moscovia. Questa seconda venne pubblicata nel 1525 in occasione della visita a Roma dell'ambasciatore del granduca di Moscovia, Basilio Magno.[5]

L'opera, la cui stesura originale è in latino (*Libellus de legatione Basilii Magni principis Moschoviae ad Clementem VII pont. Max.*, Romae, in aedibus Francisci Minitii Calvi, 1525), ebbe un volgarizzamento cinquecentesco a opera di Francesco Negri: *Operetta dell'ambascieria de' Moschoviti*, Venezia, Bartolomeo detto l'Imperatore, 1545. L'edizione latina ebbe una vasta eco, con l'onore di alcune ristampe, spesso unitamente ai *Commentarii rerum Moscovitarum* (Vienna, 1549) di Sigmund von Herberstein,[6] e in traduzione tedesca ebbe due edizioni (Basilea, 1564 e Francoforte, 1579).[7] Il testo italiano fu invece incluso dal Ramusio nel secondo volume delle *Navigationi et Viaggi*.

Strutturalmente, Giovio offre un racconto della Russia senza esservi andato mai attraverso i colloqui quotidiani con Dmítrij (Erasmo) Gerásimov, diplomatico e umanista della corte di Vasílij III, secondo un codificato modello di trascrizione che già era stato messo in pratica da Bracciolini in occasione dei viaggi di Nicolò de' Conti. Giovio offre una caratterizzazione geografica dell'intera Moscovia, dando vita al celebre *topos* della Russia immensa, «dal Tanai [...] a Tramontana», un territorio sconfinato per lo più pianeggiante, paludoso e fangoso d'estate a causa del disgelo e gelato d'inverno.

[5] L'ambasciatore Dmítrij Gerásimov, ottimo conoscitore del latino e del tedesco e autore e traduttore di testi religiosi, fu a Roma nei mesi di giugno e luglio 1525. Per notizie sull'ambasceria, cfr. G.M. Nicolai, *Il grande orso bianco*, cit., pp. 70-79; ma si veda, nello stesso volume, pp. 461-463, n. 38.

[6] Il testo di Herberstein si legge in G.B. Ramusio, *Navigazioni e viaggi*, cit., vol. III, pp. 697-913.

[7] Cfr. W. Leitsch, *La scoperta della Russia nel Cinquecento*, in «I viaggi di Erodoto», n. 33, sett.-dic. 1997; ma si veda anche E. Paratore, *La Moscovia nelle carte italiane della Rinascenza*, Roma, s.n., 1976.

Giovio infarcisce il testo di *topoi* legati al meraviglioso esotico e al fantastico: le «crudelissime fiere», gli improbabili pigmei lapponi; ma fornisce anche concrete indicazioni geografiche (gli Urali), e informazioni sulle città, sul commercio degli zibellini, sui raccolti di miele, sui riti e le gerarchie ecclesiastiche della religione dei moscoviti.

Il testo è tratto da *Lettera di Paolo Iovio sulla Moscovia*, in G.B. Ramusio, *Navigazioni e viaggi*, a cura di M. Milanesi, vol. III, Torino, Einaudi, 1980, pp. 667-695 (cap. 2-4 e 6).

Lettera sulla Moscovia

Del nome e paese de' Moscoviti; della selva Ercinia e degli animali che vi si truovano; delle orde de' Tartari e lor governo e costumi

Il nome de' Moscoviti è moderno, benché Lucano abbia fatto menzione di Moschi, vicini a' Sarmati,[8] e Plinio metta i Moschi appresso 'l fonte del fiume Fasso, sopra il mar Maggiore, verso levante.[9] Il lor paese ha larghissimi confini, e si stende dagli altari d'Alessandro appresso i fonti del Tanai alle ultime parti della terra e all'oceano settentrionale, quasi sotto la tramontana. Per la maggior parte è piano e abbondante di pascoli, ma la state[10] nel più de' luoghi è paludoso, percioché tutta quella terra è bagnata da grandi e spessi fiumi, i quali gonfiandosi per le nevi del verno disfatte dal caldo del sole e per il ghiaccio in ogni parte disfatto,[11] li campi per tutto diventano paludi, e tutte le strade sono imbrattate per l'acque che si sono ritenute e per la sporchezza del fango, insino a tanto che di nuovo, per aiuto del verno, i fiumi stagnati e le paludi s'agghiaccino e facciano strade coperte di saldissimo ghiaccio ai carri che v'hanno da passare.

La selva Ercinia[12] occupa una parte della Moscovia, ed essendovi state fatte molte abitazioni per tutto è abitata, e già per lunga fatica e opera degl'uomini divenuta rara, non mostra, com'alcuni stimano, l'orribil vista delli spessissimi e impenetrabili boschi; ma si dice bene ch'essendo piena di crudelissime fiere scorre per la Moscovia

[8] Lucano, *Pharsalia*, III, 270.
[9] Plinio, *Naturalis historia*, VI, 10.
[10] Estate.
[11] Sciolto.
[12] Vedi n. 35, p. 299.

per lungo e continuato spazio tra levante e greco insin all'oceano della Scizia,[13] di modo che con la sua infinita grandezza ha sempre ingannato la speranza di coloro ch'hanno curiosamente cercato arrivare al fine di quella. Nella parte che volge verso la Prussia si trovano grandi e ferocissimi bufali simili a tori, i quali gli chiamano bisonti;[14] vi sono anco delle alce, che hanno forma di cervo, con una tromba carnosa nel muso, con le gambe alte e senza niuna piegatura nelle ginocchia: da' Moscoviti sono chiamate *iozzi*[15] e da' Tedeschi *helene*,[16] i quai animali vediamo che sono stati conosciuti da Gaio Cesare.[17] Oltra di questi vi sono orsi di grandezza estraordinaria, e lupi molto grandi e spaventevoli, per esser di color negro.

Da levante la Moscovia ha per confinanti gli Sciti, i quali oggi sono chiamati Tartari, gente vagabonda e in tutt'i secoli famosa nella guerra. Li Tartari in loco di case usano carri coperti di feltri e di cuoi, per la qual sorte di vita dagli antichi furono chiamati Amazonii;[18] in cambio di città e castelli hanno grandi alloggiamenti in campagna, circondati non di fossi o di mura, ma d'una infinita moltitudine d'arcieri a cavallo. Sono divisi i Tartari in orde, e *orda* nella lor lingua significa ragunanza di popolo unito e concorde a similitudine d'una città. Ciascuna orda ha li suoi imperadori, secondo che la nobiltà e la virtù militare gli ha fatti, percioché spesso fanno guerra co' vicini, e ambiziosamente oltra modo e crudelmente combattono per l'imperio:[19] ed è cosa certa il numero delle orde esser quasi infinito, per-

[13] Regione compresa tra il Danubio e il Don.
[14] Ossia, i bisonti europei (*Bos bonasus*); in ted. *Wisent*.
[15] In russo, *los'*.
[16] In tedesco, *Elen* o *Elend*.
[17] Cesare, *De bello gallico*, VI, 27.
[18] Il traduttore chiosa: «Cioè viventi nelli carri».
[19] Per il comando.

cioché i Tartari hanno larghissimi deserti insin al Cataio,[20] città famosissima, nell'ultimo oceano verso levante. Quegli che sono vicini a' Moscoviti sono conosciuti per rispetto del traffico della mercanzia e per le lor spesse correrie.[21]

Nell'Europa, appresso il corso d'Achille, nella Taurica penisola,[22] vi sono li Tartari precopiti: la figliuola del principe di questi Tartari fu moglie di Selino[23] gran Turco. Sono molto molesti a' Poloni, e in molti luoghi tra 'l fiume Boristene e 'l Tanai predano e ruinan[24] ogni cosa: e sí come grandemente si confanno co' Turchi nella fede, cosí anche nell'altre cose.[25] Tengono nella medesima Taurica la città di Caffa, colonia de' Genovesi, anticamente chiamata Teodosia.

Quei Tartari[26] che tra 'l fiume Tanai e la Volga abitano larghissime campagne rendono ubbidienza a Basilio,[27] re de' Moscoviti, e ad arbitrio suo tal volta eleggono il loro imperadore. Tra costoro li Cremii, travagliati da domestice discordie, essendo già stati molto possenti e di ricchezze e di gloria nella guerra, pochi anni sono perdettero a un tratto e le forze e la riputazione. Li Casanii, che stanno oltra la Volga, con molta osservanza tengono l'amicizia de' Moscoviti, e confessano d'esser lor vassalli. Oltra li Casanii verso

[20] Giovio utilizza per la Cina il termine divulgato da Marco Polo. Questi usa il termine di origine tungusa *Qitan* o *Kitai*, dunque Catai (o Cataio); mentre l'origine della parola *Cina* si fa risalire al nome del regno di Qin, il cui sovrano unificò la Cina nel 221 a.C.

[21] Frequenti scorribande.

[22] Antica denominazione della Crimea (o anche Tartaria minore o precopense, da cui il nome di *precopiti* dato agli abitanti).

[23] Il sultano ottomano Selim I.

[24] Distruggono.

[25] I Tartari di Crimea erano stati alleati dei Moscoviti contro i Polacco-Lituani fino al 1521. Dalla metà del XVI secolo si erano alleati con i Turchi Ottomani, dei quali si erano riconosciuti vassalli nel 1476.

[26] I Tartari di Kasimov sull'Oka.

[27] Vasílij III granduca di Moscovia.

greco[28] sono li Sciabani, molto potenti di numero d'uomini e bestiami. Dopo loro sono li Nogai, i quali oggidí tengono il principato e di ricchezze e di valor militare: la loro orda è grandissima e non ha imperador alcuno, ma secondo l'usanza della republica veneziana si governa con la prudenza de' vecchi e con la virtù d'uomini valorosi. Di là dai Nogai non molto piegandosi al mezodí verso 'l mar Caspio, li Zagathai, nobilissimi tra i Tartari, abitano nelle città fabricate di pietra, e hanno una città regale chiamata Samarcanda,[29] di notabil grandezza e illustre, per mezo della quale passa Iaxarte, grandissimo fiume della Sodiana, e indi a cento miglia entra nel mar Caspio. Con questi Tartari al tempo nostro Ismael re di Persia[30] fece guerra, e spesse volte con dubioso avenimento;[31] e avendo paura di loro, mentre con tutte le forze, vedendosegli venire adosso, a loro si oppone, lasciò in preda l'Armenia e la città di Tauris, capo del suo regno, a Selino, rimasto vincitore in una giornata[32] che fece con lui. Nella città di Samarcanda nacque Tamburlano,[33] overamente, come Demetrio insegna che si debba dire, Temircuthlu, il qual prese Baiazete ottomano, terzo avo di questo Solimano, appresso Ancyra, città di Galizia, avendolo vinto in un gran fatto d'arme, e lo menò[34] rinchiuso in una gabbia di ferro per pompa del

[28] Il nord-est (dal nome del vento di *grecale* che soffia in quella direzione).

[29] Samarkand, oggi nell'Uzbekistan meridionale. Famosa città, capitale della Sogdiana, dove si conserva la tomba di Timur (Tamerlano), che ne aveva fatto la capitale del suo vastissimo impero. La ricorda anche Marco Polo (*Milione*, 51).

[30] Isma'il di Persia conquistò Samarkand nel 1510, ma dovette abbandonarla due anni dopo, sconfitto in Armenia da Selim I.

[31] Con alterne vicende.

[32] Scontro militare.

[33] Tamerlano il Grande (*Temür Lenk*), sovrano turco dell'Asia centrale.

[34] Lo condusse.

suo trionfo per tutta l'Asia da lui vinta con un terribile impeto d'un grandissimo esercito.

Di questo paese si conducono nella Moscovia molti drappi di seta, ma li Tartari che sono fra terra non danno cosa alcuna se non mandrie di velocissimi cavalli e panni bianchi finissimi, fatti senza niuna tessitura di fili ma di lane impastate, de' quali si fanno tabarri[35] di feltro bellissimi e atti a sostenere ogn'impeto di pioggia; ed essi pigliano da' Moscoviti vestimenti di lana e moneta d'argento, dispregiando ogni ornamento di corpo e apparecchiamento[36] di soprabondante masserizia, percioché, a sopportar gagliardamente la violenza del cattivo tempo, si contentano d'un solo feltro, e confidati solamente nelle freccie si difendono da' nimici; benché, mentre fecero deliberazion di scorrere in Europa, al nostro tempo, i lor principi comprarono da' Persiani celate[37] di ferro e giacchi di maglia e scimitarre. Da mezogiorno i confini de' Moscoviti sono serrati da' medesimi Tartari i quali sopra la palude Meotide in Asia e intorno ai fiumi Boristene e Tanai nella parte d'Europa tengono la campagna che volge verso la selva Ercinia. Li Roxolani, li Geti e i Bastarni anticamente abitarono quel paese, dal quale crederei che fusse venuto il nome di Rossia, percioché una parte di Lituania la chiamano Rossia inferiore, e la Moscovia è chiamata Rossia bianca. La Lituania adunque da maestro[38] guarda la Moscovia; da ponente i luoghi fra terra della Prussia e della Livonia si congiungono con li confini della Moscovia, dove il mar Sarmatico, entrando per lo stretto della Dada, penisola de' Cimbri, fa verso greco un colfo[39] piegato a guisa di meza luna.

[35] Mantelli, sopravesti lunghe.
[36] Allestimento.
[37] La *celata* è un antico copricapo senza cimiero né cresta.
[38] Nord-ovest, direzione dalla quale viene il *maestrale*, vento atlantico.
[39] Golfo.

De' Laponi popoli e lor costumi; de' Pigmei; del gran fiume Dividna; de' popoli permii, pecerri e altri; della lor religione; di più sorti di falconi; del sito e descrizione della città di Moscovia

Nell'ultimo lito del mar Oceano, dove la Norvegia e la Svezia, regni grandissimi, con uno stretto collo di terra quasi con una certa terra ferma si congiungono, vi sono i Laponi,[40] gente molto più di quel che si può credere salvatica e sospettosa: e si mette a fuggir ogni volta che vede uomini e navili forestieri. Ella non conosce né biade[41] né frutti, e finalmente niun bene né di terra né d'aere: si provede da mangiare solamente con l'industria del tirar con l'arco, e si veste di diverse pelli di fiere. Le abitazioni di quella gente sono picciole grotte ripiene di foglie secche e tronchi d'arbori cavati,[42] i quali gli abbia fabricati o 'l fuoco messovi dentro o la vecchiezza, avendovi fatto de' tarli. Alcuni pescano appresso 'l mare, ove si fa grandissima presura[43] di pesce, pescando con istrumenti molto mal fatti ma ben aventurosi, e ripongono come lor biade[44] i pesci seccati al fumo. I Laponi sono di statura di corpo picciola, di volto pallido e schiacciato, ma di piedi velocissimi. La lor natura né anche dai Moscoviti stessi, che sono lor vicini, è conosciuta, percioché dicono che l'assalirgli con poca gente sarebbe perniziosa pazzia, e non stimano esser cosa né utile né punto gloriosa con grand'esercito provocar coloro che menano la lor vita povera di tutte le cose. Costoro cambiano quelle bianchissime pelli che noi chiamiamo armellini[45] con mercanzie di varie sorti, ma di maniera lo fanno che fug-

[40] I Lapponi.
[41] Cereali.
[42] Alberi cavi.
[43] Pesca.
[44] Esca.
[45] Ermellini.

gon ogni parlamento e vista de' mercanti; siché, fatta dall'una parte e dall'altra la ragunanza delle cose da vendere,[46] lasciando le pelli là in un luogo di mezo, contrattano co' mercanti absenti e non conosciuti e fanno cambio fidelissimamente.

Oltra i Laponi, nella parte che è tra maestro e greco e che da continova[47] oscurità è ingombrata, hanno detto alcuni testimoni degni di fede che si truovano li Pigmei, i quali, venuti al colmo del lor crescere, appena trapassano l'altezza d'un fanciullo de' nostri di 10 anni. E sorte d'uòmini molto paurosa e parlano garrendo,[48] siché tanto par che s'avicinino alla scimia quanto di statura e di sentimenti s'allontanano da un uomo di giusta grandezza. Dalla parte di tramontana innumerabili popoli stanno sottoposti all'imperio de' Moscoviti, i quali s'estendono insino all'oceano scitico per spazio di cammino quasi di 3 mesi.

Vicino alla Moscovia è 'l paese di Colmogora, abbondante di biade, per il quale passa Dividna, fiume maggior d'ogn'altro che si truovi nelle parti settentrionali, e a un altro ch'entra nel mar Baltico ha dato il nome.[49] Questo fiume, con stabili e determinati crescimenti[50] e simili a quei del Nilo, e a certi e fermi tempi dell'anno, inonda i campi circonvicini, e con la grassa inondazione resiste maravigliosamente alla violenza del freddo aere e ai crudeli venti di tramontana. E mentre, accresciuto dalle nevi e dalle pioggie, si gonfia, fra genti non conosciute scorre nell'oceano a guisa d'un gran pelago, per sí largo letto che con una nave spedita col corso d'un gior-

[46] Radunate le cose per la vendita.

[47] Vedi n. 66, p. 304.

[48] Garriscono. Questa popolazione di Pigmei costituisce un'eredità "dislocata" del mito classico dei popoli esotici.

[49] Il fiume Dividna si divide in Severnaja Dvina, che si getta nel Mar Baltico, e Zapadnaja Dvina, che invece sfocia nel Baltico.

[50] Ossia, le piene.

no non si può passare; ma subito che l'acque si sono abbassate, per tutto rimangono grand'isole e molto fertili, percioché vi si produce il frumento seminato senza adoperarvi altramente l'aratro, e con maravigliosa prestezza della natura frezzolosa e temente la furia del superbo fiume nasce insiememente, cresce e fa le spiche. Nella Dividna entra il fiume Iuga, e in una punta dove i fiumi si congiungono è una nobil terra mercantesca nomata Ustiuga, lontana da Moscovia, città regale, 600 miglia. In Ustiuga sono portate dai popoli permii, pecerri, inugri, ugulici e pinnagi[51] preziose pelli di martori, di zibellini, di lupi cervieri e di volpi negre e bianche, e le cambiano con diverse sorti di mercanzie: ma i zibellini più stimati per la tenera bianchezza dei delicati peli, de' quali a' nostri tempi se ne fodrano le vesti de' principi e se ne cuoprono i delicati colli delle matrone, acconci di modo che rappresentano l'imagine di quell'animale vivo, li conducono li Permii e li Pecerri, ma essi anche da più lontane genti, le quali son vicine all'oceano, li ricevono di man in mano. Li Permii e li Pecerri poco avanti i nostri tempi a uso di pagani sacrificavano agli idoli, ma ora adorano Iddio Iesù Cristo. Agl'Inugri e Ugolici si perviene per aspri monti,[52] che forse anticamente furono i monti Iperborei, nella sommità de' quali si pigliano falconi eccellentissimi: e di questi ve n'è una sorte bianca, di penne macchiate, che la chiamano *herodio*;[53] vi sono anche de' girifalchi, nimici degli uccelli chiamati ardee;[54] vi sono de' sacri[55] e de' peregrini,[56] de' quali nel-

[51] Perm'aki, popoli della Pečora, Ugri, Vogul, e popoli del fiume Pinega.

[52] Gli Urali.

[53] Secondo la Milanesi, il falcone erodio potrebbe essere lo *Hieraaetus*, una specie di piccola aquila (op. cit., p. 682, n. 1).

[54] Aironi (lat. *ardea*).

[55] Il *sagro* è un altro tipo di falcone.

[56] I falchi pellegrini.

l'uccellare[57] la delicatezza degli antiqui principi non n'ebbe notizia.

Oltra di questi popoli ch'ora ho nominato, che danno tributo ai re di Moscovia, vi sono dell'altre nazioni ultime di tutte, per niun certo viaggio di Moscoviti conosciute, non essendo alcuno arrivato all'oceano, ma solamente udite per fama e per relazioni de' mercanti, il più delle volte favolose. Nondimeno è assai ben manifesto che Dividna, traendosi dietro fiumi innumerabili, con gran corso discorre verso tramontana, e ivi è un mar grande, di maniera che per certissima coniettura s'ha da credere, se non vi è terra di mezo, navigando la marina a man destra, di lí con navi si possa arrivare al Cataio, percioché li Catainі[58] toccano l'ultima parte di levante, quasi al paralello della Tracia, conosciuti da' Portoghesi nell'India, conciosiach'essi nuovamente pochi anni adietro, pel viaggio della China, abbiano navigato insin a Malacha, ch'è l'Aurea penisola, a comprar delle spezierie, e abbiano portato delle veste di pelli di zibellini: per la qual sola coniettura pensiamo la città di Cataio non esser molto lontana da' liti della Scizia.[59]

Ma dimandando noi a Demetrio[60] se appresso di loro fusse di mano in mano lasciata da' loro antichi fama alcuna, o dalle istorie loro memoria, dei popoli gotti, i quali già mille anni passati, guastata la città di Roma con ogni maniera di violenza, avessero distrutto l'imperio degl'imperadori romani, ci rispondeva che 'l nome della gente gottica e del re Totila era famoso e illustre, e che a quell'impresa si ragunarono diversi popoli, e specialmente li Moscoviti, e che quell'esercito si accrebbe

[57] Cacciare gli uccelli.

[58] I Cinesi.

[59] Giovio discute qui dell'ipotesi dell'esistenza di un passaggio a nord-est dell'Asia in direzione della Cina, risolta da Vitus Johanes Bering nel 1728 con la scoperta dello stretto che porta il suo nome.

[60] Dmítrij Gerásimov, l'ambasciatore di Moscovia.

dal concorso delle genti di Lituania e di quei Tartari ch'abitavano appresso la Volga: nondimeno tutti fumo chiamati Gotti, percioché i Gotti che abitavano l'isola d'Islandia e di Scandavia furono capi di quell'impresa.

Da questi confini specialmente sono d'ogni parte serrati li Moscoviti, i quali stimo ch'appresso Tolomeo siano li Modoci: ma oggidí senza dubio sono cosí detti dal fiume Mosco, il quale anche alla città regale, passandole per mezo, ha dato il suo nome. Questa è la più nobile di tutte le città della Moscovia, sí per il sito, ch'è riputato che sia nel mezo della provincia, sí anche per la notabil commodità de' fiumi e per la frequenzia delle case e per la fama della fortissima rocca, conciosiach'ella si stenda appresso la riva del fiume Mosco per spazio di 5 miglia con un lungo tratto d'edificii. Le case universalmente sono di legno, compartite[61] in sale, cucine e camere di gran capacità, né bruttamente fabricate né troppo basse, percioché dalla selva Ercinia sono portati travi di molta grandezza, co' quali, dolati[62] a filo di sinopia[63] e a contrario ordine tra loro ad angoli dritti congiunti e incastrati, fanno le parti di fuori delle case di maravigliosa fermezza, con poca spesa e con somma prestezza. Quasi tutte le case hanno orti privatamente, per piacere e diporto de' padroni e per servirsi degli erbaggi, onde il circuito della singolar città appar molto maggiore. Ciascuna contrada ha le sue chiese, ma nel più bello e onorato loco è la chiesa consacrata alla Vergine Maria madre d'Iddio, con bella forma e grandezza fabricata già 60 anni da Aristotile bolognese, artefice di cose mirabili e architetto famoso. Al capo della città è un fiumicello nomato Neglina, che fa andar macine da formento,[64] ed

[61] Divise.
[62] Piallati.
[63] La *sinopia* designava una varietà di ocra rossa utilizzata dai falegnami per segnare la linea di taglio sul legno.
[64] Granoturco.

entrando nel fiume Mosco fa una penisola, nell'estremità della quale è una rocca con torri e bastioni di maravigliosa bellezza, fabricata per ingegno d'architetti italiani.

Nelle campagne vicine alla città si ritrova incredibil moltitudine di lepori[65] e di capriuoli, i quali non è lecito di cacciare né con reti né con cani, se 'l principe di ciò non desse licenza a' suoi più cari domestici overo ad ambasciadori forestieri per andare a piacere. Quasi da tre parti la città di fuori è bagnata da due fiumi, e il rimanente è cinto d'una larghissima fossa e ripiena di molt'acqua condottavi dalli detti fiumi, e medesimamente dall'altro lato è fortificata da un altro fiume chiamato Iausa, che parimente poco sotto alla città mette capo nel Mosco, il quale scorrendo verso mezodí appresso Colonna entra nel fiume Occa, ch'è molto maggiore; né d'indi a gran spazio di cammino il detto Occa, e per le sue e per l'altre acque divenuto grande e gonfio, si discarica nella Volga: e nel luogo dove si congiungono i due fiumi è una città nominata Novogardia minore,[66] dal nome della città maggiore dalla quale vennero gli abitatori di questa.

Del nascimento del fiume Volga e d'altri fiumi della Moscovia, e d'alcune città; e di quel che produce il paese della Moscovia

Nasce la Volga, ch'anticamente fu detta Rha, dalle grandi e deserte paludi de' laghi nominati Bianchi, i quali sono sopra Moscovia tra maestro e greco, e mandano fuori quasi tutti i fiumi che si spargono in diverse contrade, come veggiamo dell'Alpi, dalle cime e fonti delle quali è cosa certa ch'esce il Reno, il Po, il Rodano e altri minor fiumi innumerabili; perciochè quelle paludi, in cambio

[65] Lepri.
[66] *Nižnij Novgorod*, Novgorod "bassa", cioè "meridionale".

de' monti, col lor perpetuo sorgimento danno acqua in grandissima copia, conciosiaché veramente in quel paese, per lungo viaggio che l'uomo faccia, non si ritrovi monte alcuno; di modo che i monti Rifei e Iperborei, tanto celebrati dagli antichi, alcuni studiosi dell'antica cosmografia stimano esser del tutto favolosi. Da queste paludi adunque nascono la Dividna, l'Occa, il Mosco, la Volga, il Tanai e il Boristene. La Volga i Tartari la chiamano Edel, e il Tanai Don; il Boristene oggi è chiamato Neper, il quale poco sotto la Taurica penisola scorre nel mar Maggiore. Il Tanai è ricevuto dalla palude Meotide, dov'è Azov, città molto mercantesca. La Volga, lasciando per ostro[67] la città di Moscovia, con gran circuito e gran giravolta, prima verso levante, poi verso ponente e alla fine verso ostro, da grandissima copia d'acque precipitato cade nel mar Caspio. Sopra la bocca del detto fiume è una città de' Tartari nominata Citracan, dove si fa la fiera dai mercanti di Media, d'Armenia e di Persia. Nella ripa della Volga, dalla banda di là, v'è una città de' Tartari detta Casan, dalla quale prende il nome la orda de' Tartari casanii: è distante dalla bocca della Volga e dal mar Caspio 500 miglia. Sopra Casan 150 miglia, nella bocca del fiume Sura, Basilio, il qual regna al presente, fece fabricare una terra nominata Surcico,[68] accioché in quel deserto vi fusse un fermo e sicuro alloggiamento con osterie per li mercanti e viandanti, i quali a' vicini soprastanti de' confini dan notizia delle cose de' Tartari e dei movimenti di quella gente inquieta.

Gl'imperadori de' Moscoviti in varii tempi, secondo che l'occasione portò, overamente che le lor vaghe voglie di nobilitar luoghi nuovi e vili gli tirarono lontani, tennero in diverse città la sedia dell'imperio e della corte: perciοché Novogardia, la qual guarda a maestro e

[67] Austro, vedi n. 8 p. 190.

[68] Il castello di Vasil'surks, edificato nel 1522.

quasi a ponente verso 'l mar di Livonia,[69] non molti anni adietro fu capo di tutta la Moscovia, e sempre tenne la suprema dignità, per l'incredibil numero delle case e per commodità dei laghi larghissimi e pieni di pesce, e per la fama dell'antichissima e venerabil chiesa, la quale avanti 400 anni a imitazione degl'imperadori di Costantinopoli fu consacrata a santa Sofia, cioè a Cristo figliuol d'Iddio. Novogardia è ingombrata da un verno[70] quasi perpetuo e dalla oscurità di lunghissime notti, percioché ella vede il polo artico alzato dall'orizonte 64 gradi, quasi sei gradi più lontana dall'equinoziale che non è la città di Moscovia:[71] per questa ragione del cielo dicono che al tempo del solstizio ella patisce ardentissimi caldi, essendo le notti picciole e il calor del sole continovo.

La città di Volodemaria[72] ha nome di residenza regale, ed è lontana dalla città di Moscovia 200 e più miglia verso levante; e dicono che vi fu trasportata la sedia dell'imperio dai valorosi imperadori per necessaria cagione, cioè per aver da presso, facendo allora continovamente guerra co' vicini, più apparecchiati li presidii da metter contra le correrie de' Tartari', percioché ella è posta di qua dalla Volga nelle ripe del fiume Clesma, il qual entra nella Volga. Ma veramente Moscovia, per le qualità ch'abbiamo dette, è giudicata degna del nome di città regale, conciosiaché, essendo ella sapientissimamente situata in un certo luogo di mezo dell'imperio e di tutto il paese più frequentato, e fortificata di rocca e di fiumi, paia di consentimento di tutti a comparazione dell'altre città aversi meritamente acquistata la lode e l'onore della preminenza, da non dover mai in alcun tempo mancare.

La città di Moscovia è distante da Novogardia 500

[69] Provincia Baltica della Russia tra Estonia e Lettonia.
[70] Inverno.
[71] Mosca.
[72] Vladimir.

miglia, e quasi a mezo cammino si truova Ottiferia, posta appresso la Volga, nel qual luogo, come più vicino al fonte, non avendo ancora ricevuti tanti fiumi, è picciol fiume e scorre piacevolmente. D'indi per boschi e per campestri solitudini s'arriva a Novogardia; da Novogardia a Riga, porto vicino al lito del mar della Sarmazia, è viaggio poco meno di cinquecento miglia: e questa contrada è riputata migliore di quella di sopra, perciochè vi sono villaggi molto spessi, e havvi anco la città di Plescovia posta nella strada, ed è abbracciata da due fiumi. Da Riga, la quale è sottoposta al gran maestro de' cavalieri di Livonia,[73] a Lubecca, porto dell'Alemagna nel golfo della penisola di Dacia, si contano poco più di mille miglia, ma di navigazione pericolosa. Da Roma alla città di Moscovia si è trovato esservi la distanza di 2000 e 600 miglia, e andando anche per viaggio brevissimo, cioè per Ravenna, per Treviso, per le Alpi della Carinzia, per Villacco di Baviera, per Vienna d'Ungheria, e d'indi, passato il Danubio, per Olmuzio di Moravia sino in Cracovia, città regale di Polonia, sono mille e cento miglia. Da Cracovia a Vilna, capo[74] della Lituania, 500, e altretante da essa a Smolenco, posta di là dal fiume Boristene, e da Smolenco alla città di Moscovia si contano seicento miglia. Ma il viaggio che è da Vilna per Smolenco a Moscovia, il verno, per rispetto delle nevi agghiacciate e del ghiaccio, sdrucciolоso ma saldo per esser molto calpestato, nei carri spediti fassi con incredibile celerità; la state poi non si possono passar le campagne se non per difficile e faticoso cammino, perciochè, mentre le nevi si cominciano a distruggere e dileguare per il continovo sole, elle diventano paludi e voragini fangose, delle quali non si possono districare né gli uo-

[73] Livonia, Curlandia ed Estonia erano soggette all'Ordine Teutonico dal XIV secolo.

[74] Capitale.

mini né i cavalli, se con fatica quasi infinita non vi si distendono ponti di legno.

Il paese della Moscovia universalmente non produce né viti né olivi né arbore che produca pomo di sapore pur alquanto soave, fuor che i melloni e le ciregie, seccandosi tutte le cose tenere per li freddissimi venti di tramontana; nondimeno li campi producono frumento, segala, miglio, panico[75] e ogni sorte di legumi. Ma il raccolto certissimo consiste nella cera e nel mele, percioché tutto 'l paese è pieno di fecondissime api, le quali fanno mele perfettissimo, non già nelle arne fatte per mano de' contadini, ma nelle cave degli arbori: onde aviene che per le selve e per gli ombrosissimi boschi si veggono spessi e belli sciami d'api pender da' rami degli arbori, a' quali raccogliere non fa bisogno usare alcun suono di rame. Si truovano spesse volte gran masse di favi di mele nascose negli arbori, e il mel vecchio abbandonato dalle api, conciosiaché gli contadini, essendo pochi, non vadano ricercando ciascun arbore in cosí gran boschi, di modo che alle volte si truovano gran laghi di mele nei tronchi degli arbori di maravigliosa grandezza.

Demetrio ambasciadore, uomo di natura faceta e piacevole, ci raccontò, con gran risa di tutti, come pochi anni sono un contadino della sua vicinanza, per cercar del mele, dalla parte di sopra saltò in un grandissimo arbore cavato, e che si sommerse insino al petto in un profondo gorgo di mele, e due giorni col mel solamente sostentò la sua vita, non potendo la sua voce che dimandava soccorso in quella solitaria selva arrivare all'orecchie de' viandanti; alla fine, essendo disperato della sua salute, per maraviglioso accidente con l'aiuto d'una grande orsa indi cavato scampò, perciò ch'egli prese con le mani e abbracciò dalla parte di dietro le reni di quella bestia,

[75] Pianta delle Graminacee (*Panicum italicum*), simile al miglio.

calatasi come faria[76] un uomo a mangiar del mele, e quella spaventata da subita paura egli la spinse, e col tirare e col molto gridare, a saltar fuori.

Li Moscoviti mandano anco per tutta l'Europa lino eccellente e canape per le funi, e anco molti cuoi di bue e gran masse di cera. Non si truova appresso di loro minera né d'oro né d'argento né d'altro metallo, fuor che di ferro, e in tutto quel paese non v'è segno alcuno di gemme o di pietre preziose, le qual cose tutte fanno venir da' paesi forestieri. Nondimeno questa ingiuria della natura, che ha avuto loro invidia di tanti beni, è ristorata con la mercanzia di nobilissime pelli, il pregio delle quali, per la incredibil cupidigia e dilicatezza degli uomini, è tanto cresciuto che la fodra[77] per una veste si vende mille ducati d'oro. E già fu tempo che si compravano a più vil pregio, mentre le lontanissime nazioni settentrionali, del tutto ignoranti di politi ornamenti e della nostra ansiosa delicatezza, con grandissima simplicità le barattavano spesse volte in cose vili e da ridere, di maniera che communemente li Permii e li Pecerri per una scure davano all'incontro tante pelli di zibellini quante d'esse insieme strette li mercanti moscoviti potevano cavar fuori del foro della scure dove si mette il manico.

Dell'esercizio, statura e complessione e abbondante vivere de' Moscoviti; d'alcuni uccelli e pesci; del modo che tiene il principe in pigliar moglie; della cavalleria, stendardo, arme ed esercito suo

Tutta la gioventù s'esercita in varii esercizii, ma più in quelli che s'avicinano all'arte della guerra: fanno a correre, giuocano alle braccia, fan correre i cavalli, e a tutti son proposti li premii, e massimamente a coloro che

[76] Farebbe.
[77] Fodera.

sanno tirar bene con l'arco. Universalmente li Moscoviti sono di mezana statura, ma di corpo ben complesso e muscoloso. Tutti hanno gli occhi di color glauco, le barbe lunghe, le gambe corte e gran pancia; cavalcano con le staffe cortissime tenendo le gambe rannicchiate, e ancora che fuggano, nondimeno, volgendosi con la faccia adietro, con grand'arte tirano le freccie. In casa vivono più tosto abbondantemente che con politezza,[78] perciоché la lor tavola ordinariamente è apparecchiata e carica quasi di tutti quei cibi che si posson desiderare anco dalle persone golosissime, e con poca spesa, comprandosi per lo più le galline e l'anatre per pochi soldi; di bestiame grosso e minuto ve n'è copia incredibile, e le vitelle ammazzate a mezo 'l verno, agghiacciandosi le lor carni per il gran freddo, durano quasi due mesi senza guastarsi.

Con le caccie e con l'uccellagioni, sí come anco si fa appresso noi, s'apparecchiano vivande più nobili, percioché pigliano ogni sorte di fiere con cani da caccia e con reti, e con astori e con falconi, che dal paese di Pecerra ne vengono maravigliosi; non pur cacciano li fagiani e l'anatre, ma li cigni e le grui. Penso che gli astori siano tra la più bassa schiatta dell'aquile overo nibi, e che i falconi appresso gli antichi fussero tra la nobile schiatta de' sparvieri. Pigliano anche un uccello alquanto negro, con le sopraciglia rossigne, della grandezza d'una oca, il quale nell'esser di carne saporita avanza il fagiano, e in lingua moscovitica lo chiamano *tether* (da Plinio è detto *erythratao*),[79] molto conosciuto da coloro che stanno nell'Alpi, e massimamente dai Grisoni, i quali abitano nella valle dove nasce il fiume Adda.[80] Oltra di ciò nella Volga sono di grandi e saporitissimi pe-

[78] Sobrietà di costumi.
[79] Si tratta dell'urogallo (*Tetrao urogallus*), in russo *teterev*.
[80] La Valtellina, appartenente ai Grigioni.

sci, ma migliori di tutti sono gli storioni, che anticamente credo che si chiamassero siluri, i quali il verno, messi nel ghiaccio, si conservano freschi per molti giorni. D'altri pesci cavano dai laghi Bianchi, nominati di sopra, quasi incredibil quantità.

Essi, non avendo vin natio, usano di quello che vien portato d'altri paesi, ma solamente ne bevono ne' conviti solenni e ne' sacrificii. Sopra tutto la malvagia[81] alquanto dolce v'è stimata assai, ma l'usano solamente per medicina e quando vogliono mostrar gran delicatezza e magnificenza, essendo come un miracolo il bever lasù nella fredda Scizia vino che sia condotto di Candia per lo stretto di Gibelterra, e che, isbattuto da tante onde del mar Mediterraneo e dell'oceano, ritenga incorrotta la bontà del sapore e dell'odore. La plebe in luogo del vino usa una bevanda detta *medone*,[82] fatta di mele e di lupoli, la guai, messa ne' vasi impeciati, invecchia, e invecchiando diventa migliore; usa anche la birra e la cervosa,[83] come si vede che fanno li Poloni e i Tedeschi, le quali bevande son fatte d'acqua cotta col grano e con la spelta[84] overo con l'orzo, e se ne bevono in tutti li conviti. Dicono, per la gran possanza che hanno simile al vino, che imbriacano chi ne beve troppo. Sogliono la state, per bever con maggior piacere, rinfrescar la birra e il medone mettendo nelle tazze o ne' bicchieri pezzi di ghiaccio, che li nobili ne fanno conservare assai nelle caneve[85] sotto terra. Vi sono anco alcuni che hanno per delicata bevanda un certo sugo fatto di ciriege amarasche, il quale ha il color chiaro e rosseggiante come il vino e il sapore gratissimo al gusto.

Le mogliere e le femine non sono appresso loro tenu-

[81] La Malvasia di Creta, che giungeva a Mosca attraverso il Baltico.
[82] Idromele.
[83] Birra (ispanismo).
[84] Una graminacea a seme piccolo.
[85] Canove, cantine.

te in quel conto che sono appresso l'altre nazioni, percioché le tengono quasi in luogo di fantesche. Gli uomini d'alta condizione hanno gran cura d'esse e sono gelosissimi del loro onore: non le lasciano mai andare a conviti né a chiese che siano molto discoste, né inconsideratamente uscire in publico; ma le donne plebee facilmente e per poco prezzo si posson tirare all'amoroso piacere fino dai forestieri, di modo che si stima che i nobili poco attendono all'amore d'esse.

Al presente re Basilio già sono venti anni morí il padre, nominato Giovanni,[86] e il quale ebbe per moglie una donna detta Sofia, figliuola di Tommaso Paleologo, ch'era signor della Morea e fratello dell'imperador di Costantinopoli:[87] ella era allora in Roma, essendo Tommaso suo padre stato cacciato di Grecia per forza dai Turchi. Di questa felicemente ebbe cinque figliuoli: il detto Basilio, Giorgio, Demetrio, Simeone e Andrea; Demetrio e Simeone essendo già morti di malattia, Basilio tolse per moglie una donna chiamata Salomonia, figliuola di Giorgio Soborovio, consigliero di grandissima fede e di singular prudenza; l'egregie virtù della qual donna sono oscurate dall'aver ella disgrazia di non generar figliuoli. Il principe de' Moscoviti, mentre delibera di tor[88] moglie, ha per costume di far fare una scelta delle donzelle di tutto 'l regno, e comanda che le più virtuose e le più belle gli siano condotte, le quali fa vedere per uomini idonei e matrone fidate: e ciò si fa con tanta diligenza che è lecito loro di vedere e di toccar le parti più ascose e secrete. Di tutte queste, con ansiosa aspettazione de' padri e delle madri, si publica esser moglie del re quella che gli è piaciuta; l'altre che eran venute al paragone contendendo della preminenza della bellezza

[86] Ivan III Vasil'evič, morto nel 1505.
[87] Tommaso Paleologo, fratello dell'ultimo imperatore di Bisanzio e despota di Morea fino al 1460.
[88] Prendere.

e della pudicizia e de' costumi, spesse volte il giorno medesimo, per compiacere al principe, son maritate a baroni e a soldati, di maniera che le donne nate di bassa condizione, col mezo della bellezza, mentre i principi sprezzano l'illustre nobiltà delle stirpe dei re, spesse volte pervengono alla somma altezza del matrimonio regale, come vediamo che son soliti fare li signor turchi ottomani.

Il re Basilio non arriva a quarantasett'anni,[89] e per la bellezza del corpo e per la singular virtù dell'animo, e per l'amore e onore portatogli da' suoi e per le cose da lui fatte, meritamente è da esser anteposto a' suoi predecessori, percioché, avendo sei anni combattuto co' Livoni, i quali in quella guerra tiravano in lega settantadue città, dando esso più tosto che ricevendo alcuni capitoli, se ne partì vittorioso: e subito che cominciò a regnare ruppe[90] li Poloni e prese Costantino Ruteno, capitano dell'esercito, e legatolo in catena lo menò nella città di Moscovia.[91] Ma egli poco tempo dopo, appresso 'l fiume Boristene, sopra una città detta Orsa, in un gran fatto d'arme fu vinto dal medesimo Costantino, il quale esso aveva lasciato andare; nondimeno una città di Smolenco, la quale prima era stata presa da' Moscoviti, dopo cosí gran vittoria ottenuta da' Poloni rimase anche in potere del re Basilio. Contra i Tartari, e massimamente contra li Tartari precopiti,[92] che son nell'Europa, più volte hanno li Moscoviti combattuto e vinto, vendicandosi valorosamente dell'ingiurie che fanno li detti Tartari con le spesse e subite correrie.

Il re Basilio è solito di conducere alla guerra più di centocinquantamila cavalli, con le compagnie comparti-

[89] Essendo nato nel 1479.
[90] Sconfisse.
[91] Il principe Konstantin Ivanovič Ostrožskij, comandante dell'esercito polacco-lituano, fu catturato dai russi nel 1500.
[92] I Tartari di Crimea.

te a bandiere che seguitano tutte il lor capitano. Nello stendardo della schiera ove sta il re è dipinta la imagine di quel Iosuè ebreo il quale, come raccontano le sacre istorie, con divoti prieghi ottenne dal grande Iddio un giorno lunghissimo, avendo fermato il solito corso del sole.[93] Le fanterie in quelli gran deserti non son quasi utili in cosa alcuna, parte per le vesti lunghe che giungono loro insino al collo del piè, parte ancora per l'usanza de' nemici, li quali esercitano l'arte della guerra più tosto col corso e velocità de' cavalli che per forza di ferma battaglia e di venire ad affrontarsi. I lor cavalli sono di statura meno che mezana, ma forti e velocissimi; gli uomini a cavallo combattono con le lancie ferrate, con le mazze di ferro e con le freccie; alcuni pochi usano scimitarre. Cuoprono il corpo con le rotelle,[94] come li Turchi asiatici, overo con targhe torte[95] e angulari, come fanno i Greci; s'armano anche di corazze e di celate aguzze. Il detto re Basilio ha ordinato anche una banda di schioppettieri a cavallo, e nella fortezza della città di Moscovia si veggono molte artiglierie fatte da maestri italiani e poste sopra le lor rote.

Egli è solito mangiar publicamente, insieme con gli ambasciadori e baroni, con magnifico apparecchio e con grandissima umanità e piacevolezza, per la quale non si vien però ad abbassare in parte alcuna la maestà regale. E nella medesima sala dove si mangia, si vede in due credenziere distesa grandissima quantità di vasi d'argento dorati. Non usa tener banda alcuna di soldati nella sua corte per guardia della persona sua, fuor che la famiglia propria, né meno la tiene altrove. Le guardie son fatte dal popolo della città, il quale gli è molto fedele, e ogni contrada della città è serrata da porte e da can-

[93] Il racconto è contenuto in *Giosuè*, 10, 12-14.

[94] Vedi n. 43, p. 284.

[95] Scudi di legno in forma ritorta, spesso rivestiti di pelle o tessuti pregiati.

celli, né è lecito andarsene la notte per la città inconsideratamente overo senza lume. Tutta la corte del re è fatta di signori e di soldati eletti, li quali, secondo il determinato tempo di mesi, sono mandati a chiamare da tutti i luoghi sottoposti al re per frequentare e nobilitar la corte, facendo scambievolmente l'ufficio d'accompagnarlo.

L'esercito veramente, quando sopravien loro la guerra o veramente la fanno publicar contra gli altri, si fa di soldati vecchi richiamati dalle stanze e di nuovi scelti nelle provincie, percioché in tutte le città coloro che sono soprastanti della guerra fanno far la mostra della gioventù, e quelli che sono atti gli scrivono a ruotolo de' soldati, a' quali al tempo della pace è dato dalle camere delle provincie un certo ma picciolo stipendio. Coloro veramente che sono soldati non pagano dazii e sono superiori agli altri della terra, e per il favore del re possono assai in tutte le cose, percioché, mentre si fa guerra, il luogo onorato si dà alla vera virtù: e per instituto singolare e molto giovevole, in ogni amministrazione di qualunque cosa, ciascuno, secondo che si vedono esser le operazioni sue, conseguisce condizione o di premio perpetuo o di biasimo sempiterno.

GIOVANNI LEONE L'AFRICANO

La città di Fez

La letteratura di viaggio interessa principalmente il rapporto tra gli uomini e lo spazio;[1] e con esso la problematica assimilazione del nuovo, dell'insolito, del diverso, dell'altro da sé. Questa imbastisce delle storie ma fornisce al tempo stesso anche dei materiali. Contemporaneamente, contribuisce a porre un problema fondamentale di genere: quello dell'incontro e della spazializzazione. Il racconto di viaggio cerca di rappresentare il nuovo o l'inedito, in termini di semplici dati o di esperienze più o meno complesse e durevoli nel tempo. L'Altrove (indiano o cinese) è un orizzonte popolato di curiosità e di infrazioni perturbanti. Il discorso sull'Alterità è dunque svolto da una etnografia che coinvolge la coscienza e la sensibilità dell'Europa, si insinua nei territori oscuri del desiderio e del rimosso.

Il modello è, ancora una volta, Marco Polo che nel suo resoconto di viaggio inserisce una serie di osserva-

[1] La letteratura di viaggio ha come tema gli spostamenti umani, in forma di cronaca o resoconto di traslazioni fisiche in località diverse, ma anche narrazioni finzionali, itinerari ideali e immaginari, incursioni in spazi dell'alterità. Scrivere di viaggio è attraversare, oltre i confini geografici, anche i limiti dei generi letterari. Su questo aspetto si può vedere M. Prampolini, *«Viator in fabula». Per una tipologia di testi per viaggiatori*, in *Viaggio e letteratura*, a cura di M.T. Chialant, Venezia, Marsilio, 2006, pp. 109-133. La ricchezza semantica della parola fa sì che il viaggio in letteratura si presti a una varietà di possibili declinazioni come testimoniato dagli autori del canone.

zioni sulla vita politica ed economica delle società con cui entra in contatto e le completa con annotazioni sulle loro manifestazioni intellettuali e artistiche, la religione e la vita privata; financo delle città, che descrive sotto l'aspetto architettonico.

Va detto anche che il redattore del testo di viaggio non sceglie solo in base alla sua formazione ma tiene conto delle aspettative del pubblico. Così nascono i trattati geografici, o il genere delle "descrizioni", in cui si condensa l'inquieta e inclassificabile materia delle scoperte e in cui l'alterità originale è concepita come un mondo opposto a quello di partenza, un anti-mondo sorprendente e inaudito. La riscoperta della geografia passa anche attraverso queste opere, che nascono all'interno del clima culturale umanistico-rinascimentale dove, per quanto riguarda le idee geografiche e la conoscenza del mondo, il contrasto tra vecchie e nuove concezioni non impedì la reciproca influenza e contaminazione, in una situazione caratterizzata dalla molteplicità delle interpretazioni dei testi aristotelici e tolemaici e degli orientamenti individuali. Una convivenza che di fatto si registra in tutto il Cinquecento e oltre.

Sull'onda di questo genere della "descrizione" geografica, si rincorrono e si sovrappongono passato e presente, Medioevo e Mondo Nuovo, tradizione e "novità"; ed è in questo genere che prende a cristallizzarsi la faticosa costruzione delle conoscenze dei nuovi mondi. Un esempio culturalmente alto, in questo senso, è la *Descrittione dell'Africa* (1542) di Giovanni Leone Africano, uomo dal "doppio destino" e primo scrittore "migrante" in lingua italiana.[2]

[2] La definizione di "primo scrittore migrante in lingua italiana" è di Armando Gnisci (comunicazione orale). La vita di Leone Africano è stata oggetto di un romanzo, *Léon l'Africain* (1986; Milano, Longanesi, 1987) di Amin Maalouf, che ne fa una figura capace di superare identità costrittive e di coniugare multiformi culture. Il fatto che Leo-

La storia di Hasan ben Mohammed al-Wazzan al-Zaiyati (1485-1554), l'intellettuale musulmano che in Italia prese il nome di Joannes Leo, Giovanni Leone l'Africano, è avventurosa ed emblematica al tempo stesso. Viaggiatore e diplomatico marocchino per conto del sultano di Fez, al-Hasan al-Wazzan nel 1518 fu catturato e donato come schiavo a papa Leone X da un pirata spagnolo, don Pedro de Cabrera y Bobadilla, fratello del vescovo di Salamanca.[3] Sbarcato in catene a Roma, quell'uomo colto e raffinato, tale da scardinare la consolidata immagine del turco infedele e brutale, sarebbe vissuto per nove anni alla corte papale. Qui, una volta convertito sotto la guida del cardinale Egidio da Viterbo, avrebbe imparato il latino e l'italiano e compilato varie opere tra cui il suo *Libro de la Cosmographia et Geographia de Affrica*, redatto in italiano probabilmente prima del 1532 e aggiornato fino al 1526, e pubblicato da Ramusio nel primo volume (1550) della sua raccolta con il titolo *Descrizione dell'Africa e delle cose notabili che ivi sono*. Isolato dal contesto ramusiano, il testo venne tradotto in latino e nelle principali lingue europee (francese, inglese, olandese, tedesco).

La sua opera è immagine di un'Africa vissuta e sperimentata, fino a che si sovrappone un'interferenza di secondo grado al momento della fissazione scritta, allorché entra in gioco la sensibilità e le conoscenze di estrazione libresca o erudita dello scrittore.

La *Descrizione* si situa tra il trattato geografico e il

ne Africano scriva in italiano non è inusuale, visto che l'italiano era una lingua praticata in Africa settentrionale, almeno dalla fine del XV secolo a tutto l'Ottocento. Già Girolamo Muzio attesta che la lingua italiana è intesa «in Asia, in Egitto, per la costa di Barberia» (cfr. *Battaglie per diffesa dell'italica lingua*, a cura di C. Scavuzzo, Messina, Sicania, 1995, p. 117).

[3] Ripercorre la complessa e tortuosa vicenda biografica di Leone Africano in Italia il volume di N. Zemon Davis, *La doppia vita di Leone l'Africano* [2006], Roma-Bari, Laterza, 2008, pp. 61-118.

racconto di viaggio, e rispetto al diario (di bordo o di terra) rappresenta una selezione del materiale parziale altamente significativa, una sorta di sintesi carica di stratificazioni e implicazioni culturali e politiche. Consuetudine letteraria e innovazione si incanalano nella redazione di questi testi descrittivi ossequiosi nei confronti della tradizione. Il discorso di viaggio viene così ad articolarsi in una forma ampia, comprendendovi non solo quanto attiene alle informazioni geografiche o etnografiche, ma anche quanto appartiene alla dimensione dell'avventura e dell'esotico, finendo così per rappresentare un banco di prova delle risposte della cultura europea alle sollecitazioni dei luoghi ignoti al sapere e alla storia occidentale.

Il testo è tratto da G.B. Ramusio, *Navigazioni e Viaggi*, a cura di M. Milanesi, vol. I, Torino, Einaudi, 1978, pp. 160-202.

La città di Fez

Fez è certamente una grandissima città,[4] murata d'intorno con belle e alte mura, ed è quasi tutta colli e monti, di modo che solamente il mezzo della città è piano, ma da tutte le quattro parti (come io dico) vi sono monti. Per due luoghi entra l'acqua nella città, percioché il fiume si divide in due parti: l'una passa da canto a Fez nuova, cioè dal lato di mezzogiorno, perché l'altra parte v'entra di verso ponente. Come l'acqua è entrata nella città, si divide in molti canali, i quali vanno per la maggior parte alle case dei cittadini e cortigiani del re, e ad altre case; eziandio ogni tempio, ogni oratorio ha la sua parte di detta acqua, cosí l'osterie, gli spedali e i collegi che vi sono. Vicino ai tempii sono certi cessi fatti a modo d'una casa quadra, e al d'intorno v'ha alcune camerette con loro porticelle, in ciascuna delle quali è una fontana la cui acqua, uscendo dal muro, cade in certo canale di marmo, e come le si fa un poco d'impeto, allora quell'acqua corre ai cessi e ne mena tutta la bruttura[5] della città verso il fiume. Nel mezzo di questa casa è pur una fontana bassa e profonda quasi tre braccia, larga circa a quattro e lunga dodici; e d'intorno sono certi canali dove corre l'acqua, e passa sotto ai cessi. Sono i detti cessi di numero circa a centocinquanta.

Le case di questa città[6] sono di mattoni e di pietre molto gentilmente fabricate, la più parte delle quali pietre sono belle e ornate di belli mosaichi. Similmente sono mattonati i luoghi scoperti e i portichi con certi mat-

[4] La città di Fez, edificata intorno ai primi anni dell'800 d.C., era composta di due parti, *Madinat el-Andalousiyn*, "città degli Andalusi", e *Madinat el-Kairouwiyyn*, "città degli abitanti di Kairouan".

[5] Sporcizia.

[6] La descrizione di questa parte della città si riferisce alla *'Adwat el-Kairouwiyyn* ("riva di Kairouan"), detta attualmente la Medina.

toni antichi e di diversi colori, a guisa dei vasi di maiolica. Usano di dipingere i cieli dei colmi[7] con bei lavori e preziosi colori, come d'azzurro e d'oro, e sono detti colmi fatti di tavole e piani, per poter commodamente da tutto il coperto della casa stendere i panni, e per dormirvi la state. E quasi tutte le case sono di due solai e molte di tre, e di su e di giù vi fanno certi corridori, che adornano molto, per poter passar d'una camera in l'altra sotto il coperto, percioché il mezzo della casa è discoperto, e le camere quasi sono da una parte e quasi da un'altra. Fanno le porte delle camere molto larghe e alte, e gli uomini di qualche pregio fanno far gli usci di dette camere di certo bellissimo legno, e intagliate minutamente. E nelle camere sogliono usar alcuni armai[8] bellissimi e dipinti, longhi quanto è la larghezza della camera, nei quali serbano le lor cose più care: e alcuni gli vogliono alti, e tali che non passino sei palmi, per potervi ancor accommodar sopra il letto. Tutti i porticali[9] di dette case sono fatti sopra certe colonne di mattoni e vestiti quasi più della metà di maioliche, e vi si truovano alcuni su colonne di marmo, e usano di far da una colonna all'altra certi archi tutti coperti di mosaico, e i travi, che sono sopra le colonne le quali sostengono i solai, sono di legni intagliati con bellissimi lavori e con colori molto gentilmente dipinti. Vi si truovano moltissime case, le quali hanno certe conserve d'acqua fatte quasi in quadro,[10] larghe qual sei e qual sette braccia, e lunghe qual dieci e qual dodici, e profonde circa a sei o sette palme; e tutte sono scoperte e mattonate di maioliche. Da ciascun lato della lunghezza usano di fare alcune fontane basse, molto belle e fatte con dette maioliche, e a tale pongono nel mezzo un vaso di marmo, come si vede nelle fontane d'Eu-

[7] Il livello più alto del soffitto (dal lat. *cŭlmen*, culmine).
[8] Armadi.
[9] Portici, porticati.
[10] Vasche di riempimento dell'acqua.

ropa. Come le fontane son piene, l'acqua sen va nelle dette conserve per certi acquedutti coperti e molto bene ornati d'intorno, e quando le conserve sono ancora elle piene, ne va allora quest'acqua per altri acquedutti che sono intorno a dette conserve, e cade per certe picciole vie, di maniera che corre di sotto ai cessi ed entra nel fiume. Queste conserve si tengono sempre nette e molto polite, né l'adoperano ad altro tempo che nella state, nella quale poscia vi sogliono nuotar donne, uomini e fanciulli. Usano di far eziandio su le case una torre, dentro la quale sono molte agiate e bene ornate camerine. E in cotai torri sogliono pigliar diporto le donne quando vengono loro in fastidio i lavori, percioché dalle dette torri si può veder quasi tutta la città.

Sonvi quasi settecento fra tempii e moschee, cioè alcuni piccioli luoghi da orare,[11] e vi son di questi tempii circa a cinquanta grandi e molto ben fabricati, e ornati di colonne di marmo e d'altri ornamenti. E ciascuno ha le sue fontane bellissime, fatte di marmo e d'altre pietre non vedute in Italia, e tutte le colonne hanno disopra le lor tribune lavorate di mosaico, o di tavole con intagli bellissimi. I colmi dei tempii sono fatti come si usa nell'Europa, cioè coperti di tavole, e il pavimento dei detti tempii è tutto coperto di stuore[12] bellissime, l'una cucita all'altra con tanta destrezza che non si vede alcuna parte di terreno. E i muri di dentro sono similmente coperti di stuore, ma solo a tanta altezza quanta è la statura di un uomo. In ciascuno ancora di questi tempii è una torre,[13] dove vanno quelli che hanno di ciò cura a gridar e nunziar le ore diputate all'orazioni ordinarie.[14] Né v'è più che un sacerdote per tempio, a cui tocca a dire la

[11] Per pregare.
[12] Stuoie, tappeti.
[13] Il minareto, la torre annessa alla moschea (dall'ar. *manāra*, faro).
[14] Il *muezzin* (*mu'adhdhin*) che dal minareto chiama, con canto rituale, i fedeli islamici alla preghiera.

detta orazione,[15] e ha cura dell'entrata del suo tempio, cioè tenendovene diligente conto dispensarla ai ministri del detto tempio, come sono quegli che tengono la notte le lampade accese, e quegli che sono diputati alle porte, e quegli altri che hanno cura nella notte di gridar su la torre il tempo delle orazioni: percioché quello che grida il dì non ha salario alcuno, ma bene è libero da ogni decima e pagamento che si sia.

È nella città un tempio principale, il quale è chiamato il tempio del Caruven,[16] il qual è un grandissimo tempio e tiene di circuito circa a un miglio e mezzo. Ha trentuna porta, grandissima e alta ciascuna; il coperto è lungo circa a centocinquanta braccia di Toscana,[17] ed è largo poco meno d'ottanta; la sua torre, ove si grida, è similmente altissima; e il coperto è per lunghezza appoggiato sopra trentotto archi, e per larghezza sopra venti. E d'intorno, cioè da levante, da ponente e da tramontana, sono certi portichi, largo ciascuno trenta braccia e lungo quaranta; sotto a questi portichi sono magazzini, ne' quali si serba l'olio, le lampade, le stuore e l'altre cose necessarie al detto tempio. Nel quale ogni notte s'accendono novecento lampade, percioché ogni arco ha la sua lampada massimamente l'ordine degli archi che corre per mezzo il cuore del tempio, perché quel solo ne ha da centocinquanta lampade; nel qual ordine sono certi luminari grandi fatti di bronzo, ciascuno de' quali ha luoghi per millecinquecento lampade, e queste furon campane di certe città di cristiani, acquistate da alcuni re di Fez. Dentro il tempio, appresso i muri, sono certi pergami[18] di ogni qualità, ne' quali molti dotti maestri leggo-

[15] Si tratta, probabilmente, dell'*imam*, che guida la preghiera canonica in comune; mentre il *khatib* tiene la predica rituale del venerdì.

[16] Kairouan.

[17] Unità di misura di lunghezza corrispondente a poco più di mezzo metro, usata anticamente in Toscana come sistema di riferimento.

[18] Pulpiti, palchi destinati alla predicazione.

no al popolo le cose della lor fede e della legge spirituale. Incominciano un poco doppo l'alba e finiscono a un'ora di giorno, ma nella state non vi si legge se non doppo ventiquattr'ore, e durano le loro lezioni per insino a un'ora e mezza di notte. E usavasi a legger non meno facultà e scienze morali che spirituali pertinenti alla legge di Maumetto.

Spedali e stufe che sono nella detta città

Sono in Fez molti spedali,[19] i quali di bellezza non sono inferiori ai sopradetti collegi,[20] e solevano ne' tempi adietro i forestieri aver per tre giorni alloggiamento in questi spedali. Ve ne sono molti altri di fuori delle porte, non men belli di quelli di dentro. Ed erano essi spedali molto ricchi, ma ne' tempi della guerra di Sahid, faccendo al re bisogno d'una gran quantità di danari, fu consigliato a vender l'entrate e possessioni loro. Al che non volendo consentir il popolo, un procurator del re gli fece intendere che li detti spedali furono edificati di limosine[21] date per gli antecessori del presente re, qual sta in pericolo di perder il regno, e però era meglio vender le possessioni per scacciar il commune nimico, che finita la guerra facilmente poi si riscoterebbono. Cosí furono vendute, ma si morí il re prima che ne seguisse l'effetto: cosí gli spedali rimasero poveri e quasi senza sustanza. Pure si danno oggi per albergo a qualche forestiere dottore, o a qualche nobile ma povero della città, per mantener le stanze in piè. E a questi dí un solo ve n'è per li forestieri infermi, ma non se gli dà né medico né medicina solamente la stanza e le spese, e ha chi lo serve per insino che 'l povero o si muore o guarisce.

In questo spedale sono alcune camere diputate ai

[19] Ospedali, ricoveri.
[20] Nel paragrafo precedente ha parlato di due collegi di studenti.
[21] Elemosine.

pazzi, cioè quelli che son palesi che traggono i sassi e fanno altri mali, e ve gli tengono serrati e incatenati. Le faccie di queste camere, che guardano verso il corridore[22] e al coperto, sono come ferrate, ma di certi travicelli di legno molto ben forti. E colui che ha cura di dar loro mangiare, come vede uno che si muove, sconciamente lo lavora con un bastone che egli sempre reca con esso lui a questo ufficio. E aviene alle volte che, accostandosi qualche forestiere alle dette camere, i pazzi lo chiamano e con esso lui si lamentano che, essendo essi guariti della pazzia, debbono esser tenuti in prigione, ricevendo ogni giorno dai ministri mille spiacevoli ingiurie. Alcuno, credendolo, s'appoggia alla finestra, ed essi con una mano lo pigliano per lo drappo e con l'altra gli bruttano il viso di sterco, percioché, come che cotai pazzi abbiano i loro cessi, essi nondimeno le più volte votano il soverchio del corpo nel mezzo delle stanze. E bisogna che di continovo i detti ministri vi nettino quelle brutture, i quali eziandio fanno cauti i forestieri che molto a quelle camere non s'avicinino. Ha in fine lo spedale tutti quei famigliari che fanno di mistiero, cioè notai, fattori, protettori, cuochi e altri che governano gl'infermi; e ha ciascuno assai onesto salario. Al tempo ch'io era giovane, io vi sono stato due anni per notaio, secondo l'usanza dei giovani studianti, il qual ufficio rende ogni mese tre ducati.

Sonvi ancora cento stufe[23] ben fabricate e ornate, alcune delle quali sono picciole, alcune grandi; ma tutte son fatte a uno istesso modo, cioè ciascuna ha quattro stanze a guisa di sala. Di fuori sono certe loggie alquanto alte, e in quelle s'ascende, per cinque over sei scalini, in luoghi dove si spogliano gli uomini e ripongono le vestimenta loro. Nel mezzo usano di far certe fontane al

[22] Corridoio.
[23] Impianti termali pubblici, i cosiddetti "bagni turchi".

modo d'una conserva, ma molto grandi. Ora, come l'uomo vuole andar a una di queste stufe, entrato ch'egli è per la prima porta, passa in una stanza la qual è fredda, e in lei tengono una fontana per rinfrescar l'acqua, quando ella è di soverchio calda. Di quindi per un'altra porta se ne va poi alla seconda stanza, ch'è alquanto più calda, e qui i ministri[24] lo lavano e gli nettano la persona. Di questa si passa alla terza, ch'è molto calda, dove suda alquanto spazio: e quivi ha luogo la caldaia dove si scalda l'acqua, ben murata, la quale cavano destramente in certe secchie di legno, e sono tenuti di dare a qualunque uomo due vasi pieni di quell'acqua, e chi più ne vuole, o dimanda esser lavato, gli bisogna dar a colui che attende due o almeno un baiocco,[25] e al padron della stufa altro non si paga che due quattrini. L'acqua si scalda con lo sterco delle bestie, percioché i maestri delle stufe sogliono tener molti garzoni e somari, i quali, discorrendo per la città, vanno accattando lo sterco delle stalle e, portandolo fuori della città, fanno di quello come una picciola montagnetta e ve lo lasciano seccar due o tre mesi: dipoi, per iscaldar le stufe e la detta acqua, l'abbruciano in vece di legna.

Le donne hanno ancora elle per loro separate stufe, e molte ancora si tengono e per donne e per uomini communemente: ma gli uomini hanno determinate ore, ch'è lo spazio da terza fin a quattordici ore, e più e meno secondo la qualità dei giorni; il rimanente del giorno è assegnato alle donne, le quali sí come entrano alle stufe, cosí per segno di ciò s'attraversa una fune all'entrata della stufa, e allora niun uomo vi va. E se accade che alcuno volesse favellar alla sua donna, egli non può, ma per una delle famigliari le fa apportar l'imbasciata. E gli

[24] Inservienti, massaggiatori.
[25] Si tratta del baiocco bolognino, moneta d'argento in uso fino alla metà del XIX secolo.

uomini e le donne della città usano parimente di mangiar nelle dette stufe, e le più volte si sollazzano a varie guise e cantano con alta voce. Cosí tutti i giovani entrano nelle stufe ignudi, senza prender niuna vergogna l'uno dell'altro; ma gli uomini di qualche condizione e grado v'entrano con certi sciugatoi[26] intorno, né siedono in luoghi communi, ma si adagiano in certe picciole camerine, che sempre stanno acconcie e ornate per gli uomini di riputazione.

Osterie

Nella detta città sono circa a dugento osterie, benissimo veramente fabricate. E tali ve ne hanno che sono grandissime, sí come quelle che sono vicine al tempio maggiore, e fatte tutte in tre solai; ve n'è alcuna che ha centoventi camere, e tali più, e in tutte sono e fontane e cessi, con lor canaletti che portano fuori le brutture. Io non ho veduto in Italia simili edificii, se non il collegio degli Spagnuoli ch'è in Bologna e il palazzo del cardinal di San Giorgio in Roma. E tutte le porte delle camere rispondono al corridore. Ma, come che queste osterie siano belle e grandi, v'è un pessimo alloggiare, percioché non c'è né letto né lettiera, ma l'osterie danno a quello che viene albergato una schiavina[27] e una stuora per suo dormire, e se egli vuol mangiare convien che si comperi la robba e gliela dia a cuocere. In queste osterie si riparano[28] ancora le povere vedove della città, le quali non hanno né tetto né parente che gliene presti. A queste s'assegna una stanza, cioè ciascuna ha la sua camera, e in tal ve ne albergano due; esse poi si pigliano cura del letto e della cucina.

E per darvi alcuna informazion di questi ostieri, essi

[26] Asciugamani, asciugatoi.
[27] Coperta da letto molto pesante.
[28] Ricoverano, prendono alloggio.

son d'una certa generazione che s'appella *elcheua*, e vanno vestiti d'abiti feminili e ornano le lor persone a guisa di femine: si radono la barba e s'ingegnano d'imitarle per insino nella favella. Che dico favella? Filano anco. Ciascuno di questi infami uomini si tiene un concubino, e usa[29] con esso lui non altrimenti che la moglie usi col marito. Eziandio tengono delle femine, le quai serbano i costumi che serbano le meretrici nei chiassi[30] dell'Europa. Hanno costoro autorità di comperar e vender vino senza che i ministri della corte diano loro fastidio, e in dette osterie vi praticano di continovo tutti gli uomini di pessima vita, chi per imbriacarsi, chi per sfogar la sua libidine con le femine da prezzo, e chi per quell'altre vie illecite e vituperevoli, per esser sicuri dalla corte, de' quali è il tacer più bello. Questi si fatti ostieri hanno un consolo,[31] e pagano certo tributo al castellano e governator della città. Oltre a questo sono obligati, quando egli accade, di dar all'esercito del re o dei principi una gran quantità della lor brigata[32] per far la cucina ai soldati, percioché pochi altri sono in tal mestiero sufficienti.

Io certamente, se la legge alla quale è astretto l'istorico non m'avesse sospinto a dir la verità, volentieri arei trapassata questa parte con silenzio, per tacere il biasimo della città nella qual sono allevato e cresciuto. Che in vero, trattone fuori questo vizio, il regno di Fez contiene uomini di maggior bontà che siano in tutta l'Africa. Con questi adunque cosí fatti ostieri non sogliono tener pratica (come s'è detto) se non uomini ribaldi e di sangue vile; percioché né letterato, né mercatante, né alcun uomo da bene artigiano pur solamente parla loro, ed è similmente interdetto, a quelli d'intrar nei tempii e

[29] Compie l'atto sessuale.
[30] Postriboli.
[31] Un conforto, una mancia.
[32] Il gruppo di cucinieri e inservienti.

nelle piazze dei mercatanti, e cosí alle stufe e alle case loro. Meno possono tener l'osterie che sono appresso il tempio, nelle quali alloggiano i mercatanti d'alcuna rara qualità. E tutto il popolo grida loro la morte. Ma, perché i signori se ne servono (come io dissi) nelle bisogne del campo, gli lasciano starsi in tal disonesta e pessima vita.

Mulini

Dentro la medesima città sono presso a quattrocento mulini, cioè stanze di mole, percioché vi può esser un migliaio di mulini; conciosiacosaché i detti mulini sono fatti a modo di una gran sala e in colonne, e in alcuni alberghi di quella si truovano quattro, cinque e sei mole. È una parte del contado che macina dentro la città, e sonvi certi mercatanti, detti i farinai, i quali tengono mulini a pigione, e comperano il grano e fannolo macinare. Poscia vendono la farina nelle botteghe, che tengono pur a pigione, e di ciò ne cavano buona utilità, percioché tutti gli artigiani, che non hanno tanta facultà che si possino fornir di grano, comperano la farina a queste botteghe e fanno far il pan in casa. Ma gli uomini di qualche grado comperano il grano, e lo fanno macinar a certi mulini che sono diputati per li cittadini, pagando di macina due baiocchi per roglio. La maggior parte eziandio di questi mulini è dei tempii e di collegi, talmente che pochi ve ne sono dei cittadini. E la pigione è grande, cioè due ducati per mola.

Artigiani diversi, botteghe e piazze[33]

Le arti in questa città sono separate l'una dall'altra, e le più nobili sono nel circuito e vicinanza del maggior tempio, come i notai, e di questi sono quasi ottanta botteghe, una parte delle quali è congiunta col muro del tem-

[33] Si tratta dei *Souk*, mercati.

pio, l'altra è al dirimpetto, e per ciascuna bottega sono due notai. Più oltra verso ponente sono circa a trenta botteghe di librari, e verso mezzogiorno stanno i mercatanti delle scarpe, che sono circa a centocinquanta botteghe. Questi sogliono comperar le scarpe e i borzacchini[34] dai calzolai in molta quantità, e gli vendono a minuto. Poco più oltre di questo sono i calzolai che fanno le scarpe per li fanciulli, e di loro possono esser cinquanta botteghe. Dalla parte di levante, cioè dal tempio, hanno luogo quegli che vendono lavori di rame e di ottone. E dirimpetto la porta maggiore, verso il lato di ponente, sono li tricconi, cioè quelli che vendono le frutte, che fanno circa a cinquanta altre botteghe. Doppo questi sono i venditori delle cere, i quali fanno i più bei lavori che io giamai vedessi a' miei giorni. Poi sono i merciai, ma di essi v'han poche botteghe. Dipoi i venditori di fiori, i quali eziandio vendono cedri e limoni, e a chi vede quei fiori, per la diversità loro, par vedere a mezzo aprile tutti i più vaghi e fioriti prati che siano in molti paesi, overo un quadro dipinto di diversi colori: e sono circa a venti botteghe, percioché quelli che usano a ber vino vogliono aver sempre dei fiori nelle loro compagnie. Appresso a questi sono certi venditori di latte, i quali tengono le botteghe fornite di vasi di maiolica, e usano di comperare il latte da alcuni vaccari, che tengono le vacche per cotal mercatanzia. E ciascuna mattina questi vaccari mandano il latte in certi vasi di legno cinti di ferro, molto stretti dalla bocca e larghi dal fondo, e lo vendono sotto alle dette botteghe; e quello che avanza la sera o la mattina è comperato da quei botteghieri, e ne fanno butiro,[35] e parte lasciano diventar agro, liquido o congelato, e le vendono al popolo. E credo che nella città si venda ogni giorno venticinque botte di latte, infra agro e

[34] Stivaletti.
[35] Burro.

fresco. Oltra quei del latte sono quegli che vendono il bambagio,[36] e giungono a trenta botteghe. Verso tramontana sono i mercatanti del canapo: questi vendono le funi, i capestri dei cavalli, lo spago e alcune cordicelle. Oltre a questi sono quelli che fanno i cinti di cuoio, le pantofole, e alcuni capestri da cavallo pur di cuoio, lavorati di seta. Più oltre sono i guainari, i quali fanno guaine di spade e di coltelli, e fanno i pettorini dei cavalli. Doppo loro i venditori del sale e del gesso, qual comprano in grosso e lo vendono alla minuta. Poi quei che vendono i vasi, i quali sono belli e di perfetto colore, ma qual d'un color solo e qual di due, e v'ha circa a cento botteghe. Poi sono quelli che vendono i morsi, le briglie de' cavalli, le cinte, le selle e le staffe, e sono circa a ottanta botteghe.

[...]

Oltre a questa piazza è verso tramontana la piazza degli erbolai, i quali vendono cavoli, rape e altre erbe che si mangiano insieme con la carne, e sono circa a quaranta botteghe. V'è poi la piazza del fumo, cioè dove si vendono certi pani fritti in olio, simili a quel pan melato che si vende in Roma. E questi tengono nelle lor botteghe molti strumenti e molti garzoni, percioché lo fanno con molto ordine, e vi si vende ogni giorno gran quantità di detto pane, perché si usa a mangiarlo per digiunare, massimamente i dí delle feste e avanti a quelli del digiuno; e se lo mangiano in compagnia della carne arrosto o con melle, o con una certa brutta minestra fatta di carne pesta, la qual doppo cotta pestano un'altra fiata e ne fanno la detta minestra liquida, e la tingono con terra rossa.[37] L'arrosto quivi non si cuoce nello schidone,[38] ma fanno due forni l'u-

[36] Il cotone.
[37] Probabilmente, qualche spezia di colore rosso, forse il cumino.
[38] Spiedo.

no sopra l'altro e pongono fuoco in quel disotto, e come quel disopra è ben riscaldato vi pongono dentro i castrati interi, per certa buca fatta dal disopra, perché il fuoco non offenda loro la mano. La carne in cotal modo molto bene si cuoce, e diviene colorita, e ha un delicato sapore, percioché non le può giungere il fumo, né ella sente soverchie fiamme, ma si cuoce con temperato calore per lo spazio di tutta la notte. La mattina poi l'incominciano a vendere, e tra carne e quel pane che abbiam detto si vende ciascun giorno per più di 200 ducati, percioché sono di questi tali quindici botteghe, che altro esercizio tutto dí non fanno. Vendono anche certa carne fritta e pesci fritti, e certa sorte di pane sottile e fatto come una lasagna, ma più grosso, e l'impastano con butirro, e similmente con butiro e mele lo mangiano. Soglionvisi vedere eziandio piedi cotti di bestie. E di cotai cosaccie usano la mattina per tempo cibarsi i lavoratori dei terreni nelle proprie botteghe, e poscia vanno a' loro lavori.

Doppo questi sono quelli che vendono olio, butiro salato, mele, cacio vecchio, olive, limoni, carote e cappari conci, e tengono le botteghe fornite di vasi di maiolica, e più vagliono i fornimenti che la mercatanzia. E vendonsi i vasi di butiro e mele come si fa all'incanto, e quegli che gl'incantano sono certi facchini a ciò deputati, i quali misurano l'olio quando ei si vende in quantità. I detti vasi sono ciascuno di centocinquanta libbre, percioché l'obligo dei vasari è di fargli di sí fatta misura. Gli comperano i pastori della città e gli fanno empiere, e poi quivi gli rivendono. Appresso questi hanno luogo i beccai, che sono circa a quaranta botteghe alte e fatte come sono quelle dell'altre arti, i quali tagliano dentro le carni e le pesano con le bilancie. E nella beccaria non si ammazzano le bestie, ma in un macello che è a canto il fiume, e ivi le scorticano, e fannole portare alle loro botteghe da certi facchini diputati al detto macello; ma prima che ve le facciano recare bisogna loro appresentarle dinanzi al capo dei consuli, il qual le fa vedere e dà a quelli una poliza, nella quale è scritto il prezzo che si ha a vender la carne.

Discorso sopra il nome delle contrade dette Caisaria, denominate dal nome di Cesar

Sono tutte queste contrade appellate insieme Caisaria,[39] vocabolo antico e dirivato da Caisar, che vuol dir Cesare, che fu il magior signore che fusse a que' tempi nell'Europa. Percioché tutte le città che sono nella riviera di Mauritania furono signoreggiate da' Romani, e poi da' Gotti, e in tutte v'era una di queste piazze, le quali avevano un tal nome. Rendendo gli istorici africani la cagion di ciò, dicono che i ministri dei Romani e di Gotti tenevano di qua e di là mescolatamente per le città fondachi e magazzini, dove serbavano i tributi e i censi che ricevevano dalle città, i quali molte volte venivano saccheggiati dal popolo. Per il che uno imperadore si pose in animo di far un luogo simile a una picciola città, nel quale si ragunassero tutti i mercatanti di qualche riputazione e tenessinvi le loro merci, e insieme i ministri dell'entrate dei suoi tributi vi serbassero tutto quello che riscotevano, rendendosi certi che, se i cittadini volessero difender e conservar le loro robbe, il medesimo lor converrebbe far di quelle dell'imperio. Percioché non potrebbono essi consentire al sacco, che ciò non passasse al danno loro, come s'è veduto molte volte nell'Italia, che i soldati sono per favor di una parte entrati in una città e, saccheggiando la parte contraria, quando non bastarono loro la facultà dei nimici, spogliarono dipoi le case degli amici.

[39] La Caisaria (*Kaisariyya*).

Seconda parte della città

Eziandio la città ch'è verso levante[40] è civile, e ha bellissimi palazzi e tempii e collegii e case. Ma non è nel vero cosí copiosa e abbondevole di diverse arti come l'altra, percioché non vi sono né mercatanti né sarti né calzolai, se non di panni e lavori grossi. V'è una picciola piazza di speziali, nella quale non sono più che trenta botteghe. E verso le mura della città sono quelli che fanno i mattoni, e le fornaci dei scodellai; e più sotto di questi v'è una piazza grande, dove si vendono i vasi bianchi, cioè senza vetro, come sono catini, scodelle, pentole e tai cose. Più oltre è un'altra piazza dove sono i granai, ne' quali si ripone il grano; un'altra dirimpetto alla porta del tempio maggiore[41] che ha tutto il suolo di mattoni, dove sono botteghe di diverse arti e mestieri. E queste sono le piazze ordinate per le dette arti. V'ha poscia quelle che sono disordinate e separate per la città, eccetto i panni e gli speziali, che non si truovano se non in certi luoghi deputati.

Vi sono ancora cinquecento e venti case di tessitori di tele, e dette case sono fatte a guisa di gran palazzi di più solai, con sale molto capevoli,[42] e per ciascuna sala v'è gran quantità di telari, e i padroni delle dette stanze non tengono instrumento alcuno, ma i maestri sono quegli che tengono gli strumenti, e pagano solamente le pigioni delle stanze. E questa è la maggior arte che sia nella città: dicesi che in essa vi si contengono ventimila uomini, e altre tanti sono nell'esercizio di molini. Sono similmente centocinquanta case dei biancheggiatori di filato, ed è la più parte di questi edificata appresso il fiume, e sono benissimo fornite di caldaie e di vasi murati, per far bollir il filato e per l'altre occorrenzie che vi vanno.

[40] L'autore ora prende a trattare di *'Adwat el-Andalousiiyyn*, la riva orientale di Fez, l'attuale Adoua.
[41] La moschea degli Andalusi.
[42] Capienti.

E per la città sono certi grandi alberghi dove si segano i legni di varie sorti, e questo ufficio si fa da alcuni cristiani ischiavi: e de danari che essi avanzano i loro padroni danno a quelli il vivere, né gli lassano prendere riposo se non la metà del venere,[43] che è da mezzogiorno insino a sera, e circa a otto giorni sparsi in diversi tempi dell'anno, ne' quali sono le feste dei Mori. Sonvi ancor certi chiassi publici, dove le meretrici attendono per picciolo prezzo, e queste sono favoreggiate o dal barigello[44] o dal governator della città. Sono certi uomini i quali, senza offender la corte, facendo l'ufficio di tabacchino,[45] tengono femine e vino a prezzo nelle lor case, e ciascuno se ne può servir sicuramente.

Sonvi seicento capi di acqua, cioè fonti naturali, i quali sono cinti di muri e di porte che si tengono serrate, perché ciascuno si divide in molte parti e ciascuna ne va sotto terra, passando per canali alle case, ai tempii e ai collegii e all'osterie. E quest'acqua è molto più in pregio che quella del fiume, percioché alle volte manca, massimamente nella state. A questo s'aggiugne che volendosi nettare i canali, è di bisogno che 'l corso del fiume si faccia passar di fuori della città; onde tutti si sogliono accommodar dell'acqua dei detti fonti. E se bene i gentiluomini la state hanno nelle case loro acqua del fiume, nondimeno ve ne fanno recar di quella dei fonti, per esser ella e più fresca e più dolce; ma nel verno fanno il contrario. E questi fonti sono per la maggior parti dal lato di ponente e di mezzogiorno, percioché la parte che risponde verso tramontana è tutta montagna, che si dimanda tevertino, e ivi sono certe fosse grandi e profonde, nelle quali si serba il grano per molti anni: e tale ve

[43] Venerdì, giorno consacrato alla preghiera nell'Islam.
[44] Il bargello era il magistrato incaricato del servizio di polizia.
[45] In queste case non si fumava il tabacco (appena giunto in Europa, in quel periodo, dal Nuovo Mondo), ma probabilmente *kif*, canapa indiana.

n'è che più di dugento moggia ne cape.[46] E gli abitatori di quel luogo, che sono uomini di volgo, vivono dell'utile che essi cavano della pigione delle dette, ch'è un moggio per ogni cento in capo dell'anno.

Nella parte di mezzogiorno, la quale è quasi la metà disabitata sono molti giardini ripieni di buonissimi e diversi frutti, sí come sono melangoli,[47] limoni, cedri, e altri fiori gentili, fra' quali sono gelsommi, rose damaschine[48] e ginestro, recato quivi di Europa e a' Mori molto caro. E nei detti giardini sono bellissimi alberghi, fontane e conserve, e queste sono cinte da gelsomini, da rose o da melangoli. E nel tempo della primavera l'uomo che s'avicina a questi giardini sente da per tutto uscir un delicatissimo e soavissimo odore, né meno ha poi di pascer gli occhi della bellezza e vaghezza loro, che invero ciascuno di tai giardini assomiglia al paradiso terrestre: onde i gentiluomini vi sogliono abitar dal principio d'aprile per insino al fine di settembre.

Nella parte di occidente, cioè dal lato che confina con la città reale,[49] è la rocca che fu edificata nel tempo dei re di Luntuna, la quale di grandezza si può agguagliare a una città.[50] E questa fu anticamente seggio dei governatori e signori di Fez, cioè avanti che ella fusse città reale, percioché, poscia che dai re della casa di Marin fu la nuova Fez edificata, questa fu lasciata per abitazion solamente del governatore. Nella rocca è un bel tempio, fabricato ne' tempi che ella molto era abitata: a questi dí i palazzi che v'erano sono stati tutti spianati e del terreno s'è fatto giardini. Ve n'è rimaso uno, dove abita il detto governatore, e altri luoghi per la sua famiglia; e

[46] Ne contiene.
[47] Pianta che produce arance amare.
[48] Varietà di rose bianche molto profumate.
[49] Fez Jedid, Fez nuova, il quartiere fatto costruire dai Merinidi nel 1276. La dinastia regnò sul paese fino al secolo XV.
[50] La *kasba* almoravide.

sonvi molti luoghi e seggi, dove esso governatore suole dar audienza ai litigi e far ragione. V'è eziandio una prigione, fatta a somiglianza d'una cantina a volti e sostenuta da molte colonne, la quale è tanto larga e lunga che vi posson capire tremila persone: né v'è separata o secreta stanza alcuna, perché in Fez non s'usa di tenere alcuno in prigione segreta. Per la detta rocca passa un fiume, alle bisogne e a' commodi di questo governatore.

[...]

Gli abitatori della città, cioè i nobili, sono uomini veramente civili, e vestono il verno di panni di lana forestieri. L'abito è un saione sopra la camicia, con mezze maniche e molto strette, sopra il quale portano alcune robbe larghe e cucite dinanzi; e sopra quelle i loro barnussi.[51] In testa usano semplici berrette, come alcune che si portano in Italia di notte, ma senza orecchie, e sopra quelle pongono certe tele aggroppate con due involgiture sul capo e intorno la barba; né sogliono portar calze né mezze calze, ma o brache o braghese di tela, eccetto il verno che, volendo cavalcar, si calzano i borzacchini. I popolari portano saii e barnussi senza quella robba ho detto di sopra, né in capo portano altro che una di quelle certe berrette di niun prezzo. I dottori e i gentiluomini di qualche età usano di portar certe veste con le maniche larghe; come portano i gentiluomini di Vinegia che tengono più onorato ufficio. In fine quei che sono di bassa condizione vestono di alcuni panni bianchi di lana grossa del paese, e i barnussi sono della medesima maniera. Le donne vanno assai ben vestite, ma nel tempo caldo portano solamente la camicia, e d'intorno cingono la fronte con alcune cintole più tosto brutte che no. Il verno usano certe gonne con le maniche larghe, cucite dinanzi come quelle degli uomini; ma quando escono fuori portano braghese lunghe tanto che

[51] Vesti bianche di lana grossa.

cuoprono tutte le loro gambe, e un drappo al costume di Soria, che cuopre loro il capo e tutta la persona. Il viso similmente cuoprono con un drappo di tela,[52] in tanto che solamente lasciano scoperti gli occhi. Portano eziandio negli orecchi certe grandi anella d'oro con bellissime gioie, e quelle che non sono di condizione ve ne portano d'argento e senza gioie. Al finir delle braccia portano ancora manili[53] pur d'oro, uno per braccio, i quali manili possono pesar communemente cento ducati; le ignobili se gli fanno d'argento, e di tali anco ve ne portano alle gambe.

Costume tenuto in mangiare

Circa al mangiare usasi fra il volgo di pigliar carne fresca due dí della settimana; ma i gentiluomini ve ne mangiano ogni dí, secondo l'appetito loro, e usano tre pasti il giorno. Quel della mattina è molto leggiero, percioché mangiano pane e frutti, e certe minestre fatte di farina e di formento, più tosto liquide che altrimenti. E il verno, in vece di questa minestra, si tolgono farro liquido cotto con carne salata. Nel mezzogiorno mangiano pure cose leggieri, come pane, carne salata e cacio, o olive, ma nella state questo secondo pasto è buonissimo. La notte poi mangiano similmente un pasto che è più leggiero: questo è pane con melloni o con uva o con latte. Ma il verno mangiano carne lessa, insieme con quella vivanda che è detta *cuscusu*,[54] la quale si fa di pasta come i coriandoli, e lo cuoceno in certe pignatte forate, per ricevere il fumo d'altre pignatte; dipoi vi mescolano dentro butiro e lo bagnano di brodo. Né usano di mangiare arrosto. E tale è il vivere del volgo, si come d'artigiani e di alcuni poveri cittadini. Gli uomini di conto, come sono genti-

[52] Si tratta del velo detto *chador* (da voce persiana).
[53] Monili, bracciali.
[54] Si tratta del cuscus (dall'ar. *kuskus*).

luomini attempati, mercatanti e cortigiani, vivono assai meglio e più delicatamente.

Ma a comparazione del vivere che si usa fra' nobili nella Europa, il viver degli Africani è veramente misero e vile, non per la poca quantità delle vivande, ma per lo costume rozzo e disordinato che essi tengono nel mangiare, il quale è in terra sopra certe tavole basse, senza mantile[55] o drappo di niuna sorte, e non si adopera altro strumento che le mani. E quando mangiano il cuscusu, tutti i convitati si servono d'un piatto solo, e lo mangiano, senza cucchiaio; la minestra e la carne mettono insieme in un catino, e ciascuno piglia quella parte di carne che gli piace e se la reca avanti senza tagliere, e non vi adoperando coltello se la pone a' denti e ve ne squarcia quanto e' può, il rimanente tenendo in mano. E mangiano con molta fretta, né alcun beve, se non quando è molto ben sazio di mangiare: allora ciascuno si bee una tazza d'acqua grande come è un boccale. Questo è l'uso commune; è vero che qualche dottore vive con maggior pulitezza. Ma, per conchiudere, il più vil gentiluomo d'Italia vive piu suntuosamente che 'l maggior signor d'Africa.

Colombi

Sono molti uomini nella città i quali prendono gran diletto di colombi, e ve ne tengono molti, belli e di diversi colori. Il loro albergo è sopra i tetti delle case, in certe gabbie fatte a somiglianza degli armari che usano gli speziali; e gli aprono due volte, la mattina e verso la sera, prendendo piacere infinito di vedergli volare, e chi più vola è di maggior prezzo. E perché le più volte i colombi d'uno si mescolano fra quelli d'un altro, sovente costoro guerreggiano insieme e vengono alle mani. Tale

[55] Tovaglia da tavola per lo più ordinaria, dozzinale.

ve n'è che, con certa picciola rete in mano accommodata su le cime d'alcune canne lunghe, stando sopra il tetto, quanti colombi passano del suo vicino prende con la detta rete. In mezzo dei carbonari sono sette o otto botteghe dove tali colombi si vendono.

Modo di giuocare

Fra gli uomini accostumati e gentili altra sorte di giuoco non s'usa che quello degli scacchi, al costume degli antichi; ben hanno giuochi d'altra maniera, ma sono rozzi e usati solamente dal volgo. A certi tempi dell'anno i giovani si raccolgono insieme, e quegli d'una contrada con certi bastoni guerreggiano contra quelli con bastoni d'un'altra; e alle volte ambedue le parti si riscaldano, per sí fatto modo che ne vengono insieme all'arme e molti se n'amazzano, spezialmente le feste, nelle quali questi giovani si ragunano[56] fuori della città. E poscia che è fornita la mischia vengono al trar de' sassi, che è col fine del giorno, onde il barigello molte volte non gli può dipartir, ma alcuni ve ne piglia e mette in prigione, i quali dipoi sono frustati per la città. La notte molti bravi vanno insieme fuori della detta città portando seco l'arme e, discorrendo per li giardini e per la campagna, se essi s'abbattono con i bravi della contrada nimica, incominciano insieme crudelissima pugna, portandosi sempre tra loro mortalissimo odio; ma spesso ve n'hanno buonissimo gastigo e punizione.

Poeti di lingua volgare

Sonvi ancora molti poeti, i quali dettano versi volgari in diverse materie, massimamente d'amore: e alcuni descrivono gli amori che essi portano alle donne e altri a' fanciulli, sovente ponendo il nome del fanciullo che

[56] Radunano.

amano, senza alcuna vergogna o rispetto. Questi poeti ogni anno, nella festa della natività di Maumett[57] compongono canzone in lode del detto e, raunatisi insieme la mattina per tempo nella piazza del capo dei consuli, ascendono nel suo seggio e ciascuno ordinatamente, l'un doppo l'altro, recita sua canzona alla presenza di molto popolo: e quello che è giudicato aver meglio e più vagamente dettata la sua è per quell'anno gridato e tenuto principe dei poeti.

Ma a' tempi degli egregii re della casa di Marin, il re ch'allor trovava soleva invitar al suo palazzo tutti gli uomini dotti e letterati della città e, faccendo una solenne festa a tutti i poeti degni voleva che ciascuno recitasse la sua canzona in lode di Maumet alla presenza sua e di tutti: il che facevano sopra un alto palco, secondo il giudicio degli uomini intendenti, al più lodato il re donava cento ducati, un cavallo e una schiava, e il drappo che allora egli si trovava avere in dosso; agli altri tutti faceva dare cinquanta ducati, intanto che tutti da lui si partivano col guidardone. Ma sono circa centotrenta anni che, con la declinazione del regno, questo costume è mancato.

Scuole di lettere per i fanciulli

Per li fanciulli che vogliono imparar lettere sono circa dugento scuole, le quali hanno forma d'una gran sala, e d'intorno v'ha certi gradi[58] che sono le sedie de' fanciulli. E il maestro insegna loro leggere e scrivere, non in libro veruno ma in certe tavole grandi. La lezione che essi imparano è ciascun giorno una clausula dell'Alcorano, il quale fornito in due o in tre anni l'incominciano da capo, e tante fiate che 'l fanciullo l'impara molto bene e tutto l'ha nella memoria, il che è alla più lunga in capo di sette anni. Dipoi il detto maestro gl'insegna qualche

[57] Il Mouloud en-Nabi.
[58] Gradini.

poco d'ortografia, ma pur questa e la grammatica si legge ordinatamente nei collegi, sí come le altre scienzie. E questi maestri hanno un picciolo salario, ma come uno dei fanciulli è giunto a certe parti dell'Alcorano, è tenuto il padre di fargli non so che presente. E poi ch'il detto ha imparato tutto l'Alcorano, allora fa il suo padre a tutti gli scolari un molto solenne convito, nel quale il figliuolo è vestito a guisa di figliuolo di signore. E prima cavalca sopra un bellissimo cavallo e di gran prezzo, il quale insieme col vestimento è obligato a prestargli il castellano della città reale; gli altri scolari l'accompagnano ancora essi sopra cavalli alla stanza, nella quale entrano cantando molte canzoni in lode di Dio e del profeta Maumetto. Dipoi si fa il convito a' detti fanciulli e insieme a tutti gli amici del padre, ciascuno de' quali dona alcuna cosa al maestro, e 'l fanciullo lo veste di nuovo. Cotale è l'usanza.

Sogliono eziandio questi fanciulli far una festa nella natività di Maumetto, e i lor padri sono astretti di mandare un torchio alla scuola, onde ciascun fanciullo vi reca il suo, e tale ve n'è che lo porta di trenta libbre, e chi di più e chi di meno, secondo la loro qualità. I detti torchi sono belli, ben fatti e bene adornati, e piantati intorno di molti frutti fatti di cera. I detti torchi ardono dallo spuntar dell'alba per insino al nascer del sole. Il maestro suole menarvi alcuni cantori che cantano le lode di Maumetto e, subito ch'è uscito il sole, la festa è fornita. Questo è il maggiore utile che abbiano i detti maestri, percioché alle volte vendono per cento ducati di cere, e qualche fiata più, secondo la quantità degli scolari. Né alcuno paga pigione di scuola, percioché esse scuole sono fatte di limosine lasciate per l'anime loro da diverse persone. I frutti e i fiori dei torchi sono i presenti che si fanno a' fanciulli e a' cantori. Ma gli scolari, sí delle scuole come dei collegi, hanno nella settimana due dí di vacanza, ne' quali non si legge né studia.

Di alcuni artigiani e indovini

Io pretermetterò[59] alcuni artigiani, come sono conciatori di pelle, quali hanno il suo luogo ordinato dove passa un capo d'acqua grosso, sopra il quale vi sono infinite stanze delli detti, e pagano per ogni pelle che acconciano due balocchi alli doganieri, e si cava di quel dazio da duemila ducati; e dei barbieri e altri, per averne fatto menzione nella primiera parte della città, quantunque essi tanta quantità non siano come si disse essere in quella.

Vengo a dire d'alcuni indovini, i quali vi sono in gran numero, e si dividono in tre sorti o vogliamo dire qualità. La prima è di certi uomini che indovinano per arte di geomanzia,[60] faccendo lo figure, e pagano tanto per cadauna, come s'usa alle diversità qualunque persona.

La seconda è d'alcuni altri i quali, mettendo dell'acqua in un catino vetriato, e dentro una goccia di olio in quell'acqua, che diviene lucida e trasparente come uno specchio, dicono di vedere i diavoli a schiere a schiere, i quali assomigliano a uno esercito di molti armati, quando essi vogliono piantare i padiglioni; e che di questi alcuni sono in cammino, chi per acqua e chi per terra: come l'indovino gli vede acchetati, allora domanda loro di quelle cose delle quali egli ricerca avere informazione, e i demoni gli rispondono con cenni, o di mano o d'occhio. Vedete grossezza di coloro che a questi credono. Alcuna volta pongono il catino nelle mani di qualche fanciullo d'otto o nove anni, e lo dimandano s'egli ha veduto il tale e il tale demonio, e quello, che è semplicetto, risponde

[59] Tralascerò, ometterò di dire.

[60] La geomanzia è la divinazione del futuro mediante l'interpretazione di segni tracciati sul terreno o mediante l'osservazione di spaccature o crepe naturali del suolo. Nel mondo arabo, essa è l'interpretazione divinatoria di figure formate a caso gettando sulla superficie un pugno di polvere o di terriccio.

che sí: ma non per ciò gli lasciano dire da per loro. E molti pazzi danno a questi tanta fede, che spendono in essi grandissima quantità di danari.

La terza spezie è di femine, le quali fanno credere al volgo ch'elle tengono amicizia con certi demoni di diverse sorti, percioché alcuni si chiamano i demoni rossi, alcuni si dicono i demoni bianchi e altri sono addimandati demoni neri. E quando vogliono indovinare, a richiesta di chi che sia, si profumano con certi odori e allora, sí come dicono, il demonio che esse chiamano entra nella loro persona, onde subito cangiano la voce, fingendo che lo spirito sia quello che parli per la lingua loro. La donna o l'uomo che è venuto per qualche cosa che desidera di sapere dimanda allo spirito ciò che vuole, con gran reverenzia e umiltà, e avuta risposta lascia un presente per quel demonio e si diparte. Ma gli uomini che hanno con la bontà congiunto il sapere e l'esperienza delle cose chiamano queste femine *sahacat*, che tanto dinota quanto nella voce latina *fricatrices*: e nel vero tengono esse questo maledetto costume, il quale è d'usare l'una con l'altra, che per più onesto vocabolo non posso esprimere. E quando, fra le donne che vanno a loro con desio di sapere alcuna cosa, se ne trova alcuna di belle, elle s'invaghiscono di lei come un giovane s'invaghisce d'una fanciulla, e in forma del demonio le domandano in pagamento i congiungimenti amorosi: e quella, credendo avere a compiacere allo spirito, le più volte loro consente. Molte ancora sono che, di questo giuoco dilettandosi, desiderano d'esser di lor compagnia, onde, fingendo d'essere inferme, mandano per una di queste; e sovente lo sciocco marito è l'imbasciatore. Elle subito iscuoprono all'indovine il loro disio, le quali dicono poi al marito che alla sua moglie è entrato uno di quei demoni nel corpo e, amando egli la sua sanità, conviene che esso le dia licenza che la detta possa entrar nel numero dell'indovine, e secretamente praticar con esso loro. Il marito bufolo[61] sel crede e, consentendo a ciò, per maggior sua sciocchezza fa un suntuoso convito a tutto l'ordine, nel fine del mangiare danzando ogni una e festeggiando al suono degli strumenti di certi negri; e poscia ve la lascia andare alla buona ventura. Ma alcuno ve n'è che fa uscire gli spiriti di corpo alla moglie col suono di solenni bastonate; altri, fingendo ancora essi d'essere indemoniati, ingannano l'indovine nel modo che esse hanno le loro moglieri ingannate.

Incantatori

V'è somigliantemente un'altra spezie d'indovini, i quali sono detti i *muhazzimin*, cioè gli incantatori. Questi sono tenuti potentissimi a liberare uno che sia ispiritato, non per altra cagione se non perché alle volte loro succede l'effetto e, se aviene che non succeda, dicono quel demonio essere infedele, o che è qualche spirito celeste. Il modo dello scongiuro si è che scrivono certi caratteri, e formano circoli sopra un focolare o altra cosa, poi dipingono alcuni segni su la mano o su la fronte dello spiritato, e lo profumano con molti profumi. Quindi fanno l'incantesimo e dimandano allo spirito come esso sia entrato in quel corpo, da qual parte, chi egli è, come ha nome; e infine gli comandano che si diparta.

Investigatori di tesori

In Fez sono pure alcuni uomini che si dicono *elcanesin*, i quali attendono a cercar tesori, che essi credono che siano sepolti nelle fondamenta delle antiche ruine. Va questa sciocca gente fuori della città ed entra in molte grotte e cave per trovar detti tesori avendo per verissima opinione che, quando a' Romani fu levato l'imperio dell'A-

[61] Bufalo, bue; cioè "sciocco".

frica, e che essi fuggirono verso la Betica di Spagna, sotterrassero in quel d'intorno molte preciose e care cose, le quali non poterono portar seco, e quelle incantarono; e per questa causa cercano d'aver incantatori di detti tesori. Né mancano di quegli che dicono nella cotal cava aver veduto oro, e altri argento, ma che non gli hanno potuti cavare per non aver gl'incanti e i profumi appropriati; e con questa loro vana credenza cavando la terra, guastano sovente gli edifici e le sepolture, e si conducon talvolta dieci e dodici giornate lontani da Fez. E la cosa è ita[62] tanto avanti che, avendo eglino libri i quali fanno menzione d'alcuni monti e luoghi dove sono ascosi molti tesori, gli serbono per oracoli. E prima che io mi partissi di Fez, essi sopra questa lor pazzia crearono un consule e, dimandando licenza ai padroni dei luoghi, come avevano cavato quanto volevano gli ristoravano d'ogni lor danno.

Alchimisti

Né pensate che vi manchino gli alchimisti, anzi ve ne sono in molta copia di quegli che studiano in quella folle vanità, e sono pure i più lordi uomini e quelli che più puzzano del mondo, per il solfore[63] e altri odori tristi.[64] E la sera quasi per ordinario si riducono insieme molti di loro, nel tempio maggiore, e disputano di queste loro false imaginazioni. E hanno molte opere in la detta arte, composte per uomini eloquenti: e la prima è intitulata di Geber, che fu anni cento dapoi Macometto, qual vien detto che fu greco rinegato, e l'opera sua e tutte le ricette sono scritte per allegoria. V'è ancora un altro autore che ha fatto un'altra opera grande, chiamato Attogrehi, che fu secretario del soldan di Bagadet,[65] come abbiamo

[62] Andata.
[63] Zolfo.
[64] Cattivi, nauseanti.
[65] Il sultano selgiukide Mes'oud.

descritto nella vita de' filosofi arabi.[66] E un'altra composta in cantiche, dico tutti gli articoli di quest'arte, e il maestro si chiamava Mugairibi, che fu di Granata: e fu comentata da un mamalucco di Damasco, uomo dottissimo di tal arte, ma il comento è più difficile ad intender che non è il testo. Questi archimisti sono di due sorti: alcuni vanno cercando lo elisir, cioè la materia che tigne[67] ogni metallo e vena; e altri si danno a investigar la moltiplicazion della quantità de' metalli, per via di mescolar l'un con l'altro. Ma io ho veduto che 'l fine di costoro le più volte è il condursi a falsificar monete, onde la più parte in Fez si dimostrano senza mano.

Ciurmatori e incantatori di biscie

Sono finalmente[68] in questa città molta copia di quella disutil canaglia che in Italia ha cognome di ciurmatori. E cantano questi cotai uomini di niun prezzo per le piazze romanze, canzone e tai sciocchezze, sonando certi loro tamburi, viole, arpe e altri strumenti, e vendono all'ignorante turba certi motti e brevi che, come essi dicono, sono contra a diversi mali. A questi s'aggiunge un'altra sorte di vilissimi uomini, i quali sono tutti d'una famiglia e vanno per la città faccendo danzar le simie,[69] e portando d'into al collo e nelle mani molte biscie. Fanno ancora alcune figure di geomanzia, e predicono la ventura alle donne. Appresso menano con esso loro alcuni, come si dice in Italia, stalloni, e fanno a prezzo ingravidar le cavalle di chi vuole.

Ora io potrei seguir d'alcune altre particolarità circa agli uomini della città; ma basta dire ch'essi sono per la

[66] Leone Africano aveva scritto un'opera di tale argomento: il *Libellus de viris quibusdam illustribus apud Arabes*, pubblicato solo nel 1644.
[67] Colora, ma qui vale "modifica".
[68] Infine.
[69] Scimmie.

maggior parte ispiacevoli e poco amano i forestieri, benché non ve n'è molto numero di detti forestieri, perché la città è discosta dal mare cento miglia, e da esso mare a lei sono vie aspre e disagevoli molto per forestieri. Dirò ancora i signori esser superbissimi, in tanto che pochi praticano con loro; il simile fanno li dottori e giudici, che per reputazione non vogliono praticare se non con pochi. Nondimeno conclusione è la città esser bella, commoda e bene ordinata come che al tempo del verno vi sia gran fango, di maniera che di mestiero di camminar per le strade con certi zoccoli ch'essi usano, tuttavia danno certi esiti a canali, in modo che i detti ne lavano tutte le contrade. E dove non sono canali fanno raccorre il fango e, caricandolo sopra le bestie, lo fanno gettar nel fiume.

GIANAMBROGIO DEGLI EUSEBI
Lettera a Pietro Aretino

Le grandi scoperte geografiche e l'apertura degli spazi coincidono con l'introduzione e lo sviluppo della stampa, per cui la letteratura di viaggio prende forma e conduce a esiti sempre più raffinati e verificabili. La stampa e le nuove tecnologie producono informazioni e conoscenze: il circolo di committenza e utenza in continua evoluzione stimola la produzione dei libri di viaggio e dà vita a una complessa interazione tra la realtà sociale e la dimensione dei viaggi e dei paesi ignoti. Questo ricco panorama conoscitivo evidenzia la narrazione di viaggio come strumento di conoscenza del mondo e della navigazione sulle rotte dell'espansione mercantile e coloniale, ma anche come strumento di *fictio*, di invenzione, di avventura.

La Scoperta e la successiva Conquista come avvenimenti culturali investono non solo la Spagna, ma danno una particolare impronta a tutto il Rinascimento. L'interesse e l'accoglienza riservati a diari, lettere, testimonianze, racconti, cronache e relazioni è notevole. Nel vecchio mondo i documenti relativi alle "novità" hanno una enorme circolazione in originale e in traduzione. Da un lato, gli umanisti diffondono in Europa le notizie del Nuovo Mondo; dall'altro i *conquistadores* cercano attraverso il racconto di conferire lustro alla propria impresa di colonizzatori (come le *Lettere* che Hernán Cortés scrive all'imperatore Carlo V, stampate a Siviglia nel 1522). Non solo, ma gli stessi sovrani e sovventori sono spinti a leggere queste relazioni per fini eminentemente pratici, economici; mentre i governatori locali sollecitano un sempre maggior numero di informazioni sulle loro province.

Dopo i viaggi colombiani, numerosi sono gli avventurieri che partono, attratti dalle notizie fantastiche che si erano diffuse in Spagna dopo l'impresa dell'Ammiraglio. Il miraggio dell'oro e la ricerca forse di una vita nuova e migliore sono le molle che spingono al viaggio. A inseguire questo miraggio si muovono anche coloro che vanno alla ricerca di nuovi spazi e di nuovi inserimenti ormai impossibili in patria, in una Europa già in odore di Controriforma. In tal caso, il viaggio si arricchisce con il ritrovamento di un nuovo *status* sociale e biografico che mette in discussione quello anteriore.

Che viaggi, luoghi e situazioni esotiche potessero avere fecondi e curiosi echi, lo si capisce da questa lettera di Gianambrogio degli Eusebi (o Ambrogio Eusebio) scritta a Pietro Aretino presumibilmente dopo il 1545, nella quale l'ex segretario del «Divino» racconta la storia dell'imprigionamento del *conquistador* Cabeza de Vaca.[1]

La vicenda del poeta milanese Eusebi inizia nel momento in cui viene inviato in Francia, come emissario di Aretino,[2] per riscuotere seicento ducati promessi da Francesco I e altri duecento dal cardinale di Lorena. Venuto in possesso della somma, la perde al gioco in casa del cardinale Gaddi (1540), e di lì in poi è costretto a gi-

[1]Alvar Nuñez Cabeza de Vaca, conquistatore spagnolo, governatore della provincia di Rio de la Plata, viene arrestato nel 1544 e deportato alla metropoli. Le sue avventurose vicende e la storia dei suoi viaggi sono raccontate in *Naufragi* (cfr. l'edizione a cura di L. Pranzetti, introduzione di C. Acutis, Torino, Einaudi, 1989). La sua vicenda è ricordata anche in G. Lanciani, *Tempeste e naufragi sulla via delle Indie*, Roma, Bulzoni, 1991.

[2] Su Eusebi, cfr. la scheda relativa in P. Aretino, *Lettere*, scelta e commento di P. Procaccioli, vol. II, Milano, Rizzoli, 1990, p. 1136; e l'indice dei nomi nell'Edizione Nazionale di P. Aretino, *Lettere*, a cura di P. Procaccioli, vol. II, Roma, Salerno Editrice, 1998, pp. 568-569.

rovagare per le corti di Fiandra, Spagna e Portogallo per cercare di rimediare alla perdita e forse anche per sfuggire alla probabile vendetta di Aretino.

La lettera, che si dice spedita dal Rio de la Plata, racconta del soggiorno di Eusebi in America meridionale, da dove può testimoniare che Aretino è conosciuto e «tributato da gli Antipodi ancora». Nella lettera, egli chiede al suo antico padrone di intervenire presso l'imperatore in favore del governatore Cabeza de Vaca, ingiustamente perseguitato. Poi illustra le difficili condizioni di vita dei molti spintisi fino lì; riferisce del mitico Eldorado e del paese degli Amazoni, e con chissà quale miraggio di ricchezze termina chiedendo al grande scrittore di mandargli delle chincaglierie, *paternostri* colorati che i nativi apprezzano scambiandoli per veri gioielli.

Il racconto di Eusebi riassume ed enuncia le vicende di Cabeza de Vaca e, probabilmente, le mescola a quelle analoghe di altri *conquistadores*, manipolandole e intercalando esperienze realmente vissute con altre desunte da fonti scritte; quando poi non ci sia la frode di una mera falsificazione. Questa lettera si caratterizza per una sua speciale ambiguità: l'autore probabilmente non andò mai nel Nuovo Mondo e non fu mai sul Rio de la Plata. Qui il fascino del viaggio dirompe dalla novità della realtà sconosciuta (gli *Antipodi*) e dalla manipolazione dei testi di scoperta che circolavano in quel periodo in Spagna.[3] Ma dal contesto emerge piuttosto una rielaborazione incosciente, che segue la moda e l'idea del viag-

[3] Eusebi potrebbe avere letto, o esserne venuto a conoscenza, la *Relacion de Hernando de Ribera*, del 3 marzo 1545, sulla esplorazione del Rio de la Plata; ma anche il *Comentarios de Alvar Nuñez Cabeza de Vaca, Adelantado y gobernator del Rio de la Plata* (1537), dove spicca il capitolo LII (*De como los indios de la tierra vienen a vivir en la costa del rio*). I due testi si leggono ora nella *Biblioteca de Autores Españoles*, tomo vigésimosegundo, *Historiadores primitivos de Indias*, vol. I, coleccion dirigida e ilustrada por don Enrique de Vedia, Madrid, Rivadeneyra Editor, 1878, rispettivamente alle pp. 597-599 e 577-578.

gio come “avventura”. Dopo aver perso al gioco i denari di Aretino, Eusebi cerca di sfuggire alle ire del potentissimo, facendo rotta anche a Siviglia; per cui quello che la lettera configura non è tanto un viaggio di conquista ma una drammatica peripezia che l’autore-personaggio compie in modo molto simile a certi personaggi della letteratura picaresca, che sta per nascere in quel momento in Spagna. La descrizione dell’esperienza fa della lettera una sorta di romanzata autobiografia, dove l’autore è testimone ed eroe. Questa vicenda pone proprio il problema della veridicità della narrazione di viaggio: gli imprevisti, i problemi, le speranze di un avventuriero *malgré lui*, filtrati attraverso il ricorso a una letteratura di moda, conferiscono alla lettera un’intensa coloritura romanzesca, che la fa diciamo “falsa”. Cosa che non sfugge allo stesso attentissimo e scaltro Aretino, che così gli risponde da Venezia nel novembre del 1545: «Tu ti credesti che a la lettera da te scrittami costì di Portogallo, ch’io dessi fede al tuo dirmi d’andarti in India; stimandomi sì ignorante, che non potessi presumermi che non fusse per mover di donde ti stai. Nel cui luogo son per gastigarti, come sarei in qualunque tomba del mondo ecc.».

La lettera alfine è documento significativo di come con dirompente dinamismo, e necessità, la letteratura di viaggio sembri propendere per quella dimensione romanzesca che sfugge il “vero” e finisca per incentivare proprio l’iniziativa dei solenni «cacciaballe».[4]

Il testo si legge in *Lettere scritte a Pietro Aretino* (Edizione Nazionale delle Opere di Pietro Aretino, vol. IX), a cura di P. Procaccioli, Libro II, to. 2, Roma, Salerno Editrice, 2004, pp. 32-36 (n. 26).

[4] Uso qui il termine, in prossimità logica con “ciarlatano”, con il quale Dario Fo chiama Cristoforo Colombo nel suo *Isabella, tre caravelle e un cacciaballe*.

Lettera a Pietro Aretino

Al Divinissimo Signor Pietro Aretino Patron Onorandissimo

Osservandissimo, come Padre, Signor Pietro mio, se la Divina volontà soprastando al corso de i Fati, non causasse tutti gli accidenti, che ci occorrono, cercarei con il migliore stile che io potessi di escusarmi del dovuto rispetto non mostrato del mio poco senno in Francia, e a la fiduzia, che di me tenevate, e a l'amore che paternamente mi portasti; ma perché niuna cosa si muove fuora de gli ordini statuiti da l'alto Mottore de la gran Machina Celeste, non allegando io il sfrenato[5] de la gioventù mia, né il poco sapere di ella, che, non per offendere il tenero del fervore che di continuo mi mostraste, ma per non sapere più, vinto e offuscato da la trascuratezza de' suoi desii, incorse ne gli errori passati: dirò solamente che ciò fu dato dal Cielo, il quale per essere sempre inteso a sublimare le grandezze del suo animo, da lui dottato con il mirabile di tante divine virtù sue, che con istuppore di ognuno si fanno udire in ogni parte, sapendo che non gli mancava altro per inalzare il colmo de le sue lodi, che lo essere tributato da gli Antipodi ancora, sì come è stato da li principali Rettori de la terra in che sta, ha consentito le cose che io dico, perché passando io come disperato la Zona equinoziale, camino ardente del Sole, arrivasse a dare nuova a le genti che qua più basso stanno, il magnanimo de le qualitati del Divinissimo Aretino: perché le constringessi, predicando le sue singulari generosità, che da sé si avevano già fatte udire fin in questo altro mondo, ad inviargli doni, con che si potesse vantare la virtù sua (di quello che come per burla

[5] Sfrenatezza, disordine.

molte volte pronosticando diceva, che non gli mancavano se non quegli de gli Antipodi) che gli abbia auti. E ciò già si sarebbe posto ad effetto se la Fortuna con diverse spezie di mali non avesse assalito il Governatore nostro[6] con lo infermargli le genti con che doveva vincere, e domare queste parti, sottoponendole al trono de l'Augusta clemenza; e oltra di ciò la nuova pregione donde l'hanno posto gli Officiali del Re indebitamente, e con poca giustizia, o per dire meglio senza niuna; la quale credo che gli tornerà in gloria, et essi pagarano[7] con i loro capi il poco rispetto auto[8] al grado che da la Cesarea Maestà teneva come suo Generale, e Locotenente. Ma lasciando queste cose a chi meglio saperà giudicarle che io, dico solamente che la voluntà che sua Illustrissima Signoria gli teneva, merta che S.V. scrivendo a la Maestà del gran Carlo Quinto lo informi de la fedeltà tenutagli dal suo Generale Alvaro Nunis Cavezza di Vacca; il quale non per altra cosa è stato preso, che per l'invidia, e sdegno, che contra il magnanimo de le sue imprese tenevano quelli che solevano governarci prima ch'ei venesse; favorendolo quanto potrà con la eleganzia del suo stile, perché oltra che V.S. se lo deve per l'amore che gli portava, esaltarà la verità principale obietto de tutte le cogitazioni del suo animo; e tornando il sopradetto a governarci come so che sarà, per essersi egli sempre tanto affaticato in servizio de la Catolica e Cesarea Maestà, come doveva, e quanto poté, discoprendo ogni dì nove genti, et essersi già certificato del camino de i novi tesori qua publicati da tante strane generazioni de Indi differenti di lingue, e diversi del tutto, non perderà in avere ciò fatto. V.S. lo consoli con una lettra scrivendogli parte di ciò che io ho scritto de la in-

[6] Il governatore Cabeza de Vaca.
[7] Pagheranno.
[8] Avuto.

nocenzia sua, perché conosca chi gli fu fedele, benché in altre cose credo di avergelo mostrato stando preso quattro mesi in suo servizio, e per suo onore, con uno ceppo al collo e ferri a i piedi, per non avere io voluto consentire a i tradimenti, overo mutini,[9] in che qua andavano, anzi biasmando la loro malignità gli publicava per traditori, e poco ubbedienti a le instruzzioni che da la Cesarea Maestà tengono, ingiuriando il grado de l'altezza sua nel prendere il suo tenente, né qua volsi conoscere né dare ubbedienzia ad altri, per la qual cosa mi dierono tormento, perché sforzatamente gli riconoscessi, e dessi potere sopra me, come giudici e superiori in questa Provincia. Credo che tutte queste cose passate, con che mi hanno molestato, mi si tornaranno in riposo, e mi saranno attribuite a grandissimo onore, per avergli io patito per il Re, il quale me gli aggradarà con tempo. Vero è che essi non mi osarono toccare in altra cosa, ancora che mi dimandavano, e accusavano per la vita, per avere io andato con alcuni altri per trarre il governatore de la prigione, per i grandi protesti che io feci, e appellazioni per Spagna inanzi a i Senatori del Consiglio de India di sua Maestà, sì che non pensate che qua si dormi. Io non scrivo a V.S. i travagli né i stenti che tenghiamo ne la Terra miserabile in che stiamo, per non lo affligere contandocegli, basta che qua seminiamo, e cogliamo, zappando a più non potere il più del tempo; caminiamo per questa Terra per discoprirla descalzi, ignudi, tanti migliaia de migli, con un sacchetto di farina brostolata sopra le spalle, e la zucca al cinto piena di acqua, e con le nostre armi carchi, tagliando alberi, e facendo strada donde andiamo, e piovendone sopra il capo senza tenere ove mettersi, salvo l'ombra di alcuno tronco, e altre volte per un così gran fiume come Mare vogando come galeotti in certi Brigantini qua fatti. Si dice che questo fiume ove

[9] Ammutinamenti.

stiamo Paraguai, l'altro più basso dove questo entra, e va nel Mare, Paranà; sono questi duo fiumi lunghi duo mille miglia, e ancora non gli abbiamo visto il capo donde nasceno; perché gli lasciamo dapoi, et entramo per terra, onde dicono che sta l'Oro e l'Argento; è il Paranà dove entra nel mare novanta miglia largo ne la bocca. Sì che pensate che altro fiume si trova maggiore nel Mondo; e per questo si vede che questa Terra è grandissima più che l'altra ove stiate. Stiamo qua, onde scrivo, mille miglia dal Mare, e tardiamo sei mesi in venirci dapoi de desimbarcarsi salendo con Bregantini per il già detto Paranà e Paraguai; perché lasciando l'uno entriamo ne l'altro, ancora che l'altro per altra parte vadi molto avante, ma per non essere nostro camino lo lasciamo. I novi Tesori che posseggono gl'Indi detti Carcaras, e altri Maias, e altre Donne, che non tengono uomini seco, se non certo tempo de l'anno, che pensiamo, che siano le Amazzonidi, non sono lungi da noi trecento miglia, ma è la Terra per quella parte disabitata per molti luoghi difficili per passarsi, pure in certo tempo de l'anno sono secchi di modo che si passano, e già sappiamo uno assai buono camino che fece scoprire il nostro Governatore, e se non che nel tempo che entravamo infermosse la gente per essere l'anno mal sano, già teneria[10] ciascuno di noi venti mille ducati; ma non piacque a Dio allora, tosto si farà, entraremo di nuovo, e gli piacerà che ognuno porti con che riposi il poco o molto che gli è ascritto a la vita, e io mostrarò a V.S. come in un giorno a la barba de tanti Principi Cristiani, è saputo procacciare con che il magnanimo de la sua naturale liberalità si sazia di dare e di spendere a suo piacere, traendogli da gli Antipodi ove sono; e che sia vero che ciò sia, per Giugno è qua il maggiore freddo che sia, e per Natale il maggiore caldo, e sono differenti i giorni lunghi e brevi di là. Ora

[10] Terrebbe.

non rincresca a V.S. ciò che la mia pazzia usò contra di lei, percioché Iddio indirizza le cose al meglio; e pregando la Divina pietà che mi guardi la vita tre anni ancora, gustarà de i frutti che la deliberazione mia di venire qua ha saputo piantare cultivandogli con l'industria de la diligenzia mia, e rigandogli[11] con il sudore de' miei stenti; i quali saranno tanto più saporiti, quanto con più fatica, e tardanza, si cogliono; e con questo gli bascio le mani con la riverenza che debbo chiedendogli perdono fra tanto che con il certo più gli satisfaccia di quanto feci, e contra la voluntà sua, e in suo danno, ancora che alcuno giorno tornarà in utile. Vostra Signoria non lasciarà d'inviarmi alcuni paternostri[12] di vetro azurro lunghi un dito, e sottile come una penna ne la canna, e alcuni altri tondi e piccoli pur azurri, e verdi, e di alcune altre sorti più grossi, e di varii colori, perché duo scudi che spendiate si faranno duo mille per dare ad alcuno principale Indio che gli tengono qua come gioie; e mandatemi quattro effigie sue di Gioaniacobo[13] e sua Medaglia, e se possibile è alcuna sua opera nova. Indirizzi le sopradette cose in Siviglia a Scipione de' Grimaldi[14] in casa di Antonio di Grimaldo[15] che me le indirizzi al Rio de la Plata. Se il detto Signore Scipione de' Grimaldi portatore de la presente in Spagna scrive a V.S. non lasci di fargli tutto quello favore che potrà per essere egli e persona nobile, e amico de le singular virtù di V.S., con alcuno mercatante Genovese gli potrà farsegli inviare. Io vi ricomando come a padre la mia dilettissima Consorte,[16] la quale consoli meglio che può del mio essere allungato per tanto tem-

[11] Irrigandoli.

[12] Vedi n. 90, p. 260.

[13] Si tratta di Gian Giacomo Caralio, intagliatore e incisore veronese che lavorò anche ai ritratti di Aretino.

[14] Mercante genovese.

[15] Mercante genovese residente a Siviglia.

[16] Pietro Aretino aveva dato in moglie a Eusebio una delle sue «massare».

po da essa; ma se io torno come spero per essere stato sempre sano in questa Terra, credo che sarà de le bene maritate di Venezia, l'uno per conoscere io già il male, e l'altro per essere io già stanco di vedere il mondo, e di peregrinare; le Muse in questa Terra non si trovano, pur non lascio di fare alcuna cosetta per fuggir l'ozio; benché ciò avien di raro; questa è scritta con molta pressa, e però non si maravigli se non è qual doveria esser, perché le gente non si rivolve, imbarcano di presto il Governatore, e si partono.

Di V.S. umilissimo Servitore, e figliuolo

Ambrogio Eusebio.

TOMMASO PORCACCHI

Descrittione dell'Isola Spagnuola

Nella prima metà del XVI secolo si registra un'attenzione assai forte per le questioni geografiche negli ambienti più rappresentativi della cultura veneziana, basti pensare alla più grande impresa dell'editoria veneziana di quel tempo che fu la pubblicazione delle *Navigationi et viaggi* del Ramusio (1550).

Questa letteratura stimolò una produzione "minore" di libri geografici e di viaggi, il cui sviluppo è da indicare nel bisogno di organizzare sistematicamente tutta una serie di conoscenze acquisite, di raccogliere in semplici prontuari notizie utili a uomini di mare, pellegrini, mercanti: questo concorre a spiegare soprattutto la nascita e lo sviluppo del genere degli "isolari" (soprattutto veneziani).[1] Si tratta di una tradizione nata nel Quattrocento, inaugurata dal fiorentino Cristoforo Buondelmonti (*Liber Insularum Archipelagi*, 1420-1422 ca.) e alimentata da altre opere, come l'*Isolario* del poeta chiamato Bartolomeo da li sonetti (fine XV secolo), o l'*Insularium illustratum* del tedesco Enrico Martello, e altre coeve come quella di André Thevet (*Le grand Insulaire*), che però ebbe circolazione limitata. Il contributo più importante a questo genere era stato dato da Benedetto Bordone, intellettuale di secondo piano, che operò pre-

[1] Si pensi a G.F. Camotio, *Isole famose, porti, fortezze, terre marittime della Repubblica di Venetia et altri principi cristiani*, Venezia, 1571.

valentemente a Venezia tra Quattro e Cinquecento, autore di un *Isolario* (Venezia, Nicolò d'Aristotile detto Zoppino, 1534) che godette ai suoi tempi di notevole fortuna.[2]

Il testo del poligrafo ed *editor* Tommaso Porcacchi (1530-1585), *L'isole più famose del mondo* (Venetia, Appresso Simon Galignani et Girolamo Porro, 1576), opera proprio in questo settore in espansione. La vicenda di questo trattatello si situa in un momento in cui il mercato editoriale si interessa ai complessi mutamenti che investono il campo delle scoperte geografiche e sviluppa un'attenzione che si traduce nella sollecita volontà di aggiornare e modificare complessivamente il bagaglio delle conoscenze geografiche per soddisfare l'indubbio interesse dei lettori per la materia "nova" delle scoperte e delle esplorazioni. I temi sono probabilmente travasati dai volumi del Ramusio, provenienti dall'abbondante messe di materiali raccolti, quando non riassunti dal *Milione* di Marco Polo (per le isole orientali) o ancora dal solito Plinio. Porcacchi costruisce così un "centone" esotico e tradizionale insieme, che lega tra loro nuove conoscenze e fonti riconosciute e autorità classiche, un'antropologia e una geografia fantastiche in un tradizionale racconto.

Oggetto del libro sono appunto le isole: l'autore intese compilare un repertorio esauriente di tal materia, includendo nel proprio censimento anche quelle scoperte nei viaggi degli spagnoli e dei portoghesi. L'opera si divide in tre libri, diseguali tra loro, che trattano delle isole maggiori: nel I° libro quelle atlantiche (Islanda, Ebridi e Orcadi, Gotlandia, Hibernia ovvero Irlanda, Inghil-

[2] Su quest'operetta di Bordone, si può vedere l'edizione in facsimile della *princeps* (conservata alla Biblioteca Estense di Modena): *Isolario*, introduzione di M. Donattini, Modena, Edizioni Aldine, 1983. Vedi anche *Libro di Benedetto Bordone*, edizione facsimile e introduzione a cura di G.B. De Cesare, Roma, Bulzoni, 1988.

terra, Hollanda, isole Selandie) e poi quelle africane e mediterranee (Maiorica, Minorica, Corsica, Elba, Sardigna, Sicilia, Malta); nel II° libro Venezia e le isole mediterranee (con particolare riguardo a quelle egee, che occupano la parte sostanziale del libro); e nell'ultimo le isole oceaniche (l'isola di Spagnuola, Cuba, Giamaica e ivi compreso il «Mondonuouo», giudicato dall'autore di natura insulare) e quelle site nei mari orientali.

Più che raccomandarsi per la profondità dell'erudizione, o porsi come punto di riferimento per la cultura contemporanea, il libro privilegia l'ambizione di incontrare il favore di un pubblico di lettori più vasto possibile. Si tratta, in buona sostanza, di un'operazione editoriale a cui va riconosciuto il merito di aver individuato certe tendenze del mercato librario e di averle interpretate con tempestività e sicurezza. Così, nel *Proemio* l'autore indica gli scopi del suo lavoro, che sono quelli di «giovare et dilettare [...] a coloro che dello studio della Geografia si dilettano». Ma probabilmente il libro di Porcacchi incrocia anche gli interessi nati nell'età dei grandi viaggi di esplorazione, poiché è indubbio che l'insularità rappresenti la categoria più presente nella vicenda delle scoperte, soprattutto nei primi decenni, quando ancora il mosaico delle terre "nuovamente ritrovate" si presentava frammentario e impreciso, più simile ad arcipelaghi che a masse continentali.

L'impianto è eminentemente descrittivo. Per ogni isola Porcacchi redige un breve testo illustrativo (fedele allo stile conciso della *brevitas*) costruito secondo uno schema fisso, in cui prima viene segnalata la posizione, secondo le distanze che la separano da un'altra isola prossima o dalla terraferma, e poi vengono eventualmente ricordati i diversi nomi con cui ciascuna isola era stata indicata nell'antichità; per soffermarsi infine sui prodotti, le risorse e i costumi degli abitanti. In queste descrizioni, gioca un ruolo di primo piano l'elemento fantastico ed esotico: la realtà descritta assume di frequente i contorni del meraviglioso, quasi che l'isola sia una «bizzarra creatura del conflitto tra acque e terre», un universo a sé stante, separato e diverso da quello continentale, e costituisse la cornice più adatta a racchiudere le immagini esotiche e fantastiche che gli Europei continuarono per lungo tempo a intravedere negli sconosciuti mondi d'oltremare. Il fascino emanato da questi paesaggi insulari troverà spazio nella letteratura di mare del secolo XIX, forte delle secolari esperienze coloniali e marittime: le isole dei mari del Sud care a Stevenson, a Gauguin, al Melville delle *Encantadas* o a Jack London.

Il testo è tratto dall'edizione a cura di A. Gerstenberg, *Thomaso Porcacchis «L'isole più famose del mondo»*, zur Text-und Wortgeschichte der Geographie im Cinquecento (mit Teiledition), Tübingen, Max Niemeyer Verlag, 2004, pp. 303-312.

Descrittione dell'Isola Spagnuola prima isola scoperta dal Colombo

Christoforo Colombo Genovese, havendo cominciato con ardimento più che da huomo a solcare il mare l'anno MCCCCXCII di là dalle Canarie al diritto di Ponente, con piegare alquanto a man sinistra verso Garbino; dopo che trentatre giorni hebbe navigato, senza vedere altro che cielo et acqua; trovò finalmente terra, lontana dalle Canarie DCCCCL leghe, che sono tre mila otto cento miglia, a ragion di quattro miglia nostre per lega: et passato alquanto più innanzi; in pochi giorni scoperse sei Isole: delle quali due eran molto grandi. Alla maggior d'esse posero nome Spagnuola,[3] et all'altra Giovanna:[4] ma questa fu poi trovato esser terra ferma. La Spagnuola della qual sono hora per trattare; è dunque una Isola posta nel gran mare Oceano Occidentale, fra la linea dell'Equinottiale, e il tropico del Cancro: et gira di circuito costeggiandosele intorno CCCL leghe, che son MCCCC miglia. Nella lunghezza et larghezza d'essa trovo molta diversità: percioché alcuni historici dicono, ch'ella si stende per lunghezza da Levante in Ponente intorno a D miglia: et che da Mezodì a Tramontana in alcuni luoghi è larga CCC miglia: et alcuni altri, parlando pur della lunghezza et larghezza di essa per via di gradi, scrivon, che dove è più larga; è da' XVIII a' XX gradi: il che importerebbe intorno a XXXVII leghe, che sarebbono CXLVIII miglia: et dove è più lunga importa da CXX in CXXX leghe, poco più o meno, che sarebbo-

[3] L'isola di Hispaniola fu scoperta da Colombo il 9 dicembre 1492 e le fu dato questo nome perché venne giudicata simile alle terre di Castiglia (cfr. C. Colombo, *Diario di bordo. Libro della prima navigazione e scoperta delle Indie*, a cura di G. Ferro, Milano, Mursia, 1985, p. 121).

[4] Juana, cioè l'isola di Cuba.

no da' CCCCLXXX, a DXX miglia. Dalla parte, che guarda all'Austro, o Mezogiorno, et massimamente dove è la principal città, chiamata di San Domenico; è posta XVIII gradi distante dall'Equinottiale: et da quella di Tramontana gradi XX: e in alcuna parte poco più, e in alcun'altra assai meno, secondo che l'isola si va allargando, o strignendo. Sono alcuni altri, che pigliano le misure in altro modo: et nondimeno in questo anchora dalle già raccontate opinioni son discordanti. Dicono essi, che dalla punta del Capo Iguei al Capo Tiburon sono più di C leghe, che essi, che importerebbono di lunghezza DC miglia et più: et dalla costa, o spiaggia della Natività,[5] ch'è da Tramontana, fino al capo di Lobos dalla parte di Mezogiorno; sono cinquantacinque leghe, cioè CCXX miglia: et della città di San Domenico dicono affermativamente, ch'essa è in XIX gradi alla parte di Mezogiorno.

Isola Spagnuola di che forma è, et come da principio fosse chiamata

È di forma quest'isola, come la foglia del castagno, et fu da principio chiamata Quizqueia, che vol dire Il tutto: percioché vedendola i primi habitatori Indiani, cacciati dell'isola Matitina poco lontana, per fattioni[6] fra loro, ch'ella era così grande, et non sapendo ove terminasse; pensarono ch'ella fosse tutto il mondo: et che il Sole non riscaldasse altra terra che questa, et l'isole vicine. Ma poi entrati fra terra, et veduti alcuni monti altissimi con aspre balze; la chiamarono Haiti, che vol dir aspro: e in ultimo veduti altri monti simili ad alcuni, detti Cipangi nella lor prima isola Matitina; dal nome d'essi monti la terza volta la nominaron Cipanga. Finalmente poi fu

[5] Sita sulla costa nord-occidentale dell'isola, dove le navi di Colombo fecero approdo.
[6] Contrasti, guerre.

detta Spagnuola da' nostri; et molti la dicono di San Domenico[7] per cagion della principal città di detta isola, che così è chiamata. Ella fu già divisa in quattro parti da quattro grossi fiumi, che da monti altissimi calano al basso, cioè da Levante dal fiume Iunna, da Ponente dall'Altibunico, da Mezodì dal Nabia, et da Tramontana dal Iacche.

Isola Spagnuola in quante provincie è divisa

Ma poi i Capitani moderni, et Governatori più saggi hanno inteso ch'è partita in cinque provincie principali in questo modo. Cominciando dalla parte verso Levante; dicono che quella si chiama Caizimu, che in lor linguaggio significa Fronte, o principio: et questa confina al Mezodì co'l fiume Ozama, che passa per la città di San Domenico: et da Tramontana co' monti Haiti altissimi, et per la loro asprezza così detti. La seconda è detta Huhabo, ch'è fra i monti, et un fiume detto Iaciga. La terza Caiabo, ch'abbraccia tutto quello spatio, ch'è fra Cubaho, e 'l fiume Iacche: et si distende fino a' monti Cibaui,[8] dove è gran copia d'oro, et dove nasce il fiume Neiba, che dalla parte di Mezogiorno va a sboccar nel mare. La quarta è chiamata Bainoa, et comincia da' confini di Caiabo, et si distende verso Tramontana: dove è il fiume Bagaboni: et dove fu già fabricata la prima casa. Il rimanente verso Ponente è della provincia nominata Guaccaiarima, che voi dir le Natiche, essendo questa parte da gl'Indiani tenuta la più stretta dell'isola. Ella è abbondantissima di tutti i beni: in tanto che gl'Historici, che scrivono di quelle parti dicono liberamente che di

[7] Santo Domingo.
[8] Cibao, regione dell'isola di Haiti, dove erano localizzate alcune miniere d'oro; questa constatazione e il fatto che Cuba fosse stata considerata come terraferma, confermarono Colombo nella sua convinzione di trovarsi davanti a Cipango.

fertilità non cede punto alla Sicilia, né all'Inghilterra: anzi dicono, che se un Principe non havesse altra Signoria, che di questa sola isola; in breve accumulerebbe tante ricchezze, che non invidierebbe a quelle di Sicilia et d'Inghilterra. È molto temperata d'aria, non vi essendo caldo, ne freddo troppo eccessivo: et se pur v'è freddo: è in alcune parti dove son monti altissimi, per cagion de' quali il freddo vi regna.

Isola Spagnuola è d'aria perfetta, et sempre ha gli alberi fioriti

Della sua temperie è manifesto argomento, che di continuo si veggono in tutte le parti gli alberi verdissimi, carichi di fiori, et di frutti: et non cadono lor mai le foglie, se non quando sorgono le nuove. Gli herbaggi da horto, et le piante fruttifere, che di Spagna vi sono state trasferite: crescono in molta perfettione. Il grano s'è trovato, che moltiplica meglio, seminandolo nelle colline, et ne' monti, dove sia tal volta freddo, e il terren non sia tanto grasso, che in piano: percioché la molta grassezza lo fa quasi tutto lussuriare[9] in herba, et andare in morbido: ma ne' monti fa la spiga grossa, come il braccio dell'huomo, la quale è tanto piena di granella,[10] che (cosa maravigliosa a dirsi) a numerarle si trovano più di due mila. I bestiami così grossi, come minuti portativi di Spagna; hanno moltiplicato in guisa, che gli lasciano insalvatichire: et quei che si macellano; si vendono a vilissimo prezzo, tutto che siano carni preciose: et a vil prezzo ancho si comprano i cavalli, et altre sorti d'armenti o di greggi. Nascevi naturalmente tanto bombagio, o cotone, che se gli habitatori si dessero a procurarlo; se ne caverebbe il migliore, e in più quantità che in un'altra parte del mon-

[9] Eccedere nella fioritura, essere in pieno rigoglio.
[10] L'insieme dei semi contenuti in una spiga di grano.

do. Vi fa appresso tanta gran copia di gengevo,[11] di cassia, et di zuccaro, et tanto buoni, che se ne caricano le caravelle, et le navi per Spagna: et v'ha grande abondanza di mastice, di legno aloe, di verzini, et d'eccellente color d'azurro,[12] migliore per li pittori di quel che si suol chiamare Azurro d'aria. Sono in questa isola innumerabili piante d'aranci, di cedri, et di limoni buonissimi: il che è grande inditio della temperie dell'aria, così la state, come il verno: ma solamente gli alberi di frutti co'l nocciolo in quest'Isola non fanno alcun frutto: perché gli olivi fra gli altri vi crescono molto belli: ma però sono sterili, et non producono altro che foglie. L'altre sorti di frutti, come poponi,[13] legumi, et altri tali vi crescono molto belli: ma però sono sterili, et non producono altro che foglie. L'altre sorti di frutti, come poponi, legumi, et altri tali vi regnano ottimamente: et fra gli altri i poponi, e i fichi vi son quasi tutto l'anno: ma al tempo debito sono di precioso gusto et sapore. Le viti similmente vi fruttano eccellentemente, et fanno soavi et delicati vini. E l'Isola Spagnuola assai ricca di copiose et continue minere d'oro: e in particolare ne' monti Cibaui ne nasce gran copia.

Isola Spagnuola, et sue maraviglie di Natura

Nella provincia detta Caizimu è lontan dal mare mezo miglio un monte altissimo con una spelonca grandissima, c'ha l'entrata, come la porta d'un superbo palazzo: e in detta spelonca si sentono cader fiumi con tanto rumore e strepito, che si fa sentir cinque miglia lontano: et chi vi s'aspressa,[14] et chi vi sta alquanto; doventa sordo. Fanno questi fiumi un ampissimo lago: nel qual sor-

[11] Zenzero.
[12] Sostanza colorante azzurra (forse cobalto).
[13] Meloni.
[14] Chi vi si avvicina.

gono alcuni bollori et ritortoli[15] d'acque continui et sì grandi, che inghiottirebbono qualunque v'entrasse dentro: et dalla parte di sopra della spelonca si veggono essalar continue nebbie per rispetto di quei bollori. Dirimpetto alla città di San Domenico, ma discosto sessanta miglia, è un lago in cima d'alcuni monti altissimi d'acqua dolce, pieno d'infinite sorti di pesci: il qual gira da tre miglia et all'intorno è serrato dall'altezza de i monti, da' quali scaturiscono infinite fontane d'acqua chiarissime: et con tutto che le parti de' monti siano tutte horride et sassose; le ripe nondimeno del lago son piene d'herbe.

Lago di acque amare, detto il mar Caspio

Sono in molti altri luoghi di quest'isola altri laghi d'acque, così salse, come dolci: et nella provincia di Bainoa ve n'ha uno d'acque amare, lungo trenta miglia, et largo il più quindici, chiamato da gl'Indiani Hagueygabon, et da' nostri il mar Caspio: percioché da esso non nasce alcun fiume, se ben dentro ve ne corrono molti. Tiensi[16] che di sotto terra per caverne entri in questo lago il mare: atteso che[17] dentro vi si trovano molti pesci marini. In mezo d'esso è un'isola, detta Guarizacca: dove stanno molti pescatori Indiani. Sonvi ancho altri laghetti dolci et salsi[18] in una valle grandissima, che per più di cento miglia si stende da Levante a Ponente in lunghezza, et per XXV miglia di larghezza. Ne molto lontan da questa è un'altra valle lunga da CC miglia, detta Maguana, con un bellissimo lago d'acqua dolce, non troppo grande:[19] presso il qual habitava il Re, detto Caci-

[15] Intrecci.
[16] Si ritiene, si crede.
[17] Visto che, poiché.
[18] Salati.
[19] Potrebbe trattarsi del fiume Macaguanigua.

que[20] Caramatexio, in un suo palazzo, con infinite altre case d'Indiani, che tutti insieme co'l Cacique attendevano a pescar quasi sempre.

Pesce domestico et miracoloso

Racconta Don Pietro Martire[21] un caso miracoloso d'un pesce, preso da gli huomini di questo Re: et dice c'havendo egli un giorno veduto pigliar da' suoi pescatori un pesce detto Manati[22] picciolo, ma che vien molto grande; lo fece portar vivo a casa, et gettar in questo vicin lago. Quivi ogni giorno gli dava a mangiar di quel pane, che chiamano Maice,[23] et Iucca:[24] tanto che l'addomesticarono in guisa, che veniva tutte le volte ch'era chiamato, a pigliare il cibo alla mano, et si lasciava maneggiare, et cavalcare per passare altrui dall'altra parte del lago, o dove volesse. Descrive egli la forma di questo pesce: et dice ch'essendo una volta gonfiate l'acque di questo lago grossamente: il pesce fu straportato[25] dalla violentia della fortuna et dell'acque in mare, ne mai più si vide. In detta provincia di Bainoa è un fiume chiama-

[20] Cacicco, titolo dei capi indigeni delle Antille.

[21] Pietro Martire d'Anghiera, umanista insigne operante presso la corte di Spagna, consigliere e storiografo dei Re Cattolici, ebbe informazioni di prima mano sulla Scoperta, che pubblicò nelle tre decadi *De orbe novo* (1516), e vide a Barcellona gli indigeni tratti da Colombo per mostrarli ai sovrani quali esemplari delle stirpi caraibiche. Sulla sua figura, cfr. *La scoperta del Nuovo Mondo negli scritti di Pietro Martire d'Anghiera*, a cura di E. Lunardi, E. Magioncalda, R. Mazzacane, Roma, Istituto Poligrafico e Zecca dello Stato, 1988; *L'umanista aronese Pietro Martire d'Anghiera primo storico del "Nuovo Mondo"*, Atti del Convegno di Arona 28 ottobre 1990, a cura di L. Stoppa e R. Cicala, Novara, Associazione di storia della Chiesa novarese, 1992.

[22] Si tratta, in realtà, del lamantino (*Manatus manatus*), mammifero dell'ordine dei Sireni (da una voce caraibica, passata allo sp. *manati*).

[23] Mais.

[24] La iucca (dallo sp. *yuca* o *iuca*) è una pianta delle Liliacee da cui si ricava una farina alimentare.

[25] Trascinato, portato via.

to Bahuan, che passa per mezo il paese detto Maguana: et nascendo a piei d'un monte altissimo; corre per molte miglia tutto salso fin che sbocca in mare, se ben'entrano in esso molte fontane d'acque dolci. Nella medesima sono i monti Diagoni dodici miglia lontani al lago salso, detto il mar Caspio: ne' quali cavando si trova il sale durissimo, et lucido a guisa di Christallo: et di questo si servono gl'Indiani fra terra, c'hanno carestia di quel che si fa presso il mare. In cima a' monti Cibaui, dove ho detto cavarsi l'oro, nella provincia di Caiabo; è un piano di XXV miglia di lunghezza, et di XV di larghezza, detto Cotohi: il qual se bene è altissimo, et sotto a esso par che sian le nuvole: pur è circondato da altri monti, da' quali scaturiscon nel piano infinite fontane[26] d'acque chiarissime: et qui si sentono l'anno le variate stagioni della Primavera, della State, dell'Autunno, et del Verno: dove ne gli altri luoghi sempre è Primavera et Autunno. Ne' monti che circondano questo piano dicono, che si trova molto oro: ma gli habitatori, havendo dalla terra in abbondanza Maice et Iucca, che basta lor per il pane; ociosi[27] et poltroni non si curano di cercarlo.

Oro, che nasce, come pianta nella Spagnuola

Dicono anchora che fra la provincia Huabo di quest'isola, et quella di Caiabo è un altro paese sterile et dishabitato, nel quale affermano essere il principio della minera di tutto l'oro, ch'è in quell'Isola: et che fra quei monti si vede ch'esce a guisa di pianta fuor della terra: il che non è punto impossibile, né incredibile per quel ch'altri ha seduto in Ungheria et altrove, l'oro di continuo uscir della terra finissimo, et a guisa di viti andarsi avviticchiando attorno a gli alberi. Nella provincia di Caizimu

[26] Fonti, sorgenti.
[27] Oziosi.

sono nelle contrade di Guanama et di Guariagua alcune fontane d'acqua nella superficie dolcissima, et buona da bere: nel mezo salsa, et nel fondo amara: il che stimano proceder perché la vena sia salsa, et di sopra vi corrano acque dolci, che non si mescolino insieme. Presso queste fontane, se alcun mette l'orecchie a terra; sente ch'ella è concava et risuona: et udirà uno a cavallo, che venga, et sia anchor tre miglia discosto, et uno a piede un miglio. Fu questa isola (come ho detto) da principio habitata da Indiani: de' costumi de' quali dirò alcuni pochi particolari, non accadendomi trattar de' presenti habitatori, che sono Spagnuoli.

Costumi de gl'Indiani dell'isola Spagnuola

Erano questi habitatori huomini semplici, ociosi, et sempre dati al riposo, come quelli che dalla terra havevan le cose necessarie al vitto senza durar fatica, et facilmente pigliavano pesci nel mare et ne' fiumi in molta copia: et andavan nudi. Credevano, che fosse un primo Motore onnipotente, eterno, e invisibile: ma c'havesse madre: et sotto lui fossero diversi messaggieri, chiamati in lor lingua Cemi, o Tuira: et che ciascun Cacique, o Re havesse un particolar Cemi, o Tuira, che da lui fosse adorato: il quale era formato di bombagio tinto di nero con la coda, et co' piedi di serpi neri, over d'altra materia, secondo che più gli pareva, o diceva d'haver veduto in sogno. Con questi poi facevan molte pazzie per saper le cose a venire, finche all'arrivo de' Christiani; il Diavolo gli abandonò, et ritirate le illusioni; gli lasciò: onde poi furono instrutti[28] nella verità Evangelica. Havevano in costume di fare ammaestrare i figliuoli de' Caciqui da alcuni savi, chiamati Boitij, over Tequina: i quali in alcuni versi insegnavan loro l'origine, e i principij delle cose, et

[28] Istruiti.

le imprese fatte da' loro avoli et maggiori, così in pace, come in guerra: et di questo narra molte belle cose Don Pietro Martire nel suo Sommario, ch'a me non fanno a proposito, volendo io fuggir la lunghezza. Narra egli similmente quali fossero i prinicipij delle cose presso loro, come la generatione humana, onde sia nato il mare, che i morti il giorno stanno nascosti, et la notte vanno hor quà hor là, e i modi che tengono i Boitij, o maestri a insegnare, et a guarir gl'infermi con altre loro superstitioni. Erano questi Indiani habitatori d'alquanto minore statura, che communemente son gli Spagnuoli, *et* di color bertino[29] chiaro. Havevan la fronte larga, i capelli neri et distesi, et senza barba, o alcuna superfluità di peli per la persona, tanto gli huomini, quanto le donne. Alle parti vergognose portavano un pezzo di tela, grande come una mano. Havevano (come ho detto di sopra) due sorti di pane: una di Maice, ch'è grano: et l'altra d'una radice detta Cazabi.

Maice grano

Il Maice si pianta, come a noi i ceci, o legumi tali: et fa il suo gambo grosso, come il dito mignolo della mano, et alto come un huomo. La foglia è come di canna: ma non tanto ruvida, et più lunga et flessibile. La spiga è una pannocchia grossa c'havrà fino a cinquecento, et più granelli, secondo la grandezza: tanto che uno staio rendeva XX, XXX, L, et LXXX staia: et di questo grano facevan pane.

Cazabi è pane fatti di radice, c'ha sugo velenoso

Il Cazabi si fa di certa radice, chiamata Iucca, che fa alcuni fusti più grandi d'un huomo, con foglia, come di canapa, ma maggiore et più grossa. Questa piantata, et

[29] Di colore bigio, cinereo.

governata produce un frutto fra le radici, come carota grosso, ma più grande con color tanè,[30] o bigio: ma dentro bianco. Questo essi grattugiano, et poi ne spremono fuora il sugo, ch'è velenoso, et del resto fanno, come una torta, o schiacciata, et la cuocono, et mangiano: et questo pane si mantiene, dove l'altro non dura et si corrompe.

Iuanas,[31] *serpi che si mangiano*

Appresso havevano detti Indiani per mangiare alcuni animaletti, chiamati Cories[32] et Utias, che sono coniglietti piccioli: et una sorte di serpi chiamati Iuanas che vivono in terra, e in acqua, spaventevoli a vedere, ma di miglior carne, che 'l coniglio. Hanno quattro piei, et la coda come i ramarri. Son maggiori che i conigli, et la pelle è dipinta, come il ramarro: et su 'l fil della schiena ha spini levati. Ha i denti aguzzi, et massimamente i canini: et un gozzo, che gli arriva dalla barba al petto, molto lungo et largo. Staranno legati a' piei d'una tavola senza far mai strepito XV et XX giorni senza mangiare: anchor che talvolta se glie ne dia. I diti de' piei dinanzi hanno le unghie lunghe, come d'uccello: ma non fanno presa.

Cocuio ucello di mirabil qualità

Fra gli uccelli di quest'isola ve n'era uno di mirabil qualità, detto Cocuio:[33] del quale ho pensato voler minuta-

[30] Color marrone scuro, con tonalità che vanno dal rossiccio al nero (dal fr. *tanné*, deriv. da *tanner*, conciare).

[31] Si tratta dell'Iguana, grosso rettile della famiglia degli Iguanidi (da una voce indigena dei Caraibi attraverso lo sp. *iguano*).

[32] Si tratta del *corí* (o *curiel*), un roditore simile alla cavia con le unghie molto sviluppate.

[33] Si tratta del piroforo, un coleottero della famiglia degli Elateridi, che emette una viva luce da organi fotogeni disposti sui lati del primo

mente descriver l'historia, secondo c'ho ritratto da Gonzalo Oviedo,[34] et da Giovanni Aubano,[35] perché è bella: et questo è dignissimo uccello, che sia stato levato per particolare impresa in soggetto amoroso dal molto illustre, et magnanimo Signor Marchese Lodovico Malaspina, come dirò più a basso. Il Cocuio dunque è uno animaletto assai noto nell'isola Spagnuola, et nell'altre convicine, della specie de gli scarafaggi, grosso come la cima del dito grosso della mano, o poco meno, con due ali dure, sotto le quali ne sono due altre più sottili, che sono dalle prime coperte et conservate, quando non vola: et le ali maggiori sono come quelle del pipistrello. Ha gli occhi risplendenti, come candele accese: di maniera che volando alluma[36] ogni scuro luogo, et tenebrosa aria, come farebbe una candela accesa: et chi ne porta uno in una camera scura; subito senz'altra luce vi si vede casi chiaro, che si può assai ben leggere e scrivere. Ha questo medesimo splendore sotto le ali, cioè ne' fianchi: tal che quando vola; nell'aprir l'ali si raddoppia la chiarezza.

segmento addominale (sono luminose anche le uova e le larve). Dallo sp. *cocuyo*.

[34] Si tratta di Gonzalo Fernández de Oviedo, storiografo autore della *Historia General y Natural de las Indias* (1526), la cui traduzione venne pubblicata a Venezia nel 1534 (poi inserita nella raccolta di Ramusio). Sulla sua opera, cfr. F. Cantù, *Ideologia e storiografia in Oviedo*, in «Critica storica», XIII, n. 2, 1976, pp. 15-54; G. Foresta, *Il Nuovo Mondo nella voce dei cronisti tradotti in italiano*, Roma, Bulzoni, 1988, pp. 161-194; C.R. Muñoz, *Oviedo, Olao Magno, Ramusio*, in *L'impatto della scoperta dell'America nella cultura veneziana*, a cura di A. Caracciolo Aricò, Roma, Bulzoni, 1990, pp. 135-173.

[35] La tendenza a proiettare in un paesaggio insulare le meraviglie di tradizione letteraria ed erudita è costante in Porcacchi, che continuamente cita autori e scrittori da cui ricava materia per le sue descrizioni. In questo caso, il riferimento è allo scrittore tedesco Johann Boehme (ca. 1485-1535), latinizzato in Giovanni Aubano Boemo, e alla sua opera *Omnium gentium mores, leges et ritus* (Lione, 1536), tradotta a Venezia nel 1542 (*Gli usi, le leggi et l'usanze di tutte le genti*).

[36] Illumina, mette in luce.

Stelle son fuochi eterni

Scrive Giovanni Aubano, che ne gli occhi, et sotto le ali ha in ciascuna parte due stelle, che rendono così fatta luce, et che non ha se non due ali: et dicono, che se n'infilzano, o legano quattro, o cinque di questi Cocui insieme; se ne servono, come d'una buona lanterna in campagna, o per li boschi, o altrove di notte bene oscura: et in tempo di guerra se ne son serviti e Indiani, et Christiani per non si smarrir la notte, o per riconoscersi l'un l'altro: anzi la scorta che andava innanzi alle genti, se ne poneva uno in testa: et a questo modo serviva per Faro a tutti gli altri, che lo seguivano, tirati dallo splendore di quel miracoloso et quasi sopranatural lume. Di qui mosso il Signor Marchese Lodovico Malaspina, nobilissimo et generosissimo Signore, a considerar l'occulta virtù di questo fuoco, ch'è nelle quattro stelle di questo Cocuio; nell'illustre et famosa Academia de' Filarmonici in Verona, piena di Cavallieri virtuosissimi, et honoratissimi, essendo egli cognominato l'Ardente; s'ha levato per particolare impresa questo uccello Cocuio con le ali aperte, con le due stelle risplendentissime ne gli occhi, et con le altre due non men lucide sotto l'ali: perciochè considerato, che le stelle per opinion filosofica et poetica son domandate da Messer Tullio[37] fuochi sempiterni, et da Virgilio fuochi eterni, et che nel cuor suo è stato sempre quell'ardore amoroso, al quale niun nobile et virtuoso nega mai d'esser soggetto; lo stimò degno soggetto per ispiegar le amorose fiamme del cuor suo alla sua Donna, et se lo levò per impresa con questo grave et sententioso motto «Ignem natura dedit». Nepure per mano dell'eccellente pittore Messer Felice Brusasorci[38] egli l'ha fatto dipignere, et locare in quella publica, et il-

[37] Cicerone.
[38] Pittore veronese (1539 o 1540 – 1605).

lustre Academia: ma havendolo io fatto lavorare in seta et oro con molti vaghi et ben composti ornamenti alla virtuosa et da me con tutto il cuor mio amata Madonna Aurora Estense mia Consorte; lo porta per cimiero: e in questo modo così illustre Cavalliero acutamente ghiribizando[39] intorno a' secreti della Natura; va eccellentemente spiegando i suoi concetti.

San Domenico città principal dell'isola Spagnuola

Delle città et terre che in quest'Isola Spagnuola sono; la principal senza dubbio è la città di San Domenico: della quale havendo io a parlare; è ben che prima si vegga quali furon le terre prima edificate dall'Almirante Don Christoforo Colombo, et quali l'altre fabricate poi in processo di tempo. Quando l'Almirante fu la prima volta in quest'isola, la qual fu la prima in quelle parti habitata da' Christiani; vi lasciò XXXVIII huomini de' suoi, et fece far loro un Castel di legno, dove habitassero, e investigassero la natura de' luoghi, et la stagion de' tempi fino al suo ritorno, e imparassero quella lingua. Ma tornato poi, et trovato il castel disfatto, e i suoi morti; edificò un'altra città sopra un colle in mezo dell'Isola verso Tramontana, et le pose nome Isabella. Appresso intendendo che nella provincia di Cibauo in mezo dell'isola era molto oro; andatovi con CCCC huomini; fece una fortezza sopra un colle alla ripa d'un fiume; et la chiamò San Thomè.[40] Dipoi accioché in ogni occorrentia havessero i suoi in quell'isola più ridotti; edificò fra la città Isabella, et la fortezza di San Thomè, un'altra fortezza sopra una collina abbondante d'acque, et le pose nome Concettione.[41] Et havendo appresso mandato

[39] Ragionando, meditando in modo attento e sottile.

[40] La fortezza di Santo Tomás venne fondata nel marzo del 1494, nella provincia di Cibao, nei pressi del fiume Janique.

[41] Sulla fortezza e città di Concepción vedi la lettera di Colombo a

Bartholomeo Colombo suo fratello, ch'era Governatore dell'isola alle miniere dell'oro;[42] partì esso a XI di Marzo MCCCCXCV per tornare in Spagna, et Bartholomeo fece presso le minere dell'oro una fortezza, et la chiamò la fortezza dell'oro. Ma havuto commissione da' Re Catholici, che dovesse andare ad habitare in quella parte dell'isola, ch'è esposta a Mezogiorno, come più vicina alle Minere; il Governatore elesse un luogo per habitare sopra un colle a Mezodì, vicino a un sicurissimo porto, et quivi edificò una rocca, et la chiamò San Domenico, perché quivi arrivò in giorno di Domenica.

Ozama fiume

A piei di questo colle corre, e sbocca nel porto un bellissimo et largo fiume, chiamato Ozama, di chiara acqua, copioso di molti pesci, et con le ripe a ogni parte ripiene di herbe et d'alberi fruttiferi. Questa rocca è poi doventata[43] la principal città dell'isola: et dal nome d'essa, pare che mutato il suo primo nome di Spagnuola, fosse in processo di tempo chiamata isola di San Domenico. Vi furon fabricate molte altre terre: percioché fu fatta lontano dalla città Isabella XXXVI miglia la rocca Speranza: et da Speranza XXIII miglia discosto Santa Catherina: quindi a XX miglia San Iacopo. Fra la Concettione et San Domenico un'altra chiamata Bonauo dal nome d'un Cacique vicino, et altre in altri luoghi dell'Isola, che troppo farei lungo a dirle tutte. Ma la città di San Domenico hoggi è tutta piana, come una tavola, et le passa di lungo da Tramontana a Mezogiorno il fiume Ozama

Miguel Ballester del maggio 1499: cfr. Colombo, *Gli scritti*, a cura di C. Varela, cit., pp. 262-263.

42 Nel 1496, all'epoca del suo secondo viaggio, Colombo lascia suo fratello Bartolomeo come governatore dell'isola. Cfr. Colombo, *Gli scritti*, documento X, pp. 170-172.

43 Diventata (tosc.).

navigabile, profondo, et ben vago per le piante, et per li giardini, c'ha presso le sue ripe con molte sorti d'aranci, di cannafistole,[44] et d'altre qualità d'alberi. E la città circondata più di meza dalla parte di Mezogiorno da esso fiume, et dal mare: ma da ponente et Tramontana si stende in molte belle strade, larghe, et bene ordinate: onde vien giudicato, che non si possa trovare un più bel sito, ne con più giudicio disposto et ordinato. Il suo porto è dodici, o quindici passi lontan da terra, et le navi sorgono così vicine alle case, che gettato un ponte; si caricano senza aiuto di altra barca. Alla foce del fiume a pari del porto è uno assai forte castello per guardia del porto: et nella Città le case son tutte belle, et tanto bene accommodate all'usanza nostra, che vi potrebbono allogiar commodamente i Signori grandi: et la Chiesa Cathedrale: et l'altre son tanto belle et tanto ben dotate, et governate quanto in alcun'altra città, o luogo. Il resto dell'historia delle imprese fatte da i primi habitatori di questa Isola, et de gli huomini illustri che vi sono stati, perché è involto nelle tenebre, et non se n'ha chiara contezza, et per cagion delle cose moderne il Signor Don Pietro Martire, e 'l Signor Gonzalo d'Oviedo n'hanno trattato assai; da me in bella prova sarà lasciato, rimettendone i curiosi a i due nominati Auttori.

[44] Canne palustri (dal lat. *fistula*, canna).

GIOVANNI PIETRO MAFFEI

Il Brasile

Il ruolo di Roma come centro di studi geografici è straordinariamente vivo dal XV al XVII secolo. Non soltanto in coerenza con le sue pretese ecumeniche ed evangelizzatrici, ma anche per motivi giuridico-politici, in quanto è il papa che formalmente concede ai sovrani il possesso dei territori di nuova scoperta e in particolare di isole e arcipelaghi,[1] Roma diventa un importantissimo centro di documentazione geografica. Nella capitale della cristianità si concentrano globi e atlanti,[2] vi confluiscono carte e relazioni, comunicazioni che i principi inviano al fine di ottenere il riconoscimento della loro autorità sulle nuove terre, ma anche scienziati e diplomatici che giungono a Roma nel momento in cui le scoperte delle Indie pongono problemi materiali alle signorie italiane.

L'importanza di Roma come centro di elaborazione

[1] Basti pensare al ruolo di arbitrato internazionale svolto da papa Alessandro VI Borgia nella questione dei territori del Nuovo Mondo, dalla celebre bolla *Inter Coetera* (1493), con la quale egli riconosceva alla Spagna diritti esclusivi su tutti i territori situati al di là di una linea tracciata a 100 leghe ad ovest delle Azzorre e del Capo Verde, fino alla rettifica, voluta dal re Giovanni II del Portogallo, che portò al Trattato di Tordesillas, che varrà al Portogallo il possesso del Brasile. Sulla storia del Trattato e i suoi risvolti giuridici, cfr. A.A. Cassi, *Ultramar*, cit., *passim*.

[2] L'interesse che i papi del Rinascimento hanno avuto nei confronti della geografia si riflette nelle *Gallerie delle Carte* in Vaticano.

culturale delle Scoperte viene ribadita grazie alla stampa e alla diffusione delle grandi opere classiche (Tolomeo, Strabone), e alle nuove prospettive di papi geografi come Pio II Piccolomini, la cui *Cosmographia* è una sintesi tra le conoscenze antiche e moderne. Le grandi questioni geografico-religiose assumono nuove dimensioni con il Concilio di Trento (1545) e lo sviluppo dell'ordine dei Gesuiti, che dà vita a un potente movimento missionario.

È, dunque, in questo clima che nasce un'opera storiografica come il *Historiarum Indicarum libri XVI* (1588-1589) di Giovanni Pietro (o Giampietro) Maffei,[3] che attinge alle fonti vive e alle relazioni dei missionari ed elabora una sterminata massa di materiali che i Gesuiti d'oltreoceano fanno affluire al Collegio Romano.

Nato a Bergamo nel 1536 da famiglia nobile, Maffei fece approfonditi studi teologici e filosofici, e quando lo zio Gerolamo, canonico regolare lateranense, venne nominato custode della Biblioteca Vaticana, il giovane lo seguì entrando in contatto con gli ambienti intellettuali più brillanti. Nel 1565 vestì l'abito della Compagnia di Gesù e diventò insegnante di retorica nel Collegio Romano (in anni tardi pubblicherà una biografia in tre libri di Ignazio di Loyola con il titolo *De vita et moribus Ignatii Loiolae*, 1585). Nel 1571 tradusse in latino la *Historia da missões do Oriente* del gesuita portoghese Manuel da Costa, cui aggiunse in appendice una scelta di lettere edificanti dei primi missionari in Oriente. Chiamato a Lisbona dal cardinale di Portogallo Enrico de Aviz (poi re dal 1578), visse per cinque anni tra Lisbona e Coimbra. Nel 1584 fece ritorno a Roma dove proseguì il lavoro degli *Historiarum Indicarum libri*, che pubblicò

[3] Un suo profilo biografico aggiornato è steso da S. Andretta, *Maffei, Giampietro*, in *Dizionario Biografico degli Italiani*, vol. 67, Roma, Istituto della Enciclopedia Italiana, 2006, pp. 232-234.

nel 1585 (Firenze, Giunti). L'anno seguente Francesco Serdonati tradusse l'opera con il titolo *Le istorie delle Indie orientali* (Firenze, Giunti). Alcuni brani di questo volgarizzamento sono inseriti nel volume della prosa della *Crestomazia italiana* di Giacomo Leopardi.[4]

L'opera di Maffei non appartiene strettamente alla letteratura di viaggio né alla trattatistica geografica, bensì alla storiografia sulle Indie, sul modello delle *Decades* di Pietro Martire d'Anghiera, per cui l'autore principia la narrazione dalle imprese dei portoghesi, in questo caso di Cabral, e poi si diffonde in una descrizione delle nuove terre scoperte. Questi testi hanno un valore paradigmatico: nell'impatto con la letteratura di scoperta, la storiografia gioca un ruolo fondamentale al servizio della politica pontificia di evangelizzazione. La letteratura di viaggio nelle Indie Occidentali è così vasta da costituire un genere letterario a sé, che annoda la geografia alla trama della storia, poiché la storia degli imperi e dei popoli si inserisce nella cornice della loro geografia. L'elaborazione maffeiana di materiali di diversa provenienza e la riscrittura colta, intesa in senso non rigorosamente plagiario, è piuttosto il trionfo della comunicazione e dell'erudizione, con scopi anche didattici.

Il testo è tratto da *Le Istorie delle Indie orientali del rev. P. Giovan Pietro Maffei della Compagnia di Giesù tradotte in latino in lingua toscana da M. Francesco Serdonati, fiorentino*, Firenze, Per Filippo Giunti, 1589, libro II, pp. 59-65.

[4] G. Leopardi, *Crestomazia italiana. La prosa*, introduzione e note di G. Bollati, Torino, Einaudi, 1968, pp. 95-105.

Il Brasile

Hora la Brasilia è quella parte del nuovo mondo, che poco dopo l'arrivo del Caprale,[5] Amerigo Vespucci fiorentino scoperse,[6] ed investigò tutte le sue parti con maggior diligenza. La quale, scorrendo da due gradi, o parti, del circolo equinoziale, verso mezzodí, fino a quarantacinque gradi; ritiene la figura d'un triangolo alquanto lungo: la cui base, volta verso l'equinoziale a tramontana, si stende per diritta linea da levante in ponente; e l'angolo estremo verso mezzodí, confina con regioni incognite. Il lato che riguarda verso levante, sta dirimpetto agli Etiopi occidentali, e da essi è diviso solamente dal mare. L'altro lato è spartito dalla provincia del Perú da alcuni gioghi di monti tanto alti, che si dice che stancano gli uccelli che volano: e per ancora non s'è trovato che vi sia piú ch'un sol passo; e quello, molto aspro e malagevole.

Tutto il paese è ripieno di fonti, e di selve, e di chiari fiumi: fra i quali, per tacere degli altri, vi è quello che chiamano dell'argento, detto dagli Spagnuoli rio della plata; il quale entra nel mare per una bocca larga quaranta leghe, e con tanto impeto, che i naviganti, sendo[7] in mare, trovano quivi l'acque dolci prima che scuoprano la terra. Il paese è parte piano, e parte rilevato per ameni colli; e molto fertile, e di continuo bagnato dall'acque; e v'è perpetua primavera; e rende con moltiplicata usura i semi che sono per esso sparsi.

E produce particolarmente molto zucchero: il quale celeste dono, degno di essere anteposto in molte parti al

[5] Pedro Alvarez Cabral nel 1500 scoprì il Brasile.

[6] Si riferisce al secondo viaggio vespucciano, dal 13 maggio 1501 al 22 luglio 1502, in cui raggiunse la costa brasiliana e la esplorò per quasi 5000 chilometri.

[7] Essendo.

mele attico,[8] fu dalla natura in alte canne nascosto; delle quali, disfatte con una macina ad acqua, si spreme un umor dolcissimo; che poi, purgato e purificato nelle caldaie, si mette nelle forme, e se ne fa pani a similitudine d'una meta; e poi di nuovo, quando lor piace, liquefatto, se ne formano per mano degli artefici varie figure, come della cera, e se gli dà il colore; e si riducono tanto al vivo, che paiono naturali. Della quale maniera d'artifizio, non conosciuto dagli antichi, si lavora oggi per tutto quel paese, massimamente dove abitano i Portoghesi; e di questa mercatanzia i negozianti traggono grandissimo guadagno. Perché, conducendolo ogni anno colle navi in Europa, se ne vende in diverse e lontane parti con molta e certa utilità.

Di alcune piante ancora, che chiamano volgarmente copaibe,[9] intagliando di state la corteccia, esce, a guisa di balsamo, un liquore d'odore soavissimo, il quale dicono che ha maravigliosa virtù, oltre agli altri usi umani, di risanare e ferite, e di tor via le margini.[10] Ed in segno di ciò veggonsi cotali piante in alcune parti, consumate e guaste: perché gli animali morsi da serpenti velenosi o da fiere, ricorrono a tale rimedio, per naturale istinto, ed al tronco di esse si stropicciano. Ma quelle piante che si nomano zabucali,[11] sono molto alte, e producono alcuni grandi e duri calici, colla bocca volta verso la terra, e dalla natura coperta, a guisa di bossoletto, con meravigliosa industria. In questi calici si contengono certe castagne, di bonissimo sapore; le quali, quando sono mature, cadendo subito il coperchio, a poco a poco per se stesse escono fuori, e servono di cibo agli abitatori. Vi sono ancora certe pere, nomate caius, salvatiche, molto

[8] Il miele greco.
[9] Nome generico che comprende alcune specie di alberi del genere *Copaifera*, da cui si estrae un balsamo usato in medicina.
[10] Cicatrici, rimarginature.
[11] Palma coccifera brasiliana.

sugose e sane; le quali nel cuore della state si mangiano con gran gusto: e nella piú bassa parte della pera, spunta una certa fava, che ha la buccia amarissima, ma 'l midollo è molto dolce se si arrostisce: e la pera ha forza di rinfrescare, e la fava di riscaldare.

Ma di tutte queste sorti di piante, si dà il primo luogo a quella che il volgo chiama ananaze.[12] Questo è un arboscello molto basso; e da' suoi rami pendono certe come pine, in guisa di pannocchie, e molto tenere; le quali a suo tempo tagliate in pezzi, hanno odore e sapor gratissimo; e non solo si mangiano fresche, ma ancora si conservano molto tempo nello zucchero. Oltre a questo, vi sono poponi e cocomeri (detti in Toscana citriuoli); melagrane, fichi, e viti di due e di tre volte, portate in quel paese dal nostro mondo; e similmente cedri, melaranci[13] e limoni d'ogni sorte. Vi si veggono ancora molti altri alberi, che sarebbe troppo lungo annoverare; e pesci e uccelli di color bellissimo; ed infiniti animali quadrupedi, ma per lo piú salvatichi, parte de' quali sono a noi noti, parte incogniti: nei quali certamente apparisce con quanto meravigliose e varie maniere la divina sapienza scherzi nel mondo universo.

Di quel numero, per toccare brevemente alcuni pochi, sono porci cignali[14] che vivono in acqua e in terra, le carni de' quali sono ottime e sanissime. Questi, perché hanno i piè dinanzi corti, e quei di dietro lunghi, sono tardi al corso; talché ritrovati da' cacciatori, corrono a gettarsi nell'acque piú vicine. Vi sono ancora alcuni animali, che gli uomini del paese chiamano ante,[15] simili alle mule, ma minori; ed hanno il grifo[16] piú sottile; e 'l labbro di sotto è lungo a similitudine d'una tromba: hanno

[12] Ananas (la forma tosc. è *ananasse*).
[13] Agrume della famiglia delle *Ritacee*.
[14] Cinghiali selvatici.
[15] Il tapiro americano (da una voce indigena precolombiana).
[16] Grugno, muso.

gli orecchi tondi, la coda piccola, e 'l rimanente del corpo di color di cenere. Le medesime fuggono la luce; e non escono a mangiare se non di notte; e come si fa giorno, si nascondono nelle lor tane. Le carni di questa bestia al gusto paiono di bue.

Altre fiere vi sono, che si chiamano cozie,[17] di grandezza e di forma e di sapore simili alle lepri, di colore rossiccio, cogli orecchi piccoli, e quasi senza punto di coda. Ve n'ha poi delle maggiori, ma quasi della medesima specie, che nomano pace;[18] col grifo tondo, a similitudine della gatta; di color bruno, distinto con alcune macchie candide; le quali hanno e la carne e la pelle molto tenera, e per questo sono desiderate per vivande molto delicate.

Ma le tatuse,[19] di vista insolita, di grandezza come porcelletti, hanno nella pelle alcune scaglie a somiglianza delle barde[20] de' cavalli armati; e cavano fuori di essa solo il capo, come le testuggini; e tengono i piè rannicchiati; e si stanno per le tane, come i conigli. E queste ancora hanno le carni gratissime al gusto. Vi ha ancora gran copia di tigri:[21] le quali quando sono affamate, sono di spaventevole velocità, e di tremende forze; e le medesime quando sono satolle (che è gran stupore), si dice essere tanto vili, che sono subito poste in fuga anche da' cani ordinari: tanta possanza ha l'essere ben satollo, di fare poltroneggiare, non solamente gli uomini, ma le fiere ancora.

Ma questo è meraviglioso ne' cerigoni[22] (che è nome

[17] Tipo di roditore del Brasile dalla incerta etimologia.

[18] Il paca (*Cuniculus paca*) appartiene al genere dei roditori istriciformi notturni.

[19] Si tratta dell'armadillo detto anche Tatù nero (da una voce guaranì).

[20] Bardature, finimenti.

[21] Si tratta probabilmente dei giaguari, che abitano le foreste dell'Amazzonia.

[22] Animale simile alla volpe (da una voce ispano-americana *Zarigüeya*).

d'un animale di color del bossolo,[23] e grande quant'una volpe), che dal ventre loro pendono quasi due scarselle,[24] ed in quelle portano i figliuoli: e ciascuno è talmente affisso alla sua poppa, che non restano mai di poppare, finché per se stessi non possono andare a procacciarsi il vitto. V'ha un animale ancora, di effigie e di natura molto nuova ed insolita, il quale i Portoghesi dal fatto istesso chiamano pigrizia.[25] Di grandezza è simile a' cerigoni, ma col grifo piú brutto a vedere: ed ha l'unghie lunghe a similitudine delle dita. Questa ha la capellatura nella collottola,[26] che cuopre il collo: ed in andando, frega il ventre, che è molto grasso e lento, alla terra; né mai si dirizza su' piedi. E va tanto adagio, che in quindici giorni, senza punto fermarsi, appena fa tanto cammino, quanto è un trar di pietra. E vive di foglie d'alberi; e si sta per lo piú sopra le cime di essi: e consuma circa due dí a montarvi sopra, e altrettanto a scenderne. E non solo con invitamenti o minacce, ma né anche con percosse o bastonate, lo caveresti punto dalla sua naturale pigrizia e tardità.[27]

È di meraviglia ancora la maniera di quelle bestie che chiamano tamendoe:[28] che sono alte quanto un castrato,[29] di color bruno, col muso molto lungo e sottile, il quale non è aperto fino alle gote, ma tagliato a basso mezzanamente. Ha quattro piedi, armati d'unghie molto lunghe e larghe, per potere più agevolmente procacciarsi il vitto: perché si pasce di formiche; e come scuopre le loro buche col cacciarvi spesso l'unghie e cavare la ter-

[23] Legno di bosso.
[24] Sacche, marsupi.
[25] Si tratta del bradipo, mammifero dell'ordine degli Sdentati che vive nelle foreste dell'America centrale e meridionale.
[26] La nuca, ovvero la parte posteriore del capo tra il collo e la nuca.
[27] Lentezza.
[28] Il Tamandua (*tamandoa tamandoa*), mammifero della famiglia dei Mirmecofagidi (da una voce di origine tupì).
[29] Cioè, un agnello castrato.

ra, subito trae fuori e stende la lingua; che è lunga quasi tre palmi, e molto sottile; e come la sente ricoperta di formiche, subito la tira a sé, e con questo inganno le tranghiottisce.[30] Questa fiera ha la coda come lo scoiattolo, molto lunga e setolosa: della quale si serve per ricoprirsi, nascondendosi sotto di essa di maniera, che non apparisce nulla del rimanente del corpo.

E non solo queste ed altre fiere selvatiche del paese, come ho detto, ma ancora le mandrie delle pecore e de' cavalli, che nuovamente vi sono state portate da portoghesi, figliano di sorte, che moltiplicano grandemente; onde è cosa più meravigliosa, che in un terreno fertilissimo, in aria temperatissima gli habitatori siano di natura così fiera, e selvaggia. Non adorano alcun Dio: attendono[31] solamente ad auguri,[32] e indovinamenti, sì che impazzano in essi, onde è cosa miserabile vedere, come gl'indovini, e giuntatori[33] guadagnino con loro: vanno tutti ignudi, e gli huomini, e le donne ugualmente, sono molto gagliardi di braccia, e portano una ciocca di capelli lunghi su la cima del capo pendente, e pelano spesso tutte l'altre parti del corpo; hanno il naso schiacciato, come i popoli della China, e hanno la pelle di colore ulivastro, e oltre a questo a hotta a hotta[34] si tingono il corpo col nero sugo del pomo Genipapo;[35] e in oltre portano per delizie[36] altri solamente nel labbro di sotto, e altri ancora per tutta la faccia alcune pietruzze lunghe di niun prezzo fittevi[37] fin da fanciulli; spettacolo molto brutto a vedere; fanno viaggi a schiere, e van-

[30] Trangugia, inghiotte avidamente.
[31] Si occupano.
[32] Auspici, presagi, divinazioni.
[33] Truffatori, imbroglioni.
[34] Di tanto in tanto.
[35] Il Genipapo è la bacca della Genipa americana, di polpa biancastra e acidula (da *genipa*, voce tupì-guaranì).
[36] Per bellezza, per eleganza.
[37] Confitte dentro, conficcate.

no a uno a uno in fila, e con meraviglioso silenzio, e la moglie va innanzi al marito. Quando sono visitati da persone care, le accolgono prima con gettar loro le braccia al collo, e con mettere loro il capo al petto, con larghi pianti, e alti sospiri, havendo compassione delle fatiche, e de' disagi del viaggio: dipoi in un momento s'asciugano gli occhi, e hanno le lagrime a lor posta. Le donne gravide partoriscono con poco dolore, e subito che hanno partorito[38] si levano su, e fanno le faccende di casa con diligenza, e in luogo loro (che appena par credibile) il marito giace per alcuni giorni nel letto come malato, è visitato per amorevolezza da gli amici, e da' parenti; a lui si danno alcune bevande per ristorare le forze, a lui secondo l'usanza del paese si portano doni di frutte, e di confezzioni,[39] e altri delicati presenti. Niuno di loro sa far di conto, ne ha cognizione di lettere; solo si dice havere inteso da loro padri, per una certa tenue tradizione, alcune cose di Noè, e del diluvio; talché è cosa molto verisimile, che dopo, che i mortali per divino commandamento furono dissipati, e sparsi, questa gente non habbia havuto alcun commerzio con gli huomini del nostro mondo. Infino a questi tempi non hanno mai havuto né vino, né grano, e vivono d'una radice, che seminano, e ne fanno farina, la quale nomano Mandioca,[40] e sotto il medesimo tetto, che è lungo in forma d'una nave rimboccata, stanno insiememente molte famiglie, e la notte per schifare[41] gli animali nocivi, dormono in reti sospese da terra,[42] e vivono dì per dì, e ciò che hanno agevolmente lo mettono a commune, senza punto pensare al futuro: sono tanto

[38] Il testo reca "parrorito". Evidente refuso.
[39] Composte dolci, conserve.
[40] Manioca, pianta delle Euforbiacee, le cui radici, ricche di amido, sono usate per la preparazione della farina di tapioca.
[41] Evitare.
[42] Si tratta delle amache.

eccellenti nell'arte del notare,[43] che pare quasi miracolo; stanno tal'hora sotto l'acqua, quando occorre cercare alcuna cosa al fondo, le hore intere a occhi aperti; sono anche pazientissimi della fatica,[44] e della fame; stanno digiuni, quando hanno carestia di cibo, tre giorni interi, e' medesimi quando n'hanno abbondanza, stanno a mangiare, e bere dall'imbrunir della notte fino al giorno. Non credono, che dopo la morte s'habbia a dar alcun premio alle buone opere, né pena alle malvagie. Credono che quei, che muoiono, quasi si siano partiti, sene scendino all'inferno, o col corpo intero, o stroppiati, o guasti, e feriti; però sepelliscono in terra i cadaveri senz'abbruciargli, e v'aggiungono una rete, perché possin dormire. E similmente vi mettono da mangiare per alcuni giorni, perché credono, che i morti, e dormino, e mangino: i nemici che pigliano in battaglia (che fra loro si fanno spesse guerre, e combattono massimamente con le saette per eccellenza) gli ingrassano per molti giorni con gran cura, e poi gli ammazzano con meravigliosi balli, e feste, e divorano le loro membra arrostite ne gli schidoni,[45] e tali vivande sono desideratissime da Brasilici,[46] e se ad alcun occorre morire di questa maniera di morte, non giudica per ciò d'haver havuto mala ventura, anzi se ne va alla morte pronto, e lieto, e nello stesso articolo della morte si gloria magnificamente delle pruove fatte contro a gl'istessi ucciditori. Hanno le abitazioni rimote l'una dall'altra, e non hanno né magistrato, né legge alcuna; la lingua loro non è difficile ad apprendersi, ed è una medesima a tutti quelli, che fino a qui sono ben conosciuti, eccetto i vocaboli d'alcune cose, che sono usati in altra maniera da gli huomini, e in altra dalle donne.

[43] Nuotare.
[44] Cioè, sopportano pazientemente le fatiche.
[45] Spiedi.
[46] Brasiliani.

FRANCESCO CARLETTI
Il Giappone

La tradizione storiografica ha individuato nel racconto di viaggio uno dei luoghi canonici della modernità: esso si trasferisce dalla terra alla nave, con la scoperta del mare come elemento narrativo nuovo e inusitato e la conquista e l'esplorazione come allargamento dello spazio del narrabile su cui si sarebbe depositata la scrittura conquistatrice prodotta da una nuova storia occidentale.[1] Proprio infatti nella fase terminale del Medioevo, e con maggiore intensità durante l'età dell'Umanesimo e del Rinascimento, la letteratura di viaggio esce dall'indeterminatezza del libro "di meraviglie" o di *divisamento* per acquisire quei caratteri autonomi e concreti, determinati anzitutto dal tema del tempo e dello spazio. Il racconto di viaggio viene costituendosi come realtà testuale autonoma, genere letterario che manifesta una sua propria e ricostruibile evoluzione.

Esaminata in questa prospettiva, la vicenda della moderna letteratura di viaggio abbandona l'orizzonte enciclopedico e i territori dell'epica per "sconfinare" su piani diversi, più congrui alla nuova sopraggiunta sensibilità per le contaminazioni di generi letterari diversi.

[1] Svolge queste e consimili argomentazioni il volume di M. de Certeau, *La scrittura della storia* [1975], Roma, Il Pensiero Scientifico, 1977, pp. 219-257. Vedi, in particolare, anche la *Prefazione* all'edizione italiana, pp. XV-XVIII. Ma vedi anche Cardona, *I viaggi e le scoperte*, cit.

In questo senso, sono esemplari i *Ragionamenti del mio viaggio intorno al mondo* di Carletti, che è costruito come un diario di viaggio, ma al tempo stesso rivela la struttura del "ragionamento", nel senso dell'argomentare diffuso, del discorso. Francesco Carletti (1573-1636) compie per primo, fra il 1594 e il 1606, il giro del mondo da privato e con mezzi propri, senza appoggi ufficiali o missioni religiose da compiere; egli è un mercante fiorentino la cui scrittura ben si inserisce nella linea di quel filone letterario dei mercanti scrittori che caratterizza la civiltà letteraria fiorentina del Tre e Quattrocento.

Dei viaggi, è vero, esistono dirette registrazioni (come i diari di terra o di mare), ma sono frammentarie, desultorie, compiute quando esso è in svolgimento e non permette un certo grado di formalità come esige la letteratura. Il resoconto di Carletti, redatto nel 1606 al ritorno a Firenze come relazione al granduca Ferdinando,[2] non si basa soltanto sulla memoria di ciò che è avvenuto, narrato come fosse un diario, ma vuole presentarsi, per esplicita intenzione dell'autore, come una descrizione diffusa di fatti vissuti, azioni esperite o cose vedute. Viaggiare, per lui, significa acquisire esperienza diretta e concreta dello spazio. Carletti è infatti diarista del suo viaggio in un senso molto ampio: da un lato, egli prende contatto, assume il dato geografico circostante, e dall'altro, descrive, razionalizza. La precisione delle descrizioni e la prosa asciutta, il curioso e distaccato disinteresse dell'autore mostrano una sorta di *curiositas* tipica delle scritture di viaggio.

Il testo, *Ragionamenti del mio viaggio intorno al mondo*, vuole rendere ragione di un viaggio "globale" (sul e per il globo terrestre) compiuto nella direzione di Co-

[2] Riassume la vicenda editoriale G. Sgrilli, *Francesco Carletti, mercante e viaggiatore fiorentino*, Rocca San Casciano, Cappelli, 1904.

lombo e alla ricerca del guadagno. Un itinerario di conoscenze che lo pone a contatto con le nuove terre scoperte e con il mondo intero. La sua narrazione subisce una fondamentale divisione geografica, specchio della divisione del mondo da parte del loro autore, *Indie Occidentali* (cioè il Mondo Nuovo, le Americhe) e *Indie Orientali* (ossia l'estremo Oriente). Il giro del mondo comincia a Siviglia e si sposta a Capo Verde, a Panama, al Perù, e al Messico; poi attraversato il Pacifico, alle Filippine, al Giappone, alla Cina e all'India. Ma è in Africa che Carletti pone le basi economiche delle sue future attività commerciali come mercante di schiavi, pratica che, a posteriori, gli causa «una certa tristezza e confusione di coscienza» (p. 16).[3]

Anche se mosso da una volontà pratica e reale di guadagno, il mercante è comunque "aperto" e sa anche guardare con occhio curioso ogni novità, esaminandola nella sua natura pur sempre per scoprirne l'utilità pratica. Questa esposizione puntuale dei fatti e delle usanze nel loro quotidiano svolgersi e la descrizione delle cose viste lo fa alieno dal gusto del meraviglioso. Carletti muove piuttosto da un concetto di assimilabilità (una *similitudo*) degli oggetti e delle cose viste agli aspetti della quotidianità occidentale, appaiati al fine di poter conseguire una più efficace descrizione e sottolinearne la diversità. Così, nel ritratto di Taico Sama, re del Giappone, Carletti disegna un ritratto degno di un Machiavelli, e lo "appaia" a tanti principi del Rinascimento italiano. Ugualmente, in tutto il "ragionamento" giapponese, domina la livida presenza della morte, le cui terribili costumanze vengono presentate nel loro

[3] Si vedano, su questo argomento, le riflessioni di Guglielminetti nella *Introduzione* al suo *Viaggiatori del Seicento*, Torino, UTET, 1967; ma anche l'introduzione di E. Radius, *Il mondo è toscano*, nella edizione da lui curata di F. Carletti, *Giro del mondo del buon negriero, 1594-1606*, Milano, Bompiani, 1941.

quotidiano avverarsi: la guerra, la morte, i supplizi sono il paesaggio immutabile di una società incentrata sulla violenza.

Il testo è tratto da F. Carletti, *Ragionamenti del mio viaggio intorno al mondo*, a cura di G. Silvestro, Torino, Einaudi, 1958, pp. 123-142.

Il Giappone

Del Giappone, nel tempo quand'io arrivai in quel Regno, era signore universale Taico Sama,[4] che ancora si chiamava Quam, Bacco, Dono, e prima quand'era soldato e uomo privato Fasciba, oggi tiranno, e non Re naturale né di sangue regio, di tutto questo Regno; nel quale era pervenuto con la violenza dell'arme e valor suo, essendo prima in altro tempo stato contadino di vile e povera conditione. Poi fattosi soldato, diventò capitano e poi nelli eserciti e guerre del Re Nobunanga[5] divenne suo generale; e con la cattiva fortuna e rovina del suo Re, con le reliquie[6] dell'esercito, guidato da miglior fortuna, dato a dosso a quelli della parte contraria già vincitori, gli superò tutti, e lui solo restato vincitore, si fece Monarca di settantasei Regni, quali tutti ridusse a sua divotione e commando sotto l'obedienza del suo scetro, che resse e stabilí usando varii modi da prudente tiranno. E prima fece ammazzare tutti quelli del sangue regio che potevano pretendere quella Monarchia; ancora, tramutò quasi tutte quelle Signorie o Regni scambievolmente, dando il dominio dell'uno all'altro, con privarne anche molti, con investirne altri dependenti da lui. Ma quello che piú li giovò a godersi e mantenersi con quiete questa Monarchia, fu che nel medesimo tempo quelle stesse arme e forze che li fecero conseguire l'imperio di Re, le fece andar fuori del Regno a muovere una guerra, ingiusta e senza altra causa o ragione, in una peninsola congiunta con la terra ferma della Cina, secondo alcuni (altri dicono essere divisa da uno piccolo canaletto d'acqua del mare che la circonda

[4] Taiko Hideyoshi, signore feudale e non imperatore.

[5] Alto signore feudale, riconosciuto luogotenente generale dell'impero nel 1568.

[6] Il resto.

tutta, passando fra la terra ferma e detta isola), chiamata comunemente Coría,[7] e da' Cinesi Cioscien o vero Fausciem, con li quali confina tra ponente e tramontana, dove è la provincia di Pachin, e dall'oriente il mare, e dal mezzogiorno vi sono le isole del Giappone tanto vicine, che dall'ultima di queste isole detta Gotto, dove sono anche Isciú e Zuscima, vi si va in poche ore con piccole barche. Alla guerra vi tenne sempre uno esercito di piú di trecento mila persone, parte a piè e parte a cavallo; sopra li quali montano dalla banda destra, mettendo il piè nella staffa fatta in una strana foggia, sopra la quale gravano il calcagno, e tengono la briglia con le due mani a modo di cavezzone, tirando, ora con una ora con l'altra, le redini fatte di un cordone di seta o di bambagia, con un morso in bocca di ferro molto semplice. Quando combattono si legano o attaccano la briglia al petto, e mentre vogliono guidare il cavallo si travolgono con la persona in qua e in là e con le mani maneggiano le loro arme, che sono archibusi, lancie, archi con freccie e scimitarre, delle quali portano a cintola due o tre, una piú grande l'altra piú piccola, a modo di pugnali. E come che nel Giappone sia costume che li signori delle terre sono obligati al Re supremo, a ogni suo comando, esser lesti e pronti con li loro vassalli in simile occorrentia e bisogni di guerra, li quali vassalli sono ancora loro obbligati a quelli signori, o regoli[8] che vogliamo dirli, li mandò quasi tutti all'impresa di Coría, dando loro ad intendere che subito che avessero preso li primi luoghi marittimi et fattovi l'entrata libera, che egli appresso si moverebbe in persona e verrebbe con il resto della sua gente per conseguire avanti la vittoria e conquistare per quella via tutto il Grande Regno della Cina. Con questa inventione, che fu creduta, distrugge-

[7] Corea.

[8] Feudatari, piccoli tiranni.

va il paese strano,[9] innocentissimo di quella persecutione, e assicurava il suo dalli tumulti.

Il paese [di Coría] è diviso in nove provincie, ciò è: Cioscien, capo di quel Regno e nome della città regale, Quienqui, Conguan, Honhay, Ciuala, Hien Sion, Tioncion, Hanquien, e l'ultima si chiama Pianchin; delle quali provincie, ciò è da quelle piú marittime, ne portavano numero infinito d'uomini e donne, fanciulli e fanciulle d'ogni età, e tutti erano venduti per schiavi a vilissimo prezzo, e io ne comprai cinque per poco piú di dodece scudi, che fattoli battezzare li condussi nell'India in Goa e quivi li lassai liberi. Uno d'essi lo menai con me sino in Fiorenza, e oggi credo si ritrovi in Roma, nominato Antonio.

Nella guerra, che durò molti anni, se non fussero stati aiutati da' Cinesi, i Corei la facevano male; alli quali Cinesi, sí bene questi Corei hanno Re proprio, nondimeno pagano ogni anno un certo tributo. Oltre a un numero infinito di popolo, che dall'una et dall'altra parte vi si consummò, vi pericolorno anco la maggior parte di quei signori e regoli Giapponesi, quali morendo molti senza figlioli e senza eredi, quel Re o tiranno che vogliam dire se impadroniva delle loro terre e stati, e de molti ancora ne confiscava per qual si voglia minimo errore che nella guerra facessero, dalla quale non dava mai loro licentia per potere ritornare a casa, sotto pena di crimine leso. E cosí standо fuori del Regno la guerra e li signori d'esso, il tiranno faceva quello che voleva senza alcuno impaccio.

In questo medesimo tempo la nuova conversione de' cristiani andava molto freddamente, per avere questo Re avuto qualche disgusto con li religiosi della Compagnia di Gesú, che sono per tutti quelli Regni, a' quali aveva spetialmente fatto torre la città di Nangasachi che era già stata lassata loro; e fatto guastare la chiesa, ne

[9] Straniero.

prese quel legname, che era benissimo lavorato, per servitio di un suo edifitio, e finalmente proibí che non predicassero piú quella loro legge, la quale esso non stimava convenisse in quel paese, né essere a preposito né buona per li suoi vassalli, quantunque esso Re non credesse in nessuna setta, e spesso soleva dire che le leggi e religioni erano state trovate solo per regolare gli uomini a viver con modestia e civiltà e non per altro, tenendo per fermo che doppo la morte del corpo non ci fosse altr'anima né vita immortale o sempiterna. Ma egli si sarà avisto, se ben tardi e senza rimedio, di quella sua barbara bestialità nell'inferno dove al presente si ritrova, essendo di poi morto in quello errore.[10]

E tornando al proposito delli cristiani crocifissi in Nangasachi, dico che mentre regnava il suddetto Re, in quel medesimo tempo della guerra di Coría, vennero dall'isole Filippine in questo Regno, l'anno 1593, quattro frati dell'ordine di San Francesco, di quelli che in Spagna chiamano «descalzos», sotto nome di imbasciatori che la città di Manila mandava al Re di Giappone con lettere del Governatore dell'isole Filippine. Al quale Re, espostoli la imbasciata da detti frati e presentatoli quello che li portavano, domandorno licentia di potere andare per il paese e spetialmente a vedere la città del Miaco,[11] capo di tutto quel Regno, la qual cosa fu concessa loro; e di piú ancora fu assegnato loro una casetta nella Corte, mentre non se ne andavano, e provisione da vivere. Nel qual luogo cominciorno a predicare l'Evangelio e a battezzare, senza pensare piú di ritornarsene a Manila, di dove erano venuti per questo effetto; anzi ne vennero di poi altri del medesimo ordine e del medesimo luogo, con il medesimo desiderio e zelo e volontà di fondar quivi e per tutto il Regno la loro santa

[10] La morte di Hideyoshi avvenne nel 1599.
[11] L'antica capitale dell'impero, chiamata poi Kioto.

religione et perpetuarvi il nome del beato Santo Francesco. Dato opera alla predicatione con piú fervore che forse non conveniva in quel paese, correva il popolo a questi nuovi ministri di quei santissimi misterii e sacramenti, che tutti celebravano con molta carità et divotione. Li quali fu proibito loro che non amministrassero sotto pena di scomunica, che il Vescovo delli Padri Gesuiti pronuntiò contro di loro, in virtù di un breve concessoli da Papa Gregorio XIII, che dice che nessuno altri che loro possa venire in quel Regno a predicare l'Evangelio, sotto la detta pena di scomunica. Alla qual cosa li buoni Padri replicavano non essere soggetti, attesoché dicevano avere un altro breve di Sisto V, che concedeva alla loro religione di potere andare per tutto il mondo a predicare Cristo Crocifisso, senza fare alcuna eccettione piú d'una terra che d'un'altra. Cosí, non parendo loro andare contro alla suddetta proibizione di Gregorio Papa XIII, attendevano all'incominciata predicatione e ad insegnar quello che il nostro Signore Gesú Cristo insegnò e disse con sua bocca alli suoi Apostoli, che facessero e insegnassero per tutto il mondo. E quantunque il Re del Giappone sapesse tutti questi andamenti de' frati, nulladimeno lo dissimulava. Ma il caso che avvenne della perdita di una nave li fece far quello che forse non avrebbe mai fatto, secondo l'opinione di quelli che in questo non avevano alcuna passione: e fu che detta nave persa veniva dalle isole Filippine per andare secondo il solito alla Nuova Spagna, carica di ricche mercie della Cina, comandata e signoreggiata da Spagnoli. Per fortuna di vento contrario al suo viaggio e avendo di già rotto il timone e ritrovandosi all'ora sopra l'isole del Giappone, fu sforzata d'accostarse alla terra, come sbandata, per salvarsi, e venne a prodare nell'isoletta di Sicocco, dove è la città famosa di Tossa.[12] Il che

[12] L'odierna Kochi, sull'isola di Shikoku.

saputosi dal Re Taico Sama, subito pensò il modo de impatronirsene, sí come li riuscí con autorità delle sue leggi, che condannano per perse tutte le robbe delle nave che per fortuna di mare dànno a traverso o vero arrivino sbandate, per salvare la gente o altre necessità, ne' liti o porti del suo Regno. La qual legge parve molto strana e rigorosa a quelli Spagnoli che venivano in detta nave, e non vi potevano stare sotto né accomodarsi a perdere tante ricchezze: perciò cominciorno a raccomandarsi a quei frati di S. Francesco che stavano alla corte del Re nella città del Miaco, appresso il quale giudicavano poter essere di mezzo a moderare tanta impietà. Li frati, parendoli d'avere qualche amicitia con quel Re, come d'effetto pareva che avessero, s'intermesero volontieri, mossi da carità e dall'amore della Patria et della loro Natione, che si ritrovava in quella miseria, a pregare per loro, non lassando di fare qual si voglia buono offitio perché quelle robbe non fossero confiscate. Questo fu il principio della loro persecutione insino alla morte, sdegnandosi molto quel Re che dicessero quelle mercantie essere la maggior parte delli loro frati che stavano nella città di Manila, sí come essi per meglio aiutare questa causa dissero. Del che infastiditosi il Re, essendo che se li domandava quello che egli già aveva messo a entrata per suo, s'adirò in cosí fatto modo, dicendo: «Come dunque questi frati, che dicevano d'essere cosí poveri, ora dichino che questa robba della nave sia loro? Certamente io dico che devono essere persone di male affare, false e bugiarde. Inoltre, avend'io commandato e proibito quella loro impertinente religione, io so benissimo che non ostante questo l'hanno insegnata et predicata, e fatto de molti cristiani, e sono restati in questa Corte, e fatto tutto al contrario. Pertanto, avendo trasgredito alla mia volontà, voglio e comando che siano presi e crocifissi, insieme con tutti quelli che hanno preso la loro religione nella città di Nangasachi». Alla qual sentenza, data di bocca del proprio Re, non vi fu chi replicasse, anzi seguí come comandava: e cosí furno messi in croce li detti sei frati, con venti Giapponesi che erano familiari della loro Casa, tra li quali ve ne furno tre fratelli della Compagnia di Gesiú (due di essi presero l'abito all'ora che andavano per essere crocifissi). E tutti insieme dettero la vita per amor di Gesù Cristo, nel primo anno di cheico[13] alli 20 dell'undecima luna, contando alla giapponese, che fanno l'anni di tredece lune cominciando dal fare della luna di marzo, che all'ora veniva ad essere alli 5 del mese di febbraio dell'anno 1597 che furno crocifissi. E se bene intorno a questo successo accaddero molt'altre cose e accidenti che saría troppo lungo a raccontare, questo fu nondimeno la causa piú potente di questa persecutione, la quale non mancò molto che non si allargasse per tutta quella nuova cristianità delli Gesuiti e loro persone, della quale li liberò Iddio per suo divino consiglio, affinché non si perdesse il frutto che hanno fatto e fanno in quel paese, convertendo tante anime a Cristo; se bene in mio tempo stavano tutti fuggiaschi e con le chiese serrate, e mutato il loro abito in quello di Giapponesi scorrevano per tutte quell'isole procurando di mantenere ed aumentare li cristiani, che all'ora erano piú di trecento mila et ogn'anno se ne battezzano ventecinque e trenta mila. Ora che resta quel paese bagnato col sangue di detti religiosi e altri cristiani crocifissi, non è dubbio che ogni giorno sieno per aumentare. I patienti,[14] mentre ch'io stetti nella città di Nangasachi, popolata tutta di Giapponesi cristiani con alcune poche case di mercanti Portughesi che quivi stantiano sotto il governo di quel Re, furno levati via disopra le croci e dato a ciascuno degna sepoltura, se bene a molti di loro, e spetialmente alli re-

[13] Il periodo chiamato *Keicho* va dal 1596 al 1615.
[14] Condannati.

ligiosi, erano di già state tolte di notte molte membra, principalmente le teste, non ostante che vi stessero le guardie et che vi fosse la proibitione e del Re e del Vescovo Gesuita di quella cristianità, che non si toccassero sotto grave pene, ma la devotione poté molto piú che le scomuniche e rigore della giustitia regia che li condannava alla morte; la quale se avessero voluto eseguire averebbono potuto farlo, ma si disimulava, attesoché nel Giappone si possono fare poche cose, che non si sappino per la squisita vigilanza che si tiene per quelle città.

Le strade sono tutte serrate con porte nel capo d'esse, dove stando la notte chiuse, vi tengono anche le guardie che non lassano passare nessuno che non dia il nome dove vadia e che non sia ben bene riconosciuto da quelle. Di piú ciascuna strada ha il suo capitano, o vogliamo dire maggioringo,[15] il quale è obligato a tener conto di tutti gli altri che vi abitano; e se vi succede qualche misfatto, bisogna che ne dia ragione, sino ad essere obbligato a mettere il delinquente in mano della giustitia. Lì piú vicini ancora sono tenuti l'uno per l'altro a fare il medesimo quando accade qualche disgratia appresso alle loro case. Le quali, ciò è quelle di questa città di Nangasachi, erano tutte fatte di legnami commessi con artifitio tale, che lavorati prima con disegno e misura tutti li materiali che vi vanno, si può in dua giorni rizzare una loro casa; li stili,[16] per reggerle, li affermano in su le pietre grosse, come base, fondate la metà sotto terra e l'altra resta scoperta, accioché non infradici quello legno. Appresso mettono le traverse incastrate nelli detti stili e sopra quelle conficcano li tavolami, con li quali fermano le pareti alle stanze, che cuoprono poi di certa sorte di legno che si fende a scheggie come il pino; poi le conficcano con bullettine, e servono in luogo d'embrici

[15] Capo, maggiorente.
[16] Colonne.

e di tegole con sopra porle l'una all'altra, accioché cuoprino le fessure e che non possa passare l'acqua. Delle stanze, in uno medesimo spatio d'una sala o camera, vi fanno a lor posta dell'altri appartamenti, con il tramezzarli e rizzarvi una sorte di quadri grandi e dipinti di varie cose, li quali s'aprono e serrano come un ventaglio, in quanto alle pieghe e angoli che hanno quando sono ritti e aperti in terra; sopra li quali angoli si reggono, e fanno bellissima prospettiva. E in una medesima stanza se bene vi sieno altre persone, oltre al diletto che vi dànno con la vista della pittura varia di diversi uccellami e fiori e animali e altre fantasie, galantemente coloriti a fresco e tutti miniati con oro, non sei visto da quelle, perché sopra avanzano l'altezza d'un uomo; e ancora si mettono intorno al letto e fanno il medesimo effetto che l'uomo non è visto, e insieme ornano e dilettano, e massime quando vi sono belle pitture. Similmente si può con essi guarnire e addobare le pareti delle stanze, e in tal caso s'allargano et aprono del tutto distesi, appoggiandoli al muro, dove fanno mirabile e allegra vista. Questi tali quadri sono chiamati in lingua Giapponese «biobus»: sono fatti con molti fogli impiastrati insieme, come cartoni, e incollati sopra regoli[17] di legno da tutte e due le bande, talché nel mezzo resta vano, e le dipingono da ambe indifferentemente, e possonsi fare anche di drappo di seta cruda, come velo, tanto belli e ricchi di lavoro, che spesso vagliono cento e duecento scudi e piú l'uno. Ma gli ordinarii, che sono assai belli, per ornamento commune delle loro case, vagliono da cinque infino a dieci scudi l'uno.

Le case, perché sono pericolose d'abruciare, si tiene per tutte le strade le guardie, che vanno gridando tutta notte: «Abbiate cura al fuoco!» il quale quando s'appicca a una casa spesso abrucia tutta la città, sí come è an-

[17] Liste.

che accaduto in questa di Nangasachi, che s'abruciò una volta tutta. E questo Re Taico Sama ordinò in molti luoghi che il padrone della casa dove primo s'appiccasse il fuoco fosse crocifisso insieme con tutta la sua famiglia, ma oggi questa legge non s'osserva. Nelle quali case abitano con molta pulitezza, essendo che cuoprono il pavimento di tutte le loro stanze con certi sacconi di paglia grossi due dita e lunghi quattro braccia e larghi dua, coperti con stuoie fatte d'un'erba del colore della paglia, molto fine, come quella che si fanno tra noi li cappelli; la quale paglia nasce nell'acqua, come il giunco, e loro la chiamano «y-o». Delle stuoie e sacconi ne fanno e se ne servono per letti, dove dormono mettendone molti uno sopra l'altro, tanto che faccino l'altezza d'un braccio, chi piú e chi meno, senza altre lenzuola, e per piumaccio e guanciale tengono sotto il capo un pezzo di legno o altra cosa non meno soda. Questi sacconi, che loro chiamano «fatami», quando sono delli piú fini arrivano a valere cento e centocinquanta scudi l'uno, ma l'ordinario si trovano a ogni prezzo, sí come di cappelli di paglia, sino per due giulii l'uno. Sopra quali seggono bassi, come li Turchi, e vi vanno sempre scalzi con calcettoni[18] o borzacchini[19] di cuoio di caprio, che calzano come guanti, aperti fra li dua dita piú grossi de' piedi, quali usano portare tanto l'uomini che le donne insino a mezza gamba. Quando entrano per le stanze lassano sempre le scarpe alla porta di casa, se sono forestieri, e li padroni le lasciano agli usci delle loro sale o camere e nell'anditi. Le scarpe sono fatte solo di una suola di filo di paglia attortigliata insieme, o vero di cuoio, con un legacciuolo appiccato alli estremi delle due bande della detta suola, che viene sopra il piede, e ancora vi è un altro filo che si congiunge con il predetto, appiccato alla punta della

[18] Calzettoni di lana a foggia di scarpa.
[19] Stivaletti.

suola un poco indrento, nel quale entra l'apertura delli dua dita grossi del piede; et cosí tengono quella scarpa o suola ferma nel piede, e volendo lassarla basta alzare un poco il calcagno e scuotere il piede, che subito esce, ed è necessario che sieno cosí, perché oltre a che non caminano mai con esse per casa usano anche cavarsele per le strade, quando s'incontrano in qualche personaggio o forestiero a che devino o vogliano fare onore: come intervenne a me, che stando a sedere sopra un ponte fuori della città per mio diporto, passando per quivi un contadino et essendomi già vicino, incominciò a sbattere li piedi tanto che le uscirno le scarpe, le quali prese con una mano, e con il corpo alquanto chino passò dicendo «Guminari» ciò è perdonatemi. Se bene infra di loro non si salutano in questo modo, ma solo, inchinandosi un poco il capo e il corpo, mettono le palme delle mani sopra le loro coscie, e quando stanno a sedere non usano rizzarsi, ma solo si chinano con il capo, e il medesimo fanno quando sono visitati nelle loro case; in questi modi, in cambio di cavarsi il cappello, che non usano manco portare, s'onorano l'uno l'altro alla loro guisa, che in tutto sono differentissime dalle nostre. Sí come anche sono non meno stravaganti che varii ne' loro costumi, de' quali ne avevo fatto una nota e contrapostoli in tutto e per tutto alli nostri, come essi sono contraposti a noi nel sito della loro terra, ma tutto andò a male come l'altre cose. E per dirne alcuni che mi sovengono: che maggiore stravagantia si può egli accoppiare, che il modo di governare li loro ammalati, li quali cibano con pesce fresco e salato, e con telline e altre conchiglie di mare, e di diverse frutte acerbe, agre e crude, e mai non cavano sangue, et cosí fanno in tutto e per tutto al contrario di quello che noi facciamo? Gli uomini di questa terra in generale sono molto ingeniosi, audaci, dissimulatori, iracondi e carnefici in tanta crudeltà e maniera, che senza aver timore della morte spesse volte a sangue freddo s'ammazzano da per sé medesimi per diverse cause e accidenti, tagliandosi il corpo in croce con una scimitarra. Il che fanno ancora le donne, le quali non sono punto meno crudeli con li loro proprii figlioli, che spesse volte ne' loro ventri o subito nati, per non avere quel fastidio, e massimamente quando sono poveri, d'allevarli, gli ammazzano. Molti ancora per commandamento del Re o delli loro signori s'uccidono, e il simile fanno le donne se il marito glie ne dice: al quale stanno tanto suggette, che ciascuno le può ammazzare da sua posta, senza che li sia domandato il perché, e la medesima autorità hanno li superiori con li loro vassalli, e li padroni contro li loro servitori e schiavi.

Il vestito piú ordinario delli uomini è come quello delle donne, fatto quasi a un medesimo modo. Lo variano solo secondo l'età: lungo alla turchesca, ma senza guarnitione e senza bottoni; si soprapone l'una banda della veste all'altra, come una zimarra che si porta per casa, con maniche lunghe insino a mezzo il braccio; e la portano sopra la carne, senza altra camicia, e se la legano con un cordone di seta ripieno di bambagia alla cintura. Ma le donne fanno questa legatura molto piú bassa e lenta, e quanto piú nobile sono, tanto piú basso cingono il detto cordone, che li casca infino sopra le coscie in foggia tanto sconcia che a gran pena possono caminare; e in cambio d'alzar li piedi sempre li strascinano, sí come ancora fanno gli uomini, li quali s'involgono le parti vergognose con qualche panno di bambagia, e il simile fanno le donne subito che arrivano all'età di dodece o quatordece anni, e con un panno bianco s'avolgono il corpo dalla cintura in giù sino al ginocchio. Le donne sono assai belle, e bianche ragionevolmente, ma però con gli occhi piccolissimi, che infra di loro si stimano piú belli che li grandi; inoltre hanno li denti neri, fatti con arte d'una vernice come inchiostro, che le fanno parere di bocche stravaganti, e il simile fanno li uomini nobili subito che sono di età di 15 o 16 anni, e le donne quando sono da marito. Si tingono ancora li capelli, pure di nero morato, che stimano piú vaghi che se fossero biondi: tutto incontrario a noi, che vogliamo denti bianchi d'avorio e capelli d'oro come cantano li poeti. Vestono di drappi di seta di diversi colori dipinti, come si dipinge tra noi le sargie[20] o simili sorte de panni; quelle de' poveri communemente sono di tela di bambagia, pure dipinta di colore azzurro, rosso e nero. E nel bruno per morte de loro parenti usano vestire di bianco. Usano imbottire queste loro vesti con bambagia soda mescolata con una certa sorte di lanugine che pare seta, quale è molto a proposito per tener caldo d'inverno, il quale in questo paese non è meno pieno di pioggie, neve e diacci che si sia infra di noi; sicome io per sperienza provai quando stetti in Nangasachi.

Questi popoli, ancora che siano gentili, usano di maritarsi con una sola donna e tengono grandissimo conto dell'adulterio, il quale puniscono severamente con morte di ambe, se possono da per loro, o vero per via di giustitia: pigliando gli adulteri, uomo e donna, li mettono sopra un carro e li menano legati con le mani di dietro a casa del marito, et in sua presentia tagliano il membro virile all'uomo, con tanta pelle del corpo che faccia com'una cuffia, la quale mettono in testa alla donna adultera; alla quale poi li tagliano dalla sua parte vergognosa una striscia di carne d'intorno alla sua natura, con la quale fanno una grillanda[21] che mettono sopra il capo dell'uomo adultero. E cosí conci e adorni di quelli membri, vanno per tutta la città nudi, facendo miserabile e vergognosa mostra de' loro corpi a tutto il popolo, mentre uscendo loro il sangue da quelle parti offese finiscono la vita. Ma non tengono già in tanta stima l'onore

[20] Panno di lana di vari colori (dal fr. *serge*).
[21] Ghirlanda.

delle figliole o sorelle, anzi non punto, e spesso accade che il proprio padre e madre o fratello le contrattano innanzi che siano maritate, senza alcuna vergogna che sia da nessuna delle parti, facilissimamente per danari: astretti però da gran povertà, la quale per tutto quel paese è grandissima, e questa è causa che si fa qual si voglia disonestà venerea in tal maniera e per tanto diverso ed inusitato modo, che pare impossibile. Li Portughesi ne sono buoni testimonii, et spetialmente quelli che vengono dalla Cina, ciò è dall'isola di Macao, ogn'anno con una loro nave carica di sete tessute e da tessere, e pepe, e garofani, del quale si servono per le tinte, e con altre diverse mercantie, a vendere in questo paese, per le quali ne ritraggono argento, facendo il loro contratto nella città e porto di Nangasachi, ove stantiano otto o nove mesi, che consumano per dar fine a' dette mercantie. A' quali Portughesi, subito arrivati, quivi vengono li sensali di donne trovarli nelle loro case che alloggiano per quel tempo, adomandandoli se vogliono comprare qualche fanciulla vergine, o averla in altro modo che piú piaccia loro per quello tempo che vi hanno a stare, o allogargliene per qualche notte o per giorni o per mesi o per ore, facendo il patto con quelli; o vero convenire con li parenti dando a loro il prezzo, e volendo glie ne menano a casa accioché le veghino prima, o vero le vanno a vedere alle loro. Molti Portughesi si accommodano in questa cuccagna a loro piacere e, quello che è meglio, per pochissimi quattrini; e bene spesso dànno loro una fanciulletta di 14 o 15 anni, vergine e bella, per tre o quattro scudi e meno e piú, secondo il tempo che la vogliono tenere a loro requisitione, senza pensare ad altro che rimandarla a casa sua. Né per questo perde l'occasione di maritarsi, anzi molte non si maritarebbono mai, se non s'acquistassero la dote in questo modo, mettendo insieme trenta o quaranta scudi, che spesse volte sono loro donati da quei Portughesi che se le hanno tenute in casa quelli sette e otto mesi continui: e molte è accaduto che si sono poi maritate con esso loro. Ma essendo donne che vadino a giornate, basta loro dare qual si voglia poca cosa, e non si lasserà mai di contrattarle per la differenza della moneta, che mai viene rifiutata dalli parenti, a' quali ordinariamente si dà, o da chi le tiene per questo effetto in casa per incetta, essendo queste ultime quasi tutte schiave, compere a questo fine. Ve ne sono anco di quelle che si convengono con li mezzani, e basta loro avere da mangiare e da vestire, che l'uno e l'altro vale poco, e il resto del guadagno resti per detti mezzani. Finalmente in questo genere di venerei piaceri il paese è tanto abbondante, e d'ogn'altra sorte de vitii, quanto in altro luogo del mondo, e massime tra li gentili, che li piú nefandi li fanno alla scoperta, come le bestie, senza avere riguardo d'essere visti.

Gli uomini ancora loro usano custodirsi li capelli del capo invece della barba, che pochi hanno, li quali portano alquanto lunghi con quelli delle tempie dal mezzo del capo in giú verso la collottola, legati di dietro acconciatamente, che pare uno spennacchino, spuntando le cime di detti capelli, le quali ogni mattina pettinano e rilegano, con molta curiosità[22] lisciandoli e ungendoli perché lustrino. E se qualch'uno toccasse loro quel ciuffetto che portano legato insieme di dietro presso alla collottola, sarebbe una ingiuria come se fra di noi ci fosse tocco la barba per dispetto. Il restante del capo sino alla fronte è tutto raso, e senza portare né cappello né altro, mentre sono giovani se ne vanno a quella guisa al sole la state e alla neve e freddi il verno, portando sempre in mano una rosta[23] o ventaglio di questi da donna, che si serrano e aprono per farsi vento e per ripararsi il sole

[22] Brio, scioltezza; ma anche "in modo originale".
[23] Ventaglio.

quando vanno fuora, se bene molti usano portare un ombrello che li diffende ancora, bisognando, dalla pioggia; ma quando sono già vecchi portano certi berrettini in capo a foggia di sacchetti, quali imbottiscono con bambagia, mescolata con certi stracci, che fanno de' bozzoli molto grandi, che paiono di seta; li quali nascono o per dir meglio son fatti da certa sorte di bachi simili a quelli che fanno la seta per la campagna, e trovansi già sfarfallati. Questi tengono molto caldo, per essere cosa morbida e bambagiosa, ma di poco nerbo; e uno di questi bozzoli serve a fare un berrettino, tanto sono grandi.

Da questo paese ad altri si fanno molto buoni negotii, ma ci è carestia molto grande de vascelli che siano atti a fare viaggi lunghi, se bene li Giapponesi li fanno in ogni modo, ma con molto risico, per diversi luochi: ciò è per l'isole Filippine, dove portano farine di grano e altre sorte di vettovaglie e merce, con guadagno di sessanta e cento per cento; in capo a sette o otto mesi vanno nel Regno di Coccincina con certe monete di rame, quali si chiamano «cascie», che portano infilate a centinaia e a migliaia per ciascuna filza per piú, speditamente poterle contare, e con esse comprano gran quantità di legno aloe, che li Giapponesi chiamano «gincò» e li Portughesi «agila », e se ne servono in fare profumi et altri medicamenti, come noi, ma molto piú per abruciare con esso li corpi morti delli uomini ponderosi e ricchi. Il legno aloe,[24] se bene si trova nelli fiumi del Regno di Coccincina, portato dalle correnti di quelle acque da luoghi e regioni lontanissime, nondimeno nessuno sa dare ragguaglio che sorte d'albero si sia né dove cresca. Similmente navicano insino al Regno di Siam e in quello di Patane,[25]

[24] Il legno pregiato di aloe (*Aquilaria Malaccensis*), che veniva bruciato per il suo profumo.
[25] Uno dei regni della penisola della Malesia.

nella costa di qua da Malacca, e ancora a Cambogia, di dove recano certo legno come quello che si chiama verzino, che loro chiamano «suò» e li Portughesi «sapon», il quale serve per tignere; e dal paese di Ciampa[26] ne portano il calamba, legno tanto pretioso in tutta l'India orientale sopra tutti l'odori, chiamato da' Giapponesi «sciratago». Dalli luoghi suddetti di Patane e Siam recano assai di quelle pelle di pesce che noi chiamiamo di sagríe[27] loro «same», delle quali fanno le guaine alle loro arme e altre manifatture curiose. Cavano ancora grandissimo numero di pelle di caprio, chiamate da loro «sicino cava» ch'è come dicessimo caprio pelle; le quali pelle acconciano curiosamente e vi dipingono sopra con vario disegno diversi lavori d'animali e altro, artifitiosamente, e li fanno con fumo di paglia di riso, che dà il colore a tutta la pelle, eccetto a quella parte che viene coperta dalla forma de' lavori, li quali restano impressi e delineati nel bianco della pelle non affumicata. Se ne fanno vestiti alla loro usanza e ancora selle da cavalli molto vistose, e fra li Spagnoli servono per fare colletti molto leggiadri. Navicano similmente per l'isole di Liuquiú,[28] che sono due, le piú nominate e di maggiore grido appresso questi popoli, vicini ad esse secento miglia; e vi vanno spesso, portandovi della predetta moneta di rame et arme, delle quali li Giapponesi abondano forse piú che qual si voglia altra natione che sia al mondo, di tutte le sorte, tanto offensive che difensive, cosí d'archibusi et archi con freccie et catane; e di tutte hanno le scuole per imparare a maneggiarle, ciascuna sorte d'esse. Dette cose cambiano con li abitanti dell'isole a cuoia di cervio, che ve ne sono infiniti, e con mele d'ape, del

[26] Posto tra la Concincina e la Cambogia.

[27] Pelle di pesce conciata e raffinata.

[28] Oggi, Ryu Kyu, arcipelago nell'Oceano pacifico. Probabilmente, si tratta dell'isola di Formosa, che l'autore crede sia formata da due isole.

quale abondano quei barbari: li quali, cosí gli uomini come le donne, vanno tutti nudi e sono di persona e statura molto belli, ma poco o niente civili in rispetto a' loro vicini con li quali hanno commercio, e in parte con li Cinesi della costa e provincia del Cineo, dove nasce la canfora, che li sono vicini, a 25 o 30 miglia. La qual cosa m'ha fatto spesso maravigliare, di vedere tanto questi delle dette isole come molt'altri popoli convicini alla Cina mantenersi nella loro barbaria e inciviltà, avendo come s'è detto pratiche e commercio con questi popoli tanto civili e intendenti come sono li Cinesi e Giapponesi, che giornalmente trattano e veggono e conversano insieme; la qual cosa è assai ordinaria per tutta l'India orientale, in molti luoghi della quale e in una medesima terra o paese spesso si vede due sorte di uomini molto differenti in costumi e in fattezze, che l'una sarà civile e trattabile, l'altra incivile e barbara. Ma come si sia, tornando al proposito dico, Serenissimo Prencipe, il Giappone essere uno delli belli e buoni e accommodati paesi per guadagnare, navicando da una parte all'altra che sia in tutto il mondo. Ma bisognerebbe condurvi de' vascelli al nostro modo e con marinari delli nostri paesi, che cosí presto si farebbono ricchezze incredibili; e questo per il bisogno d'ogni sorte di manifatture e abbondare d'argento e di mantenimenti da vivere, come si è detto.

MATTEO RICCI

Arti, scienze e usanze dei Cinesi

Tra i viaggiatori dell'incipiente secolo XVII non si può escludere il padre gesuita Matteo Ricci, il cui viaggio in Cina, affidato alle pagine della relazione al Padre provinciale, troverà poi nella rielaborazione seicentesca di Bartoli una definitiva consacrazione nella storia della letteratura e della trattatistica barocca.[1] In Estremo Oriente, i Gesuiti, colti e informati, scendono in campo con novità di metodi e audace apertura ideologica, riuscendo a surclassare i più vecchi ordini mendicanti. Sulla scia di Francesco Saverio, morto sulle coste cinesi (1552) senza che gli fosse permesso di accedervi ma che ugualmente segnò la strada alle missioni della Compagnia di Gesù, Matteo Ricci seppe impostare il problema dell'approccio con una diversa civiltà, assumendone integralmente lingua, costumi, mentalità. Allievo del celebre Cristoforo Clavio,[2] con cui studiò matematica e astronomia, il padre Matteo Ricci da Macerata (1552-

[1] Cfr. D. Bartoli, *La Cina*, a cura di B. Mortara Garavelli, Milano, Bompiani, 1975.

[2] Sulla figura di Clavio, matematico di fama e uno degli artefici della riforma del calendario "gregoriano", si veda J. Casanovas, *Alle origini del missionariato scientifico nell'Asia Orientale: Clavio e il Collegio Romano*, in *Dall'Europa alla Cina: contributi per una storia dell'astronomia*, a cura di I. Iannaccone e A. Tamburello, Napoli, Istituto Universitario Orientale, 1990, pp. 75-84. Ma si veda anche M. Fois, *Il Collegio Romano ai tempi degli studi del P. Matteo Ricci*, in *Atti del Convegno Internazionale di Studi Ricciani (Macerata, 22-25 ottobre*

1610) riuscì ad entrare in Cina insieme ad alcuni confratelli, e a iniziarvi la predicazione, collaborando al progresso scientifico e sociale e perfino integrando nella liturgia cattolica alcuni riti e culti tradizionali, come il cosiddetto "culto degli antenati" e il "culto di Confucio".[3] Questi adattamenti culturali, che indubbiamente favorirono l'inserimento delle missioni e il proselitismo di quei paesi, furono denunciati come tradimenti dottrinari e aspramente contestati: è la famosa controversia sui «riti cinesi» che si trascinerà tra approvazioni e condanne per circa un secolo.

Matteo Ricci giunse in Cina nel 1582, dopo un lungo soggiorno a Goa e Macao, le basi portoghesi da cui si irradiava l'influenza europea in Asia Orientale. Il suo arrivo dette luogo ad un interscambio culturale che avrebbe segnato profondamente sia la vita intellettuale cinese che quella europea. Ricci, che aveva cinesizzato il suo nome in *Li Madou*, comprese che l'unico modo per penetrare nella mentalità cinese, chiusa da millenni nei confronti delle culture straniere, era quello di presentarsi in veste di letterato e uomo di scienza. Egli venne accolto favorevolmente dai Mandarini e dai Letterati, che scoprirono la sua grande competenza in fatto di filosofia e di calcoli matematici. Oltre alla sua lunga attività di evangelizzazione, Ricci si occupò anche del lavoro di traduzione in cinese di opere scientifiche europee e della redazione del *Mappamondo*, che ebbe cinque

1982), a cura di M. Cigliano, Macerata, Centro Studi Ricciani, 1984, pp. 203-228.

[3] Ricci realizza una "inculturazione" del pensiero cristiano in quello cinese, grazie a un sapere e a una disponibilità culturale umanistica, che recupera i valori del paganesimo antico, epurandolo della negatività dell'idolatria e riabilitandolo come momento chiave della ragione umana universale. Su questo aspetto, cfr. C. Larre, *Christianisme et Confucianisme dans le perspective de Ricci*, Paris, Centre Sèvres, 1983, in part. pp. 73-80; F. Di Giorgio, *Comprendere e convertire. Il dialogo di padre Ricci con le religioni cinesi*, Milano, ISTRA, 1986.

edizioni (dal 1584 al 1607) e lo rese celebre in tutta la Cina.[4] Alla sua morte, avvenuta a Pechino nel 1610, lasciò una mole di scritti, tra cui i *Commentari*, composti in italiano e parte in portoghese.

Il manoscritto, con il titolo *Della entrata della Compagnia di Giesù e Christianità nella Cina*, terminato probabilmente nel 1609, venne tradotto in latino dal padre Nicholas Trigault e pubblicato nel 1615 (*De Christiana Expeditione apud Sinas suscepta ab Societate Iesu. Ex P. Matthaei Ricij eiusdem Societatis Comentarijs. Libri V*). Il testo ebbe grande successo e Antonio Sozzini ne fece un volgarizzamento nel 1622, presentandola però come opera di Ricci-Trigault, sicché per circa tre secoli il testo di Ricci venne conosciuto nel mondo sotto il nome del confratello belga e soltanto nel 1911 poté essere ripubblicato in occasione delle celebrazioni per il tricentenario della morte del missionario maceratese.[5]

Se il *Milione* di Marco Polo era stato considerato fino ad allora una miniera di informazioni, adesso veniva individuato piuttosto come un resoconto di viaggio con diversi elementi fantastici. Secoli dopo l'immagine poliana del Catai, l'Europa entrava di nuovo in contatto con la Cina ad opera di un umanista-missionario. Ricci, infatti, si presentò alla *élite* confuciana cinese come un letterato dell'occidente, portatore non solo di un messaggio religioso, ma anche di una scienza nuova e diversa da quella tradizionale cinese, che attirò ben presto l'attenzione degli elementi più vivi e aperti della classe mandarinale.[6]

[4] Cfr. *Mappamondo cinese del P. Matteo Ricci S.I. (terza edizione, Pechino, 1602) conservato presso la Biblioteca Vaticana*, commentato, tradotto e annotato dal P. P. D'Elia, Città del vaticano, Biblioteca Apostolica Vaticana, 1938.

[5] Cfr. *Opere storiche del P. Matteo Ricci S.I.*, edite a cura del Comitato per le onoranze nazionali con prolegomeni e note e tavole dal P. Pietro Tacchi Venturi S.I., Macerata, Stab. tip. Giorgetti, 1911-1913, 2 voll.

[6] I contributi più significativi dal punto di vista scientifico Ricci li

Una analoga funzione il padre gesuita svolse nei confronti della civiltà occidentale, facendo conoscere gli elementi culturali più significativi della civiltà cinese. Prima di lui, infatti, nessuno aveva intrapreso lo studio approfondito della civiltà della Cina né aveva dato all'Europa una descrizione organica e scientificamente corretta dei costumi, della lingua, del pensiero e della scrittura di quella nazione. Come egli fece in *Della entrata della Compagnia di Giesù e Christianità nella Cina*, non limitandosi solo a narrare le successive tappe della sua missione religiosa. Se il successivo secolo XVIII vede un accresciuto interesse, quasi una "moda", per i modelli culturali orientali, e cinesi in particolare, anche se eccessivamente idealizzati, si deve in gran parte anche alle descrizioni ricciane che, per la prima volta, fornirono della Cina immagini non fantastiche, ma ispirate alla realtà più vera e piena della civiltà e della saggezza cinesi.

Il testo è tratto da M. Ricci, *Della entrata della Compagnia di Giesù e Christianità nella Cina*, edizione realizzata sotto la direzione di P. Corradini, prefazione di F. Mignini, a cura di M. Del Gatto, Macerata, Quodlibet, 2000, pp. 20-77.

realizzò principalmente nel campo geografico-astronomico e nelle scienze matematiche. Per esempio, egli fu il primo a presentare la geometria euclidea traducendo e pubblicando in cinese gli "elementi" di Euclide (1607). Su questo aspetto, cfr. P. D'Elia, *Presentazione della prima traduzione cinese di Euclide*, in «Monumenta Serica», 15, 1956, pp. 161-202.

Arti, scienze e usanze dei Cinesi

Delle Arti Meccaniche di questa Terra

Conciosia cosa che e per fama e per chiara notitia sappiamo l'essere questa natione di grandissimo ingegno et industria, dalle cose che, nel Capitolo di sopra si disse facilmente si può raccogliere essere in questo regno ogni arte in grande perfettione, poi a nessuna manca né la materia né la sua paga e mercede che fa fiorire tutte le arti. E così in questo capitolo non farò altro che toccare qualche cosa in che tra' nostri artigiani et i loro vi sia qualche differentia.

Et una è assai ordinaria che, per essere i Cinesi moderati e parchi nelle sue cose, non fanno molto grandi spese; e di qui avviene che gli arteggiani non sempre pongono le sue forze tanto in fare l'opre sue molto perfette, quanto in farle con puoca spesa di danari e di tempo per potere vendere tutto a molto miglior mercato, e soventemente falsificano molte cose e non gli fanno altro che una bella apparentia. Nel che, pare a me, sono contrarij i nostri (e così loro lo confessano) che tutto fanno con molta perfettione per venderlo di poi più caro. E questa imperfettione delle opere nella Cina molto più notabile è in quelle che fanno ai magistrati, per essere da loro pagati con manco prezzo che dagli altri, e essere fatti venire per forza a fare le loro opere.

Nella architettura sono inferiori ai nostri, sì nella bellezza come nella fortezza degli edificij, nel che non so si sieno più di biasmari[7] i nostri che i Cinesi, i quali non edificano se non per durare gli puochi anni che hanno di vita non migliaia di anni come i nostri. Et il commune

[7] Biasimare.

etiamdio[8] dei grandi palazzi del Re et altri signori sono appè piano e senza cantina sotto terra; e così non ponno[9] loro né credere né imaginare la magnificentia delle nostre fabbriche[10] pubbliche e de' particolari, e stupiscono quando gli diciamo che ordinariamente le nostre case durano centinaia di anni, e ve ne sono alcuni edificij di mille e due milia anni, che stanno anco in piedi e molto forti, sicome la causa del durare i nostri tanto sono gli alti e buoni fundamenti che gli facciamo, alle volte più profondi di quello che hanno d'essere alti, così causa di durar puoco i loro è perché o non vi fanno nessuno fundamento, se non fosse il porre sotto qualche pietra e battere la terra, o si lo fanno, non sono di un braccio o doi de fundo, anco in muri, torri et altri edificij altissimi; e così puochi arrivano o passano di cento anni, anco gli edificij de' muri della Città e palazzi regali, senza l'essere renovati molto soventemente, oltre che, come habbiamo detto, gli edificij delle loro case sono la magior parte di legno.

La stampa tra loro è più antica che fra noi, poiché l'hanno più di cinquecento anni addietro[11] ma è assai diversa dalla nostra. Percioché le sue lettere sono moltissime e difficilmente si potrebbe usare del nostro modo, se bene adesso ne sogliono fare qualche cosa per via di Compositione di lettere. Percioché il loro commune è l'intagliare in tavole di alberi di Pera o mela, le quali sono liscie e non hanno nodi, o di Giuggiume,[12] nelle quali incollano al riverso il foglio di lettera o di pintura

[8] Anche.

[9] Possono.

[10] Edifici.

[11] L'invenzione della stampa in Cina è attestata già dal IV secolo d.C., quando si diffuse una tecnica di stampa con sigilli in pietra o in metallo, poi sostituita con la riproduzione a matrici lignee. Sin dal secolo VIII si stampavano e si commerciavano testi di carattere religioso e opere di medicina e agricoltura.

[12] Giuggiolo.

che vogliono intagliare e di poi con molta destrezza gli cavano tutta la carta, non restando nella tavola quasi altra cosa che la tinta della lettera o pintura; e di poi con instromenti di ferro cavano tutto quanto vi è de tavola fuora e dentro delle lettere con puoco fundo, non rimanendo alto altra cosa che le lettere e tagli della pintura, e di poi stampano sopra queste tavole quanti fogli ne vogliono. E questo viene assai più facile nella loro lettera, che sempre è molto maggiore della nostra, e non si potrebbe fare agevolmente ne' nostri libri. E quanto alla facilità e prestezza parmi che nell'istesso tempo o puoco manco che i nostri stampatori compongono et emendano un foglio, nell'istesso i loro intagliatori intagliano una tavola; e così costa molto manco stampare un libro a loro di quello che costa ai nostri. E vi è nel loro modo una grande commodità, che è stare le tavole sempre intiere e potersene stampare puoco a puoco quando se ne vuole et anco emendare quello che si vuole doppo tre o quattro o molti anni, per essere facile mutare una parola et anco molte righe insieme col rimendare la tavola. Di qui viene la moltitudine de' libri che in questo regno si stampa ognuno in sua casa per essere grandissimo il numero di quei che attendono a questa arte di intagliare. Perché, di poi di intagliate le tavole di un libro, puoco costa lo stampare, come in nostra casa, di alcuni libri che habbiamo intagliati, i servitori di casa gli stampano quanti ne habbiamo bisogno. Un'altra arte di stampare vi è in pietra et anco in legno, che è avendo intagliato qualche libro o epitafio, et anco pintura direttamente, poi sopr'esso battono fogli di carta bagnata sopre feltro, tanto che fanno entrare la carta dentro delle lettere e linee della pintura. E lasciato poi seccare, con molta leggierezza e destrezza tingono la carta di sopra, restando le lettere o linee della pintura bianche.

Essendo i Cinesi amicissimi della pintura non possono però arrivare ai nostri e molto manco alla statuaria et arte di fundire[13] o getto, tutto anco di molto uso tra loro, si per varij archi e statue che fanno di huomini et animali di pietra, e di bronzo, come per i loro Idoli e simulacri negli tempi con le campane, incensieri grandissimi che tengono avanti agli Idoli et altre opre artificiose. E parmi che la causa di non esser loro eminenti in simili arti fu la puoca o nessuna communicatione che hebbero con altre nationi dalle quali potessero essere agiutati;[14] poiché nella destrezza delle mani e buon ingegno non cedono a nessuna natione. Non sanno pingere con olio né dar l'ombra alle cose che pingono, e così tutte le loro pinture sono smorte e senza nessuna vivezza. Nelle statue sono infelicissimi, e non so che habbino altra regola nelle proportioni e simmetria che dell'occhi, i quali, in cose grandi, si ingannano molto facilmente, e fanno pure figure grandissime sì di pietra come di bronzo.

Le campane tutte si suonano con martelli di legno e non potrebbono resistere a martelli di ferro, e così nel suono non si puossono paragonare alle nostre.

De instrumenti musici hanno e copia e varietà, ma non hanno organi né gravicembali[15] o Manicordi.[16] Le corde sono tutte di seta cruda,[17] e non sanno l'uso di queste altre fatte de budelle di animali, ma temprano gli instrumenti come noi con l'istessa consonantia, se bene la Musica tutta è di canto piano senza la varietà di voci, di Basso, alto, tenore e canto de' nostri. E così tra loro mai fu vista tale consonantia nelle voci, ma stanno contentissimi con la sua, pensando che nel mondo non vi è altra musica. Con tutto ciò stanno stupiti de gli organi et altri stromenti de' nostri, che sin adesso potero vedere.

[13] Fondere.
[14] Aiutati.
[15] Clavicembali.
[16] Clavicordi.
[17] Non lavorata, non raffinata.

Gli loro horiuoli[18] sino adesso furno[19] di acqua e di fuoco con certe pipite odorifere fatte tutte della stessa grandezza; fanno anco altri con ruote mosse di arena, cose tutte che di sé tengono molta imperfettione. De' solari, solo hanno l'equinoctiale, ma non lo sanno ben collocare conforme ai luoghi dove li pongono.

Sono amicissimi di comedie[20] assai più che i nostri; e così vi sono molte di giovani che si occupano in questo; altri che vanno per diverse parti, altri che stanno sempre nelle Città grosse dove sono chiamati e ben paghi[21] nelle feste publiche e particolari. Ma questa è la più vile e vitiosa gente di tutto il regno; e molti putti sono comprati da alcuni maestri che gli insegnano a cantare e fare comedie e balli per guadagnare con essi.

Tutte queste comedie si fanno ne' loro Conviti; e così nell'istesso tempo stanno mangiando e bevendo e udindo le comedie. Gli argomenti di esse, anzi l'istesse comedie, quasi tutte, sono antiche di istorie o fittioni,[22] e puoco si fa di nuovo. E quei che fanno questo essercitio, quando sono chiamati, vengono apparecchiati a tutte le comedie ordinarie; e cominciandosi il Convito presentano il libro a quello che quivi tiene il primo luogo e sceglie quali comedie vuole che si faccino, e sono molte; perché, durando i Conviti otto o dieci ore alle volte, altre tanto dura il fare le comedie, le quali si recitano tutte cantando, e puoco si parla in esse al modo commune.

Fra questa gente è grandissimo l'uso de por sigilli,

[18] Orologi. L'orologeria costituiva lo strumento principale con cui i gesuiti ottennero benevolenza e considerazione da parte delle autorità cinesi, tanto che lo stesso padre Ricci diventerà il santo patrono degli orologiai a Shangai. Egli, infatti, fece conoscere ai cinesi le importanti innovazioni tecnologiche degli ultimi decenni del '500, in particolare l'introduzione di piccole molle di acciaio nei meccanismi.

[19] Furono.

[20] Rappresentazioni teatrali.

[21] Pagati, remunerati.

[22] Finzioni.

non solo nelle lettere scrivono, ma nelle compositioni e versi, pinture et altre cose che fanno, ne' quali non vi è altra cosa che il nome, cognome, grado o dignità dell'autore. E non si contentano con uno, ma alle volte ne pongono varij, uno presso all'altro, ora nel principio hora nel fine dell'opera. Né fanno questi sigilli in cera o altra cosa simile, ma solo con colore roscio;[23] e da qui viene che ogni persona grave[24] tiene una scattola di varij sigilli suoi, grandi e piccoli, con i suoi varij nomi che tiene, fatti di varie materie, di pietra, di legno, di avolio,[25] di bronzo, di corallo, di cristallo et altre pietre pretiose e dure, e molti anco si occupano in intagliare sigilli in tali materie. La lettera che in questi si usa è di diversa figura dalle altre, per esser questa quadrata e lungha. Di questa arte ve ne sono alcuni molto eminenti e preggiati; et è cosa che si reputa per grave, e molti nobili l'imparano perfectamente, e tra loro tenuta per liberale.

Un'altra arte simile a questa, anco molto preggiata, è il fare intenta negra,[26] la quale loro fanno in panetti di fumo di olio, come la nostra intenta de stampare. E, conciosia cosa che loro sono molto dati allo scrivere,[27] questa sua lettera et un buon scrittore è in grandissima stima in ogni parte e vive dove vuole accarezzato e ben voluto da tutti, per questo l'intenta anco è molto stimata, della quale usano con acqua sfrecando[28] quei pani sopre i loro calamari,[29] che sono lamine di pietra molto dure e lise e dipoi scrivono, non con penna, ma col pennello di

[23] Rosso.
[24] Importante, illustre.
[25] Avorio.
[26] Inchiostro.
[27] La scrittura in Cina è una delle più antiche forme di espressione artistica. Non essendoci un sistema alfabetico, ogni carattere possiede un significato completo, in cui emergono tratti, forme e stile che riflettono l'animo del singolo artista.
[28] Sfregando.
[29] Calamai.

peli di lepre. E di questi calamari di pietra e pennelli da scrivere vi sono anco molti Artegiani, che non fanno altra cosa che questa; e costano i buoni assai bene, e fanno di tutte queste tre cose necessarie allo scrivere molta varietà con ornamento e galataria[30] come cosa che serve in cosa sì grave, come è lo scrivere.

Un'altra arte vi è anco puoco usata da' nostri, che di ventagli[31] per sventarsi nella state e tempo caldo, del quale usano ogni sorte di gente, grandi e piccoli, poveri e ricchi, huomini e donne, e pare che nessuno sa andare per la strada senza un ventaglio nella mano, senza anco esser tempo caldo e come per galantaria. Di questi fanno moltissime sorti e vani, sì nella materia, di canna, di legno, di ebeno, di avolio, e con carta, con seta, con velo, con paglia, sì anco nella forma, rotondi, quadrati, ovati o quadranti. Ma il più commune, e di persone gravi, è di carta bianca o indorata, fatti di tal sorte che con pieghe si raccogliono come infra due mezze bacchette di legno, dove sogliono scrivere e farsi scrivere da buoni scrittori qualche bella sententia o sonetto. E questo è uno dei più ordinarij presenti che si danno gli uni agli altri in segno di amore et amicitia. Là onde noi anche ne habbiamo piena un'arca mandati da altri e per rimandare di presente quando ci occorre. Et in fare questi ventaglietti non è piccolo il numero di gente che si occupa.

Mi parve sempre rispondere questi ventagli ai nostri guanti, de' quali nessuno uso vi è in questo regno. E se bene l'uso principale di ambedue le cose è contrario, essendo questi per l'inverno e quegli per l'estate, negli altri usi accessorij di galantaria, per portar nelle mani e dar presenti e tenerli nella mano quando si parla, sono

[30] Galanteria, grazia.

[31] L'uso dei ventagli rigidi viene fatto risalire all'epoca dell'imperatore Wu (XI secolo a.C.), mentre notizie riguardanti ventagli pieghevoli sono nel X secolo d.C.

gli stessi. In queste puoche cose sono i Cinesi da noi dissimili, ma in moltissime essai simili, specialmente in una nella quale tutto il mondo è diverso da loro e da noi; che è il mangiare in tavole alte e sedere in sedie e dormire in letti, essendo che tutte le altre nationi mangiano, sedono e dormono in terra; cosa degna di notare in due terre distantissime l'una dall'altra, donde anco si racoglie la combinatione che hanno nelle altre arti.

Delle arti liberali, scientie e gradi che nella Cina si danno

La scientia di che hebbero più notitia fu della morale. Ma conciosia cosa che non sappino nessuna dialectica, tutto dicono e scrivono non in modo scientifico, ma confuso per varie sententie e discorsi, seguindo[32] quanto col lume naturale potettero intendere. Il magiore Philosofo che ha tra loro è il Confutio,[33] che nacque cinquecento e cinquanta uno anni inanzi alla venuta del Signore al mondo, e visse più di settenta anni assai buona vita, insegnando con parole, opre e scritti questa natione;[34] là onde da tutti è tenuto e venerato per il più santo huomo che mai fusse nel mondo. E nel vero in quello che disse e nel suo buon modo di vivere conforme alla natura, non è inferiore ai nostri antichi filosofi excedendo[35] a molti. Per questa causa nessuno de' letterati pone in dubio nessuna cosa di quelle che egli disse o scrisse, e tutti i Re,[36] sino adesso, lo riveriscono e mostrano grati al beneficio della doctrina che da lui ricevettero. Per tutti questi secoli passati sino ai suoi descendenti furno tenu-

[32] Seguendo.
[33] Confucio.
[34] Il pensiero di Confucio si ricava dai *Lunyu* (dialoghi) redatti dai suoi discepoli.
[35] Superando.
[36] Ricci usa il termine *Re* invece di Imperatore.

ti in grande conto, et il Re diede un titulo molto grande al Capo della sua familia, che va sempre in sedia, con molto stato, rendita e grandi privilegij.[37] Oltra di ciò, in ogni Città e scuola, dove si congregano i letterati, per lege antica vi è il tempio del Confutio molto sumptuoso, dove sta la sua statua e il suo nome et titulo; et tutti i novilunij et plenilunij e quattro tempi dell'anno i letterati gli fanno una certa sorte di sacrificio con profumi et animali morti che gli offeriscono, sebene non riconoscono in lui nessuna divinità, né gli chiedono niente e così non si può chiamare vero sacrificio.[38]

Doppo questa scientia morale hebbero i Cinesi anco molta notitia di Astrologia[39] et altre scientie di Matematica; nell'Aritmetica e Geometria furno più felici, ma anco questo tutto confuso. Fanno altre costellationi di stelle diverse dalle nostre, e pongono quattrocento stelle più che i nostri Astrologhi, contando anco quelle che non sempre appariscono; ma niente si curano di dar ragione delli Phenomeni o Apparentie, e solo procurano calculare al meglio che possono le eclipsi[40] e movimenti de' pianeti con assai di errori.

Et in che più si occupano è nella giudiciaria,[41] pensando che tutto quanto si fa in questo mondo inferiore dipenda dalle stelle.

Solo in questa scientia di Matematica si agiutorno qualche cosa di certi Matematici saraceni[42] che vennero dalla Persia; ma nessuna cosa insegnorno con dimostrationi; solo lasciorno tavole dalle quali calculano il loro

[37] I discendenti di Confucio furono investiti di titolo nobiliare nel 37 d.C.

[38] L'autore si riferisce al *Tailao*, un rito effettuato da funzionari per celebrare la nascita del Maestro.

[39] Astronomia.

[40] Eclissi.

[41] Si tratta dell'astrologia.

[42] Arabi.

anno e le eclissi d'ambi i Luminari et anco i movimenti degli Pianeti.

L'autore di questa famiglia che adesso regna[43] prohibitte che nessuno imparasse questa scientia, se non i deputati, avendo paura che per questa via machini alcuno qualche ribellione.[44] Con tutto questo sostenta molti matematici dentro del suo Palazzo, che sono eunuchi, et altri di fuora con molte migliaia di scuti per le grandi rendite che gli dà, secondo i gradi che negli essami conseguiscono, e sì quei di dentro, come quei di fuora, sono divisi in doi Collegij:[45] l'uno che segue il modo antico della Cina col Calcolo, l'altro che segue l'altro novo venuto dalla Persia, e dipoi conferiscono e si agiutano gli uni agli altri; quei di dentro e quei di fuora. Ciascheduni hanno la sua Area o torre in luogo eminente, dove fecero molto belli strumenti di Matematica, di Bronzo, di smisurata grandezza, assai antichi per osservare le stelle; dove ogni notte sta alcuno veggiando se vede qualche cometa o cosa nova nel Cielo, per dar il giorno seguente ragguaglio al Re con publico memoriale, nel quale anco dichiarano la significatione di quello che hanno visto. Gli strumenti di Nanchino stanno in un monte dentro delle Città molto alto, e sono fatti di miglior lavoro che quei di Pachino.[46]

Le eclissi del sole e della luna divolgano i Matematici di Pacchino per tutta la Cina, e per lege sono obbligati tutti i magistrati in ogni Città e terra con i ministri degli Idoli, di radunarsi tutti in un luogo deputato con le sue

[43] Zhu Yuanzhang.

[44] A causa dello stretto legame esistente tra potere imperiale e calendario, in Cina la burocrazia imperiale ha sempre guardato con sospetto lo studio e la pratica privata dell'astronomia, per evitare eventuali calcoli calendaristici miranti a delegittimare la dinastia regnante.

[45] Si tratta dei due osservatori dell'Ufficio Astronomico al servizio dell'imperatore.

[46] Pechino.

insegnie a soccorrere a questi doi luminari con sonare baccili di bronzo, far varie genuflessioni tutto il tempo che dura l'eclipse. Parmi che hanno paura che un serpente si mangi in questo tempo alcuni di questi pianeti.

L'arte della Medicina è assai diversa dalla nostra, ma si regono pare per il polso. Fanno molte volte assai belle cure, ma tutto per simplici di erbe, radici ed altri ingredienti, e risponde più tosto alla nostra Herbolaria. Non vi è di questa arte nessuna schuola pubblica, ma tutti imparano dal Maestro che vogliono. Nelle corti si fa essame di questa arte e si dà gradi, ma con tanto puoco deletto che nessuna autorità di più tiene il medico con grado di quello che tiene il non graduato. Percioché non è prohibito il medicare a nessuno, e tutti quei che vogliono, o sappino molto o puoco, si mettono a medicare. Et è cosa certa che, sì alla Matematica come alla Medicina, non si applicano se non persone che non possono studiar bene le loro lettere, per il puoco ingegno e habilità; e così stanno queste scientie in bassa stima e fioriscono assai puoco.

Delle Cortesie et alcuni riti della Cina

Per antico titulo, che questa natione per se stessa si ha dato, si chiama *Regno di Politie et cose ornate*;[47] et fra cinque virtudi[48] che sono tra loro come Cardinali, de che largamente trattano i suoi libri, l'una è la Cortesia,[49] la quale consiste in tenere rispetto l'uno all'altro e far le

[47] Con questa espressione Ricci traduce le parole *wenhua guo*, "Paese civilizzato", che sottolinea il grado di civiltà della Cina in contrapposizione agli altri popoli "barbari" dell'Asia.

[48] Secondo la concezione confuciana, cinque sono le virtù che l'uomo deve sviluppare in sommo grado nella propria vita: *ren* (umanità), *yi* (giustizia), *shu* (altruismo o reciprocità), *zhong* (lealtà) e *zhi* (rettitudine o integrità interiore).

[49] Ricci con *cortesia* traduce il termine *Li*, che era l'insieme delle norme rituali codificate per il retto svolgimento delle funzioni celebrate a corte in onore delle divinità e dei defunti.

cose con circumspectione. Di qui viene di età in età esser tanto cresciute queste cortesie, che tutto il giorno vanno in volta senza aver tempo di far altra cosa; di che i loro savij si dogliono e lamentano e non se ne possono spidire. E conciosia cosa che quei che molto si danno allo steriore[50] tengono manco[51] conto con l'interiore, vengono quasi in tutti i trattamenti a risolversi in un bello e vano apparere agli occhi, come loro stessi confessano. Da qui anco avviene che, non dico gli altri regni inculti e barbari, ma anche i nostri europei a chi pare usare di somma politia,[52] comparati con questi Cinesi saranno tenuti per huomini molto semplici e senza cerimonie nel loro trattare. Dirò prima del modo commune di far cortesia tra di loro; di poi de' loro riti particolari, specialmente di quello in che discordano dai nostri, che è la mia principale intenzione in questi capitoli.

Non tengono per cortesia tirarsi la berretta,[53] o far riverentia con i piedi e molto manco abbracciarsi o basciare[54] le mani o altra cosa che si presenti ad altri. La più commune cortesia loro è unire ambe le mani e le maniche, che sempre portano molto lunghe, et alzarle e poi abassarle di rempetto dell'uno all'altro, dicendo l'un all'altro: *zin zin*,[55] che è parola senza nessuna significatione, se non di far cortesia. Quando si visitano, et molte volte anco quando si incontrano nella strada, con l'istesse mani unite, doppiando tutto il corpo, abbassano la testa presso al suolo, l'uno all'altro et anco molti insieme, che chiamano *zoiè*.[56] Quando facciano questa cortesia il

[50] Esteriorità, volendo significare il formalismo dei rituali.
[51] Meno.
[52] Eleganza, sobrietà dei costumi.
[53] Togliersi il copricapo.
[54] Baciare.
[55] L'espressione cinese di cortesia è *Qingqing*, che corrisponde al nostro "prego, prego".
[56] La parola cinese è *Zuoyi*, fare un inchino.

magiore all'inferiore in età o dignità, et il Patrone di casa, o visitato, a quello che viene a visitare, sempre lo pone a mano dritta (benché nelle parti settentrionali del regno si ponga a mano sinistra); e molte volte, dipoi di alzati in piedi, l'altro ancora trapassa all'altra parte sinistra e fanno la stessa inclinatione ponendolo a mano dritta, come pagando l'honore che gli fece. E quando fanno questa cortesia nelle strade si voltano ambedua alla parte settentrionale, in casa alla parte più alta e più fonda della sala, che anco suole essere al settentrione, per essere lo stile di questo regno che tutti li palazzi, tempi e case fatte con buona regola, o tutta la casa, o almeno le sale per ricevere le visite, siano con la faccia al mezzogiorno, dove anco hanno la porta.

Quando vogliono far magior cortesia, o per esser la prima volta che si veggono,[57] o per esser molto tempo che non si videro per star lontani, o per congratularsi di qualche buona nova che ebbe o cosa che gli successe, o per darli gratia di qualche benefitio, o per esser qualche festa solenne, di poi di fatta la detta inclinatione, si pongono ambedua di ginochi et abassano la testa sino al suolo. E ritornando a levarsi in piedi, tornano a far la stessa inclinatione e poi porsi di ginochi con la testa in terra, tutto questo quattro volte.[58] Ma quando si fa questo a persona magiore o per esser suo Padre o superiore o persona di molta autorità, quello a chi si fa se ne sta in piedi nel più alto luogo della Casa senza porsi inginochione, e solo, conforme alle persone, gli risponde alla cortesia con le mani unite o facendo una inclinatione non molto fonda dal luogo dove egli sta. Alle volte anco quando è molto cortese, mentre gli fanno queste inclinationi e genuflessioni, non vuole egli stare nel luogo al-

[57] Si vedono.
[58] Si tratta della tradizionale forma di riverenza cinese, detta *kowtow*.

to della casa, ma si pone al lato per la parte di levante della sala. Questa stessa cortesia fanno ai loro Idoli e in Casa o nei tempi avanti all'altare. I servitori di casa et altra gente bassa,[59] quando fanno cortesia, si pongono una sola volta in ginocchioni avanti al padrone e battono tre volte la fronte nel suolo, il che fanno anco alle volte agli loro Idoli. E nel parlare non fanno altro che porsi al lato del Padrone mentre gli parla, et a persona di alta dignità, tutte le volte che gli parlano, è inginochiati.

Oltre queste politie,[60] non tanto lontane dalle nostre, ve ne ha un'altra assai strana i nostri, che si usa nel parlare e scrivere, che fa esser questa lingua assai più difficile, et è, che non solo non parlano ad humini honorati per tu, come né anco noi facciamo, avendo varij modi conforme allo stato di colui che parla e con chi si parla, ma né anco egli stesso, parlando di sé, dice io, se non fusse uno molto grave con altro assai inferiore; ma usano di altre tanti modi di abassare a se stesso, come di alzare all'altro. Et un modo fra i più humili è nominar il proprio nome invece di io. Quando anco avviene parlare del Padre, Madre, fratello, figliuolo, figliuola, corpo, membri, casa, lettera, patria, e sino alla malatia di altro, fanno tutto questo con un nome diverso dal Commune, sempre di più gravità; e per il contrario, per l'istesse cose di chi parla, ve ne sono altre tanti nomi diversi con qualche modo più basso del commune; ne' quali modi è necessario stare molto esercitato, non solo per non essere tenuto per scortese o villano, ma anco per poter intendere quel che dir vogliono nel parlare e nello scrivere.

Nel visitarsi, anco persone parenti e ben conosciute tra di sé, ogni volta che uno visita all'altro in sua casa, o

[59] Socialmente inferiore.
[60] Forme di cerimonia e di cortesia.

va a pagare la visita, entrato nella porta, dà un libretto[61] con il suo nome scritto con varij modi di humiltà, conforme alle persone che visitano o sono visitate; il quale il portiero presenta e lascia a quello che è visitato e, se sono molti quei che sono visitati o visitano, molti anco sono i libri. Sono questi libretti ordinariamente di dodici foglia e di carta bianca, un palmo e mezzo lunghi, e nel principio con un taglio di carta roscia nel mezzo e spesse volte posto dentro d'una borsa anco di carta bianca e con l'istesso taglio di carta roscia di fuora. In questi vi è tanta varietà, che bisogna in casa tenere vinte[62] e più cassette con titoli diversi e pieni di essi, per il continuo uso di ogni giorno. E così bisogna che nella portaria habbiamo un libro, come anco fanno tutte le persone gravi, nel quale di giorno in giorno scrivono quei che vengono a visitare, per potere dentro di tre giorni irgli[63] a pagare la visita. Ma sì come, quando non stanno in casa o non possono uscire alla sala quei a chi visitano, lasciano il libro, così anco, quando si paga la visita, basta lasciare in casa il nostro libro, e con questo restano satisfatti.

Questi libri, o quella righa sola in che si pone il nome, non è scritta ordinariamente dal proprio autore, ma basta esser scritta da qual si voglia. E, quanto è persona più grave,[64] tanto è magiore la lettera che si scrive in essi; talché alle volte ogni lettera è di un dito in largo, e con dieci lettere empiono una righa dal capo del libro sino al fine, secondo il loro modo di scrivere.

Nel mandare i presenti,[65] et anco quando qualcuno presenta le cose andando in persona a sua casa, usano dell'istesso libretto e, oltre il suo proprio nome, al modo

[61] Il *baitie*.
[62] Venti.
[63] Andargli.
[64] Più importante.
[65] Doni.

già detto, scrive tutte le cose che dà di presente, una per una, ciascheduna nella propria righa molto attillatamente.[66] Ma perché questi presenti si fanno spessissimamente, e sono obligati a rispondergli con altro presente dell'istesso valore, non è tra loro nessuna discortesia non ricevere il presente che si manda o egli stesso ci porta e non ricevere tutto quello che si manda. Soventemente se gli torna a mandare o tutto o parte di esso, senza sdegnarsi quello che presenta, mandando un altro libro dell'istessa forma, nel quale o dia le gratie del presente che riceve o ricusandolo o scrivendo le cose che riceve e quelle che gli torna a rimandare con molte cirimonie. E anco cosa nova ai nostri in questi presenti molto frequentemente mandare denari; hora dieci scuti, hora cinque, hora doi et alle volte doi e tre giulij, persone gravi a altri inferiori, o inferiori a persone maggiori.

I magistrati e graduati quando fanno queste visite vestono il loro vestito del proprio offitio e grado, che è assai diverso del commune.[67] Quei che né hanno offitio né grado, e sono persone gravi, hanno anco un vestito proprio di visita, pur diverso dal ordinario, con il quale ricevono e fanno queste visite, come anco noi pigliassimo in questo regno. E quando a caso si incontrassero doi, uno col vestito di visita e l'altro no, non fanno loro cortesie senza l'altro ir[68] a vestire il vestito conveniente che sempre fanno portar seco ai servitori quando vanno fora di casa. E quando questo non può essere, quello che sta vestito di cortesia si toglie di dosso quello vestito e resta con l'ordinario, e con quello fanno le cortesie, che di sopra dicessimo.

Fatta la cortesia, è obligato il Patrone di casa o il più grave, quando sono molti, e pigliare le sedie de' forastie-

[66] Elegantemente, con ricercatezza.
[67] Si tratta del *lifu*, abito da cerimonia.
[68] Andare.

ri[69] e porle una per una in ordine nel primo e più alto luogo, e con le maniche spazzarle, ancorché stessino nettissime. E se le sedie stanno già poste nel detto luogo in ogni modo è necessario che con ambe le mani tocchi tutte, come assettandole bene che stiano ben ferme. Di poi il più grave degli forastieri piglia la sedia del padrone di casa e la pone de rimpetto della sua e all'istesso modo la netta[70] con le maniche. E dopo lui gli altri forastieri, conforme alla loro dignità, uno doppo l'altro, fanno l'istesso a questa sedia e la tornano a nettare, se ben fussero vinte e più persone, stando il Patrone ad un lato inclinato con le mani unite e dando le gratie e ricusando il favore che gli fanno.

I forastieri nel porsi a sedere fanno anco molte cerimonie in cedere l'uno all'altro il mezzo o il luogo magiore, stando tutti in pie alle volte più di un quarto d'hora. In questo il patrone di casa non si mette, ma i forastieri si danno il luogo più grave gli uni e gli altri, se bene tutti sanno chi si deve porre a sedere nel migliore, o per la età che prende tra quei della stessa terra, o per la dignità, come si fa nelle corti, o quello che precede, o tutto per esser di più lontano paese; e per questo noi altri in puochi luoghi lasciano di darci il luogo sopra tutti o niente ci vale il ricusare.

Posti a sedere, subito viene un servitore con veste lunga e accorto, con una tavoletta con tante tazze di quella decottione di *Cià*, di che parlassimo nel 2° capitolo.[71] Quanti stanno a sedere, e cominciando dal primo

[69] Ospiti stranieri.

[70] La pulisce.

[71] *Cià* è il tè, il cui uso nelle province della Cina centrale risale addirittura al III secolo, mentre nel resto del paese si diffuse alcuni secoli dopo, attorno all'anno 1000. Ricci ne parla nel Libro I, cap. III (*Delle cose che la terra della Cina produce*): «dirò [...] d'un arbucello infruttifero delle cui foglie fanno il *Cià*, cosa assai preggiata da quelle parti et anco nelle circumvicine, cui uso non è antiquissimo nella Cina

luogo sino all'ultimo che è quello del Patrone di casa, tutti pigliano la sua nelle mani. Dentro della tazza viene anco qualche frutto secco o conserva dolce et un cucchiarino di argento et altra cosa galante per mangiare le frutta che vengono nel *Cià*; e, se stanno molto tempo a sedere, ritornano due e tre e più volte a dare questo *cià* variando sempre quelle frutta secche e conserva che mettono dentro.

Finita la visita, se ne vanno i forastieri, et innanzi all'uscire fuori della porta della sala, ritornano a fare l'istesse inclinationi, E dipoi il Padrone li accompagna di dietro et esce fuori della porta, dove fanno un'altra volta la detta cortesia d'inclinarsi sino al suolo, voltati verso la porta, priegando il Padrone ai forastieri che montino a Cavallo o si mettino dentro della sedia o lettichetta[72] in che vennero; ma i forastieri ricusano, pregandolo entri già in sua casa. Allora il Padrone arriva alla porta et, voltato alla porta, fa una inclinatione alla quale tutti i forastieri rispondono con un'altra simile tutti insieme. Entrato il Padrone dentro la sua porta, fa la 3ª inclinatione alla quale anco rispondono i forastieri con

per non ritrovarsi tal lettera ne' libri antiqui, e così pare che ne' nostri boschi vi sarà anco questo genere di arboscello. Queste foglie cogliono nella primavera e seccano all'ombra, e guardano per fare una decottione di acqua, della quale usano molto per essere di molto gosto al bevere et utile alla buona dispositione e digestione, bevendosi sempre assai calda, e tutto il giorno, si può dire. Percioché, non solo alla tavola, ma anco tutte le volte che viene uno di fuora alla loro casa, la prima cosa che si presenta a tutti è una tazza di *Cià* per bevere e di poi va continuando, se sta molto tempo, tre e quattro volte. Ve ne è di molte varietà, uno più perfetto che l'altro; e così vale alle volte un scuto la libra et altre doi e tre. Nel Giappone è più caro, e vale dieci e dodici scuti il più fino; ma per l'uso di esso è qualche cosa differente dalla Cina; perché nel Giappone macinano queste foglie come farina e depoi in ogni tazza di acqua calda ne bottano uno o doi cocchiaretti, et così insieme con l'acqua lo bevono. Nella Cina mettono in un vaso di acqua calda una mezza oncia di questa foglia, e de quella acqua bevono lasciando le foglia nel vaso» (op. cit., p. 18).

[72] Lettiga.

altra, e, nascosto il Padrone dietro la porta, montano a cavallo e entrano nella lettichetta, et il Patrone di Casa esce allora un'altra volta e dice *zin zin*, al che i forastieri rispondono con l'istessa cortesia. Da qui manda il Padrone un servitore che va a ciascheduno de gli forastieri a dar molte raccomandationi; l'istesso fanno i forastieri, mandando ciascheduno il suo servidore a dare anco raccomandationi al Padrone di casa; e questo si fa sempre, se bene si visitassero ogni giorno per esser questo il loro stile.

Adesso dirò de' loro convjti che è una delle Cose di più cerimonie che altra nella Cina, e di che più spesso usano. Percioché tutte le festi dell'anno et a tutte le occorrentie mai si lasciano questi conviti, e sono alcuni che, si può dire, ogni giorno o fanno o vanno a qualche convito; percioché tutti i negocij[73] si trattano a tavola, e con i becchieri nelle mani, anco le cose del ben vivere, della virtù e religione. Et non sanno in che mostrare amore se non invitandovi a bere e mangiare, e sono, sì nell'uso come nel nome, simili ai Greci che non chiamano il Convito mangiar insieme, ma bevere insieme. E nel vero il principale di essi, dal principio sino al fine, tutto è bevere vino con certe tazzette piccole, che non capeno[74] più di quello che capirebbe la scorza di una noce, ma raddoppiano tanto queste che vengono a bere molto più di quello che i nostri bevetori bevono.

Non usano nel mangiari de forcine, né di cocchiari, ma di certe bacchette sottili, di un palmo e mezzo lunghe, le quali pigliano di tal garbo con la mano dritta, che mangiano tutto quanto si pone a tavola senza mai toccar niente con le mani, con molta destrezza. E vero che è necessario che tutto quanto si pone a tavola venga

[73] Affari.
[74] Contengono.

trinciato in pezzetti, se non fusse cosa di sé liquida o molle, come ovi,[75] pesci et altra cosa simile, che con l'istesse bacchette si possa spiccare, e di nessuna guisa appare coltello nessuno nella tavola. Il loro bevere sempre è cosa molto calda, anco nel mezzo della state, o sia quella loro decottione di *Cià* o vino,[76] o altre cose liquide che pare cosa molto utile alla sanità. Per questo vivono molti anni di vita, e sino a settanta e ottanta anni sono assai più robusti che i nostri, e da qui anco penso viene che loro non hanno il male della pietra o di arenella,[77] come hanno sì soventemente i nostri europei, che sempre bevono cose fredde.

Dunche, volendo invitare alcuni a Convito solenne, il giorno inanzi, o anco molti giorni prima, gli mandano un libretto di invito di quei che di sopra dicessimo, nel quale, scrivendo il suo nome e con puoche parole eleganti e di molta cortesia, dicono avere apparecchiato un mangiar leggiero di foglia, e lavati i bicchieri per invitare tal giorno a tal hora (che ordinariamente è di notte) in tal luogo, a sua Signoria per udire la sua bella dottrina et imparare qualche cosa, priegandolo gli vogli fare quello favore. Dipoi in un taglio di Carta roscia scrivono il nome grande[78] di quello che invita con molti titoli, conforme alla qualità della persona; e questo fanno a ciascheduno de gli invitati.

L'istesso giorno del Convito, per la mattina, tornano

[75] Uova.

[76] Con il termine *vino* Ricci si riferisce alle numerose varietà di acquavite cinese, ottenute per distillazione o per fermentazione di riso o altri cereali: «producendo la terra puoca uva e puoco dolce, non fanno di essa vino, ma lo fanno di Gran riso et altre molte maniere che fa esser la terra piena di esso; con il quale stanno contentissimi, perché nel vero et è di assai buono sapore, e non è tanto adustivo come il vino di uva» (op. cit., p. 13).

[77] Si tratta della calcolosi renale.

[78] Con questo termine l'autore si riferisce allo *haoming*, il "nome da adulto" o soprannome.

a mandare un altro libro della istessa foggia, ma non dicono altro che priegar che va presto; et all'hora destinata mandano il 3° che chiamano de ire all'incontro all'invitato.

Arrivati al luogo e fatta la solita cortesia, si pongono a sedere nella sala e bevono prima il *Cià* e dipoi vanno al luogo del Convito, che suole essere molto bene adornato, non con spalliere, di che loro non usano, ma di molti quadri di pinture, cocci di fiori et altri vasi e cose antique. Ad ogn'uno si dà una tavola di un braccio e mezzo in lungheza ed un braccio in larghezza, et alle volte sono due tavole una avanti all'altra e di fuora con un paramento assai bello, come de' nostri altari. Le sedie sono anco molto belle, inverniciate et indorate, con varij lavori, intagliate e pinte di tutti colori, anzi tutte queste sale sogliono avere tutti questi simili lavori e pinture molto belle.

Stando dunche tutti in piedi, il Padrone di casa piglia una tazzetta, che suole essere di argento o oro o pietra molto pretiosa, sopra del tonno[79] della stessa materia o altra cosa galante, e con il vino. E invitando quello che ha da stare nel primo luogo, fanno con esso lui una inclinatione molto funda.

Dipoi il Padrone di Casa esce fuora della porta al cortile e, facendo prima una inclinatione verso la parte del mezzogiorno, offrisce quella tazzetta di vino al Signore del Cielo, riversando in terra tutto quello vino e facendo un'altra inclinatione. Dipoi entra dentro e, pigliando un'altra tazzetta di vino, fa una inclinatione al detto forestiero, che ha da stare nel primo luogo;[80] e di poi se ne va con esso lui alla sua tavola che sta nel mezzo, e nella parte più lunga di essa, che è qua la principale (contrario a noi che facciamo il migliore nel capo di essa) pone

[79] La coppa grande.
[80] Il posto d'onore.

nel mezo la tazzetta sopre del tonnetto con due mani con molta veneratione. Dipoi si fa dare le due bacchette, che sogliono essere di avolio o di ebano o altra cosa dura e netta, coperte di argento o oro, e le pone al lato della tazzetta; di poi piglia la sedia e la acconcia molto dritta, nettandola con le sue proprie maniche, e di poi, ritornando un'altra volta nel mezzo della sala, fanno un'altra inclinatione insieme.

L'istesso fa a quello del 2° luogo, che in questo regno è la mano sinistra, et a quello del 3°, che è alla destra, e di mano in mano sino all'ultimo. Nel fine quello che ha da tenere il primo luogo piglia dal servitore con le sue mani la tazzetta, nella quale ha da bere il Padrone di casa, con il suo tonnetto e, facendosi gettar vino, fa insieme con tutti gli altri una inclinatione col detto padrone di casa, e pone la tazzetta col tonetto nella tavola sua, che sta con le spalle al mezzogiorno, et alla porta di rimpetto della prima tavola; et, insieme con le bacchette da mangiare e la sedia, acconcia[81] tutto all'istesso modo che il Padrone di casa fece a lui et a tutti gli altri. E dipoi tutti gli altri invitati per ordine vanno a toccare con due mani, come acconciando meglio la tazzetta, le bacchette e la sedia, stando sempre ad un lato il Padrone di Casa con le mani unite et alquanto inclinato, recusando questa cortesia e dando gratie ad uno ad uno. Conciosia cosa che i Cinesi nienti tocchino con le mani di quello che mangiano, né al porsi a tavola, né al fine del Convito mai lavano le mani.

Fatto questo, tutti insieme fanno una inclinatione al Padrone di Casa et altre fra di sé i forastieri e si pongono alla tavola. Il Padrone di Casa è il primo, tutte le volte che si beve, che, pigliando con due mani il suo tonno con la tazzetta di vino, la alza e di poi abassa convitando tutti a bevere; e tutti, facendo lo stesso insieme verso il

[81] Dispone.

Padrone di Casa, bevono sorso a sorso, tanto che molte volte per finire quella tazzetta la pongono quattro o cinque volte alla bocca, e mai loro bevono niente al nostro modo in un fiato tutto il vino del bicchiere né altra cosa, se bene fusse acqua.

Finito de bere vengono puoco a puoco le vivande. Et a ciascheduna cosa il Padrone di casa è il primo che alza le bacchette, pigliate con ambedue le mani nel mezzo, e invita a tutti; alla qual cortesia, tutti voltati a lui, rispondono con l'istessa cortesia. E di poi il Padrone di casa, mettendo le bacchette nel suo tonno, invita a tutti a fare l'istesso; e così tutti insieme pigliano della stessa cosa un boccone o doi, e sempre quello che tiene il primo luogo è il primo che ripone le bacchette nella tavola e tutti fanno l'istesso. Allora i servitori tornano a bottar[82] vino caldo nella tazzetta di ciaschedunno, cominciando da quello che sta nel primo luogo, e tornano a bevere molte e molte volte, nel che si spende più tempo che in mangiare. E parlano tutto il convito di varie cose allegre, o odono qualche commedia che in questo tempo si fa, o qualche cantore o sonatore che alle volte, senza esser chiamati, vengono ai luoghi ove sanno che si fa qualche convito, per esser molti che non fanno altra cosa che questa, per la paga che di poi gli danno.

In questi conviti hanno tutte le nostre vivande condite assai bene, ma di nessuna viene molta quantità, e si prezzano di molta varietà di cose empiendo le tavole di bacciletti, che sono assai piccoli sempre, sì de carne e pesce in ogni pasto, e tutto mangiano; et una vivanda posta in tavola sta quivi sino al fine senza toglierla da lì. E così, non solo cuoprono le tavole senza apparire altra cosa che vivande, ma anco pongono i baccili uno sopra l'altro due e tre volte facendo un castello alto. Nessuno pane si

[82] Versare.

pone alla tavola, né gran riso che risponde[83] al pane in simili conviti.

Sogliono anco fare molti giuochi di varie inventioni, e fanno bevere a quei che perdono con grandi grita e festa. Nel fine sempre mutano le tazzette con altre assai magiori e, se bene a tutti le pongono uguali, non obligano a bevere in esse a quei che non possono bevere molto vino, ma a quei che possono. Il loro vino è specie di Cervosa[84] e non è molto forte, ma non lascia di embriagare[85] per esser molto quello che bevono, sebene facilmente tornano a star sano l'altro giorno seguente.

Nel mangiare sono assai temperanti et alle volte accade che uno in alcuna dipartenza va a sette o otto di questi Conviti di suoi amici per ricevere e far favore, ma non durano tanto come questi, che alle volte arrivano sino alla mattina seguente. Di quello che resta danno di poi ai servitori di forastieri ebondantemente.

Quanto ad altri riti e cerimonie le principali sono con il loro Re, il quale nell'esteriore è più venerato che nessuno Principe del mondo, o sia secolare o ecclesiastico. Al Re in questi nostri tempi nessuno parla se non gli eunuchi che stanno nell'intimo del suo palazzo, e li suoi parenti di dentro, come figliuoli e figliuole e, lasciando quello che gli fanno questi eunuchi là dentro, che non fa tanto al nostro proposito, tutti i magistrati di fuora gli parlano solo per memoriale, con tanti modi di cortesia che, bisogna esser bene esercitato per fare uno di questi memoriali, e non ogni letterato lo sa fare.

L'anno novo di questo regno, che sempre è la più vicina luna che viene o inanzi o di poi de i cinque di febbraro,[86] che è il principio della loro primavera, di tutte

[83] Corrisponde, è il corrispettivo.
[84] Ispanismo per "birra"; ma qui si tratta di acquavite cinese.
[85] Ubriacare.
[86] Nel capodanno cinese, il *tet*, si inserisce l'importante festività del-

le provincie lo mandano a visitare alla sua audientia, et ogni terzo anno vengono in persona i principali magistrati. E tutti gli anni in ogni Città, per tutta la Cina, il primo giorno della luna tutti i magistrati vanno ad un luogo, ciascheduni nella sua Città o terra, dove sta posto un trono reale coperto con un Ciborio[87] pieno di dragoni intagliati e dorati, per esser questa insegna reale, et altri lavori, e si pongono molte volte di ginocchi et inclinano con una cerimonia particolare molto grave e gli acclamano con dieci milia anni di vita.[88] L'istesso fanno nell'anniversario del suo natale tutti gli anni; et in Pacchino vanno tutti i magistrati e vengono altri, mandati dalle altre provincie e suoi parenti con varij titoli fuora di Pacchino, e gli presentano molto grandi presenti congratulandosi.

Oltra di ciò tutti i magistrati che ricevono qualche offitio o beneficio dal Re sono obligati ad ire a dargli gratia alla audientia. E così ogni giorno vi è gente per simili cerimonie che si fanno inanzi all'aurora, dove stanno alcuni maestri di cerimonie, che, per esser queste cirimonie lunghe, ad alta voce sta gritando mentre si facciano e dicendo cosa in cosa quello che si ha da fare; e sono puniti quei che fanno qualche piccolo errore in questo. E perché il Re non esce adesso alla audientia, l'istesso fanno anco i magiori Signori e magistrati del Regno al suo trono regio, che quivi sta voto.[89] E quando fanno queste cortesie i magistrati hanno vesti particolari di damasco roscio e certe mitrie di argento dorato nella testa, portando nelle mani una tavola di avolio quattro dita larga e

l'inizio della primavera (*lichun*), che celebrava simbolicamente la ripresa del lavoro nei campi.

[87] Lo *Jitan huagai* è un baldacchino posto a copertura degli altari sacrificali.

[88] Si tratta di una cerimonia di omaggio all'imperatore, che si svolgeva durante il capodanno.

[89] Il cerimoniale di riconoscenza all'imperatore si svolge come un'udienza ma col trono vuoto.

due palmi lunga nelle mani con la quale cuoprono la bocca, della quale usano quando parlano al Re.[90] El Re, quando veniva alla audientia, stava in una loggia molto alta, e d'una finestra grande appariva, tenendo anco una tavola simile a quella de' magistrati per coprire la faccia. Nella testa, sopre della berretta regia, tiene una tavoletta,[91] mezzo braccio di larghezza et uno di lunghezza, molto uguale, con molti pendoni di perle e pietre pretiose infilzate, che pendono di tutte le parti, e gli cuoprono la faccia e tutta la testa senza potersi vedere.

Il Colore del Re proprio, e di che altri non possono usare, è giallo; e così di questo colore è la sua veste reale, tessuta tutta di varij dragoni fatti con fili d'oro de' quali non solo le vesti, ma tutti gli edificij del Re, tutti i vasi di oro et argento della sua argenteria stanno intagliati, e li altri di altra materia pinti, e sino alli coppi e le mura del suo palazzo stan vitriati[92] e coperti di cosa gialla e dragoni; e chi usasse di simile colore o dragoni nelle sue cose sarebbe tenuto per ribelle, se non fussero parenti del sangue reale.

Tiene il suo palazzo quattro porte principali verso le quattro parti del mondo. Tutti al passare avanti queste porte, andando a cavallo, scavalcano, e andando in sedia o letica escono fuora e vanno appiedi sino a passarle; e questo molto più si osserva nel palazzo che egli tiene in Nanchino dove il Re mai va o entra. Nella porta a mezzo giorno, sì dentro come fuora del palazzo, una sta in mezzo delle altre per dove esce et entra il Re, e nessuno può entrare et uscire per essa; e così stanno sempre serrate.

[90] Si tratta del *hu*, la tavoletta per scrivere che durante le udienze imperiali si teneva dinanzi al petto.

[91] È il *gui*, un accessorio posto sul copricapo dell'imperatore e dei membri della sua famiglia, che ne nascondeva il volto.

[92] Vetrate.

Della fisionomia, culto del Corpo, vestire et altre usanze de' Cinesi

La gente della Cina è bianca, eccetto alcuni delle provincie australi, che per participare e star vicine alla zona torrida, sono alcuni di color fosco. Tengono puoca barba e molti nessuna, e quella puoca che tengono è dritta senza nessun modo di crespo e gli nasce tardi per il che i loro giovani di trenta anni sono come i nostri di vinte. Gli occhi molto piccoli, neri, molto ovati et in fuora e, sì gli occhi come le ciglia, stanno più alte dalla parte di fuora che da quella di dentro; il naso notabilmente piccolo, e le orecchie non molto grandi. Il colore de' capelli e della barba è anco nero, et è difformità tra loro esser di pelo biondo o rosso.

Alcune provincie hanno il viso quasi di forma quadrata: nella provincia di Quantum,[93] che noi chiamiamo Cantone, e Quansi[94] molti in ambe doi li diti piccoli del piede tengono due unnhue,[95] come tutti i Cocincinesi o loro vicini, e pare che anticamente avevano sei diti nei piedi.

Le donne sono tutte piccole e la magior parte della loro leggiadria pongono nei piedi piccoli; per questa causa dalla loro fanciullezza gli infasciano strettamente i piedi e non gli lasciano crescere, e così sono tutte stroppiate si può dire de' piedi, andanno sino alla morte con quelle fascie, e non possono ben camminare se non come zoppicando; e pare fu inventione de qualche savio huomo per non lasciarle andare per le strade e starsene in casa, come alle donne più conviene.[96] Gli huomini, e le donne parimente, lasciano crescere i capelli senza tosarsi mai,

[93] Guangdong.
[94] Guangxi.
[95] Unghie.
[96] La pratica della fasciatura dei piedi è attestata in Cina fra le donne di elevata condizione. L'invalidità permanente che le rendeva inutili per il lavoro dei campi costituiva un simbolo di agiatezza.

fuori i fanciulli piccoli et una sorte de' loro Ministri degli idoli, che si radono ogni settimana la testa e la barba. Gli huomini già adulti raccolgono tutti i capelli con una scuffia di rete fatta di capelli di coda di cavallo e di huomini o di seta, e nel mezzo escono fuora con un nodo galante che gli danno. Le donne tengono i loro ornamenti della testa di oro, argento, perle et altre cose pretiose, con pendenti alle orecchi, ma non usano di anelli nelle dita.

Si huomini come donne usano di vesti lunghe sino alla terra; gli huomini con una parte della toga, che con binnelle[97] ligano alla mano dritta; le donne ligano nel mezzo; e se bene ambe dua tengono maniche lunghe, come i nostri Venetiani, quelle però degli uomini sono serrate lasciando solo quanto possi uscire la mano, quelle delle donne sono aperte.

Nelle berrette de gli huomini fanno molti lavori e galonterie di lavori molto fine, e le più preggiate sono fatte de peli di coda di cavallo; nel inverno sono di feltro, et adesso anco fanno di veluto; ma quello che a' nostri è più strano è delle scarpe, che sono tan bene lavorate con seta e varij fiori che né le nostre donne le usano di tanta galanteria.

Non è cosa se non di gente assai plebeja scarpe di corame[98] se non fosse alcuna volta nelle sole. Le berrette di letterati sono quadrate, gli altri non possono portare se non berretta ritonda. Tutti spendono mezz'hora almanco alla matina in pentinarsi e comporre i capelli, che sarebbe ai nostri di grande faticha.

Sogliono anco infasciare i piedi e legare con certe fascie lunghe di tela, perciò le loro calze sono sempre molto larghe; non usano di camiscia, ma lavano molte volte il corpo. Usano per le strade farsi portare un obrero[99]

[97] Nastri o cinte di stoffa.
[98] Cuoio.
[99] Ombrello.

grande da suo servitore per difendersi dal sole e dalla pioggia; gli poveri ne portano uno più piccolo con le sue proprie mani.

Una usanza vi è qua tra loro assai nova ai nostri, che è quella dei nomi. Percioché essendo il cognome antico et immutabile in tutto il regno, tutti fanno i loro nomi nuovi e che tengono sempre significatione di qualche cosa. Sì il cognome come il nome è di una sola lettera, che è l'istesso che dire di una sola sillaba, et solo alle volte possono farsi di due. Il primo nome dà il padre a suo figliuolo quando nasce[100] (e questo solo al maschio, perché la femina, né piccole né grandi, hanno nessun nome nella Cina, e solo sono chiamate per il cognome di suo padre e per il numero che tiene tra le sorelle, di prima, seconda, terza o altra magiore). Con questo nome è chiamato da suo Padre e Madre et altri magiori; gli altri lo chiamano per il numero che tiene tra li fratelli, come dicessimo delle femine. Lui stesso nei libri di visite e presenti et in libri o altri casi simili si nomina con il proprio nome; e se alcuno, eguale o inferiore, lo chiamasse in presenza dal suo nome, o nominasse suo Padre o parente col nome suo proprio sarebbe non solo scortesia, ma anco ingiuria, della quale ognuno se ne risente.

Cominciando a studiare, il maestro gli dà un altro nome che si chiama nome della scuola;[101] con questo lo può chiamare il suo maestro et altri condiscepoli.

Dipoi di posta la rete e portar già berretta,[102] pigliando moglie, gli dà qualche persona principale un nome mezzano,[103] che chiamano la lettera, e con questo lo possono chiamare tutti, se non fussero suoi servitori et sudditi.

[100] Si tratta del *ruming*, "primo nome" o cosiddetto "nome da latte". A questo si affiancava il *xiaoming*, "nome piccolo".
[101] Il *xueming*, appunto il "nome della scuola".
[102] Raggiunta la maggiore età.
[103] Forse lo *ziming*, o "nome da adolescente".

Al fine, essendo già adulti, gli danno il nome grande[104] con il quale tutti, senza fargli ingiuria, lo chiamano, et in absentia et in presentia, se non fossero suoi superiori e maggiori, che non gli vogliono fare tanto honore e lo chiamano, come prima, con la lettera.

Quando professano anche qualche setta, quello che lo insegna gli dà il proprio nome, che chiamano nome della religione.[105]

Quando dunche si visitano gli uni agli altri, se bene nel libretto sta scritto il loro cognome e nome piccolo, gli domandano qual è il suo nome grande per poterlo chiamare quando accade chiamarlo. E così noi anco fussimo forzati oltre il nome del battesimo, di che usiamo nelle visite, pigliare il nome grande, con che ci hanno communemente da chiamare.

Fanno in questo regno grande caso di cose antiche; e se bene non hanno statue né medaglie, hanno però molti vasi di bronzo assai stimati, e gli vogliono con quella stessa ferrugine, se non, non valerebbono niente. Altri degli antichi di creta e di pietra Iaspe[106] sono in prezzo; ma più di tutte queste ti cose, pinture di persone famose senza colori, ma di solo inchiostro, o lettera di scrittori antichi, in carta o in tela con il suo sigillo per dar fede di esser vera; percioché molti contrafanno le cose antiche con molti artificij et ingannano a quei che non sanno tanto, facendo spendere molti danari per cosa che poi non vale niente.

Tutti i magistrati hanno il proprio sigillo di quel magistrato fatto dal primo Re di questa famiglia, con il quale segnano tutte le cose che fanno giuridicamente con intenta di color roscio senza altra cosa. Questo conservano con grande diligentia e, se lo perdessero, non

104 Vedi nota 78, p. 476.

105 Il *faming*, "nome di religione".

106 Il diaspro (cfr. *Lapidario estense*, a cura di P. Tomasoni, Milano, Bompiani, 1990, *ad indicem*).

solo perderiano il loro offitio, ma sarebbono anco castigati gravemente; e così, quando vanno fuori di casa, lo portano secco serrato con chiave e sigillato con altro sigillo, dentro di una cassetta, sempre avanti agli occhi; et in casa dicono terlo sotto il piumaccio del letto.

Gli huomini gravi non vanno a pe' per la città, ma si fanno portare in quelle sedie o lettichette, che sono coperte di tutte quattro le parti, e non si vedono, differenti dai magistrati che usano di sedie scoperte di tutte le parti. Le Matrone anco sono portate in queste sedie coperte, ma d'altra foggia da quella de gli huomini; i cocchi e carrozze sono prohibite.

Vi sono alcune terre edificate in mezzo de' fiumi e de' lachi, come Venetia nel mare; per queste vanno per la Città con barche assai belle. E, per esser tutta la Cina bagnata e divisa con molti fiumi e canali, usano molto più che noi di barche per il camino, e sono assai più belle e commode che le nostre; percione[107] quelle proprie de' magistrati grandi sono sì grandi che vi può uno andare con tutta la sua fameglia senza nessun disagio, come se stesse in terra, per esservi molte stanzie, sale, cocina, dispensa, e sì bellamente adornate, che paiono case de' nostri grandi principi. E così alle volte, volendo fare tra loro qualche convito, lo fanno nella barcha per potere con esso andare passeggiando per il laco e per il fiume; e tutte sono coperte di quella loro vernice, che chiamano *ciorone*, di varij colori pinte ed indorate, con i suoi suffitti, colunne e impannate che fa una bella vista.

Ai maestri fanno molto più honore che noi, et solo un giorno che fu uno maestro di qualsivoglia scientia et arte tutta la sua vita lo chiama maestro e non si può porre a sedere seco, se non stando ad un lato, ovunche se incontrino, e gli parla con molto rispetto e cortesia.

Il giuoco di carte e dati, che anco è usato in queste

[107] Perciò.

parti, è solo di gente bassa; i più gravi usano per passa tempo, et anco per giuocar denari, del tavoliero et anco de' scacchi assai simili ai nostri, se non che il Re mai esce delle quattro case intorno al suo luogo, ne anco doi letterati che stanno al suo lato; non hanno la Donna,[108] ma tengono doi pezzi assai artificiosi, che chiamano pannella di polvere,[109] che stanno avanti ai doi cavalli dietro alla pedina, che in questi doi luoghi sta avanti una casa. Questo pezzo nell'andare è simile al Rocco,[110] ma nel ferire e dare scacco sempre bisogna che vi sia nel mezzo un scacco, o sia proprio o dell'adversario, di modo che per difendersi della sua ferita o scacco, vi sono, l'oltre il mutarsi, altri doi; l'uno è porre un altro pezzo nel mezzo, o togliere, se è nostro, il pezzo che sta di mezzo. Il più grave di tutti i giochi è uno di più di ducento pietrine in ambe le parti bianche e nere,[111] in un tavolero di trecento casette, e con queste, che vanno ponendo una ad una, procurano l'uno al altro por nel mezzo alcune dell'adversario, restando signore di quel campo; e di poi nel fine quello che guadagnò più campo del tavolero è il vincitore. I mandarini sono tanto dati a questo giocho che occupano alcuni molta parte del giorno in esso, durando un giocho più di un'hora; e quei che sanno ben giochare a questo giuoco, se ben fosse persona che non avesse altra abilità, sono in ogni parte accarezzati et imitati, et alcuni gli pigliano per maestri per insegnare a giocare a questo giuoco.

[108] Il pezzo della Regina, nel gioco degli scacchi.

[109] Con questa espressione Ricci indica i pezzi degli scacchi cinesi detti "cannoni". Gli scacchi erano, infatti, il gioco favorito negli ambienti militari.

[110] La Torre, negli scacchi.

[111] Si tratta del *weiqi*, o "gioco della guerra", considerato il gioco dei letterati. Si tratta di un gioco di posizione il cui obiettivo è quello di riuscire a piazzare le pedine in modo tale da occupare il maggior spazio possibile della tavola da gioco ai danni dell'avversario.

PIETRO DELLA VALLE
Attraverso il Curdistan

Personaggio dai molteplici interessi, per la politica e la storia, le lingue orientali e la musica, il *cives romanus* Pietro Della Valle (1586-1652) lascia nei *Viaggi* il suo personale «diario» e la sua «storia». L'opera, concepita come una serie di cinquantaquattro lettere inviate all'amico napoletano Mario Schipano, medico e conoscitore dell'arabo e del turco, rispecchia la straordinaria vitalità, l'inesauribile capacità di interesse di questo viaggiatore, che si faceva chiamare per antonomasia il «Pellegrino». La scelta esplicita dell'Oriente come meta dei suoi viaggi denota in lui un significativo atteggiamento archeologico, come di chi è mosso dalla necessità di controllare la veridicità delle testimonianze lasciate dall'antichità secondo un processo di revisione storica. La curiosità e il desiderio di viaggiare in questo caso si assommano al desiderio di verifica di ciò che si è appreso. Per mantenere questo controllo sulla materia esotica, lo scrittore rielabora il materiale offerto dagli scrittori antichi che si erano occupati dell'Oriente: da Omero a Erodoto, da Diodoro Siculo a Giulio Solino, da Ambrogio a Girolamo, sempre ricordati e citati con venerazione.

Per lui non esistono cose apparentemente tanto insignificanti da non valer la pena di essere riferite; così che, accanto alla dissertazione sulla politica di Abbas il Grande, sui conflitti che oppongono cristianità e mondo islamico, Sciiti e Sunniti, ma anche Spagna e Inghilterra per il possesso dei ricchi mercati del Medio Oriente, accanto alle descrizioni di luoghi, città e monumenti (le piramidi, Santa Sofia o le rovine di Persepoli) e alle osservazioni sugli usi, i costumi, le religioni e i riti, o ancora accanto alla celebre (e più volte antologizzata) lunghissima descrizione del ritrovamento delle mummie nel deserto egiziano,[1] Della Valle riporta anche descrizioni puntuali e dettagliate annotazioni delle più svariate cose: dalla foggia dei vestiti, alle qualità e colori delle stoffe, dai gatti persiani ai cavalli, dalle case ai cibi, dagli strumenti musicali alle danze e ai giochi, dai bagni portatili alle armi preziose, dalle erbe e droghe agli antichi manoscritti.

Della Valle marca, in certo senso, il passaggio dal *mercatante* che viaggia di medievale (e rinascimentale) memoria all'«esquisito dilettante settecentesco» (Cecchi); ma egli è ancora legato a quel mondo di «passioni» e di «curiosità» che è il Seicento, tanto da condividere con il re persiano Abbas le fatiche e i pericoli della guerra contro i Turchi, o a tal punto da riportare in patria la mummia imbalsamata della donna amata, Sitti Maani, che verrà seppellita nella tomba di famiglia in Aracoeli.

L'itinerario di Pietro Della Valle in Oriente è lungo e articolato. Partito da Venezia l'8 giugno 1614 e diretto – via Costantinopoli e attraverso il deserto del Sinai – a Gerusalemme, Pietro segue poi la via di Damasco, e passando per il deserto della Siria, e lungo la valle dell'Eufrate, giunge a Baghdad. Da qui, dopo aver sposato l'assira Sitti Maani, si reca in Persia, ad Ispahan, nell'intento di esporre il suo progetto di coalizione con i turchi al

[1] La curiosità suscitata dalle mummie e l'occasione di vederle erano state descritte nella Lettera dal Cairo del 25 gennaio 1616: vedi P. Della Valle, *Viaggio in Levante*, a cura di L. Bianconi, Firenze, Sansoni, 1942, pp. 1-116, in part. pp. 63-73; ora, con il tit. *Le mummie della necropoli di Saqqàra*, anche in *Viaggiatori del Seicento*, a cura di M. Guglielminetti, cit., pp. 347-357.

re Abbas il Grande. Da qui, al seguito dell'esercito persiano, fra il gennaio 1617 e il luglio 1622, percorre tutto il nord del paese fino al Mar Caspio. Mortagli nel frattempo la moglie di parto, Pietro, col favore di una carovana di inglesi, riprende il viaggio verso Bandar Abbas, da dove sulla nave *The Whale* raggiunge il Golfo di Ormuz. Ancora per mare, lungo le coste del Malabar, raggiunge Goa dove si trattiene un anno e mezzo. Dopo molti altri viaggi di missione con l'ambasciatore portoghese in India, ritorna in Arabia e, attraversato il Golfo Persico, raggiunge Bassora, dove si trattiene dal marzo al giugno del 1625. Il viaggio di ritorno, intrapreso in carovana, si snoda tra l'Eufrate fino ad Antiochia e Alessandretta. Nelle ultime tappe del viaggio per mare, visita Cipro, Malta, Siracusa e Messina e, dopo un breve soggiorno a Napoli, dal suo amico e corrispondente Mario Schipano, rientra a Roma il 28 marzo 1626.

Il suo peregrinare, durato circa dodici anni, cinque dei quali in compagnia del corpo imbalsamato della cara Maani, termina il 25 luglio 1626, nella cappella di S. Paolo in Aracoeli, dove viene deposta la salma della moglie, come egli stesso narra nell'ultima delle lettere all'amico Mario Schipano (Roma, 1 agosto 1626).[2]

L'opera appartiene al genere epistolare, ma ha tuttavia alcune caratteristiche d'impianto diaristico che non vanno dimenticate. Le lettere vengono strutturate in paragrafi numerati, che consentono sia la scansione temporale («a gli otto di gennaio, tre hore innanzi giorno») che lo svolgimento di temi narrativi o descrittivi. Le lettere inoltre sono prive di intestazione, ma nella gran parte dei casi il «Pellegrino» non manca di rivolgersi al suo corrispondente, il naturalista Mario Schipano, nelle prime righe dei paragrafi iniziali di ciascuna lettera.

Nella lettera XIX del terzo volume, dove è raccolto il

[2] Riportata in *Viaggiatori del Seicento*, cit., p. 386.

materiale del viaggio in Persia qui antologizzata, si parla del Curdistan. A grandi linee, l'ordinamento interno della descrizione del Curdistan segue le regole della retorica classica, per cui si devono elencare prima le cose «naturali» e geografiche e antropiche, che sono proprie del territorio (paesaggio in generale, qualità del cielo, il sito e la fertilità delle terre, l'aspetto della città, gli abitanti), e poi le «accidentali» che fanno riferimento agli studi, alla guerra, alle religioni, ai governi e all'uso delle arti meccaniche. Insieme trova anche luogo il racconto delle difficoltà tecniche e logistiche del viaggiare, l'organizzazione della carovana privata; e insieme la cura estrema nel segnare con attenzione i tempi e i luoghi del suo lungo itinerario. Emerge così una dimensione che Guglielminetti definisce «sportiva», quella di un «escursionista ardimentoso e simpatico, che sa raccontare le sue imprese [...] con una notevole agilità di sintassi e precisione di lessico», scoprendone una caratteristica assolutamente moderna.[3]

La *varietas* dei temi prescelti, il *topos* abituale del confronto tra Europa e Oriente (con le sfumature di un certo colonialismo culturale), i riferimenti classici, il motivo della verifica delle testimonianze storiche e geografiche antiche, è interpretabile in chiave barocca come un segno prevedibile e catalogabile della variabilità del reale, una visione dinamica e progressiva.

Il testo si legge in *I viaggi di Pietro Della Valle. Lettere dalla Persia*, vol. I, a cura di F. Gaeta e L. Lockhart, Roma, Istituto Poligrafico dello Stato, 1972, pp. 6-17.

[3] Ivi, p. 31.

Attraverso il Curdistan

Il Curdistan, cioè il paese de i Curdi, sta giusto in mezo tra Turchi e Persiani. Di larghezza, da levante a ponente, non si stenderà più di dieci o dodici giornate, quando molto, e dove più e dove meno; ma da tramontana a mezogiorno, è lungo assai, cominciando tra la Babilonia e la Susiana (secondo me) *vicino* al mar di Persia e tirando verso settentrione, per sopra 'l Mussolo, o Ninive, intra l'Armenia e la Media, e quasi, credo, non lontano al Mar Eussino.[4] È paese forte, perché è tutto montuoso: et è a punto un ramo del monte Tauro, che, spiccandosi da quello, et attraversando in questo luogo l'Asia per la sua larghezza, va a finire, come ho detto, al seno Persico,[5] e pare proprio posto quivi dalla Natura per confine e tramezo di questi due grandi imperii de' Turchi e de' Persiani, come anche anticamente credo che fosse di quello de' Romani e de' Parthi. Come si chiamasse a tempo antico il Curdistàn, non so né credo che tutto insieme havesse già, come hoggi, nome generale, ma che più tosto fosse diviso in più popoli, con diversi nomi, conforme si vede ne gli scrittori di quei secoli, e che di questi, ma de' più settentrionali, fossero quei Carduchi, che intorno al fiume Tigre[6] travagliarono tanto Senofonte e le sue genti, nel ritirarsi che facevano verso la Grecia, come ci racconta a pieno in quei suoi libri, veramente aurei, della *Speditione di Ciro minore*,[7] che fra tutte le altre opere di quel grande autore, meritamente, al parer mio, portano il vanto. Hanno i Curdi lingua particolare e differente dalle altre intorno, Araba, Turca e Persiana: però il linguaggio loro ad un certo Persiano

[4] Mar Nero.
[5] Il golfo Persico.
[6] Il fiume Tigri.
[7] Cfr. Senofonte, *Anabasi*, IV, 1.

rozzo, più che ad altro, in qualche cosa si accosta. Vivono, molti di loro, sotto tende, errando hor qua hor là co' i loro bestiami; ma la maggior parte, più civilmente, in ville e terre stabili. Ubbidiscono a diversi loro signori, per lo più hereditarii, li quali riconoscono, come baroni vassalli, chi il Turco, e chi il Persiano, secondo la vicinanza: ma i più grandi son liberi. Sono, questi signori, chi più e chi meno potente: tale ve ne è che metterà in campo dieci e dodici mila cavalli, come uno che io ne vidi in Costantinopoli, che era Signor di Betlìs;[8] e tale, come il Beig, di chi di sopra feci mentione, che, quando haverà sotto di sè due o tre mila persone, sarà assai. I più potenti non professano vassallaggio, ma solo viver sotto protettione d'uno de i due re e talvolta ancora mutano bandiera, quando torna loro conto, come a punto i nostri potentati d'Italia. I più deboli, non solo si contentano di esser vassalli, ma talhora di ricevere anche il governo a tempo, et in vita, e non per heredità. L'habito loro è tra turco e persiano, ma rozzo, e le donne vanno liberamente co 'l viso scoperto, e parlano domesticamente con tutti gli huomini, tanto del paese, quanto stranieri. Di religione, hoggidì, sono i Curdi mahomettani e seguono, in quella legge, la setta o de' Persiani, o de' Turchi, secondo che all'uno, o all'altro di quei principi nelle cose politiche ancora più adheriscono. Ben è vero, che da gli altri mahomettani son tenuti poco retti nella fede e che, insieme con le false traditioni del lor Mahometto, habbiano anche alcune loro superstitioni particolari, tiranti al gentilesimo: di che io non posso parlare, perché non ne sono molto bene informato. In alcuni luoghi delle loro terre, come in Gezira,[9] città di Mesopotamia, che sta in isola nel fiume Tigre (confor-

[8] Bidlis, anticamente detta Bitlis o Badlis, città sul fiume Bidlis, capoluogo dell'omonima provincia nell'Anatolia orientale.

[9] Jazīrat ibn 'Omar, compresa in un'ansa semicircolare del Tigri (per questo, l'autore afferma che *jazīrat* significa *Isola*).

me a punto Isola significa il suo nome) et è signoreggiata da un principe Curdo, e nelle montagne che i Caldei chiamano Tor, cioè *monte*, o *provincia montana*, dove infin hoggi la lingua Caldea si parla volgarmente, e pur i Curdi vi dominano, vivono sotto di loro gran quantità di Christiani Caldei, di rito, per lo più, o Nestorini,[10] o Iacobiti,[11] de' quali essi infin per soldati alle volte si servono. Questo è lo stato de i Curdi. Hora, per tornare al viaggio, a gli otto di gennaio, tre hore innanzi giorno, partimmo da Chizil-rabàt, dove si pagò un altro piccolo datio; et usciti da quel territorio, entrammo subito in paese, che era già fertile, habitato, e de' Turchi, ma da Persiani nelle passate guerre fu distrutto e desertato, con levarne affatto le genti perché in queste parti si tiene, et io lo trovo vero, che miglior fortezza non possa darsi per sicurezza, ne i confini di uno stato, quanto un deserto, poiché la poca gente, per la quale si può portar provisione da vivere, non basta ad assaltare et a far danno, et la molta, senza spada, in passando, vi muore di fame; e di più, dove è deserto fra mezo e gli stati non si toccano, si levano affatto le occasioni di molte differenze nei confini. Passammo il medesimo giorno a guazzo un fiume, molto grosso, e fastidioso per guazzare; e mi dissero che era il medesimo Diala[12] già passato da noi un'altra volta con barca, che in quel luogo, come più vicino al suo fonte, ha manco acqua. Sopra la ripa vi trovai le reliquie di una grossa terra, alla quale adesso non resta altro che il nome di *Ciaichanaghì*; cioè, corrottamente un poco, *Posata del fiume*. La notte seguente, la passammo presso un'aqua, in una campagna, che non ha nome, che io sappia. Il giorno appresso, trovammo

[10] Seguaci dell'eresia di Nestorio (V sec.), che sostenne una dottrina cristologica antimonofisita.

[11] Jacobiti. Sono i monofisiti di Siria.

[12] Il fiume Diyāla, affluente del Tigri che ha le sue sorgenti nel Kurdistan e scorre in territorio iracheno.

una gran terra pur distrutta et abbandonata, che la chiamano ancora Casr-i-Scirin, cioè *Palazzo di Scirìn*. *Scirìn*, in Persiano, significa *dolce*, ma è anche nome proprio d'huomini e di donne, ed in particolare di una gran signora in queste parti, padrona, al creder mio, di quel palazzo, o terra, che fu dama di un Chosrou, re di Persia;[13] e de gli amori loro ce ne è fra' Persiani un poema famosissimo. Passato Casr-i-Scirìn,[14] verso l'hora di compieta, scoprimmo di lontano una grossa compagnia di cavalli Persiani, che era della gente di un tal Casùm Sultàn,[15] governatore di quei confini, e di quella stessa che haveva scorso e saccheggiato Mendelì. Alla vista di costoro io mi rallegrai molto, parendomi già di esser fuori delle man de i Farisei; et essi, che andavano, s'io non fallo, per pigliar lingua, subito che ci videro, vennero alla volta nostra; e datomi io loro a conoscer per Franco (già che non era più tempo di nascondersi), conforme alla innata e grandissima curiosità de' Persiani, per far, come essi dicono, *Tamascià*, o *spettacolo*, cioè per veder curiosamente qual si voglia oggetto nuovo che loro si rappresenti, mi si misero tutti attorno, e beato chi poteva star più da vicino. Mi accompagnarono con gran cortesia molte miglia, ragionando sempre con gran gusto in Turco. La qual lingua, in Persia, non men della natural Persiana è stimata et usata di continuo nel parlare, massimamente alla corte, e fra la militia, e tutte le persone più civili (benché nelle scritture publiche non manchino di usar sempre la Persiana), e però la maggior parte delle genti, e fin le donne, le sanno e parlano bene tutte due.[16] Questo costume si osserva, per-

[13] Cosroe II, che regnò dal 590 al 628.

[14] Il Castello di Shīrīn, dal nome dell'eroina di un antico poema sassanide.

[15] Qāsim Sultan, notabile militare della Persia occidentale.

[16] Della Valle attesta la grande diffusione della lingua turca nella Persia del suo tempo.

ché i qizil-basci,[17] che son la militia, come a punto gli Spagnuoli in Napoli, anzi, per così dire, al presente, la maggior nobiltà del paese, e son molti, ancorché nativi hora della terra, sono Turchi nondimeno di origine, e per ciò conservano infin ad hora fra di loro la lor lingua naturale. Inoltre dicono che la lingua Persiana è troppo dolce e soave, e che in effetto è cosa per donne e per poesie, in che val molto, ma che la Turca è più grave, e da soldati; e però il Re e la gente buona si pregia di parlarla. Mi uscì di mente che erano i cavalieri Persiani tutti arcieri, con sole freccie, e spade, torte all'uso loro, quasi come un mezo circolo; che mi ridussero a memoria l'autorità di Senofonte, ben pratico soldato e capitano al suo tempo, il quale dice che quella sorte di spade, per gli huomini a cavallo, è la migliore di tutte.[18] Non havevano altre armi, né da offesa né da difesa, essendo, come io credo, una compagnia leggiera; poiché nei campi grossi non mancano loro lance, archibugi, e quanto bisogna. Militano però tutti a cavallo, et i cavalli son piccoli; e per quel che vidi, si può dir di loro molto bene quel che disse de' Greci il nostro Tasso

asciutti hanno i cavalli, al corso usati,
a la fatica invitti, al cibo parchi[19]

co 'l resto, innanzi e poi, di quella ottava. Noi ancora, per dar loro sodisfattione, facemmo mostra delle nostre armi; e si maravigliarono di vederci maneggiar gli archibugi a ruota con tanta prestezza, e che ne portassimo più di uno, cioè lungo, e corti: e particolarmente una pistola, che havevamo a fucile, che non si ha da perder tempo a tirar su la ruota, li fece stupire assai, e ci tenne-

[17] *Qizil-bāshī* (teste rosse), epiteto applicato alla milizia turcomanna del safavide Haidar di Ardabīl, che si distingueva per un berretto scarlatto a strisce.

[18] Cfr. Senofonte, *Sull'equitazione*, X.

[19] T. Tasso, *Gerusalemme liberata*, I, 50, 5-6.

ro per molto bene armati, confessando che ognun di noi valeva per quattro altri. Licentiatisi al fine, andarono essi al lor camino, e noi a posarci la notte, per la commodità dell'acqua, in un luogo presso al medesimo fiume altre volte passato, donde non potevano esser molto lontani luoghi habitati, perché diversi Curdi, huomini e donne, vennero da più bande a portarci et a venderci robbe da mangiare, come latte, pistacchi piccoli, di quei che ne mandai mostre a V. S., ma freschi con la scorza verde sopra 'l guscio, che in Curdistàn se ne fa gran quantità, et altre cose simili. Il giorno de i dieci, salendo per piccole montagnuole, con una meza giornata, per commodità di vittuaglie e di strami,[20] andammo a posarci presso un fiumicello chiamato Ienghì Imàm,[21] sotto una piccola villa di Curdi, detta *Ienghì Conaghì*,[22] cioè, *Nuova posata*. In questo luogo, io cominciai a cambiar l'habito mio di Siriano in Persiano; e per principio, da un rustico barbiere, che trovai, feci con molta solennità mandarmi di botto a basso, tutta d'un pezzo, la mia lunga e gran barbaccia, che, con incredibil mio fastidio, haveva, in Turchia, custodita e pettinata circa a sedici mesi, fin dalla partita di Costantinopoli. Volsi, che mi accommodasse totalmente alla Persiana: cioè, con le guance e mento tutto raso, e co' i mostacci[23] (che hanno le radici larghissime, quasi fin a mezzo guancia) lunghi fin alle orecchie e non pendenti a basso, come usa il volgo et i più, ma tirati, se non in alto alla bizzarra al modo nostro, almeno alquanto alle bande, come intesi che si di letta anche di portarli il Re. In fine, mi trasfigurai di tal sorte che, né chi mi ha veduto in Turchia, né V. S. che mi ha veduto all'Italiana, credo che potrebbe mai riconoscermi.

[20] Composto di paglia, erba e foglie secche usato come lettiera.
[21] Località difficilmente identificabile.
[22] Altro toponimo di difficile identificazione.
[23] Mustacchi, folti baffi.

Però la signora Maani,[24] quando mi vide in quella guisa (che lo feci senza essa saperlo) si hebbe a disperare, e non poteva soffrire, che io mi fossi levato la maggior bellezza che havessi, a detto suo. Hebbi che fare a placarla; ma pur alfin la quietai, con dirle che havesse un poco patienza, fin che l'occhio si assuefaceva a vedermi in quest'altra maniera, ché allhora poi non le sarei neanche dispiaciuto con la barba alla persiana; e che, andando noi per diversi paesi, bisognava che ci accommodassimo a diverse usanze; e che ella si avvezzasse a vedere il mio viso con diverse foggie di barba, già che un'altra volta mutatione, e forse più stravagante, mi restava anche a fare in questa materia, quando fossimo venuti in Italia: cioè, di lasciare il pizzo al mento, al modo nostro, che in queste parti pare molto strano, e non senza qualche ragione si chiama la barba delle capre. Basta: io mi misi alla persiana, e non mancherò di far fare di questa mia figura un ritrattino, come l'altro alla siriana, che mandai; ma voglio farlo nell'habito che mi presenterò al Re; e fatto che sarà, o lo manderò in Italia, o, al più lungo, lo porterò io stesso. Havemmo la notte in Ienghì Conaghì pioggia e neve, ma non freddo, e fu la prima volta in tutto quel camino. Il giorno de gli undici, partimmo tardo, per asciugare i padiglioni, che, intostati e gelati dalla neve, non si potevano piegare; tuttavia giugnemmo a buonhora a posarci sotto ad una gran montagna che bisognava passare, vicino ad un castello, chiamato Pescivèr,[25] fabricato di nuovo in quel luogo per guardia de' confini; et allhora a punto ci risedeva quel Casùm Sultàn, che dissi di sopra, con forse cinquecento de' suoi soldati, tenendo il resto della sua militia sparsa in diversi luoghi de i confini là vicino. Ci trattenemmo quivi tut-

[24] Sitti Maani Gioerida, giovane cristiana di rito siriano o caldeo, moglie dell'autore.
[25] Probabilmente, Peshāvar.

to 'l giorno de i dodici, sì per far riposar gli animali, a fine di havergli più freschi alla montagna, sì anco perché è costume delle carovane il fermarvisi e dar presente al Sultàn, il quale, oltra delle ville, comanda anche ad una gran quantità di Curdi, erranti per quei monti e campagne. Havemmo, in questo luogo, freddo le due notti, e vento molto terribile, contro 'l quale non bastavano pali, né corde, per tener su i padiglioni. La mattina de i tredici, passammo la montagna, tutta piena di neve; la qual neve poi, per tutto 'l viaggio (in terra almeno altissima, se non dal cielo) non ci ha abbandonati più fin a Sphahàn. E perché il molto bianco del terreno d'ogni intorno, massimamente quando era sole, offendeva assai la vista, bisognò cominciare a valersi di quello stesso rimedio che Senofonte narra haver giovato anche al suo tempo a i suoi soldati: cioè, di mettersi innanzi a gli occhi una benda nera, con l'ombra della quale si difendevan gli occhi dal bianco della neve, che in questa guisa non era lor tanto molesto.[26] La sera, andammo a buonhora ad alloggiare in un ridosso di monti, dove havemmo per gran fortuna di trovate un poco di terreno scoperto, da piantarvi la tenda, e dormirvi all'asciutto. Vicino a questo luogo, fra i dirupi stretti di certi monti abbondanti di acqua, vi era una piccola villa chiamata Chierèn,[27] habitata da Curdi, molti de' quali, secondo 'l solito, vennero con robbe alla nostra carovana. Alla mia signora Maani venne voglia di andar a veder le case di costoro; e parendo più vicine che non erano, io solo a piedi, con lei e con altre donne del paese, di quelle che erano venute a trovarci con robbe, mi avviai a quella volta. Ci arrivammo a notte, et havendo saputo per la strada da un huomo di garbo, che habitava quivi una tal Chanùm Sultàn, padrona del luogo e di altri intorno,

[26] Senofonte, *Anabasi*, IV, 4.
[27] Karind, villaggio sulla strada tra Baghdad e Kirmānshāh.

volse la signora Maani, per termine di creanza, già che eravamo venuti nella sua terra, andarla a visitate; e ci andammo guidati dal medesimo huomo, che era mastro di casa di lei. Non si potrebbe dir con quanta amorevolezza fummo ricevuti, la signora Maani dalla sultana, et io da un suo fratello, perché il marito era assente in servigio del re. Volevamo licenziarci presto perché era tardo, ma non lo permisero mai, fin che non fu in hordine un buon pilao[28] et altre vivande delle quali volsero in ogni modo che cenassimo con loro; le donne a parte, e noi altri huomini, nel medesimo tempo, in un'altra camera. Trovai il pane, come l'ho veduto poi per tutto Curdistàn, e molte volte anche in Persia, sottilissimo e steso in ruote grandi, come lasagne da far maccheroni, ma bianco, e ben cotto. Cucchiai, e simili dilicatezze, non si usavano, ma la mano, alla persiana, serviva di cucchiaio e di coltello. Le vivande furono veramente rozze da villa, ma a noi più grate de i conviti di Sardanapalo o di Heliogabalo, per l'amorevolezza e cortesia con che ci erano date. Finita la cena, ci partimmo con infinite belle parole, servendo il medesimo fratello della sultana per interprete di Curdo in Turco; e volse anche in ogni modo accompagnarci con certi altri huomini suoi fin alle nostre tende, che erano un buon miglio lontane. Donde poi la signora Maani, per lui medesimo, mandò a presentare alla sultana un bacil di frutte e di altre gentilezze da mangiare, come mostacciuoli[29] ad usanza de' nostri paesi, e simili, che in quel luogo non vi erano; con una mano di profumi e di altre galanterie da donne, che sogliono a loro esser care. Il sabato de i quattordici, dopo haver fatto una scesa fastidiosa di un monte, andam-

[28] Il *pilaf* (o *pilau*), pietanza costituita da riso bollito e diverse qualità di carni.

[29] I mostaccioli sono dolci a base di pasta di mandorle e mosto cotto con uva passa.

mo a posarci in un bello e grandissimo prato, al quale facevano corona intorno diversi monticelli, spezzati, e sparsi in varii luoghi, che a me parve uno de' più bei siti che io habbia mai veduti. La villa più vicina, che stava nella cima del più basso monticello, donde calava un grosso rivo di acqua, si chiamava *Haròn-Abàd*,[30] cioè *Colonia di Haròn*, benché alcuni, storpiando il nome, dicano Harinavà. La domenica, ci levammo all'hora solita, più di tre hore innanzi giorno, e non ostante la neve grandissima, che havevamo sotto e sopra, facemmo una lunga giornata, passando un luogo dove sogliono posarsi le carovane, et andando molto più in là a posarci presso un'acqua, vicino alla villa che chiamano Mahidesèt.[31] Il lunedì, con meza giornata sola, ma molto fastidiosa, per la continua neve, vento e pioggia, andammo a posarci in una villa, che, per esser fabricata sopra un ponte, per lo quale si passa un piccolo fiume chiamato, come molti altri di Levante, *Casà-Sù* cioè *Nera acqua*, la chiamano in Persiano *Pul-i-schiàh*, cioè *Ponte del Re*; ma i Turchi dicono *Sciàh-Chiopresì*, che è tutto uno. In questo luogo, per la commodità di essere dentro alla villa e perché la neve fioccava tuttavia molto gagliarda, non volemmo alloggiare sotto a i nostri padiglioni, ma in una casa di quei Curdi, dove erano huomini e donne, e ci fummo assai bene serviti, con fuoco e con ciò che bisognava, essendo questa gente Curda, per quanto io ho veduto, molto buona et amorevole. Notai quivi una cosa, che bisogna riferire; e l'ho trovata poi, non solo per tutto Curdistàn, ma anco per tutta la Persia, nelle case più civili. Fanno il fuoco nelle camere, non in camini, ma in un forno in terra, che chiamano *tenaòr*,[32] cioè in una fossa, o quadra, o rotonda, alta due palmi o poco più, quasi

[30] Hārunabād, a circa 60 km da Kirmānshāh.
[31] Māhīdasht, a circa 20 km a sud-ovest di Kirmānshāh.
[32] In persiano *tanūr* significa "forno" o "fornace".

della forma di un barile romano. E questa fossa, accioché meglio e più presto si riscaldi, la fodarano per dentro d'ogn'intorno con un vaso di terra cotta fatto a misura, nel cavo della stessa fossa sotterrato. Là dentro, nel fondo, o mettono brace, overo vi accendono il fuoco, o di carboni, o di altra materia, che presto in brace si risolva. Il che fatto, mettono sopra la fossa, o forno, un banchetto di legno,[33] come un piccolo e basso tavolino, che ricuopre il forno, e sopra quello stendono una gran coperta, di quelle imbottite di bambagia, la quale pende in terra molto lunga da tutte le parti e, chiudendo l'esito al caldo del fuoco, viene a far quasi l'effetto di una stufa, che riscalda assai ben la camera tutta. Ma le genti, o che mangino, o che stiano in conversatione, et alcuni anche quando dormono, si mettono assisi bassi in terra sopra i tapeti intorno al banchetto, con le spalle appoggiate al muro ne i cuscini, come qui si usa di sedere, ché sempre il tennòr si fa in luogo che habbia in tal proportione di distanza i muri della camera, almeno da due parti; e tengono, o le gambe sole, chi vuol poco caldo, o le mani ancora e 'l resto della vita, chi ne vuol più, sotto alla coperta: con che, senza offender punto la testa, si piglia in tutta la vita un caldo tanto penetrante e soave, che dico certo a V. S. che non ho mai provato cosa più gustosa per l'inverno, et ho voglia di farne far de' simili in Italia. E chi non vuole caldo niente, abbassando innanzi a sé tutta la coperta infin in terra e restando con tutta la vita fuori di essa, senz'alcuna afa di caldo che l'annoi, gode solo dell'aria temperata della camera, che da quella stufetta vien dolcemente riscaldata. Per accendere il fuoco e far vento quando bisogna, nel fondo del forno c'è un altro ingegnetto:[34] cioè, un cana-

[33] Si tratta del *kursī*, una larga panca sotto cui si pone un braciere e si stendono trapunte o coperte per i commensali, durante la stagione fredda.

[34] Artificio grazioso.

letto sotto terra, che, cominciando dal più cupo del tennòr e sempre alzandosi, viene a terminar nel pavimento, lontano dal forno quanto si vuole: e nella sua bocca del pavimento facendosi vento, va per forza, non havendo altro esito, nel fondo del tennòr, et accende il fuoco. Queste bocche poi, tanto la grande del forno, quanto la piccola del canaletto da far vento, quando non è tempo da fuoco, si cuoprono con lastre di pietra fatte a posta, che nel pavimento non si conoscono, né danno fastidio, massimamente in questi paesi, dove i pavimenti delle camere si tengono sempre coperti di tapeti e di altri panni galanti, lasciando bianche le mura attorno, al contrario di noi altri. In luoghi dove è poca civiltà, come nelle ville del Curdistàn, nei medesimi forni fanno la cucina, ponendovi sopra la caldaia, e vi cuociono anche il pane; e questo, lo fanno mettendo sopra la bocca del forno una lastra di ferro sostenuta da i piedi un poco in alto, sopra la quale stendendo quelle sottili e gran ruote di pasta, in manco di un'Ave Maria si cuociono presto presto; ma dove si usa, come in Persia per lo più, il pane più grosso, cioè fatto a pizze, o schiacciate, lo mettono a cuocer dentro al medesimo forno, perché ha bisogno di più caldo. Ma lasciamo questo, e seguitiamo il viaggio. Il martedì a' diciassette di gennaio, conforme al solito del Sant'Antonio, havemmo una giornata, non solo lunga, ma piena ancora di quelle circostante di venti, freddo e neve, che a tal tempo si richiedono, con nostro molto maggior fastidio, che non doveva haver V. S., mentre andava forse godendo la vista di quel bel passeggio di Napoli. Speravamo riposar la notte in un grande alloggiamento publico, di quelli che, non più *chàn*, come in Arabia, ma si chiamano in questi paesi, come anche in Turchia, *chieruàn-seràì*,[35] cioè *palazzo*, o *ca-*

[35] Il caravanserraglio (parola composta dal persiano *kārvān*, carovana, e dal turco *saray*, palazzo), luogo recintato in cui si accampano di notte le carovane.

sa di carovana; et è fabricato nel fin della giornata, insieme con certe altre poche case fatte di nuovo, a pie' di un'altissima montagna, e sopra 'l chierun-serài tanto ripida, che par quasi tagliata a posta perpendicolare, come muro. Chiamano il luogo in Persiano *Scehr-néu*, cioè *Città nuova*, perché di poco si è cominciata a fabricare: ma noi restammo ingannati del riposo che vi speravamo, perché veniva a punto da Sphahàn una grossissima carovana di più di due mila e settecento cameli, la quale, benché andasse spartita in diverse ville, era non di meno parte di essa che in Scehr-néu trovammo alloggiata con tanta gente che non solo noi, che venimmo dapoi, ma gran parte anche di loro non havevano luogo nei chieruàn-serài, e stavano attendati di fuori. Convenne a noi ancora fare il medesimo, e contentarci di piantar le nostre tende dove trovammo manco neve e più calpestata. Accendemmo anche un poco di fuoco dentro a i padiglioni; ma, in fatti, la notte non si potè né dormire né riposare, perché, oltre il freddo grandissimo, il vento fu così gagliardo che, insieme con le tende e con tutti i materassi e coperte in che stavamo avvolti, ci hebbe a portar via. *Nest iocdur* (dicono i Turchi): *Non è niente*; quando è passato, l'huomo non se ne ricorda più. Ma, in vero, se si facessero tali patimenti in Italia, credo certo che si morirebbe per una volta sola: però in queste parti, o che sia l'aria migliore, o l'assuefattione fatta a poco a poco, o che so io?, si fa ogni cosa e si sta bene. Io, con haver questo inverno dormito tante notti in campagna, riparato dal piovere e dal fioccare con solo un poco di tela, con haver patito tanti freddi, venti, pioggie e nevi, e massimamente in quella hora della sera, quando bisognava andare a far i suoi servigi, che il più delle volte si haveva da stare scoperto a i raggi humidissimi della luna, con le gambe nella neve fin a i ginocchi, e bene spesso con neve del cielo che entrava per lo collo fin dentro alla camicia, e con un vento del diavolo che percoteva le povere chiappe scoperte (e giuro a V. S. che, fra tutti i fastidii, non ne ho provato alcuno maggiore di questo), con tutto ciò, per gratia di Dio, non solo non ho havuto mai male, ma non ho patito la metà. del catarro che soglio patire in Roma, quando dormo nel mio letto, in camera ben serrata, con fuoco e con tutte le mie commodità. Ma che dico di me, che, se ben ho debil complessione, son pur huomo, et hormai un poco avvezzo a strapazzarmi? La Signora Maani, donna, giovane, e dilicata, nodrita[36] in paese caldissimo come Baghdàd, e tanto secco che, quando uscì di là, non haveva ancor mai saputo che cosa fosse soffiarsi il naso, e pur adesso, in tanti freddi, in tante humidità, non l'è succeduto altro male, se non che ha cominciato un poco ad imparare di adoperare il fazzoletto. Insomma, m'imagino che Dommenedio provede, quando bisogna: lasciamo dunque fare a lui. Io, con tutti questi freddi, e con tutto che, all'uso de i paesi, porti la testa rasa, non ho potuto mai avvezzarmi a dormir con turbante, ancorché piccolo; ma, conforme al mio solito, mi bisogna star la notte a capo nudo. Nel principio, dubitando de' freddi, volsi usarlo et, in cambio de i capelli levati, mettermi la notte una benda attorno alla testa: mi venne subito il catarro, et infatti, per istar bene, bisognò lasciarla stare. E questa cosa mi fa stupire: perché il giorno fuor di casa, porto sempre la mia tocca[37] in testa, di materia veramente sottile, e leggiera, ma larga un buon braccio e lunga dieci canne e più, e vado al caldo, al sole, e dove bisogna, senza mai levarla, e non mi dà un pelo di fastidio; ma in casa poi, e particolarmente la notte, bisogna star senta niente, e sto bene. Non so come vada il negozio, però l'esperienza mi mostra che va bene, et io non mi curo di sapere altro. Questo si: che, per viaggio, mi è bisognato dormir sem-

[36] Allevata.
[37] Berretto di drappo di seta e d'oro.

pre vestito, con tutti i panni del giorno e fin con gli stivali, foderati di pelle, che talvolta per otto giorni interi non me gli ho mai cavati, e, di più, avvoltato in buone coperte, ché altrimenti sarebbe stato impossibile, e non era da antipor la delitia dello spogliarsi al patimento del freddo, che si sarebbe sentito spogliato; oltre che il più delle volte non vi sarebbe neanche stato tempo di vestirsi e spogliarsi, cominciando per ordinario le giornate di notte, molte hore innanzi giorno, per haver tempo di arrivare all'albergo di giorno e poter cucinare, che non poco bisogno se ne ha, dopo haver caminato tutto 'l dì a digiuno, o con qualche solo e poco cibo asciutto, che si può mangiare a cavallo caminando. I freddi mi hanno fatto far troppo lunga digressione; ma, parlando con V. S., che ha gusto di saper de' miei particolari, non si potevano tacer queste cose. Tornando dunque al mio proposito, dico che il mercordì mattina partimmo da Scehr-neu, e con non dissimil giornata, ma un poco migliore, perché non havevamo neve dal cielo, benché ve ne fosse molta in terra, andammo ad alloggiar la sera a Sehené,[38] o Sahané, terra grossa, habitata e da Curdi e da Persiani. Qui pur trovammo alloggiata parte della gran carovana; ma perché la villa è grande, trovammo una casa di certe donne persiane, che parlavano anche Turco, con le quali alloggiammo assai commodamente; e per far riposare gli animali, che nelle passate nevi si erano molto affaticati, vi dimorammo ancora tutto 'l giovedì.

Finisce affatto in questo luogo il Curdistàn, e di là innanzi si comincia ad entrar nella Persia, preso però largamente questo nome, cioè ne' paesi di lingua Persiana; ma in qual provincia e regno propriamente, ancor non lo so bene, né l'ho potuto verificare, perché non ho trovato chi me l'habbia saputo dire.

[38] Sehenè, o Sahanè, a 70 km da Kirmānshāh.

BIBLIOGRAFIA

ANTOLOGIE E RACCOLTE

Raccolta di documenti e studi pubblicati dalla R. Commissione Colombiana pel Quarto Centenario della Scoperta dell'America, pubblicati e illustrati a cura di C. De Lollis, Roma, Ministero della Pubblica Istruzione, 1892-1896.

G. Berchet, *Fonti italiane per la storia della scoperta del Nuovo Mondo*, in *Raccolta di documenti e studi pubblicati dalla R. Commissione colombiana pel quarto centenario della scoperta dell'America*, parte III., vol. I: *Carteggi diplomatici*; vol. II: *Narrazioni sincrone*, Roma, Ministero della Pubblica Istruzione, 1893.

Le navigazioni atlantiche di Alvise da Ca' da Mosto, Antoniotto Usodimare e Niccoloso da Recco, a cura di R. Caddeo, Milano, Edizioni Alpes, 1928.

Terrae incognitae, a cura di von R. Hennig, Leiden, Brill, 1944-1956, 4 voll.

Avventure e viaggi di mare. Giornali di bordo, relazioni, memorie, a cura di M. Spagnol e G. Dossena, Milano, Feltrinelli, 1959.

Colombo-Vespucci-Verazzano, a cura di L. Firpo, Torino, UTET, 1966.

Viaggiatori del Seicento, a cura di M. Guglielminetti, Torino, UTET, 1967.

I navigatori. La scoperta dell'America nelle lettere di Co-

lombo, De Cuneo, Vespucci, Verazzano, a cura di M. Farina, Torino, Loescher, 1971.

G.B. Ramusio, *Navigazioni e Viaggi*, a cura di M. Milanesi, Torino, Einaudi, 1978-1988, 6 voll.

Pellegrini scrittori. Viaggiatori toscani del Trecento in Terrasanta, a cura di A. Lanza e M. Troncarelli, Firenze, Ponte alle Grazie, 1990.

Scopritori e viaggiatori del Cinquecento e del Seicento, a cura di I. Luzzana Caraci, testi e glossario a cura di M. Pozzi, Milano-Napoli, Ricciardi, 1991.

Nuovo Mondo. Gli Italiani 1492-1565, a cura di P. Collo e P.L. Crovetto, Torino, Einaudi, 1991.

STUDI DI CARATTERE GENERALE

G. Branca, *Storia dei viaggiatori italiani*, Torino, Paravia, 1873.

A. De Gubernatis, *Storia dei viaggiatori italiani nelle Indie orientali*, Livorno, Vigo, 1875.

P. Amat di San Filippo, *Gli illustri viaggiatori italiani*, Roma, Stabilimento dell'«Opinione», 1885.

G. Mazzoni, *I viaggi nella letteratura italiana*, Roma, R. Accademia dei Lincei, 1931.

R. Almagià, *Gli Italiani primi esploratori dell'America*, Roma, Libreria dello Stato, 1937.

V. Branca, *L'epopea dei mercatanti*, in «Lettere italiane», VIII, n. 1, 1956, pp. 9-33.

L. Olschki, *L'Asia di Marco Polo*, Firenze, Sansoni, 1957.

S. Zavatti, *Dizionario degli esploratori e delle scoperte geografiche*, Milano, Feltrinelli, 1967.

M. Waldseemüller, *Cosmographiae Introductio*, ed. anastatica a cura di C.G. Herbermann, prefazione di J. Fischer e F. van Wieser, New York, Books for Libraries Press, 1907 [2a ediz., *ivi*, 1969].

G. Caraci, *Viaggiatori italiani in Persia*, in «Il Veltro», XIV, n. 1-2, 1970, pp. 39-60.

R. Bernardi, *Cronologia delle esplorazioni e delle scoperte geografiche*, Parma, Casanova, 1972.

G. Caraci-I. Caraci Luzzana, *Appunti di storia delle esplorazioni geografiche*, Genova, Bozza, 1975.

Hic sunt leones. Geografia fantastica e viaggi straordinari, a cura di O. Calabrese, R. Giovannoli, I. Pezzini, Milano, Electa, 1983.

M. Milanesi, *Tolomeo sostituito. Studi di storia delle conoscenze geografiche nel XVI secolo*, Milano, Unicopli, 1984.

Geografie private. I resoconti di viaggio come lettura del territorio, a cura di E. Bianchi, Genève, Slatkine, 1985.

A. Quondam, *(De)scrivere la terra. Il discorso geografico da Tolomeo all'atlante*, in *Culture et société en Italie du Moyen-âge à la Renaissance. Hommage à André Rochon*, Paris, Université de la Sorbonne Nouvelle, 1985, pp. 11-35.

Mercanti scrittori, a cura di V. Branca, Milano, Rusconi, 1986.

N. Ohler, *I viaggi nel Medio Evo* [1986], Milano, Garzanti, 1988.

E. Raimondi, *Scienziati e viaggiatori*, in *Storia della letteratura italiana*, diretta da E. Cecchi e N. Sapegno, vol. V: *Il Seicento*, Milano, Garzanti, 1988, pp. 235-332.

V. Bertolucci Pizzorusso, *Morfologie del testo medievale*, Bologna, Il Mulino, 1989, pp. 209-241.

N. Broc, *La geografia del Rinascimento* [1986], a cura di C. Greppi, Modena, Panini, 1989 ("Istituto di Studi rinascimentali - Ferrara").

G. Lanciani, *Tempeste e naufragi sulla via delle Indie*, Roma, Bulzoni, 1991.

E.J. Leed, *La mente del viaggiatore. Dall'Odissea al turismo globale* [1991], Bologna, Il Mulino, 1992.

P. Scarpi, *La fuga e il ritorno. Storia e mitologia del viaggio*, Venezia, Marsilio, 1992.

Viaggiatori del Paradiso. Mistici, visionari, viaggiatori al-

la ricerca dell'Aldilà prima di Dante, a cura di G. Tardiola, Firenze, Le Lettere, 1993.

Esplorazioni geografiche e immagine del mondo nei secoli XV e XVI. Atti del Convegno (Messina, 14-15 ottobre 1993), a cura di S. Ballo Alagna, Messina, Grafo Editor, 1994.

A. Grossato, *Navigatori e viaggiatori veneti sulla rotta per l'India*, Firenze, Olschki, 1994.

G. Moretti, *Gli antipodi. Avventure letterarie di un mito scientifico*, Parma, Pratiche, 1994.

T. Cachey, *Le Isole Fortunate. Appunti di storia letteraria italiana*, Roma, «L'Erma» di Bretschneider, 1995.

T. Todorov, *Le morali della storia* [1991], Torino, Einaudi, 1995.

M. Spallanzani, *Mercanti fiorentini nell'Asia portoghese*, Firenze, Studio per Edizioni Scelte, 1997.

G. Zaganelli, *L'Oriente incognito medievale. Enciclopedie, Romanzi di Alessandro, Teratologie*, Soveria Mannelli (Catanzaro), Rubbettino, 1997.

G.M. Nicolai, *Il grande orso bianco. Viaggiatori italiani in Russia*, Roma, Bulzoni, 1999.

M. Donattini, *Spazio e modernità. Libri, carte, isolari nell'età delle scoperte*, Bologna, Clueb, 2000.

Il viaggio, a cura di G. Gasparini, Roma, Edizioni Lavoro, 2000.

Alla scoperta del mondo: l'arte della cartografia da Tolomeo a Mercatore, presentazione di F. Sicilia, testi di M. Bini, E. Milano, A. Battini, L. Federzoni, Modena, Il Bulino, 2001.

A. Mączak, *Viaggi e viaggiatori nell'Europa moderna* [1978], Roma-Bari, Laterza, 2002.

Literature of travel and exploration: an encyclopedia, ed. J. Speake, New York-London, Fitzroy Dearborn, 2003, 3 voll.

A. Barbieri, *Dal viaggio al libro. Studi sul* Milione, presentazione di A.M. Babbi, Verona, Fiorini, 2004.

A. Caterino, *L'universo in una mano. Storia dei globi nel mondo occidentale*, Trento, Centro Studi Martino Martini/Il Portolano, 2006.

La letteratura del mare. Atti del Convegno di Napoli (13-16 settembre 2004), Roma, Salerno Editrice, 2006.

M. Quaini, *Il mito di Atlante. Storia della cartografia occidentale in Età Moderna*, Trento, Centro Studi Martino Martini/Il Portolano, 2006.

F. Surdich, *La Via della Seta. Missionari, mercanti e viaggiatori europei in Asia nel Medioevo*, Trento, Centro Studi Martino Martini/Il Portolano, 2007.

D. Balestracci, *Terre ignote strana gente. Storie di viaggiatori medievali*, Roma-Bari, Laterza, 2008.

M. Balzano, *I confini del sole. Leopardi e il Nuovo Mondo*, Venezia, Marsilio, 2008.

F. Fernández-Armesto, *Esploratori. Dai popoli cacciatori alla civiltà globale* [2006], Milano, Bruno Mondadori, 2008.

CONTRIBUTI SULLA LETTERATURA DI VIAGGIO

L. Olschki, *Storia letteraria delle scoperte geografiche. Studi e ricerche*, Firenze, Olschki, 1937.

N. De Blasi, *La lettera mercantile tra formulario appreso e lingua d'uso*, in *La lettera familiare*, «Quaderni di retorica e Poetica», diretti da G. Folena, I, Padova, Liviana, 1985, pp. 39-48.

G.R. Cardona, *I viaggi e le scoperte*, in *Letteratura italiana: le questioni*, vol, V., a cura di A. Asor Rosa, Torino, Einaudi, 1986, pp. 687-716.

L. Formisano, *Tra racconto e scrittura: la scoperta dell'America nei viaggiatori italiani del primo Cinquecento*, in *Atti del IV Convegno Internazionale di Studi Colombiani* (Genova, 21-23 ottobre 1985), Genova, Civico Istituto Colombiano-Fondazione Colombiana, 1987, pp. 198-230.

La letteratura di viaggio. Storie e prospettive di un genere letterario, a cura di M.E. D'Agostini, Milano, Guerini e Associati, 1987.

La letteratura di viaggio dal Medioevo al Rinascimento. Generi e problemi, Alessandria, Edizioni dell'Orso, 1989.

Viaggi e scritture di viaggio, a cura di C. Bologna, in «L'Uomo», vol. III, n.s., n. 2, 1990.

G. Folena, *Prime immagini colombiane dell'America nel lessico italiano*, in Id., *Il linguaggio del caos. Studi sul plurilinguismo rinascimentale*, Torino, Bollati Boringhieri, 1991, pp. 99-118.

G.B. De Cesare, *Oceani classis e Nuovo Mondo*, Roma, Bulzoni, 1992.

M. Pregliasco, *Antilia. Il viaggio e il Mondo Nuovo (XV-XVII secolo)*, Torino, Einaudi, 1992.

L'umanista aronese Pietro Martire d'Anghiera primo storico del "Nuovo Mondo". Atti del Convegno di Arona 28 ottobre 1990, a cura di L. Stoppa e R. Cicala, Novara, Associazione di storia della Chiesa novarese, 1992.

E. Menestò, *Relazioni di viaggi e ambasciatori*, in *Lo spazio letterario del Medioevo. Il Medioevo latino. La produzione del testo*, 1 (II), a cura di G. Cavallo, C. Leonardi, E. Menestò, Roma, Salerno Editrice, 1993, pp. 535-600.

A. Gnisci, *Letteratura e viaggio*, in Id., *Genius Occorsus*, Roma, Bulzoni, 1995, pp. 11-45.

I. Luzzana Caraci, *La letteratura di viaggio dell'epoca delle grandi scoperte. Problemi di definizione e di metodo*, in «Notiziario del Centro Italiano per gli Studi storico-geografici», III, n. 3, 1995, pp. 3-12.

Antonio Pigafetta e la letteratura di viaggio nel Cinquecento, a cura di A. Chemello, Verona, Cierre Edizioni, 1996.

D. Perocco, *Viaggiare e raccontare. Narrazione di viag-*

gio ed esperienze di racconto tra Cinque e Seicento, Alessandria, Edizioni dell'Orso, 1997.

P. Fasano, *Letteratura e viaggio*, Roma-Bari, Laterza, 2001.

Il viaggio nella letteratura occidentale tra mito e simbolo, a cura di A. Gargano e M. Squillante, Napoli, Liguori, 2005.

Viaggio e letteratura, a cura di M.T. Chialant, Venezia, Marsilio, 2006.

F. Romanini, *«Se fussero più ordinate e meglio scritte...». Giovanni Battista Ramusio correttore ed editore delle "Navigationi et viaggi"*, Roma, Viella, 2007.

SUL VIAGGIO IN TERRASANTA

G. Auletta, *Pellegrini e viaggiatori in Terrasanta*, Bologna, Cappelli, 1963.

J. Sumption, *Monaci, santuari, pellegrini. La religione del Medioevo*, Roma, Editori Riuniti, 1981.

F. Cardini, *I viaggi di religione, d'ambasceria e di mercatura*, in *Storia della società italiana*, vol. VII: *La crisi del sistema comunale*, Milano, Teti, 1982, pp. 157-200 (ora in Id., *Minima medievalia*, Firenze, Arnaud, 1987, pp. 235-292).

G. Pinto, *I costi del pellegrinaggio in Terrasanta nei secoli XIV e XV (dai resoconti dei viaggiatori italiani)*, in *Toscana e Terrasanta nel Medioevo*, saggi raccolti e ordinati a cura di F. Cardini, Firenze, Alinea, 1982, pp. 257-284.

E. Ashtor, *Venezia e il pellegrinaggio in Terrasanta nel basso medioevo*, in «Archivio storico italiano», 123, 1985, pp. 197-223.

U. Tucci, *I servizi marittimi veneziani per il pellegrinaggio in Terrasanta nel Medioevo*, in «Studi veneziani», n. s., IX, 1985, pp. 43-66.

M. Pastore Stocchi, *Itinerari in Terrasanta*, in *Dizionario critico della letteratura italiana*, diretto da V. Branca, vol. II, Torino, UTET, 1986, pp. 520-523.

A Graboïs, *Les pèlerins occidentaux an Terre Sainte au Moyen Âge*, in «Studi medievali», III, 30, 1989, pp. 40-48.

R. Stopani, *Le vie di pellegrinaggio del Medioevo*, Firenze, Le Lettere, 1991.

Europa e Mediterraneo tra medioevo e prima età moderna: l'osservatorio italiano, a cura di S. Gensini, Pisa, Comune di San Miniato/Pacini Editore, 1992.

L. Lago-G. Galliano, *La Terra Santa e la sua immagine nella cartografia antica*, Trieste, Alinari, 1995.

N. Ohler, *Vita pericolosa dei pellegrini nel Medioevo* [1994], Casale Monferrato, Piemme, 1996.

Letteratura e Drammaturgia dei Pellegrinaggi. Convegno Internazionale (Anagni, 10-11-12 settembre 1999), a cura di M. Chiabò e F. Doglio, Roma, Edizioni Torre d'Orfeo, 2000.

G. Cherubini, *Pellegrini, pellegrinaggi, giubileo nel Medioevo*, Napoli, Liguori, 2005.

SUL NUOVO MONDO E LE SCOPERTE

R. Romeo, *Le scoperte americane nella coscienza italiana del Cinquecento*, Milano-Napoli, Ricciardi, 1954.

A. Gerbi, *La disputa del Nuovo Mondo. Storia di una polemica*, Milano-Napoli, Ricciardi, 1955 (nuova ed. a cura di S. Gerbi, con un saggio di A. Melis, Milano, Adelphi, 2000).

A. Gerbi, *La natura delle Indie Nove. Da Cristoforo Colombo a Gonzalo Fernández de Oviedo*, Milano-Napoli, Ricciardi, 1975.

G. Gliozzi, *Adamo e il nuovo mondo. La nascita dell'etnologia come ideologia coloniale: dalle genealogie bibliche alle teorie razziali (1500-1700)*, Firenze, La Nuova Italia, 1977.

G. Ferro, *Le navigazioni lusitane nell'Atlantico e Cristoforo Colombo in Portogallo*, Milano, Mursia, 1984.

T. Todorov, *La conquista dell'America. Il problema dell'altro* [1982], Torino, Einaudi, 1984.

J.H. Elliott, *Il vecchio e il nuovo mondo. 1492-1650* [1970], Milano, Il Saggiatore, 1985.

Le Americhe. Storie di viaggiatori italiani, Milano, Electa, 1987.

O.H.K. Spate, *Il lago spagnolo: storia del Pacifico* [1979], a cura di G. Mainardi, Torino, Einaudi, 1987.

La scoperta del Nuovo Mondo negli scritti di Pietro Martire d'Anghiera, a cura di E. Lunardi, E. Magioncalda, R. Mazzacane, Roma, Istituto Poligrafico e Zecca dello Stato, 1988.

L'America tra reale e meraviglioso. Scopritori, cronisti e viaggiatori. Atti del Convegno di Milano, a cura di G. Bellini, Roma, CNR, 1990.

Le Americhe annunciate. Viaggi ed esplorazioni liguri prima di Colombo, a cura di I. Luzzana Caraci, Reggio Emilia, Diabasis, 1991.

Il Nuovo Mondo nella coscienza italiana e tedesca del Cinquecento, a cura di A. Prosperi e W. Reinhard, Bologna, Il Mulino, 1992.

A. Dupront, *Spazio e umanesimo. L'invenzione del Nuovo Mondo* [1946], Venezia, Marsilio, 1993.

Il Mondo di Vespucci e Verrazzano: geografia e viaggi. Dalla Terrasanta all'America, a cura di L. Rombai, Firenze, Olschki, 1993.

Accademia della Crusca, *L'età delle scoperte geografiche nei suoi riflessi linguistici in Italia*. Convegno di Studi (Firenze, 21-22 ottobre 1992), Firenze, presso l'Accademia, 1994.

L'epopea delle scoperte, a cura di R. Zorzi, Firenze, Olschki, 1994.

Il letterato tra miti e realtà del Nuovo Mondo: Venezia, il mondo iberico e l'Italia. Atti del Convegno di Venezia, 21-23 ottobre 1992, a cura di A. Caracciolo Aricò, Roma, Bulzoni, 1994.

Lisbona oltre le mura. Il mondo dei navigatori portoghesi nell'età delle scoperte [1990], traduzione di N. Del Corno, Milano, Frassinelli, 1994.

T.J. Cachey, *Tra Umanesimo e Nuovo Storicismo: la scena dell'incontro*, in *La rappresentazione dell'altro nei testi del Rinascimento*, a cura di S. Zatti, Lucca, Pacini Fazzi, 1998, pp. 203-218.

La scoperta di nuovi mondi, scelta e introduzione di F. Colombo, apparati di A. Cedola, Roma, Istituto Poligrafico e Zecca dello Stato, 2001.

G.C. Roscioni, *Il desiderio delle Indie. Storie, sogni e fughe di giovani gesuiti italiani*, Torino, Einaudi, 2001, pp. 144-145.

Verso un Nuovo Mondo. La Scoperta dell'America come Nuova Genesi (Roma, Biblioteca Nazionale Centrale, 28 gennaio-28 marzo 2004), a cura di A. Carbonari, F.L. Schiavetto, F. Troncarelli, Roma, Ermes, 2004.

A.A. Cassi, *Ultramar. L'invenzione europea del Nuovo Mondo*, Roma-Bari, Laterza, 2007.

La controversia sugli Indios, a cura e con un'introduzione di S. Di Liso, Bari, Edizioni di Pagina, 2007.

SU GIOVANNI BOCCACCIO

M. Pastore Stocchi, *Il «De Canaria» boccaccesco e un* locus deperditus *nel «De Insulis» di Domenico Silvestri*, in «Rinascimento», X, n. 2, 1959, pp. 143-156.

G. Padoan, *Petrarca, Boccaccio e la scoperta delle Canarie*, in «Italia Medioevale e Umanistica», VII, 1964, pp. 263-277 (ora in *Il Boccaccio le muse il Parnaso e l'Arno*, Firenze, Olschki, 1978, pp. 277-292).

J.K. Hyde, *Real and Imaginary Journeys in the Later Middle Ages*, in «Bulletin of the John Rylands University Library», 65, 1982, pp. 125-147.

M. Pastore Stocchi, *De Canaria*, a cura di M. Pastore Stocchi, in *Tutte le opere di Giovanni Boccaccio*, a cura di V. Branca, vol. V, to. I, Milano, Mondadori, 1992, pp. 963-986.

P. Barozzi, *La riscoperta delle Canarie. I genovesi al servizio del Principe Enrico*, in *Le Americhe annunciate. Viaggi ed esplorazioni liguri prima di Colombo*, a cura di I. Luzzana Caraci, Reggio Emilia, Diabasis, 1992, pp. 73-102 e 103-127.

V. Branca, *Dal favoloso al realistico: esotismo fra pellegrini, mercanti e Boccaccio lanciati da pionieri sulle rotte di Colombo*, in *L'epopea delle scoperte*, a cura di R. Zorzi, Firenze, Olschki, 1994, pp. 39-59.

T. Cachey, *Petrarca, Boccaccio e le Isole Fortunate*, in Id., *Le Isole Fortunate. Appunti di storia letteraria italiana*, Roma, «L'Erma» di Bretschneider, 1995, pp. 83-122.

L. Battaglia Ricci, *Boccaccio*, Roma, Salerno Editrice, 2000, pp. 209-210.

M. Pastore Stocchi, *Boccaccio e l'invenzione della geografia poetica*, in Id., *Forme e figure. Retorica e poetica dal Cinquecento all'Ottocento*, Firenze, Cesati, 2008, pp. 11-19.

SU NICCOLÒ DA POGGIBONSI

G. Lumbroso, *I descrittori italiani dell'Egitto*, in «Memorie dell'Accademia dei Lincei», III, 1879, pp. 429-565.

Libro d'Oltramare di fra Nicolò da Poggibonsi pubblicato da A. Bacchi Della Lega, Bologna, Romagnoli, 1881 (Bologna, Comissione per i testi di lingua, 1968, 2 voll.).

A. Gregorini, *Le relazioni in lingua volgare dei viaggiatori italiani in Palestina nel sec. XIV*, in «Annali della R. Scuola Normale Superiore di Pisa», XI, 1896, pp. 1-80.

A. Franco, *Cenni su Nicola da Poggibonsi*, in *Esercita-*

zioni sulla letteratura religiosa in Italia nei secoli XIII e XIV, dirette da G. Mazzoni, Firenze, Alfani e Venturi,1905, pp. 298-300.

Libro d'Oltramare, testo di A. Bacchi Della Lega, riveduto e riannotato dal P.B. Bagatti O.F.M. a ricordo del sesto centenario, Gerusalemme, Tipografia dei P.P. Francescani, 1945.

Libro d'Oltramare, a cura di A. Lanza, in *Pellegrini scrittori. Viaggiatori toscani del Trecento in Terrasanta*, a cura di A. Lanza e M. Troncarelli, Firenze, Ponte alle Grazie, 1990, pp. 31-158.

SU FRANCESCO PETRARCA

G. Lumbroso, *L'«Itinerarium» del Petrarca*, in «Rendiconti della R. Accademia dei Lincei», vol. IV, fasc. 8, 1888, pp. 390-403 (ora in *Memorie italiane del buon tempo antico*, Torino, Loescher, 1889, pp. 16-49).

M. Feo, *Inquietudini filologiche del Petrarca: il luogo della discesa agli Inferi (Storia di una citazione)*, in «Italia Medievale e Umanistica», XVII, 1974, pp. 115-183 (in part. *Il codice B.B.L. 2.5 di Cremona e il testo dell'«Itinerarium»*, pp. 179-183).

G. Frasso, *Itinerari con Francesco Petrarca*, con una premessa di G. Billanovich, Padova, Antenore, 1974.

M. Feo, *Un Ulisse in Terrasanta*, in «Rivista di cultura classica e medievale», n. 19, 1977, pp. 383-387.

A. Paolella, *Petrarca e la letteratura dei viaggi nel Medioevo*, Napoli, Loffredo, 1990.

F. Petrarca, *Itinerario in Terra Santa*, a cura di F. Lo Monaco, Bergamo, Pierluigi Lubrina Editore, 1990.

A. Paolella, *Petrarca e la letteratura odeporica del Medioevo*, in «Studi e problemi di critica testuale», n. 44, 1992, pp. 61-85.

M. Ariani, *Petrarca*, Roma, Salerno Editrice, 1993, pp. 109-112.

Volgarizzamento meridionale anonimo di Francesco Petrarca "Itinerarium breve de Ianua usque ad Ierusalem et Terram Sanctam", edizione critica a cura di A. Paolella, Bologna, Commissione per i testi di lingua, 1993.

N. Tonelli, *Viaggiatore di penna*, in F. Petrarca, *Lettere di viaggio*, a cura di N. Tonelli, Palermo, Sellerio, 1996, pp. 9-24.

Th.J. Cachey, *"Peregrinus (quasi) ubique". Petrarca e la storia del viaggio*, in «Intersezioni», XVII, n. 3, 1997, pp. 369-384.

R. Fedi, *L'Itinerarium ad Sepulcrum Domini*, in *Invito alla lettura di Petrarca*, Milano, Mursia, 2002, pp. 65-68.

Itinéraire de Gênes à Jérusalem, traduit par R. Lenoir et C. Carraud, Grenoble, Millon, 2002.

Petrarch's Guide to the Holy Land. Itinerary to the Sepulcher of Our Lord Jesus Christ, edited and translated by T.J. Cachey Ir., Notre Dame (Indiana), University of Notre Dame Press, 2002.

F. Petrarca, *Itinerario al sepolcro del Signore Nostro Gesù Cristo*, traduzione di F. Guelfi, introduzione di F. Surdich, Genova, San Marco dei Giustiniani, 2006.

R. Cavalieri, *Petrarca il viaggiatore. Guida ad un viaggio in Terra Santa*, Roma, Robin Edizioni, 2007.

N. Longo, *L'Itinerarium siriacum*, in Id., *Petrarca: geografia e letteratura*, Roma, Salerno Editrice, 2007, pp. 87-92.

SU POGGIO BRACCIOLINI

V. Bellemo, *Sul viaggiatore Nicolò de' Conti: nuove ricerche*, in «Archivio veneto», XVIII, 1888, pp. 1-27.

V. Bellemo, *La cosmografia e le scoperte geografiche del sec. XV e i viaggi di Nicolò de' Conti*, Padova, Tip. del Seminario, 1908.

M. Longhena, *I manoscritti del IV libro del* De Varietate Fortunae *di Poggio Bracciolini contenenti il racconto dei viaggi di Nicolò de' Conti*, in «Bollettino della Regia Società geografica italiana», VI, n. 1, 1925, pp. 191-215.

Viaggi in Persia, India e Giava di Nicolò de' Conti, a cura di M. Longhena, Milano, 1929 (poi Milano, 1960).

P. Bracciolini, *Historiae de varietate fortunae*, in *Opera miscellanea edita et inedita*, II, a cura di R. Fubini, Torino, Bottega d'Erasmo, 1966 (=Parisiorum Lutetiae 1723), pp. 625-654.

U. Tucci, *Mercanti, viaggiatori, pellegrini nel Quattrocento*, in *Storia della cultura veneta*, vol. III, to. 2: *Dal primo Quattrocento al Concilio di Trento*, Vicenza, Neri Pozza, 1980, pp. 317-353.

O. Merisalo, *Le prime edizioni stampate del* De Varietate Fortunae *di Poggio Bracciolini*, in «Arctos. Acta Philologica Fennica», vol. XIX, Helsinki, 1985, pp. 81-102 e vol. XX, 1986, pp. 101-129.

I. Kajanto, *Fortuna in the Works of Poggio Bracciolini*, in «Arctos. Acta Philologica Fennica», vol. XX, 1986, pp. 25-27.

A. Grossato, *L'India di Nicolò de' Conti. Un manoscritto del Libro IV del* De Varietate Fortunae *di Francesco Poggio Bracciolini da Terranova (Marc. 2560)*, Padova, Editoriale Programma, 1994, pp. 17-48.

A. Grossato, *Venture e sventure di Nicolò de' Conti*, in Id., *Navigatori e viaggiatori veneti sulla rotta per l'India. Da Marco Polo ad Angelo Legrenzi*, Firenze, Olschki, 1994, pp. 49-58.

F. Surdich, *La Via della Seta. Missionari, mercanti e viaggiatori europei in Asia nel Medioevo*, Trento, Centro Studi Martino Martini/Il Portolano, 2007, pp. 149-153.

SU ALVISE DA MOSTO

Le navigazioni atlantiche del veneziano Alvise da Mosto (1455-56), a cura di T. Gasparrini Leporace, Roma, Istituto Poligrafico dello Stato, 1966.

SU CRISTOFORO COLOMBO

Su Cristoforo Colombo e le questioni colombiane la bibliografia è vastissima. La ricorrenza centenaria della Scoperta nel 1992 ha prodotto la monumentale *Nuova Raccolta Colombiana*, a cura del Ministero dei Beni Culturali e il Comitato Nazionale per le celebrazioni del V centenario della Scoperta dell'America, Roma, Istituto Poligrafico e Zecca dello Stato, 1988-1999, 21 voll., ricchissimo e fondamentale strumento che integra e amplia la *Raccolta Colombiana* del 1892, cit.

C. De Lollis, *Cristoforo Colombo nella leggenda e nella storia*, Roma, Treves, 1923 (ora Firenze, Sansoni, 1969).

A. Magnaghi, *Questioni colombiane*, Napoli, Loffredo, 1939.

A. Ballesteros Beretta, *Cristóbal Colón y el descubrimiento de America*, Barcelona-Buenos Aires, Salvat Editores, 1945.

E. Morison, *Cristoforo Colombo ammiraglio del mare Oceano* [1945], Bologna, Il Mulino, 1962.

P.E. Taviani, *Cristoforo Colombo. La genesi della grande scoperta*, Novara, Istituto Geografico De Agostini, 1976, 2 voll. [2° ediz., *ivi*, 1988].

A. Boscolo, *Saggi sull'età colombiana*, Milano, Cisalpino-Goliardica, 1982.

J. Heers, *Cristoforo Colombo* [1981], Milano, Rusconi, 1983.

P.E. Taviani, *I viaggi di Cristoforo Colombo*, Novara, Istituto Geografico De Agostini, 1985, 2 voll. [2° ediz., *ivi*, 1988].

L. Formisano, *Appunti sullo stile narrativo di Colombo*, in «Rivista di letterature moderne e comparate», 42, 1989, pp. 223-233.

I. Luzzana Caraci, *Colombo vero e falso*, Genova, Sagep, 1989.

A. Martinengo, *I berretti rossi di Colombo: dall'eziologia allo stereotipo*, in *Dialogo. Studi in onore di Lore Terracini*, a cura di I. Pepe Sarno, Roma, Bulzoni, 1990, pp. 365-378.

M. Quaini, *Colombo: da Genova al mondo nuovo*, Roma, Abete, 1990.

Due mondi a confronto 1492-1728. Cristoforo Colombo e l'apertura degli spazi. Mostra storico-cartografica (Genova-Palazzo Ducale), direzione scientifica G. Cavallo, Roma, Istituto Poligrafico e Zecca dello Stato, 1992, 2 voll.

Iconografia colombiana, a cura di G.E. Viola, F. Rovigatti, P. Campodonico, C. Cerreti, Roma, Istituto della Enciclopedia Italiana, 1992, 2 voll.

P.E. Taviani, *L'avventura di Cristoforo Colombo*, Bologna, Il Mulino, 2001.

S. Greenblatt, *Meraviglia e possesso. Lo stupore di fronte al Nuovo Mondo*, Bologna, Il Mulino, 1994.

SU AMERIGO VESPUCCI

A. Magnaghi, *Amerigo Vespucci. Studio critico, con speciale riguardo ad una nuova valutazione delle fonti e con documenti inediti tratti dal Codice Vaglienti (Riccardiano 1910)*, Roma, Pubblicazioni dell'Istituto Cristoforo Colombo, 1924.

Stefan Zweig, *Amerigo* [1946], Milano, Mondadori, 1946.

Il Mondo nuovo di Amerigo Vespucci. Vespucci autentico e apocrifo, a cura di M. Pozzi, Milano, Serra e Riva Editori, 1984.

Americo Vespucio: El Nuevo mundo. Viajes y documentos completos, a cura di Consuelo Varela, Madrid, Ediciones Akal, 1985.

A. Vespucci, *Lettere di viaggio*, a cura di L. Formisano, Milano, Mondadori, 1985.

C. Varela, *El testamento de Amerigo Vespucci*, in «Historiografía y bibliografía americanistas», XXX, n. 2, 1986, pp. 3-20.

G. Caraci, *Problemi vespucciani*, Roma, CNR, 1987.

G. Contini, *Ultimi esercizî ed elzeviri*, Torino, Einaudi, 1989.

Amerigo Vespucci: la vita e i viaggi, Firenze, Banca Toscana/Giunti, 1991.

Iddio ci dia buon viaggio e guadagno. Firenze, Biblioteca Riccardiana, ms. 1910 (Codice Vaglienti), a cura di L. Formisano, Firenze, Polistampa, 2006.

A. Gnisci, *Mondializzare la mente. Via della Decolonizzazione europea n. 3*, Isernia, Cosmo Iannone Editore, 2006.

A. Vespucci, *Mundus Novus*, a cura di C. Spila, Troina, Città aperta, 2007.

I. Luzzana Caraci, *«Per lasciare di me qualche fama». Vita e viaggi di Amerigo Vespucci*, Roma, Viella, 2007.

America sive Mundus Novus. Le lettere a stampa attribuite ad Amerigo Vespucci, a cura di L. Formisano e C. Masetti, presentazione di I. Luzzana Caraci, Roma, Società Geografica Italiana, 2007, 2 voll.

C. Spila, *Il "Mundus Novus" di Vespucci alle origini dell'Utopia rinascimentale*, in *Studi europei e mediterranei*, a cura di A. Gnisci e N. Moll, Roma, Bulzoni, 2008, pp. 137-152.

F. Fernández-Armesto, *Amerigo* [2007], Milano, Bruno Mondadori, 2009.

SU GIOVANNI DA EMPOLI

G. Caraci, *Giovanni da Empoli, un fiorentino alle Indie Orientali nel primo Cinquecento*, in «Le Vie del Mondo», nov. 1942, pp. 757-770.

G. Bertuccioli, *Giovanni da Empoli*, in Dizionario Biografico degli Italiani, vol. XXXI, Roma, Istituto della Enciclopedia Italiana, 1985, pp. 57-106.

A. Boglione, *Firenze e il mare, mercanti e viaggiatori fiorentini fra il Quattrocento e il Cinquecento*, in *Firenze e il "Mondo Nuovo". Geografia e scoperte fra XV e XVI secolo* (Firenze, 6-8 ottobre 1992), in «Rivista Geografica Italiana», a. 100, 1993, pp. 345-360.

M. Spallanzani, *Giovanni da Empoli un mercante fiorentino nell'Asia portoghese*, Firenze, Studio per Edizioni Scelte, 1999.

G. Tuccini, *Per mare ed oltre. Il punto sui ricordi di viaggio di Giovanni da Empoli (1503-1518)*, in *Portogallo e Asia*. Atti del Convegno (Univ. degli Studi di Napoli "L'Orientale", 5-6 dicembre 2005 e 3 marzo 2006), a cura di M.L. Cusati, Napoli, Il Torcoliere, 2008, pp. 145-184.

SU ANTONIO PIGAFETTA

D. Sanvisenti, *Studi sulla lingua di Antonio Pigafetta*, in «Archivio glottologico italiano», 30, 1938, pp. 141-171.

M.D. Busnelli, *Per una lettura del "Primo viaggio intorno al mondo" di Antonio Pigafetta*, in «Studi di lessicografia italiana», 4, 1982, pp. 5-45.

S. Zweig, *Magellano* [1938], Milano, Frassinelli, 1992 [nuova ed., Milano, Rizzoli, 2006].

A. Pigafetta, *Il primo viaggio intorno al mondo*, a cura di M. Pozzi, Vicenza, Neri Pozza, 1995.

Antonio Pigafetta e la letteratura di viaggio nel Cinquecento, a cura di A. Chemello, Verona, Cierre Edizioni, 1996.

J.M. Barrault, *La terra è rotonda. Magellano: il viaggio delle meraviglie* [1997], Milano, Raffaello Cortina Editore, 1998.

A. Canova, *Esperienza e letteratura nella "Relazione attorno al mondo" di Antonio Pigafetta: la descrizione del Brasile*, in «Annali di storia moderna e contemporanea», 4, 1998, pp. 459-476.

A. Pigafetta, *Relazione del primo viaggio attorno al mondo*, testo critico e commento di A. Canova, Padova, Antenore, 1999.

F.A. Gallo, *I racconti dei Pigafetta*, in «Itineraria», 6, 2007, pp. 175-196.

SU GIOVANNI DA VERAZZANO

A. Bacchiani, *Giovanni da Verrazzano e le sue scoperte nell'America settentrionale (1524) secondo l'inedito codice sincrono Cellere di Roma*, Roma, Società Geografica Italiana, 1909.

A. Bacchiani, *I fratelli da Verrazzano e l'eccidio di una spedizione italo-francese in America (1528)*, in «Bollettino della Società Geografica Italiana», serie VI, vol. II, 1925, pp. 395-399.

T.C. Giannini, *Giovanni da Verrazzano: the great Florentine discoverer of the New York Bay*, Roma, Arte della Stampa, 1959.

P. Bacci, *Giovanni da Verrazzano: navigatore fiorentino*, Bologna, Il Resto del Carlino, 1965.

Giovanni da Verrazzano. Giornate commemorative (Firenze-Greve in Chianti, 21-22 ottobre 1961), Firenze, Olschki, 1970.

Giovanni et Girolamo Verrazzano navigateurs de François I, Dossier de voyages établis et commentés par M. Mollat du Jourdin et J. Habert, Paris, Imprimerie Nationale, 1982.

Giovanni da Verrazzano, in *Scopritori e viaggiatori del Cinquecento e del Seicento*, cit., pp. 573-616.

C. Baldini, *La famiglia da Verrazzano*, prefazione di L. Rombai, Firenze, Polistampa, 1992.

Giovanni da Verrazzano, a cura di A. Miroglio, in *Nuovo Mondo. Gli Italiani 1492-1565*, cit., pp. 385-408.

SU GASPARO CONTARINI

G. Fragnito, *Gasparo Contarini. Un magistrato veneziano al servizio della Cristianità*, Firenze, Olschki, 1988.

G. Stiffoni, *Relazioni degli ambasciatori veneziani in Spagna e relazioni degli ambasciatori spagnuoli a Venezia negli anni della scoperta*, in *L'impatto della scoperta dell'America nella cultura veneziana*, a cura di A. Caracciolo Aricò, Roma, Bulzoni, 1990, pp. 351-364.

SU PAOLO GIOVIO

P. Licini, *La Moscovia riprodotta*, Milano, Guerini e Associati, 1988, pp. 145-197.

E. Paratore, *La Moscovia nelle carte italiane della Rinascenza*, Roma, s.n., 1976.

W. Leitsch, *La scoperta della Russia nel Cinquecento*, in «I viaggi di Erodoto», n. 33, sett.-dic. 1997.

G. M. Nicolai, *Il grande orso bianco. Viaggiatori italiani in Russia*, Roma, Bulzoni, 1999, pp. 70-79.

T.C. Price Zimmermann, *Giovio, Paolo*, in DBI, vol. 56, Roma, Istituto della Enciclopedia Italiana, 2001, pp. 430-440.

P. Giovio, *Elogi degli uomini illustri*, a cura di F. Minonzio, traduzione di A. Guasparri e F. Minonzio, prefazione di M. Mari, nota alle illustrazioni di L. Bianco, Torino, Einaudi, 2006.

SU GIOVANNI LEONE L'AFRICANO

A. Codazzi, *Leone Africano*, in *Enciclopedia Italiana Treccani*, vol. XX, Roma, Istituto della Enciclopedia Italiana, 1933, p. 899.

G. Levi Della Vida, *Ricerche sulla formazione del più antico fondo dei mss. orientali della Vaticana*, Città del Vaticano, Biblioteca Apostolica Vaticana, 1939, pp. 103-106.

A. Codazzi, *Dell'unico manoscritto conosciuto della «Cosmografia dell'Africa» di Giovanni Leone Africano*, in *Comptes rendus du Congrès international de géographie. Lisbonne 1949*, Lisbonne, 1950-52, vol. IV, pp. 225-226.

A. Maalouf, *Leone l'africano* [1986], Milano, Longanesi, 1987.

O. Zhiri, *L'Afrique au miroir de l'Europe: Fortunes de Jean Léon l'Africain à la Renaissance*, Genève, Droz, 1991.

C. Black, *Leo Africanus's «Descrittione dell'Africa» and its Sixteenth-Century Translations*, in «Journal of the Warburg and Courtauld Institutes», LXV, 2002, pp. 262-272.

N. Zemon Davis, *La doppia vita di Leone l'Africano* [2006], Roma-Bari, Laterza, 2008.

SU TOMMASO PORCACCHI

G. Aquilecchia, *Pietro Aretino e altri poligrafi a Venezia*, in *Storia della cultura veneta*, a cura di M. Pastore Stocchi e G. Arnaldi, vol. III, 2, Vicenza, Neri Pozza, 1980, pp. 9-18.

A. Caracciolo Aricò, *Il nuovo mondo e l'umanesimo. Immagini e miti dell'editoria veneziana*, Roma, Bulzoni, 1990, pp. 25-33.

L'impatto della scoperta dell'America nella cultura veneziana, a cura di A. Caracciolo Aricò, Roma, Bulzoni, 1990.

M. Donattini, *Vincenzo Coronelli e l'immagine del mondo tra isolari ed atlanti*, Ravenna, Longo, 1999.

M. Guglielminetti, *Per un sottogenere della letteratura di viaggio: gl'isolari fra Quattro e Cinquecento*, in *La letteratura di viaggio dal Medioevo al Rinascimento. Generi e problemi*, cit., pp. 107-117.

SU FRANCESCO CARLETTI

G. Sgrilli, *Francesco Carletti mercante e viaggiatore fiorentino*, Rocca San Casciano, Cappelli, 1905.

G. Mondaini, *Francesco Carletti mercante e viaggiatore fiorentino*, in «Rivista geografica italiana», XIII, n. 1-2, 1906, pp. 65-84.

L. Bianconi, *Francesco Carletti: aspetti letterari dei «Ragionamenti»*, Roma, Soc. Tip. Pio X, 1941.

F. Carletti, *Ragionamenti del mio viaggio intorno al mondo*, a cura di G. Silvestro, Torino, Einaudi, 1958.

F. Carletti, *Ragionamenti del mio viaggio intorno al mondo*, a cura di A. Dei, Milano, Mursia, 1987 (ora, *ivi*, 2008).

F. Carletti, *Ragionamenti del mio viaggio intorno al mondo*, a cura di P. Collo, Torino, Einaudi, 1989.

S. Ballo Alagna, *L'immagine del mondo nel diario di viaggio di Francesco Carletti (1594-1602)*, in *Esplorazioni geografiche e immagine del mondo nei secoli XV e XVI*. Atti del Convegno (Messina, 14-15 ottobre 1993), a cura di S. Ballo Alagna, Messina, Grafo Editor, 1994, pp. 299-309.

D. Perocco, *Viaggiare e raccontare. Narrazione di viaggio ed esperienze di racconto tra Cinque e Seicento*, Alessandria, Edizioni dell'Orso, 1997, pp. 66-75.

U. Tucci, *L'America spagnola nei "Ragionamenti" di Francesco Carletti*, in *Il letterato tra miti e realtà del Nuovo Mondo: Venezia, il mondo iberico e l'Italia*, cit., pp. 523-539.

S. Pineider, *Il Giappone di Francesco Carletti*, in «Studi secenteschi», XLIII, 2002, pp. 161-183.

SU MATTEO RICCI

Onoranze nazionali al P. Matteo Ricci apostolo e geografo della Cina (1610-1910). Atti e Memorie del Convegno di geografi-orientalisti (Macerata il 25-27 settembre 1910), Macerata, Giorgetti, 1911.

F. Bortone, *I gesuiti alla corte di Pechino*, Roma, Desclée & C., 1969.

A. Adversi, *Ricci, Matteo*, in *Dizionario bio-bibliografico dei Maceratesi*, Macerata, Comune di Macerata, 1972, pp. 357-396.

Atti del Convegno Internazione di Studi Ricciani, Macerata-Roma, 22-25 ottobre 1982, cura di M. Cigliano, Macerata, Centro Studi Ricciani, 1984.

J.D. Spence, *Il palazzo della memoria di Matteo Ricci*, Milano, Il Saggiatore, 1987.

Le Marche e l'Oriente. Una tradizione ininterrotta da Matteo Ricci a Giuseppe Tucci. Atti del Convegno Internazionale (Macerata, 23-26 ottobre 1996), a cura di F. D'Arelli, Roma, Istituto Italiano per l'Africa e l'Oriente, 1998.

M. Battaglini, *Bibliografia ricciana*, in M. Ricci, *Della entrata della Compagnia di Giesù e Christianità nella Cina*, edizione realizzata sotto la direzione di P. Corradini, prefazione di F. Mignini, a cura di M. Del Gatto, Macerata, Quodlibet, 2000, pp. XXXIX-LII.

SU PIETRO DELLA VALLE

I. Ciampi, *Della vita e delle opere di Pietro Della Valle, il Pellegrino. Monografia illustrata con nuovi documenti*, Roma, Tip. Barbera, 1880.

V. Lozito, *Il più importante viaggiatore italiano nel secolo XVII (Pietro Della Valle)*, Varese, A. Nicola e C., 1928.

P. Della Valle, *Viaggio in Levante*, a cura di L. Bianconi, Firenze, Sansoni, 1942.

E. Cecchi, *Mummie e mammoni*, in Id., *Qualche cosa*, Firenze, Sansoni, 1943, pp. 36-42 (ora in *Saggi e viaggi*, a cura di M. Ghilardi, Milano, Mondadori, 1997, pp. 361-366).

R. Almagià, *Per una conoscenza più completa della figura e dell'opera di Pietro Della Valle*, in «Rendiconti dell'Accademia nazionale dei Lincei», Classe di Scienze morali, storiche e filologiche, S. VIII, vol. VI, 1951, pp. 375-381.

E. Rossi, *Pietro Della Valle orientalista romano*, in «Rivista degli Studi Orientali», XXXIII, 1953, pp. 49-54.

I viaggi di Pietro Della Valle. Lettere dalla Persia, vol. I, a cura di F. Gaeta e L. Lockhart, Roma, Istituto Poligrafico dello Stato, 1972, pp. 6-17.

S. Parodi, *Cose e parole nei "Viaggi" di Pietro Della Valle*, Firenze, presso l'Accademia della Crusca, 1987.

E. Raimondi, *Scienziati e viaggiatori*, in *Storia della letteratura italiana*, cit., pp. 261-267.

D. Perocco, *Viaggiare e raccontare. Narrazione di viaggio ed esperienze di racconto tra Cinque e Seicento*, Alessandria, Edizioni dell'Orso, 1997, pp. 27-36.

C. Cardini, *La Porta d'Oriente. Lettere di Pietro Della Valle: Istanbul 1614*, prefazione di S. Bertelli, Roma, Città Nuova, 2001.

SOMMARIO

Finito di stampare nel mese di dicembre 2009 presso
il Nuovo Istituto Italiano d'Arti Grafiche - Bergamo

Printed in Italy